零壹智库出品

01CAIJING.COM

零壹财经

主编: 柏 亮

主笔: 蒋 慧

中国P2P借贷服务行业发展报告

2017

零壹财经·零壹智库 著

中国经济出版社
CHINA ECONOMIC PUBLISHING HOUSE

·北 京·

图书在版编目（CIP）数据

中国 P2P 借贷服务行业发展报告．2017／零壹财经·零壹智库　著．
北京：中国经济出版社，2018．1
ISBN 978－7－5136－5001－4

Ⅰ．①中…　Ⅱ．①零…　Ⅲ．①互联网络—应用—借贷—商业服务—研究报告—中国—2017
Ⅳ．①F832．4－39

中国版本图书馆 CIP 数据核字（2017）第 285924 号

责任编辑　张梦初
责任印制　马小宾
封面设计　任燕飞

出版发行　中国经济出版社
印 刷 者　北京富泰印刷有限责任公司
经 销 者　各地新华书店
开　　本　787mm×1092mm　1/16
印　　张　22．5
字　　数　420 千字
版　　次　2018 年 1 月第 1 版
印　　次　2018 年 1 月第 1 次
定　　价　82．00 元
广告经营许可证　京西工商广字第 8179 号

中国经济出版社　**网址** www．economyph．com　**社址** 北京市西城区百万庄北街 3 号　**邮编** 100037
本版图书如存在印装质量问题，请与本社发行中心联系调换（联系电话：010－68330607）

本书编写人员

课 题 组 组 长：赵金龙

课 题 组 成 员：蒋　慧　雷群涛　孙　爽　李　伟

研　究　单　位：零壹财经·零壹智库

研究指导单位：北京市互联网金融行业协会

“零壹智库”：探索新金融的广度与深度

“零壹财经”是一个专注于互联网金融研究的团队。这是四年前我为“零壹财经书系”所写序言的最后一句话。四年来，“零壹财经书系”出版了20多本“互联网金融+”专业书籍，很多朋友跟我说，它已经成为金融领域有吸引力和影响力的阅读品牌之一。

但是，我们变了。

第一，零壹财经作为一家机构，它的业务已经从互联网金融研究升级为“新金融成长服务”（当然，互联网金融研究依然是我们的一项核心工作）。

第二，与之相应，零壹财经的研究范畴，扩大到“新金融”——在技术革新和市场变迁中不断诞生的新型金融业务及其伴生服务。

第三，我们成立了“零壹智库”，在零壹财经自身研究团队的基础上，建立了学术委员会、特约研究员、青年学者计划等丰富的学术研究平台，共同打造一流的新金融智库。除了零壹财经研究团队的专业著作以外，我们也会出版智库其他学术成员的优秀著作。

我们也没有变。我们坚持“01思维”：

第一，在研究和思考问题时，回归到无的状态（0），清零先入之见，用数据、事实描述事物的基本面目；

第二，关注事物的初始状态（1），尽最大努力厘清它的来龙去脉，注重基础，探望前沿。

大脑和心胸就这样敞着，沉浸于这新金融世界，求其变，知其不变。

我们现在这样向您介绍：我们是专注于新金融研究，但不仅仅是一个团队，而是智库平台，我们依然希望，零壹智库出版的每一本书，都纯朴、大方、谦卑、有力量。

零壹财经创始人兼 CEO

柏　亮

研究概要

1. 研究目的

2016 年，我国 P2P 借贷服务行业正式进入存量增长阶段。一方面，主动停业或转型的平台大量增加，正常运营的平台持续减少；另一方面，行业年度交易规模增长至 1.95 万亿元，约为 2015 年的 2 倍，前 100 家平台交易规模在 1.5 万亿元左右，约占整个行业的 77%，“马太效应”显著。在互联网金融专项整治不断加码、《P2P 网络借贷业务管理暂行办法》正式出台以及各地监管动作频繁的背景下，存量平台面临较大的合规整改压力，资产端上或通过集团化剥离 P2P 业务、借道“金交所”继续开展大额借贷业务，或彻底转向布局小额分散的消费信贷、车贷、供应链金融、农村金融等。

与此同时，行业风险投资事件相对于 2015 年大幅减少，但投资总额基本与 2015 年持平，B 轮以上投资总额占到近 70% 的比重，风险资本日益谨慎，产业资本大步进入。由于 P2P 挂牌新三板被堵、A 股上市无望，包括信而富、陆金所在内的多家平台都计划海外上市。

针对上述情况，我们在过去 4 年发布《中国 P2P 借贷服务行业年度报告》的基础上，继续开展国内 P2P 借贷行业的研究，尝试回答以下问题：

（1）2016 年我国 P2P 借贷行业的发展状况如何，机构数量、交易规模、行业集中度、资产类型、借款和投资人数量等发生了哪些变化；

（2）国外 P2P 借贷行业的发展与监管状况如何，对我国 P2P 借贷行业发展有何启发和借鉴；

（3）P2P 借贷与消费金融、汽车金融和供应链金融的结合背景是什么，具体模式是怎样的，数据表现如何，存在什么风险，有什么发展趋势；

（4）P2P 借贷与风险资本以及我国多层次资本市场的融合现状如何，有什么合作方式，有什么风险；

（5）海外上市以及挂牌新三板 P2P 借贷企业的业绩表现和股价走势如何，反映了什么信息；

（6）大数据、区块链技术、人工智能、时间戳、电子保全等新技术在 P2P 借贷行业的应用有什么逻辑和特点，有哪些典型的案例；

（7）《P2P 网络借贷业务管理暂行办法》与 2015 年 12 月发布的《征求意见稿》有何异同，对网贷行业和相关参与机构提出了哪些新的要求；

（8）在《P2P 网络借贷业务管理暂行办法》正式出台后，网贷平台的整改方向和措施有哪些，分别表现出哪些特点；

（9）北京、上海和广州在网贷监管和自律方面有什么政策细则和实际举措，其相同点和不同点体现在什么地方，具体进展和效果如何；

（10）Lending Club 欺诈事件的背景和原因是什么，对行业造成了什么影响，对 P2P 借贷平台、监管层等有何启示。

2. 研究方法

与“P2P 借贷服务行业发展报告系列（2013—2016）”类似，本书在研究过程中采用的研究方法主要包括以下 4 种：

（1）独立监测与数据分析

本研究的大部分数据都来自独立监测，依托零壹数据，运用自主开发的数据获取技术对上千家 P2P 借贷平台进行长期监测，对其中数百家平台的多维度数据进行了重点采集，获取了数十亿行原始数据。研究团队花费数月时间对数据进行预处理，并尽可能地与部分机构披露的数据进行比较和核实。这使本研究的数据具有较高的独立性、准确性和客观性。

（2）独立的调研访谈

除了与部分P2P借贷平台的负责人进行沟通，核实数据的真实性、准确性之外，我们还进行了大量的独立调研访谈，对象包括行业从业者、政策制定者、法律与学术研究人员、相关服务商（如征信服务机构、第三方支付机构、信息安全服务商等）、投资人和借款人等，以期从各个角度了解各方对P2P借贷的观点。访谈对象向本书研究者提供了大量有价值的资料，并在理论、技术、监管、实操等诸多方面给出建议和启发，我们在此深表感谢。

（3）独立的实际投资体验测试

延续之前的投资体验和测试工作，我们对新出现的机构、业务模式和产品形式进行测试，获取了机构运营、产品设计、操作流程、投资回报、风险保障、用户协议等多方面的第一手资料。

（4）资料收集与案例研究工作

针对我国P2P借贷行业的发展情况，特别是其与消费金融、汽车金融和供应链金融的结合，我们进行了大量的资料收集和案例研究工作，以期尽可能全面地展现相关细分领域的面貌并寻求解决思路。与此同时，我们收集、翻译和整理了国外P2P借贷行业的新动向、新报告和新平台，重点分析了Lending Club事件始末及其原因、影响和启示，梳理了国内P2P借贷行业的风险案例、监管细则、自律规范和整改措施。

3. 研究结论

通过上述研究，在实地调研、理论思考和数据分析的支撑下，我们得出以下阶段性结论：

（1）随着互联网金融专项整治继续加码以及监管细则的不断落地，平台的合规成本将进一步提升，主动退出者会更多；

（2）P2P借贷市场规模增速将进一步放缓，在一定时期内可能会出现负增长；

（3）行业分化将进一步加剧，集中度持续增大，大量中小平台可能会因资产或资金问题而被迫转型或停业；

(4) P2P借贷与消费金融、汽车金融、供应链金融等细分领域将加速结合，竞争会更加激烈；

(5) P2P借贷与农村金融的结合将迎来新机遇，同时也面临较大挑战；

(6) P2P借贷平台通过助贷、联合放贷、资产证券化等形式对接机构资金的情况将会增多；

(7) 大型集团、产业资本快步入场，一批成立较早、盈利或预期盈利良好的平台将迎来海外上市；

(8) P2P借贷行业进入后监管时代，合规整改、技术驱动和精细化运营是平台制胜的关键。

CONTENTS 目　录

第 1 章

国内外行业概况

1.1 国内总体概况

1.1.1 监管动作频繁，规范发展成主旋律

自2007年6月我国第一家P2P借贷①平台“拍拍贷”正式上线运营以来，P2P借贷服务行业在国内已经进入第10个年头，经历多年的“野蛮生长”之后，行业开始进入规范发展期。2016年，中国互联网金融行业的监管动作明显加快，P2P借贷首当其冲。

2016年初，北京基本暂停了在名字和经营范围里有“金融、财富、投资”字样的公司注册申请，随后上海、深圳、山东等地陆续跟进。同年3月，中国人民银行紧急叫停“首付贷”；4月，国务院组织14部委将在全国范围内启动互联网金融专项整治；4月底，教育部和银监会发布《关于加强校园不良网络借贷风险防范和教育引导工作的通知》，开始规范校园贷；8月，银监会明确提出用“停、移、整、教、引”五字方针，整改校园贷问题。2016年10月13日，国务院正式发布《关于印发互联网金融风险专项整治工作实施方案的通知》，银监会、证监会、保险会、工商总局、央行在同一天发布了整治子方案，各地配套文件随后也陆续出台。

在行业自律方面，2016年3月，中国互联网金融协会在上海正式挂牌成立，囊括了银行、证券、基金、期货、保险以及其他互联网金融新兴企业及研究、服务机构。2016年9月，协会下面的信用信息共享平台开始启动，网信、宜人贷、玖富、开鑫贷、人人贷、拍拍贷等17家机构成为首批接入单位。

这些政策或自律主要有三个方面的意义：一是通过限制注册等方式加强P2P借贷行业准入控制，明确禁止事项；二是提高P2P借贷平台的业务和运营规范，确立平台的信息中介定位，加强合规运营；三是明确了各监管方的责任，减少监管盲区。

1.1.2 平台持续减少，行业进入存量增长阶段

随着监管细则的落地和市场竞争的加剧，2016年新上线的平台数量急剧下降，仅

①如无特别说明，本书所说的P2P、P2P借贷、P2P网贷均为“P2P网络借贷”的简称，且不包括纯粹的移动APP端。

有460家,同比降幅高达77.4%;问题平台数量则达到1106家,同比减少15.4%。此外,至少有23家平台转型做其他业务,约为2015年的4倍。截至2016年末,我国累计上线的P2P借贷平台已达4888家,扣除其中倒闭、歇业停业和转型的部分,仍在正常运营的平台有1625家,仅占33.2%。

据零壹数据统计,截至2016年末,我国P2P借贷行业累计交易规模保守估计为3.36万亿元,年末贷款余额达到8303亿元,同比增长95.4%。其中,2016年交易规模接近2万亿元,为19544亿元,同比增长100.4%。

正常运营的平台持续减少,但整体交易规模仍保持较大的增速,P2P借贷行业已经进入存量增长阶段,且少数平台贡献了绝大部分市场份额。

1.1.3 平台分化加快,“马太效应”更加显著

从地域分布来看,北京、广东、上海和浙江四地年度交易规模分别达到5162亿元、4975亿元、4100亿元和2216亿元,合计占到全国总量的84%;北京、上海和广东三地年末待还余额分别为2550亿元、1990亿元和1642亿元,合计占到全国的74.5%。

从平台发展来看,2016年交易规模和年末待还余额超过100亿元的平台分别有30家和17家,其规模和待还总额分别高达7800亿元和3400亿元,均占到整个行业的40%左右。交易规模超过1000亿元的平台只有陆金服1家,超过500亿元的另有红岭创投和网信理财2家;年末待还余额超过800亿元的也只有陆金服,介于200亿~300亿元的另有5家。

从风险投资来看,2016年P2P借贷平台共获得92笔融资,相较于2015年减少了37笔,但融资总额达到193亿元,与上年基本持平。B轮及以后轮次融资共35笔,相应的融资总额为134亿元,其中21家平台获得亿元以上融资,共计130亿元。

以上数据表明,资产(借款端)、资金(理财端)和资本(机构投资)都在向个别地区的少数平台倾斜,平台之间的分化明显加快,“马太效应”更加显著。

1.1.4 利率和期限趋于稳定,借款人增速高于投资

近6年来,P2P借贷行业平均投资利率一路走低,从2011年的20.79%下降至2016年的9.93%。具体到每个月,行业平均投资利率自2016年4月开始趋于稳定,此后基本在9.7%~9.9%小幅波动。2016年,P2P借贷行业各月平均借款期限基本在7~8个月上下波动,较2015年同期略短。由于下半年现金贷等超短期资产的增多,一些平台的定期产品呈现出多样化的期限特点。

如果不考虑跨平台借款和投资的情况,2016年我国P2P借贷行业活跃借款人数

约为 572 万，同比增长 104%；活跃投资人数约为 998 万，同比增长 38.6%，借款人的增长速度远远高于投资人。随着 P2P 借贷的资产端向着小额分散迅速转变以及投资收益率的稳中下滑，借款人超过投资人只是几个月的时间问题①。

1.1.5 P2P 借贷与消费金融、汽车金融加速结合

2016 年以来，大量平台在监管要求下转型或加码小额分散类资产，消费金融和汽车金融成为其优先选择和激烈竞争的战场。

在消费金融方面，随着大数据风控和反欺诈技术的快速发展，在线批量获取资产已渐呈趋势。与此同时，现金贷如火如荼，P2P 网贷平台成为其重要的资金来源。在这种情况下，P2P 消费金融交易规模出现井喷，2016 年达到 2100 亿元，同比增长 3 倍有余。

在汽车金融方面，截至 2016 年末，以车贷为主营业务且仍在正常运营的平台至少有 491 家，且仍在继续增加。2016 年，P2P 车贷交易规模已增长至 1616 亿元，其中抵押/质押类约占 81.1%，同比下降约 5 个百分点；车商贷款和汽车垫资皆在百亿元以上，同比增速较高；汽车消费贷款和汽车融资租赁②分别约为 35 亿元和 29 亿元，较为稳定。

1.1.6 P2P 借贷与供应链金融的发展面临挑战

近年来，P2P 借贷平台对接供应链金融资产发展迅速。据零壹数据不完全统计，截至 2016 年底，涉及供应链金融且仍在运营的平台至少超过 70 家，这些平台涉足的行业跨度较大，包括大宗商品、餐饮、医疗、农业、通信等，且相当一部分拥有上市公司背景。2014 年 P2P 供应链金融规模在 100 亿元左右，2015 年达到 600 亿 ~750 亿元，是 2014 年的 7 倍左右；2016 年增长到 1300 亿 ~1700 亿元，是 2015 年的 2 ~3 倍。

不过，P2P 供应链金融的发展也面临较大的挑战。在监管方面，《网络借贷信息中介机构业务活动管理暂行办法》设置了限额规定，也禁止类资产证券化的债权转让模式，大额供应链资产以及通过保理、融资租赁等机构进行债权转让的道路已经走不通，很多平台都得进行业务或模式整改；在市场方面，围绕着优质资产的争夺愈演愈烈，中小平台在被迫舍弃大额项目后很难在竞争中生存。此外，宏观经济面临加息缩表和去杠杆的调整，资产风险走高。预计 2017 年会有不少平台被迫转型或出局，资产端垂直

①2017 年 7 月，P2P 借贷行业活跃借款人数达到 466 万，首次超过投资人数（453 万人）。
②主要为以租代购，也属于汽车消费的范畴。

化发展、专注于某条产业链的趋势更加显著,P2P 供应链金融的业务规模也将有所下降。

1.1.7 P2P 企业国内上市被堵,谋求走向海外

由于国内政策环境尚未成熟,A 股市场对企业的财务和盈利要求甚严,互金企业只能选择海外上市或登录新三板。据零壹数据统计,截至 2016 年底,在海外成功上市的只有宜人贷,挂牌新三板的平台有金蛋理财、温商贷、安心贷、九信金融(借贷宝)、PPmoney、团贷网、你我贷共 7 家。

2016 年 1 月,新三板暂停包括 P2P 借贷在内的所有类金融企业的挂牌业务。同年 6 月,相关政策将类金融企业明确阻于新三板门外,已进入新三板的 P2P 借贷公司将无缘创新层并受到交易限制。严令之下,金蛋理财、温商贷分别于 2016 年 5 月和 6 月退出新三板,安心贷和团贷网等也在 2017 年相继退出,其他平台退出也只是时间问题。

P2P 借贷发展至今,无论是来自风险资本的压力,还是平台基于自身的发展需求,登陆资本市场都是形势所需。2016 年 10 月底,陆金所正式启动上市计划,但目前仍无实质性进展,拟 IPO 的名单中还有拍拍贷、乐信集团等①。值得一提的是,信而富已于 2017 年 4 月底成功挂牌纽交所,众安保险也于 2017 年 9 月在港交所上市,这对于国内互金企业的上市具有较大的借鉴和参考价值。

1.1.8 大数据、区块链和人工智能等新技术应用加深

以大数据、区块链和人工智能为代表的新技术在 P2P 借贷行业中的应用不断加深。

大数据的应用主要体现在反欺诈、自动审贷、风险评估和产品控制系统等方面。例如,宜信/宜人贷、拍拍贷(魔镜系统)不断优化大数据模型,线上放贷规模实现大幅增长,坏账率则同步下降;捷越联合/向上金服、七桥/鑫合汇的信贷工场,通过线上线下数据匹配使得资产质量和生产效率都得到较大提升;PINTEC 集团基于大数据风控模型推出“读秒”信贷产品,企业“读秒”在一周年之际授信额度超过 10 亿元,累计服务小微商家 1.5 万多家。

区块链较多应用于供应链金融和行业信息共享中。例如,2016 年 3 月,宜信在其

①在本书截稿之后,趣店、和信贷、拍拍贷先后于 10 月 18 日、11 月 3 日和 11 月 10 日在美国上市;美东时间 11 月 13 日,SEC 官网公布了乐信集团 IPO 招股书,国内互联网金融企业迎来海外上市热潮。

内部技术大会上发布了私有区块链系统 BlcokWorm 和该系统上的第一个应用 CreditStorage，该应用对业务提供 HTTP 形式的 API，能完成传统数据库的存储和查询功能，还可查询某笔数据的历史版本，返回的数据中含有区块链特征数据。北京市网贷行业协会于 2017 年 1 月发布了网贷行业信息共享系统——"X - credit 信息共享系统"，通过去中心化技术建立数据可控的流通机制，推动机构间的信息自由、安全、公平共享交流；该系统仅执行数据提供方与数据查询方的信息共享撮合功能，从机制和技术上使共享数据无法获取、存储、合并、修改。

人工智能（AI）的基础之一就是大数据，目前最常见的应用是智能投顾，其发展尚处于初级阶段。通过 AI，对投资者的财务状况、风险偏好、投资目标等进行分析，通过数据模型和后台算法为投资者提供建议，推荐出标准化的资产组合。

1.2 国外总体情况

P2P 网贷在全球范围内都是金融科技不容忽视的业态之一。就投融资的热度而言,根据零壹财经发布的《2016 年全球金融科技投融资与指数报告》,2016 全球网贷领域获得的投融资金额为 346 亿元,占总金额的 30%,获得的投资笔数为 184 笔,占总笔数的 37%。

1.2.1 美国

根据剑桥大学发布的报告《突破创新》(*Breaking New Ground*),2013—2015 年,美国 P2P 消费贷交易额依次为 28.1 亿美元、76.4 亿美元、256.9 亿美元,共计 361.3 亿美元(其中来自机构投资者的投资额为 192.2 亿美元),项目平均筹资规模为 24683 美元。

根据上述报告,2013—2015 年美国 P2P 企业贷的交易额依次是 3.42 亿美元、9.68 亿美元、25.5 亿美元,共计 38.6 亿美元(其中来自机构投资者的投资额为 27.9 亿美元),项目平均筹资规模为 85902 美元,项目平均投资者数量为 16 人。

目前,美国网贷平台 2016 年的总体数据尚无公开报道,我们不妨从 Lending Club 等知名平台公布的数据中略作分析:

(1)Lending Club

2016 年共促成 86.6 亿美元贷款的发放,自成立以来共促成近 250 亿美元贷款的发放;2016 年净营业收入为 4.95 亿美元,全年亏损 1.46 亿美元。

(2)Prosper

2016 年共促成 22 亿美元贷款的发放,总笔数为 161297 笔,自上线到 2016 年 12 月 31 日,Prosper 已促成 83 亿美元借款。2016 年营业收入为 1.33 亿美元,同比下降 33.8%;净营业收入为 1.36 亿美元,同比下降 33.3%;净亏损达到 1.19 亿美元,接近 2015 年同期净亏损额(2600 万美元)的 4 倍。Prosper 将亏损攀高归结于促成贷款的金额较低、重组和法律费用过高导致的成本上升。

- 行政监管

· 美国财政部于 2016 年 5 月 10 日发布了针对网贷平台的白皮书——《网络借贷

市场的机遇与挑战》(*Opportunities and Challenges in Online Marketplace Lending*),白皮书剖析了网贷平台的商业模式、贡献和缺陷。

·2017 年 3 月,美国货币监理署(Office of Comptroller of Currency, OCC)发布了向金融科技发放银行牌照的草案——《评估来自金融科技企业的申请》(*Evaluating Charter Applications From Financial Technology Companies*)。此前,2016 年 12 月 2 日,OCC 发布了《探讨向金融科技公司发放特殊目的国家银行牌照》(*Exploring Special Purpose National Bank Chapters for Fintech Companies*),探讨了向金融科技公司发放特殊目的国家银行牌照的权限需要满足的条件。

● 自律监管

2016 年 4 月,美国三家 P2P 网贷平台 Funding Circle, Lending Club 和 Prosper 正式宣布成立网贷行业协会(Marketplace Lending Association,MLA),MLA 制定了针对投资者的网贷市场操作标准和针对网贷平台的运营标准。

1.2.2 英国

根据剑桥大学发布的报告《推进边界》(*Pushing Boundaries*),2013—2015 年英国 P2P 消费贷款交易额依次为 2.87 亿英镑、5.47 亿英镑、9.09 亿英镑(其中 2.88 亿英镑来自机构投资者)。项目平均筹资额为 6583 英镑,平均借款通过率为 15.84%。

2013—2015 年英国 P2P 企业贷的交易额依次为 1.93 亿英镑、7.49 亿英镑、14.9 亿英镑(包括 P2P 房地产贷款 6.09 亿英镑),平均借款通过率为 22.7%。项目平均筹资规模为 76280 英镑,项目平均投资者数量为 347 人。

根据英国网贷行业协会 P2PFA①(Peer-to-Peer Finance Association)的数据,2016 年其会员单位共促成了 19.17 亿英镑贷款的发放。

● 行政监管

·从 2014 年 4 月 1 日起,英国网贷业开始被英国金融行为监管局(Financial Conduct Authority, FCA)监管,FCA 对 P2P 网贷平台提出了最低运营资本和信息披露等要求。

·2016 年 11 月 1 日,英国财政部网站发布《小微企业(融资平台)监管条例 2015》[*Small and Medium Sized Business(Finance Platforms)Regulations* 2015],该文件要

①该协会由 Zopa,FundingCircle 和 RateSetter 发起成立于 2011 年,目前已有 Folk2Folk,Funding Circle,Landbay,Lending Works,LendInvest,MarketInvoice,RateSetter,ThinCats 和 Zopa9 家会员。

求即日起九大银行①,在获得小微企业同意的前提下必须将被其拒绝放贷的小微企业(Small-and medium-sized businesses, SME)的信息推送给三大融资平台(Funding Xchange、Funding Options 和 Business Finance Compared)。早在 2014 年 3 月,英国商务秘书 Vince Cable 就曾首次提及这一机制。在 2014 年 8 月举行的 AltFi 欧洲年度峰会上,原英国财政大臣 George Osborne 也再次确认,英国政府有意在创新金融("Innovate Finance")项目中推出这一计划。《2015 春季财政预算计划》(*Springtime Budget* 2015)显示,英国商业银行已经开始接受提名候选机构申请。《2016 年 3 月财政预算》(*Budget of March* 2016)计划中则确定了 3 家中介平台,分别是 Funding Options, Funding Xchang 和 Bitfitech。

- 自律监管

2011 年,英国网贷平台 Zopa, Funding Cirlce 和 RateSetter 成立了 P2P 行业协会(P2PFA),目标是使网贷平台获得公平竞争和健康成长的政策与经济条件、确保成员保持领导力和促进社会公众对 P2P 网贷平台的认知和理解。

1.2.3 其他欧洲国家

根据毕马威与 TWINO 联合发布的《欧洲大陆替代借贷市场发展趋势 2016》(*Alternative Lending Market Trends in Continental Europe in* 2016),若不考虑英国,2016 年前三季度欧洲 P2P 消费贷的交易额为 4.5 亿欧元,P2P 企业贷的交易额为 1.3 亿欧元 。

根据剑桥大学 2016 年 9 月发布的报告《保持增长势头——第二份欧洲替代金融产业研究报告》(*Sustaining Momentum—The* 2nd *European Alternative Finance Industry Report*,以下简称《保持增长势头》),2015 年欧洲 P2P 消费贷的交易额是 3.65 亿欧元,P2P 企业贷的交易额是 2.12 亿欧元,占据了欧洲网络替代金融交易量的前 2 名。

如果不考虑英国,2015 年欧洲 P2P 企业贷的平均借款金额是 99985 欧元,P2P 消费贷的平均借款金额是 9585 欧元;2015 年 P2P 消费贷交易额排名前 3 的国家依次是德国(1.36 亿欧元)、法国(1.35 亿欧元)、芬兰(0.34 亿欧元);2015 年 P2P 企业贷交易额排名前 3 的国家依次是荷兰(0.74 亿欧元)、德国(0.49 亿欧元)、法国(0.29 亿欧元)。

具体到不同的国家:

---

①九大银行包括(或银行集团)联合爱尔兰银行(Allied Irish Bank,以第一信托银行的名义经营)、爱尔兰银行(Bank of Ireland)、巴克莱银行(Barclays Bank)、克莱德斯戴尔银行(Clydesdale Bank)、北方银行(Northern Bank,以丹思克银行的名义经营)、汇丰银行(HSBC Bank)、劳埃德银行集团(Llyods Banking Group)、苏格兰皇家银行集团(Royal Bank of Scotland Group)和英国桑坦德银行(Santander UK)。

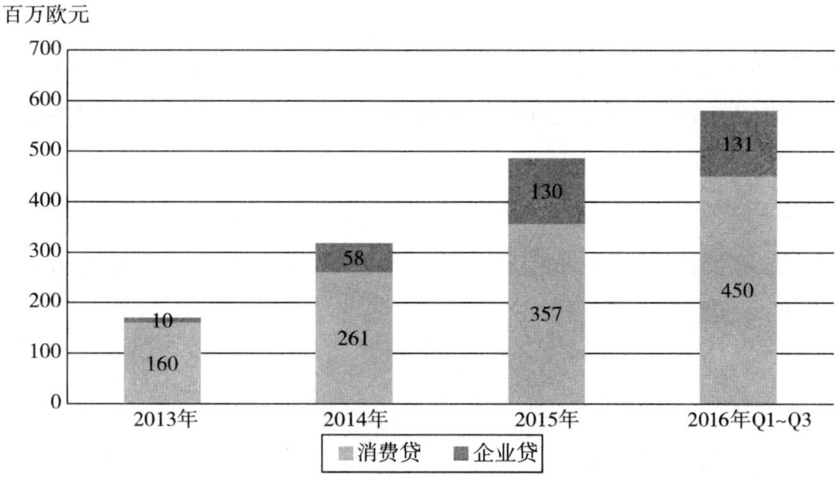

图 1－1　2013—2016 第三季度欧洲 P2P 网贷交易额

资料来源:《欧洲大陆替代借贷市场发展趋势 2016》,零壹数据。

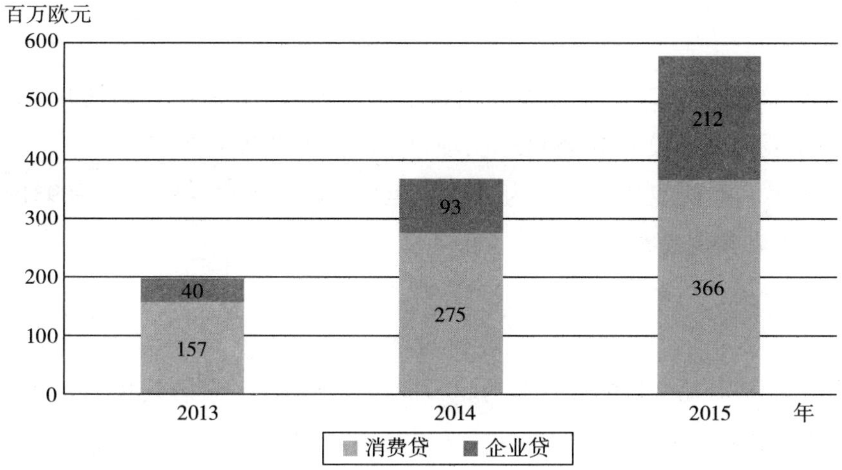

图 1－2　2013—2015 年欧洲 P2P 网贷交易额

资料来源:《保持增长势头——第二份欧洲替代金融产业研究报告》,零壹数据。

● 法国

· 2016 年前三季度 P2P 消费贷的交易额为 1.36 亿欧元;2013—2015 年 P2P 消费贷的交易额依次为 4300 万欧元、8000 万欧元、1.35 亿欧元,项目平均筹资规模为 8272 欧元,项目平均投资者数量为 175 人。

· 2013—2015 年 P2P 企业贷交易额依次为 20 万欧元、800 万欧元、2800 万欧元,项目平均筹资规模为 134225 欧元,项目平均投资者数量为 364 人。

● 德国

· 2016 年前三季度 P2P 消费贷的交易额为 1.3 亿欧元;2013—2015 年 P2P 消费贷的交易额依次为 3640 万欧元、8040 万欧元、1360 万欧元,项目平均筹资规模为 5997 欧元,项目平均投资者数量为 113 人。

· 2016 年前三季度 P2P 企业贷的交易额为 3200 万欧元;2014 年和 2015 年的 P2P 企业贷交易额依次为 610 万欧元、4870 万欧元,项目平均筹资规模为 107158 欧元,项目平均投资者数量为 67 人。

● 荷兰

2016 年前三季度 P2P 企业贷的交易额为 2410 万欧元;2013—2015 年荷兰 P2P 企业贷的交易额依次为 3470 万欧元、5520 万欧元、7390 万欧元,项目平均筹资规模为 113397 欧元,项目平均投资者数量为 96 人。

● 北欧

· 2013—2015 年 P2P 消费贷的交易额依次为 8450 万欧元、1140 万欧元、3650 万欧元,项目平均筹资规模为 16850 欧元,项目平均投资者数量为 72 人。

· 2015 年 P2P 企业贷交易额为 2800 万欧元,项目平均筹资规模为 93101 欧元,项目平均投资者数量为 57 人。

● 西班牙

· 2015 年 P2P 消费贷的交易额为 50 万欧元,项目平均筹资规模为 3500 欧元,项目平均投资者数量为 40 人。

· 2016 年前三季度 P2P 企业贷的交易额为 2440 万欧元;2013—2015 年 P2P 企业贷交易额依次为 280 万欧元、1370 万欧元、2180 万欧元,项目平均筹资规模为 24868 欧元,项目平均投资者数量为 85 人。

● 中东欧

· 2013—2015 年 P2P 消费贷的交易额依次为 1020 万欧元、2480 万欧元、4630 万欧元,项目平均筹资规模为 2083 欧元,项目平均投资者数量为 78 人。

· 2014—2015 年 P2P 企业贷交易额依次为 10 万欧元、500 万欧元,项目平均筹资规模为 208587 欧元,项目平均投资者数量为 177 人。

● 意大利

· 2014—2015 年 P2P 消费贷的交易额依次为 250 万欧元、1040 万欧元，项目平均筹资规模为 5442 欧元，项目平均投资者数量为 122 人。

· 2015 年 P2P 企业贷交易额为 60 万欧元。

根据《保持增长势头》，若不考虑英国，2015 年欧洲 P2P 每个企业贷项目约有 142 位投资人，每个 P2P 消费贷项目约有 88 位投资人。另外，2015 年 24% 的欧洲企业贷投资者为机构投资者（各季度依次为 20%、24%、24%、28%），这一数字对 P2P 消费贷而言是 26%（各季度依次为 21%、25%、29%、30%）。

在投标方式的选择上，根据《保持增长势头》，2015 年 82% 的欧洲 P2P 消费贷为自动投标，38% 的 P2P 企业贷为自动投标。

根据《保持增长势头》，通过 P2P 企业贷获得资金最多的前 3 大行业依次是零售批发业、加工制造业和建筑业；通过 P2P 消费贷获得资金最多的前 3 大行业依次是教育研究、社区和社会企业、医疗保健。

1.3 行业年度十大事件

1.3.1 P2P 借贷平台挂牌新三板被堵

2016 年 1 月 19 日,“新三板”已向券商发出非正式通知,暂停包括 P2P 借贷在内的所有类金融企业的挂牌业务。同年 6 月,《关于金融类企业挂牌融资有关事项的通知》(以下简称《通知》)和《全国中小企业股份转让系统挂牌公司分层管理办法(试行)》出台,类金融企业更被明确阻于新三板门外,已进入新三板的 P2P 公司将无缘创新层并受到交易限制。《通知》规定,拟挂牌新三板的金融机构仅面向“一行三会”监管的企业,可按现行挂牌条件审核其挂牌申请。小贷、担保、融资租赁、商业保理、典当等其他具有金融属性企业暂不受理新的挂牌申请,已受理企业终止审查。

简评:近年来,随着 P2P 借贷的迅速发展、规模增大和资本市场的认可,不少 P2P 机构开始谋求挂牌资本市场。但是,由于国内政策环境尚未成熟,A 股市场对企业的财务和盈利要求甚严,互金企业只能选择海外上市或登录新三板。截至 2016 年底,仅有宜人贷在纽交所成功上市,信而富直到 2017 年 4 月底才成功挂牌纽交所;已经实现新三板挂牌的 P2P 借贷机构包括金蛋理财、温商贷、安心贷、九信金融(借贷宝)、PPmoney、团贷网和你我贷等。

出于风险隔离、引导资金流向实体经济等因素的考虑,监管层叫停了所有类金融企业在新三板的挂牌业务,除非“一行三会”特批,否则不再受理。重压之下,已挂牌平台出于合规考量纷纷退出,未挂牌的平台则退而求其次,选择地方股权交易中心作为突破口①。2016 年 5 月,金蛋理财通过股权转让正式从新三板公司软智科技剥离,6 月瓷爵士表示将剥离温商贷,安心贷和团贷网等也在 2017 年相继退出。

1.3.2 中国互联网金融协会成立

2016 年 3 月 25 日上午,中国互联网金融协会在上海正式挂牌成立。协会当天组织召开了第一次会员代表大会,表决通过了协会章程、自律公约、倡议书、会员及会费

①地方股权交易中心门槛和活跃度较低,融资、品牌和增信效应远低于 A 股和新三板,本书第 7 章有详述。

管理办法 5 项基础制度，并选举产生了第一届理事会和监事，原央行副行长李东荣将出任首任会长。根据现场会议资料显示，第一次会员代表大会会员代表共计 437 名，其中银行机构 84 名，证券、基金、期货公司 44 名，保险公司 17 名，其他互联网金融新兴企业及研究、服务机构 292 名；第一届理事会理事候选人名单有 142 家，其中网贷平台有陆金所、宜信、拍拍贷、人人贷、开鑫贷、合拍在线、挖财、掌众金融、网信金融、玖富、德众金融、点融网、东方汇、搜易贷、恒大金服和邦帮堂等。

简评：2015 年 7 月，央行等十部委联合印发了《关于促进互联网金融健康发展的指导意见》，该意见明确提出“人民银行会同有关部门，组建中国互联网金融协会”。经过半年多时间的筹备，协会终于正式成立，相对于互联网金融的监管举措，其速度可以说是很快。

从行业维度来看，协会囊括的银行、证券、基金、期货、保险等传统金融机构多达 145 名，而作为互联网金融领域里发展最早、规模最大、参与机构最多的 P2P 借贷只占较小的比重。事实上，目前 P2P 借贷的规模和重要性相对于传统金融机构而言基本上可以忽略不计，后者的互联网化进程也在加速进行，我们可以断定在不久的将来所有与金融相关的机构都会“互联网化”，因此中国互联网金融协会在构成上具有前瞻性、系统性。

作为全国性的行业自律组织，中国互联网金融协会在适应迅速变化的互联网金融环境上更具灵活性，对于缓解法律法规的滞后影响、避免各地自律组织的章法不一具有重要的意义。协会设置了较为严格的入会门槛，对于 P2P 借贷而言，需要满足的条件包括：(1)经营互联网金融业务的网络平台在电信主管部门备案；(2)在经营期间未出现过重大经营事故或重大违约事件；(3)股东和管理层无不良记录且具备一定的金融知识和从业经验。这就直接将部分明显不合要求、风险较大的平台挡在外面，起到了一定的风险隔离作用。

中国互联网金融协会在信息共享和登记披露方面已经有了阶段性进展，可以为监管部门的金融统计和监督管理提供信息支持。2016 年 9 月，协会下面的信用信息共享平台开始启动，网信、宜人贷、玖富等 17 家机构成为首批接入单位。2017 年 6 月，互联网金融登记披露服务平台上线，10 家互金机构作为首批试点单位正式接入。随着相关规范的陆续出台以及信息披露功能的逐步完善，我们可以在协会官网上看到更多互金平台的信息披露信息，且维度和深度也将得到扩展。完善的信息披露，对于风险识别和投资人的教育意义不言而喻，这同时也是打破刚性兑付的前提。

1.3.3 央行牵头多部委开展互联网金融专项整治

2016 年 4 月，国务院组织 14 个部委召开电视会议，将在全国范围内启动互联网金融专项整治,为期一年。同年 10 月 13 日,国务院正式发布《关于印发互联网金融风险专项整治工作实施方案的通知》(以下简称《通知》),和半年前网络流传的《互联网金融风险专项整治工作实施方案》基本一致,仅在第四条“加强组织协调,落实主体责任”中增加了对中国人民银行的职责规定。新增的内容显示,部门统筹方面,成立由人民银行负责同志担任组长、有关部门负责同志参加的整治工作领导小组,总体推进整治工作,做好工作总结,汇总提出长效机制建议。

简评:早在互联网金融专项整治启动之前,北京市就于 2016 年初发布了《北京市进一步做好防范和处置非法集资工作的管理办法》,且基本暂停了在名字和经营范围里有“金融、财富、投资”字样的公司注册申请,随后上海、深圳、山东等地陆续跟进,反映在统计结果上就是新上线的平台数量随之减少。2016 年 3 月,央行紧急叫停“首付贷”,并联合相关部门严厉打击为客户提供首付贷、加大购房杠杆、变相突破信贷政策的行为,P2P 借贷平台一度盛行的首付贷产品也基本销声匿迹。在这些单一、零散的整治举措后,国务院正式启动了全国范围内的互金整治,银监会、证监会、保监会、工商总局、央行在同一天发布了整治子方案,各地配套文件随后陆续出台,P2P 借贷和股权众筹首当其冲,互联网保险、互金广告、第三方支付、财富管理也成为重点整治对象。显然,在 e 租宝、大大集团等群体性风险事件发生之后,政府已决定将互联网金融纳入国家大的监管体系,防止其风险扩散,避免系统性风险从非常规领域爆发。

从启动专项整治到正式印发《通知》,中间隔了半年,正好对应着第一阶段的摸底排查工作。据参加整治工作会议的人士透露以及媒体报道,摸底的内容非常详细,既包括股东、法定代表人、实际控制人;也涵盖平台的产品详情、项目真实情况、资金来源和流向等细节,是否有线下营销、误导性宣传,是否涉及资金池、自融自保、期限错配等实质上的“信用中介”行为,是否违规发售银行理财、券商资管等产品,是否有股权众筹等混营业务成为关注重点。经过排查,监管层对各地的互联网金融机构数量、性质等基本情况有了更多了解,为后续因地制宜清理整顿打下了基础。也有在摸底排查阶段发现违法现象,直接移交公安检察机关处置的案例。

不过,鉴于互联网金融业态繁多、机构复杂、资金存管推进较慢、存量消化需要时间等实际情况较为复杂,原定于 2017 年 3 月完成的互金专项整治将延期至 2018 年 6 月,届时接受监管验收,若平台还没完成整改则将被取缔。如果严格按照这一要求执行,现存的千余家平台必须加速推进整改,我们预计会有大批平台因达不到整改要求或者整改成本过高而被迫放弃、转型。

1.3.4 教育部、银监会联手整治校园贷

2016 年 4 月底,教育部和银监会发布《关于加强校园不良网络借贷风险防范和教

育引导工作的通知》(以下简称《通知》)。《通知》指出,一些 P2P 借贷平台不断向高校拓展业务,部分不良平台采取虚假宣传的方式和降低贷款门槛、隐瞒实际资费标准等手段,诱导学生过度消费,甚至陷入"高利贷"陷阱,侵犯学生合法权益,造成不良影响。《通知》明确,各高校要建立校园不良网络借贷日常监测和预警机制,及时发现问题、评估风险。此外,还要建立校园不良网络借贷应对处置机制,对侵犯学生合法权益、存在安全风险隐患、未经学校批准在校园内宣传推广信贷业务的不良网络借贷平台和个人,第一时间报请金融监管部门、公安、网信、工信等部门依法处置。

简评:由于大部分学生没有稳定的收入来源,缺乏正确的消费观念,追逐和攀比心态较重,银监会早在 2009 年就叫停了大学生信用卡业务。另外,银行等金融机构的贷款门槛高、审核严,大学生向这类机构申请贷款普遍很难,供需矛盾长期摆在那里。随着互联网金融的发展,校园贷重新焕发活力,2014 年开始以趣分期、分期乐为代表的校园分期平台崛地而起,从 3C 产品入手,结合风险资本、疯狂地推、便捷贷款、分期付款的优势,迅速在全国各地的大学蔓延。2015 年,校园分期平台更是呈现爆发式增长,涌现出成百上千位"玩家"。与此同时,P2P 借贷平台、互联网电商等机构推出的产品也争先恐后进驻校园,催生出一个近千亿元的校园借贷市场。

在相关政策尚未完善的情况下,校园贷的野蛮发展出现了许多乱象,高利贷、诱骗借款、裸条借贷、暴力催收、信息泄露被冒用等现象屡见不鲜。一些机构发放的贷款利率实际上高达 50% 以上,另有平台通过收取高额逾期费或滞纳金的方式让学生背负数倍于本金的债务。2016 年校园贷乱象先后被曝光,"自杀事件""裸条事件"走上舆论风口,校园贷遭到口诛笔伐,整治和强化管理的呼声越来越高。此时,教育部和银监会的一则《通知》正式下发,校园贷迎来强整治时代。2016 年 8 月,银监会明确提出用"停、移、整、教、引"五字方针,整改校园贷问题。强压之下,众多涉及校园贷业务的机构纷纷转型或谋求退出①。

在大量机构退出的同时,银行、消费金融公司等正规军再度入场,监管的态度很明显,就是"堵偏门,开正门"。和互联网金融机构相比,银行的产品在利率上更易接受,审核更为严格,授信额度也更加谨慎,有利于校园贷的良性发展。当然,我们也不能忽视阿里、腾讯、苏宁等互联网巨头的校园贷产品,它们具有天然的场景和流量优势,与银行等机构的合作值得期待。

①2017 年 9 月,教育部在开学之际喊话"任何网贷机构不得允许向在校大学生发放贷款",完全堵死了网贷平台开展校园贷的路子。

1.3.5 e 速贷被调查,警方通报涉嫌非法吸存

2016 年 5 月 20 日,e 速贷突遭“例行常规调查”,管理层被带走,网站停运。当晚,惠州市公安局惠城区分局官方发布消息称,e 速贷涉嫌非法吸收公众存款。5 月 26 日警方通报,e 速贷以自融、设立资金池、发放虚假标的等形式进行非法集资,涉案资金高达数亿元。9 月 22 日,惠州市公安完成对 e 速贷案件的侦查工作,正式将此案移交检察院。

简评:e 速贷成立于 2010 年 9 月,是广东地区知名度较高的老牌平台之一,出事之前未曾有过重大负面消息。所以,在 e 速贷被调查初期,投资人几乎“一边倒”式地质疑惠州警方,指责其执法粗暴、信息不透明。随着事情的发展,e 速贷法人简某及相关涉案人陆续被逮捕,投资人的恐慌情绪迅速蔓延,打折甩卖债权的情况大量出现。

最新起诉意见书显示,简某和方某被认定涉嫌非法吸收公众存款、挪用资金、擅自发行股票 43 项罪名,早先爆出的集资诈骗已被剔除;e 速贷案尚未收回的资金合计人民币 9.16 亿元,借款人尚未偿还的资金合计人民币 9.52 亿元,如果这部分资金按期收回,可以覆盖全部投资人的本金,但是能够回来多少,何时兑付,目前仍然未知。

e 速贷案发生在互联网金融专项整治初期,从警方介入到定性只有短短 5 天,从定性到立案也只有 4 个月,较之前绝大多数网贷案件快出很多,可谓是雷厉风行。尽管案件早已定性,但执法过程依然备受争议,几十万名投资人的权益保障还没有得到落实。

1.3.6 《P2P 网络借贷业务管理暂行办法》正式出台

2016 年 8 月 24 日,银监会、工信部、公安部、国家互联网信息办公室联合发布《网络借贷信息中介机构业务活动管理暂行办法》(以下简称《暂行办法》),结束了网络借贷没有行政监管的野蛮生长期,标志着网络借贷将进入一个有法可依的时代。而在 2015 年 12 月,《网络借贷信息中介机构业务活动管理暂行办法(征求意见稿)》(以下简称《意见稿》)就已经发布,在业内引发了广泛的讨论。与《暂行办法》配套的存管、备案、信披指引三大主要合规政策在 2017 年才悉数落地。

简评:《意见稿》下发 8 个多月后,《暂行办法》才正式出台,足见监管层的态度之审慎。从《暂行办法》的具体内容来看,延续了《意见稿》的整体思路,均从备案管理、业务规则与风险管理、出借人与借款人保护、信息披露、监督管理、法律责任 6 个维度

对 P2P 借贷平台提出了监管要求，但在细节上存在一定的差别。

《暂行办法》要求平台在终止业务前至少提前 10 个工作日告知地方金融监管部门，并办理备案注销，通过官方微博等有效渠道向出借人与借款人公告，比《意见稿》的规定时间延长了 1 倍；《暂行办法》新增了 2 个条款，一是要求平台领取营业执照后 10 个工作日内进行备案登记；二是对自然人、法人或组织在同一平台、不同平台的借贷余额进行了明确限制，设置了 20 万元、100 万元和 500 万元人民币的上限，这与网贷服务于个体、小微企业的定位是一致的。此外，整改期限由原来的 18 个月缩短至 12 个月，时间更加紧迫①。

《暂行办法》新增禁止行为"开展类资产证券化业务或实现以打包资产、证券化资产、信托资产、基金份额等形式的债权转让行为"，这对不少平台都造成了严重影响，因为这些平台对接了大量的来自融资租赁、保理、小贷等机构的债权。《暂行办法》禁止发售的理财产品新增"金融产品募集资金"；禁止借款用途新增"场外配资、期货合约、结构化产品及其他衍生品"。至于金融产品 、配资、期货或结构化产品。这两条规定影响相对较小，因为相应的业务只有少数平台在做，规模尚小，替代性较强，而股票和期货配资早在 2015 年即被叫停。

1.3.7 陆金所启动上市计划

据《第一财经》报道，2016 年 10 月底陆金所正式启动上市，参与其 IPO 的花旗集团、美银美林、摩根士丹利、中信证券 4 家投行已进场尽调，并计划于 2017 年一季度向港交所递交 A1 上市申请表。陆金所方面表示"不予置评"。

陆金所的上市传闻由来已久。2016 年 3 月，中国平安官方首次表态陆金所将不早于下半年启动上市计划。2015 年底，陆金所董事长计葵生曾表示，正考虑在我国香港地区或上海进行 IPO，更倾向于在国内上市。但 2016 年 5 月，计葵生又表示，由于市场动荡和监管问题，陆金所 IPO 可能将推迟到 2017 年。

简评：陆金所成立于 2012 年，上线之初以 P2P 借贷业务为主，规模发展迅速，目前已经形成了陆金所、重金所、前交所、平安普惠"三所一惠"的战略布局，定位于综合型财富管理平台。2016 年 1 月，陆金所对外宣布完成 12.16 亿美元融资，整体估值达到 185 亿美元，成为国内金融科技准上市公司中仅次于蚂蚁金服的"超级独角兽"。

在互联网金融专项整治进入清理整顿的敏感期，陆金所启动上市计划，或许意在整治结束的第一时间内抢先上市。不过，具体进展还要根据政策环境、资本市场的情

①2017 年 6 月，央行等部门发文指出，互金专项整治将延期至 2018 年 6 月，不过各地时间要求并不相同。

况来调整。实际上,互金专项整治延期,陆金所的上市直到目前还在“积极推进”,尚无实质性进展,只是在 2016 年 12 月正式拆分出“陆金服”独立从事 P2P 借贷业务,提升合规性。

除了陆金所外,在拟 IPO 的名单中,还有蚂蚁金服、拍拍贷、乐信集团、京东金融等,其中蚂蚁金服的 IPO 计划暂时搁置,其余机构在 IPO 上的表态也都异常谨慎。

1.3.8 “金交所”模式受追捧

2016 年 8 月《暂行办法》出台,对个人、法人或相关组织在同一平台、不同平台的借款余额设置了 20 万元、50 万元和 100 万元的最高限制,使不少做大标业务或供应链金融的平台面临合规挑战。由于“金交所”对交易金额没有明确限制,越来越多的 P2P 机构、其他互联网金融平台开始通过收购、入股或合作的方式借道“金交所”继续开展“超限”业务,同时也能在一定程度上为自己增信。

简评:网贷平台与“金交所”的合作始于 2014—2015 年,起初只是代销或通过债转的方式引进金交所的资产,主要目的在于流量变现,做大自身交易规模,吸引资本。《暂行办法》出台后,合作方式有了新变化,P2P 借贷平台将大额项目挂到“金交所”,或者简单地通过“金交所”包装后再放到自己平台上出售,本质上并无改变。平台这样做实属无奈,毕竟大额业务的调整需要时间,合规整改也要按要求执行。

零壹数据统计,截至 2016 年末,至少有 28 家互联网金融平台曾与金交所达成合作,其中七成以上是 P2P 借贷平台,另外也包括百度金融、乐视金融 、苏宁金融、京东金融和腾讯理财通等综合型理财平台。

2017 年 1 月,证监会召开了清理整顿各类交易场所部际联席会议,部署各地证监局会同当地政府部门对地方各类交易场所进行新一轮的摸底调查,网贷平台借道“金交所”突破借款限额的行为也迎来变局。不过,网贷机构升级金控集团,将大额业务拆分归类到自家“金交所”进行交易,仍然不失为合规之举。

1.3.9 行业历史累计规模突破 3 万亿元

据零壹数据统计,截至 2016 年 11 月末,中国 P2P 借贷行业累计交易额突破 3 万亿元,达到 31544 亿元。回顾过去,第一个万亿元是在 2015 年 10 月,历时 7 年之久;第二个万亿元在 2016 年 5 月,用了 7 个月时间;第三个万亿元仅仅用了不到 6 个月。贷款余额的增长相对缓慢,截至 2016 年 11 月底约为 7939 亿元,直到 2017 年 4 月才突破 1 万亿元。

简评:从 7 年到 6 个月,完成万亿元规模所需的时间呈指数级递减,存量平台的业务增速令人咋舌。在监管加码,行业分化的情况下,平台之间的“马太效应”也迅速扩大。据零壹数据统计,2016 年 11 月成交靠前的 30 家平台当月规模合计约 1064 亿元,行业占比高达 53%。考虑到当月存量平台有 1645 家,如此算下来,2% 的平台打下了网贷行业的半壁江山。

平台持续减少,规模快速增长,离不开合规资产的大量开发。2016 年,在监管要求下,小额分散的车贷和消费类贷款成为越来越多平台的主业,通过技术手段在线上批量获取资产也成为部分平台增长的利器,其典型代表有拍拍贷、宜人贷、积木盒子等。此外,现金贷风生水起,对接网贷平台获取资金的模式开始盛行,也助推了规模的快速增长。从数据上可以看到,2016 年 11 月行业月交易规模首次超过 2000 亿元,12 月继续增长到 2070 亿元左右。

2017 年农历春节后,P2P 借贷迎来新一轮增长,月交易规模屡创新高,到 7 月已经超过 2500 亿元。截至 7 月中旬,行业累计规模突破 5 万亿元,最后 2 个万亿元平均用时不到 4 个月。不过,目前监管层对 P2P 借贷限额提出了新的要求,8 月规模已经略有下降,在互金整治完成之前,行业月交易规模很可能会掉头往下走。

1.3.10 招财宝侨兴私募债违约

自 2016 年 12 月 20 日开始,粤股交、蚂蚁聚宝旗下招财宝、浙商财险三方相继发出三则公告,牵出一桩中国 500 强企业侨兴集团的债务违约事件。据了解,侨兴集团在招财宝平台发售的私募债共有七期,本息共计 11.46 亿元。前两期债券在多方博弈之后已由浙商财险出面赔付,第三期至第七期到期的侨兴债合计本息为 8.34 亿元,于 2017 年 1 月 12 日全部到期,并继续逾期。

简评:招财宝设定,侨兴私募债认购起始金额为 1 万元,认购满足一定期限后,可通过招财宝“变现”功能,以“个人贷”借款变现退出。每一笔个人贷都由众安保险进行履约担保,因此接盘了个人贷的投资人,原则上在事发后可以直接找众安保险要求理赔,具体要视招财宝与众安的合作协议而定。

从这些分析来看,招财宝的个人贷和企业贷本质上是带担保的 P2P 业务,因而也应被划归 P2P 网贷的监管范畴。根据《网络借贷信息中介机构业务活动管理暂行办法》禁止事项的第十条第(七)、(八)项,招财宝很可能涉嫌触碰监管红线,也变相突破了私募债券对合格投资人资质及人数的限制。

侨兴债违约事件,是不同金融机构之间交叉传递的典型案例。业务涉及银行、证券、保险等多类金融机构,交易过程复杂,最终涉及大量的个人投资者,引起监管层的高度重视,同时也给蓬勃发展的互联网保证保险打了一记重拳。其实,保监会在侨兴事件前夕曾发文规定,保险公司开展互联网平台保证保险业务,累计承保的保险责任余额不得超过保险公司净资产的 3 倍,在一定程度上隔离了互金企业和保险业的风险。侨兴债事件之后,保险公司与 P2P 借贷的合作迅速进入冰冻期,鲜有新的平台上线履约保证保险产品。

第 2 章

行业数据统计与分析

2.1 本章逻辑结构

本章基本延续了《中国 P2P 借贷服务行业报告 2016》的写作思路。第一部分介绍了数据采集、处理和统计的基本逻辑,第二部分是对历年整个行业的回顾,并对 2016 年各月的指标进行了概述;第三部分针对 30 家样本平台做了详尽的分析,宏观与微观相结合,以期能够更加客观地反映行业现状;第四部分和第五部分是新增内容,对问题平台和银行资金存管情况作了一些梳理。

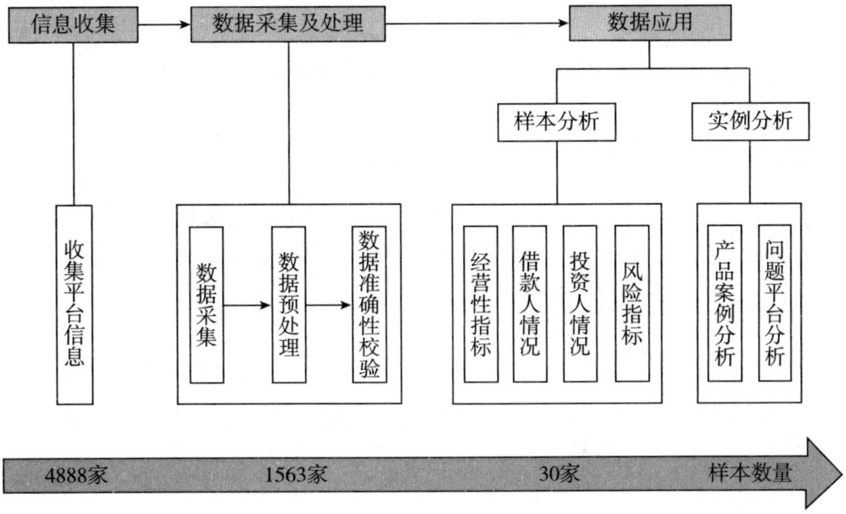

图 2-1　数据部分框架

2.1.1　数据采集及处理

零壹数据获取数据的主要途径有:(1)运用自主开发的爬虫程序,通过网页分析算法过滤页面无关元素,自动采集储存相关变量;(2)与各平台建立数据接口,直接从平台获得数据,并经双方协同校验,确保数据准确无误。

通过接口获取的数据基本都很规范,不用做过多的处理,这里主要介绍爬虫数据的处理逻辑。从网页中获得的初始字段信息往往比较杂乱,除了正则字段匹配不准确、缺失、错误等情况外,还可能存在不可见字符、空格等无法有效识别的信息,为了便于程序理解及日后统计需求,就需要对数据进行第一步清洗。对于错误、缺失的信息需要重新采集,重新校正完整之后再进入数据库,重复逻辑验证环节。具体流程如图2 -2所示:

图 2 -2　爬虫数据的处理逻辑

2.1.2　声明

保证本书所采用的基础数据均来自合规渠道,如非特别说明信息均由零壹数据(以下简称本机构)完成采集、整理和统计工作。数据统计方法及操作标准源于本机构内部规范,分析逻辑基于笔者的行业理解,本刊物清晰准确地反映了笔者的观点,力求独立、客观和公正,结论不受任何第三方的授意或影响,特此声明。

本书中数据及案例仅供《中国 P2P 借贷服务行业发展报告(2017)》使用,所有数据信息仅在相关法律许可的情况下发放,为行业宏观研究之用,概不构成任何广告及推荐。投资者不应将本刊物中信息作为投资决策的唯一参考因素,亦不应认为本报告可以取代自己的判断。在决定投资前,如有需要,投资者务必向专业人士咨询并谨慎决策,坚持独立思考,为自己的投资行为负责。

在任何情况下,本书中的信息或所表述的意见均不构成对任何人的投资建议。本机构、本机构员工或者关联机构不承诺投资者一定获利,不与投资者分享投资收益,也不对任何人因使用本刊物中的任何内容所引致的任何损失负任何责任。读者务必注意,据此做出的任何投资决策与本机构、本机构员工或者关联机构无关。

本书的数据信息来源于互联网公开渠道,本机构对该数据信息本身的准确性、完整性或可靠性不作任何保证。本刊物所载的资料、意见及推测仅反映本书完稿之时的判断,过往表现不应作为日后的表现依据。在不同时期,本公司可发出与本报告所载资料、意见及推测不一致的刊物或者报告。本公司不保证本刊物所含信息保持在最新状态。同时,本机构对本刊物所含信息可在不发出通知的情形下做出修改,读者应当自行关注相应的更新或修改公告。P2P 借贷行业尚不规范,随着时间发展,可能部分目前正常的平台会发生问题,请读者自行判断风险。本书版权仅为零壹公司所有,未经书面许可,任何机构和个人不得以任何形式翻版或复制。如征得本机构同意进行引用、刊发的,需在允许的范围内使用,请注明出处,但不得对本报告进行任何有悖原意的引用、删节和修改。

2.2 行业整体数据

2.2.1 平台数量

据零壹数据不完全统计，截至 2016 年 12 月 31 日，我国累计上线的 P2P 借贷平台已达 4888 家①，其中仍在正常运营的平台仅有 1625 家，约占 33.2%。随着监管细则的落地和市场竞争的加剧，2016 年新上线的平台数量急剧下降，仅有 460 家，同比降幅高达 77.4%。

早在 2016 年初，北京、上海、深圳等地就暂停了投资类企业或互联网金融公司的注册；工商总局等 17 部门在 4 月也印发了《开展互联网金融广告及以投资理财名义从事金融活动风险专项整治工作实施方案》，要求非金融机构在核准名称中不得使用金融、资产管理、理财网贷、网络借贷、P2P 等字样，网贷平台的增长来源受到极大限制。

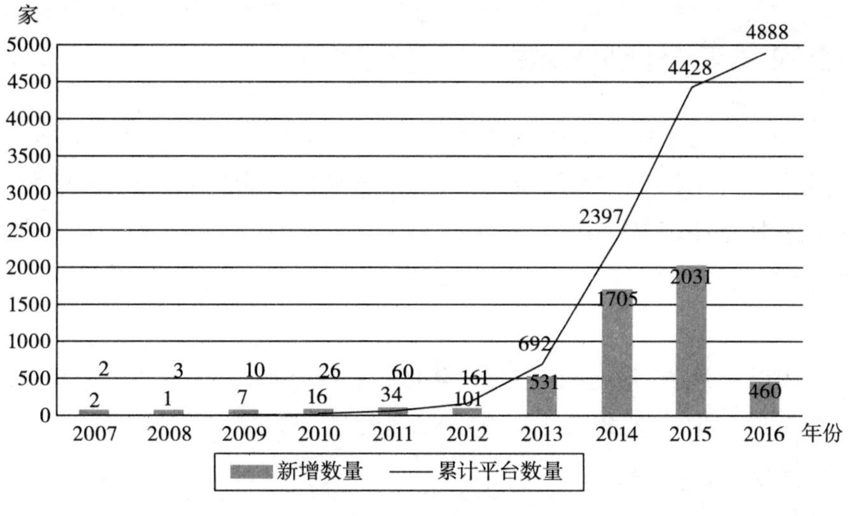

图 2-3 中国 P2P 借贷行业历年平台数量

图 2-4 显示了 2016 年各月平台数量变化走势，可以看出正常运营的平台数量全年一路走低，从 2489 家下降到 1625 家；新上线的平台也在第四季度减少到 31 家，不

①仅包括有 PC 端业务（含信息展示）的平台。

足以往单月的增量。此外,我们还观察到 2016 年至少有 23 家平台转型做其他业务,约为 2015 年的 4 倍。

进入 2017 年,监管政策持续加码,地方细则密集出台,平台面临的合规整改压力进一步加大,新增平台每月在个位数级别,存量平台将加剧减少。

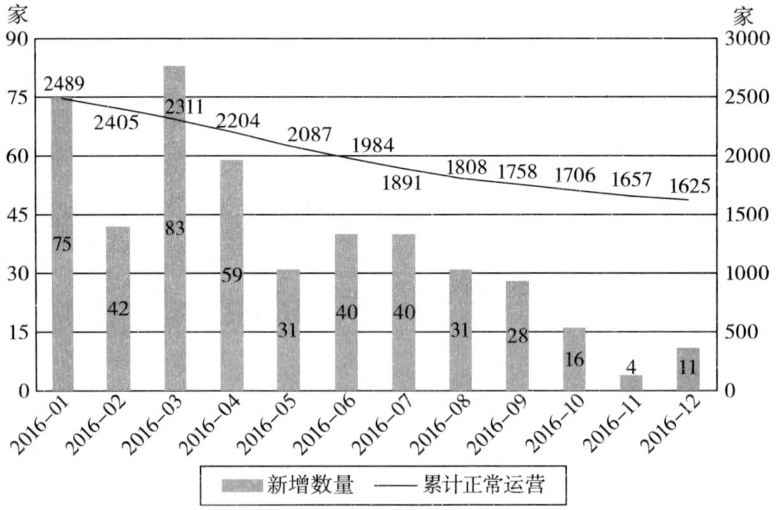

图 2-4　中国 P2P 借贷行业 2016 年各月平台数量

2.2.2　平台地域分布

截至 2016 年底,P2P 借贷平台最多的地区依次为广东、山东、北京、上海和浙江,5 个地区累计上线平台数量分别为 865 家、641 家、544 家、533 家和 522 家,在全国的占比分别为 17.70%、13.11%、11.13%、10.90% 和 10.68%,合计占到全国平台总数的 63.52%。与 2015 年相比,各地区平台数量增长缓慢,平台集中度没有明显变化。

截至 2016 年底,正常运营的 1625 家 P2P 平台分布在 30 个省份。其中,广东多达 339 家,其次是北京、上海和浙江,三地分别为 286 家、224 家和 192 家,其余均不超过 100 家,具体如图 2-5 所示:

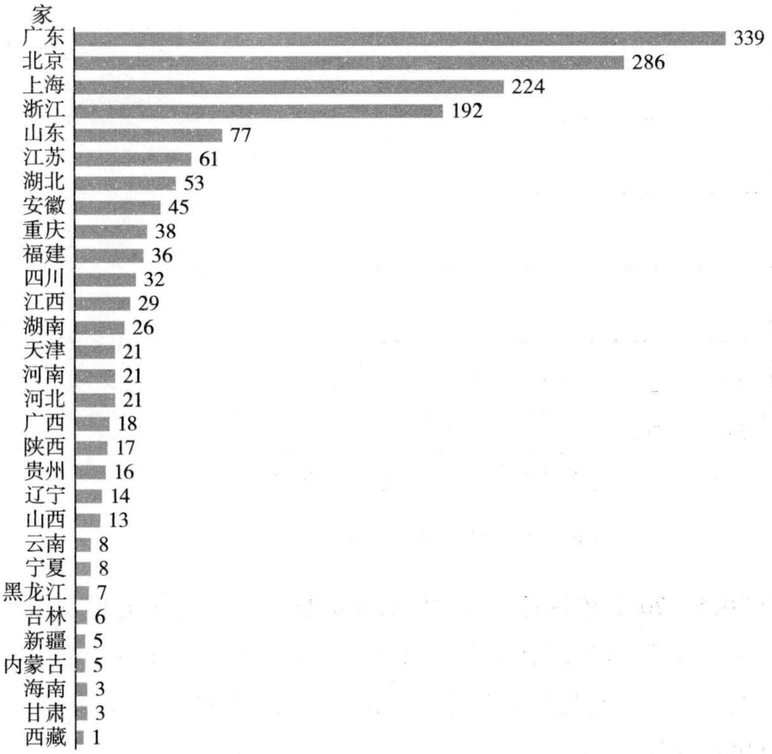

图 2－5　中国 P2P 借贷平台的地域分布(截至 2016 年末,运营中)

2.2.3　整体规模

据零壹数据统计,截至 2016 年末,我国 P2P 借贷行业累计交易规模约为 3.36 万亿元,其中 2016 年为 1.95 万亿元①,同比增幅为 100.4%。从借款笔数来看,2016 年约为 4620 万笔,是 2015 年的 3.5 倍左右,这主要是因为小额消费类项目的大幅增加所致,所以可以看到 2016 年的单笔借款金额有显著降低。

图 2－6 显示了 2009 年以来历年交易规模走势,2014—2015 年同比增幅均在 200% 以上,2016 年增速有所放缓,但依旧强劲,预计 2017 年网贷交易规模可达 3 万亿元。

①仅包括一级市场的散标或债权包项目,不含债权转让、活期理财等产品。

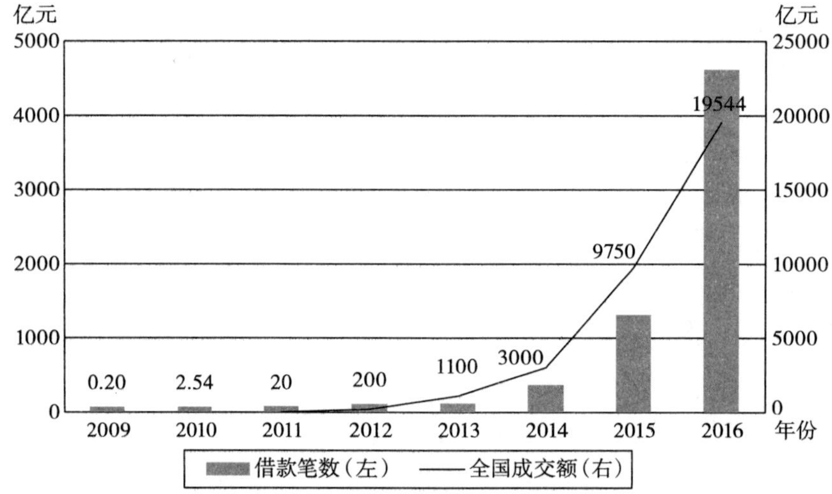

图 2-6　中国 P2P 借贷行业历年规模走势

图 2-7 是 2015—2016 年各月交易规模对比数据。2016 年各月的交易规模基本在 1300 亿元以上，12 月达到新高为 2070 亿元。2016 年交易额主要集中分布在北京、广东、上海和浙江 4 地，其规模分别达到 5162 亿元、4975 亿元、4100 亿元和 2216 亿元，合计占全国总量的 84%。

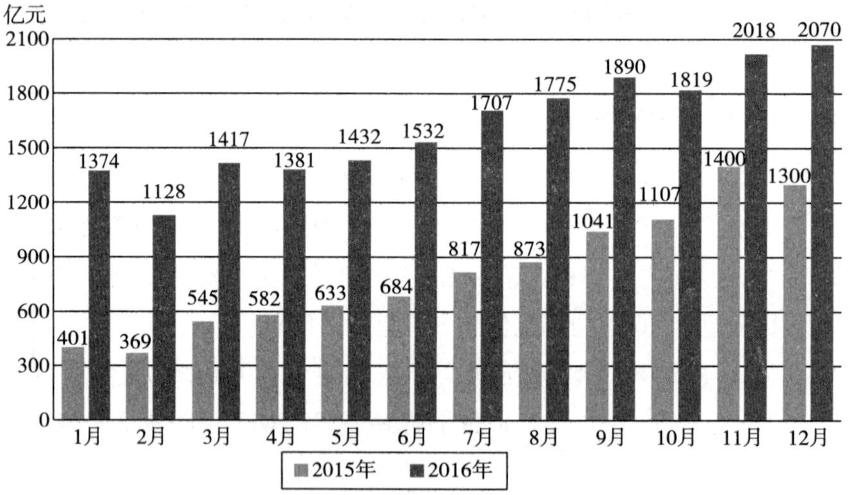

图 2-7　中国 P2P 借贷行业 2015—2016 年各月交易规模走势

2.2.4　贷款余额

截至 2016 年末，我国 P2P 借贷行业贷款余额（指待还本金，下同）达到 8303 亿元，同比增长 95.2%；待还利息共 798 亿元，约为本金的 8.4%。预计 2017 年末贷款余额可达 1.5 万亿元。

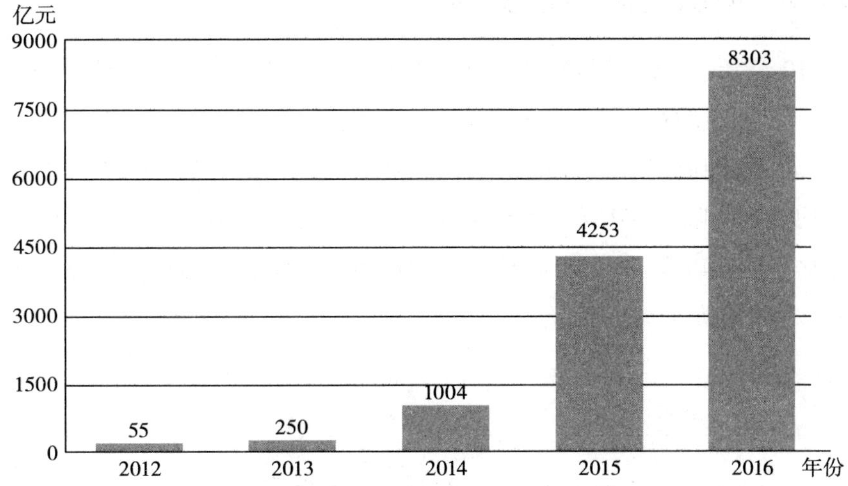

图 2－8　中国 P2P 借贷行业历年贷款余额走势

从地域上来看，截至 2016 年末北京贷款余额为 2550 亿元，约占 30.7%，上海和广东分别为 1990 亿元和 1642 亿元，所占比例约为 24.0% 和 19.8%，这 3 个地区的贷款余额总和约占到全国的 3/4。

图 2－9 显示了 2015—2016 年各月贷款余额的走势，从 2016 年初的 4467 亿元增长到年底的 8303 亿元，月均复合增长率约为 5.80%。预计到 2017 年底，贷款余额或达到 1.5 万亿～2 万亿元。

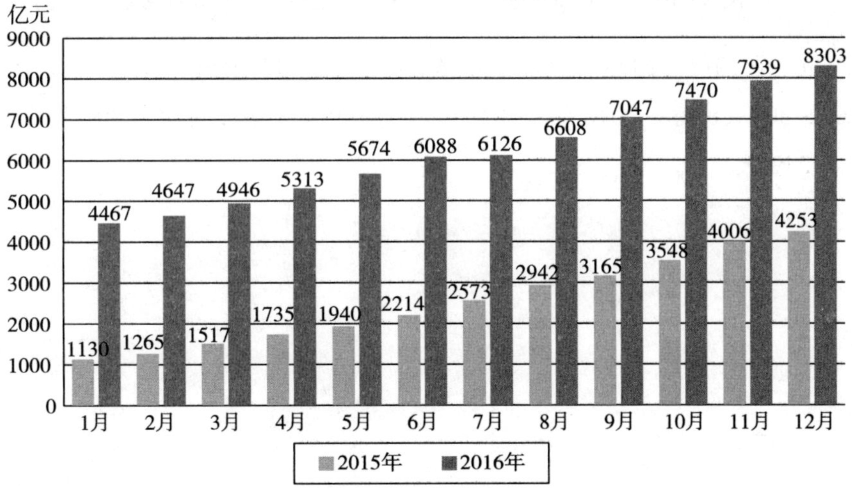

图 2－9　中国 P2P 借贷行业 2015—2016 年各月贷款余额走势

2.2.5 借款期限和投资利率

图 2 - 10 显示了 P2P 借贷行业历年平均借款期限及投资利率走势。2009—2013 年,平均年借款期限均在 6 个月以内且投资利率均在 16% 以上。2014—2016 年,随着抵押、信贷等中长期借贷项目的大量增加,行业平均借款期限基本维持在 8 个月左右。2016 年平均借款期限为 231 天,2014 年和 2015 年分别是 261 天和 256 天,近 3 年平均借款期限呈缩短趋势,降幅相对较小。2011 年后,行业平均投资利率开始持续下降,到 2016 年已经降至 9.93% 。

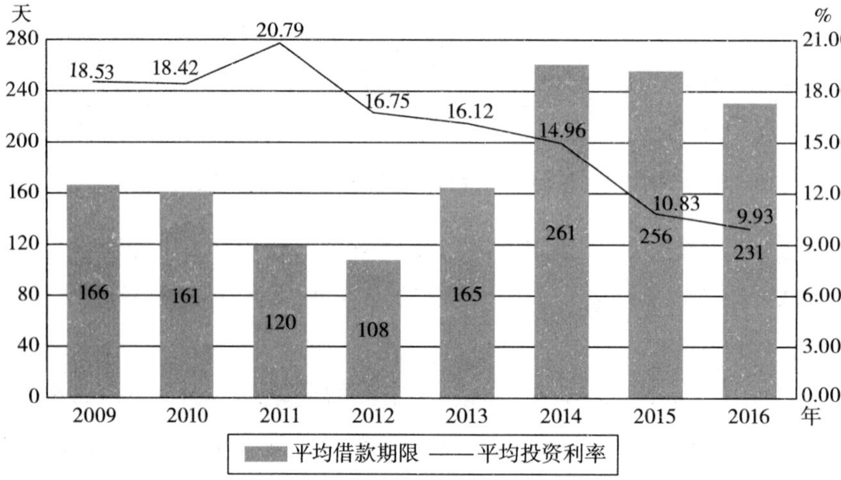

图 2 - 10　中国 P2P 借贷行业历年平均借款期限和投资利率

图 2 - 11 是 2015—2016 年各月的数据。从图 2 - 11 中可以看出,平均借款期限基本在200 ~ 300天波动。2016 年上半年借款期限相对较短,平均为 201 天;下半年较长,平均为 249 天。

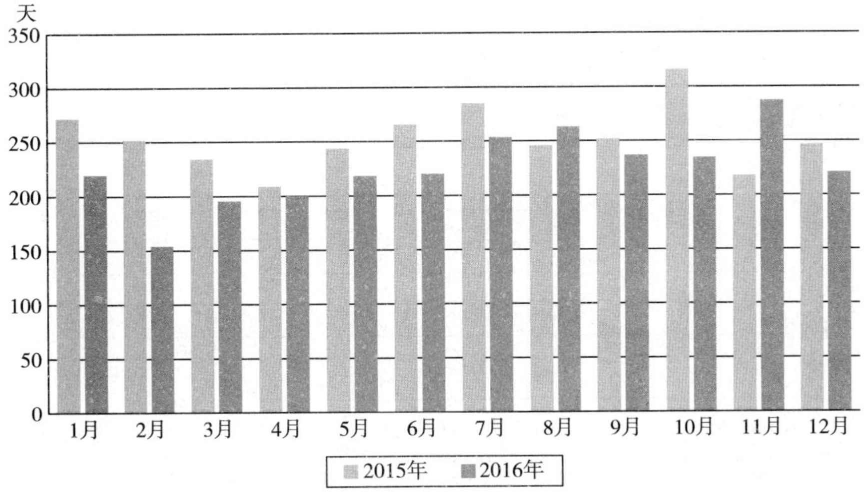

图 2－11　中国 P2P 借贷行业 2015—2016 年各月平均借款期限走势

图 2－12 列出了 2015—2016 年各月平均投资利率的走势。2015 年第三季度降幅显著，2016 年第二季度开始基本趋于稳定，在 10% 左右。具体到各个省市来看，2016 年底已有四川、广东、宁夏、浙江、江苏、陕西、江西以及 4 个直辖市的平均投资利率降到 10% 以下。

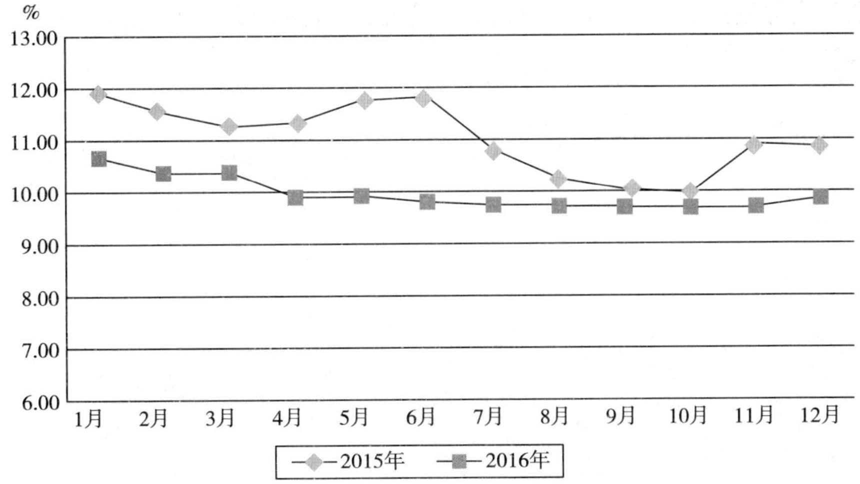

图 2－12　中国 P2P 借贷行业 2015—2016 年各月平均投资利率走势

2.2.6　借款/投资人数

2016 年，我国 P2P 借贷行业活跃借款人数约为 572 万，同比增长 104%；活跃投资人数则在 998 万左右，同比增加 38.6%，理财端有效用户的增长已经出现明显放缓。

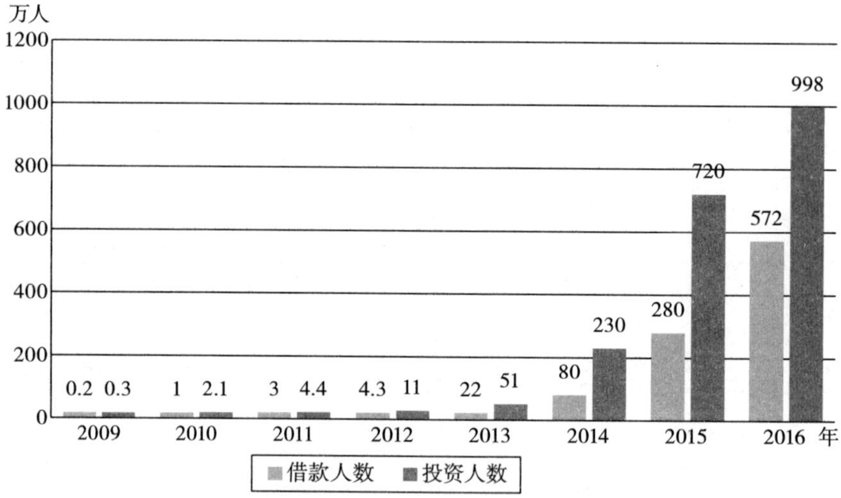

图 2－13 中国 P2P 借贷行业历年参与人数

图 2－14 是 2015—2016 年各月活跃借款人的具体数据。2016 年 2 月出现了断崖式下滑,直到 5 月才恢复到 100 万人以上,到年底单月活跃借款人超过 200 万人。2016 年人均融资金额为 34.16 万元,与 2015 年(34.80 万元)基本持平。2016 年单月投资人数的走势则有起有落,整体来看增长较慢,具体如图 2－15 所示:

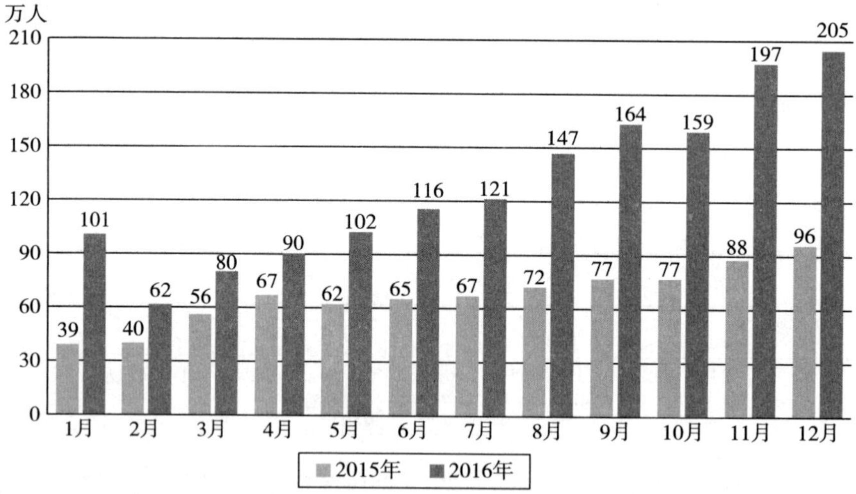

图 2－14 中国 P2P 借贷行业 2015—2016 年各月借款人数

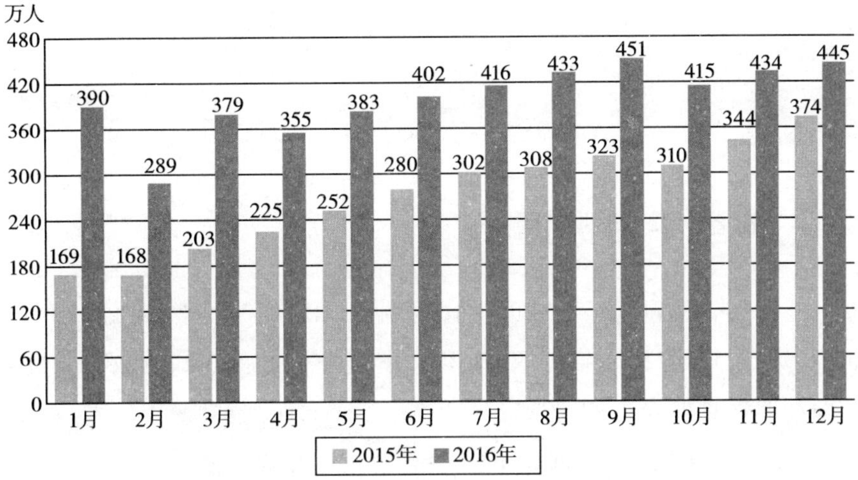

图 2－15　中国 P2P 借贷行业 2015—2016 年各月投资人数走势

2.3 典型平台数据

根据上线时间、交易规模、数据可获取性、业内知名度等因素,我们选择红岭创投、人人贷、你我贷、微贷网、翼龙贷等 30 家 P2P 借贷平台进行详细的数据分析①。样本平台的工商注册信息如表 2 – 1 所示:

表 2 – 1　30 家 P2P 借贷平台工商登记信息　　单位:万元

平台名称	注册资金	上线时间	公司名称	法定代表人
红岭创投	6000	2009 – 03	红岭创投电子商务股份有限公司	周世平
人人贷	10000	2010 – 10	人人贷商务顾问(北京)有限公司	杨一夫
你我贷	10000	2011 – 06	上海你我贷互联网金融信息服务有限公司	严定贵
微贷网	12810	2011 – 08	微贷(杭州)金融信息服务有限公司	姚宏
翼龙贷	10000	2011 – 10	北京同城翼龙网络科技有限公司	王思聪
人人聚财	5377	2011 – 11	深圳市人人聚财金融信息服务有限公司	许建文
宜人贷	3000	2012 – 03	恒诚科技发展(北京)有限公司	唐宁
合拍在线	10000	2012 – 06	深圳市合拍在线互联网金融服务有限公司	王实
团贷网	10293	2012 – 07	东莞团贷网互联网科技服务有限公司	张林
投哪网	10000	2012 – 08	深圳投哪金融服务有限公司	吴显勇
金融工场	5000	2012 – 09	北京凤凰信用管理有限公司	康忠芹
一起好	2010	2012 – 09	武汉一起好金融信息服务股份有限公司	祁守艳
PPmoney	15000	2012 – 12	万惠投资管理有限公司	陈宝国
易通贷	10000	2013 – 02	北京易通贷金融信息服务有限公司	王岩
点融网	20000	2013 – 03	上海点荣金融信息服务有限责任公司	胡锦华
温商贷	10000	2013 – 03	鄞善温商贷互联网金融服务有限公司	魏忠杭
融金所	3000	2013 – 05	深圳前海融金所互联网金融服务有限公司	孙明达
小牛在线	10300	2013 – 06	深圳市小牛在线互联网信息咨询有限公司	彭钢

①如未特别说明,本节及其后第二章所有统计范围为:(1)年化利率介于 4% ~80%;(2)借款期限大于或等于 7 天。

续表

平台名称	注册资金	上线时间	公司名称	法定代表人
钱多多	11000	2013-08	上海旭胜金融信息服务股份有限公司	陈正浩
积木盒子	20000	2013-08	北京乐融多源信息技术有限公司	董骏
金银猫	3000	2013-11	上海金银猫金融服务有限公司	徐国军
银客理财	10000	2013-12	银客金融信息服务(北京)有限公司	郭新涛
鑫合汇	5652	2013-12	杭州鑫合汇互联网金融服务有限公司	杨君
宜贷网	10000	2014-01	上海易贷网金融信息服务有限公司	李宁
理财范	12567	2014-03	北京网融天下金融信息服务有限公司	申磊
91旺财	5166	2014-03	九一金融信息服务(北京)有限公司	许泽玮
爱钱进	20000	2014-05	爱钱进(北京)信息科技有限公司	董祺
搜易贷	30000	2014-09	搜易贷(北京)金融信息服务有限公司	周霖
链链金融	1000	2014-11	北京美锦互联网金融信息有限公司	樊卓鹏
麻袋理财	11000	2014-12	上海凯岸信息科技有限公司	曾霖

资料来源:零壹数据。

2.3.1 成交概况

30家样本平台2016年总成交额约为4917亿元,约占整个行业的25.2%;总借款笔数达1326万笔左右,占到整个行业的28.7%;若不排除7天以内的超短期项目,成交额和借款笔数的比重均占到整个行业的30%以上。如图2-16所示,1—4月,单月总成交额在300亿~400亿元上下浮动,此后除10月外均保持增长趋势。3月和12月的成交额增长相对较快,环比增幅分别为27.3%和16.9%。特别的,11—12月的借款总额和笔数均出现大幅增长,11月借款笔数环比大幅增长49.4%,12月超过200万笔。

图2-17显示了30家样本平台平均单笔成交额的变动趋势。第一季度,平均单笔成交额呈明显的下降趋势,其中2月成交额减少1.38万元,环比下降20.0%;4—7月基本保持平稳。8月网贷监管细则出台,样本平台的平均单笔交易额又开始下降,11—12月降到2.45万元。

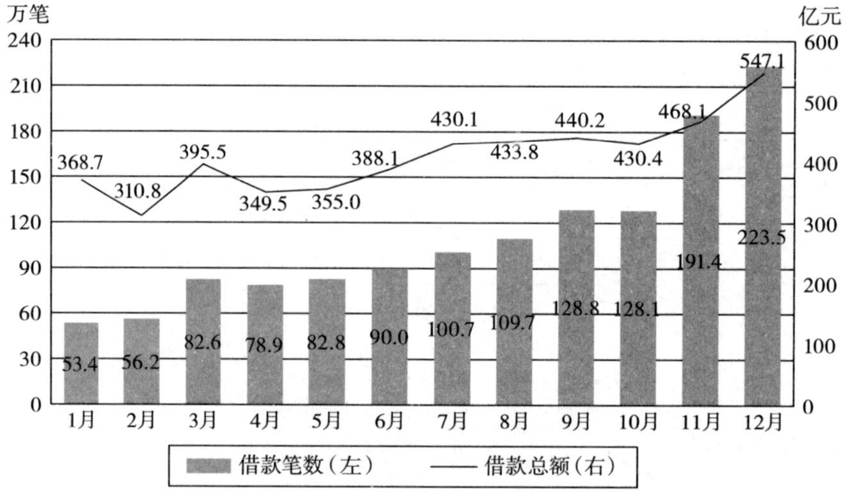

图 2－16　30 家 P2P 借贷平台 2016 年借款笔数及成交额走势

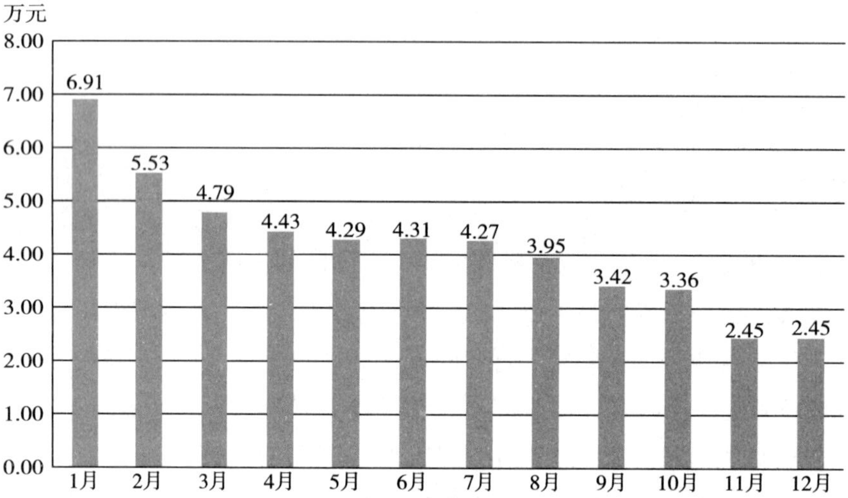

图 2－17　30 家 P2P 借贷平台 2016 年平均单笔成交额

图 2－18 为 30 家样本平台 2016 年的借款笔数和成交额，成交额超过 100 亿元的平台有 15 家，借款笔数超过 50 万笔的平台有 7 家。其中，红岭创投成交额最高，为 854 亿元，借款笔数为 240.8 万笔；积木盒子的借款笔数最高，为 396.48 万笔，成交额为 114.5 亿元。

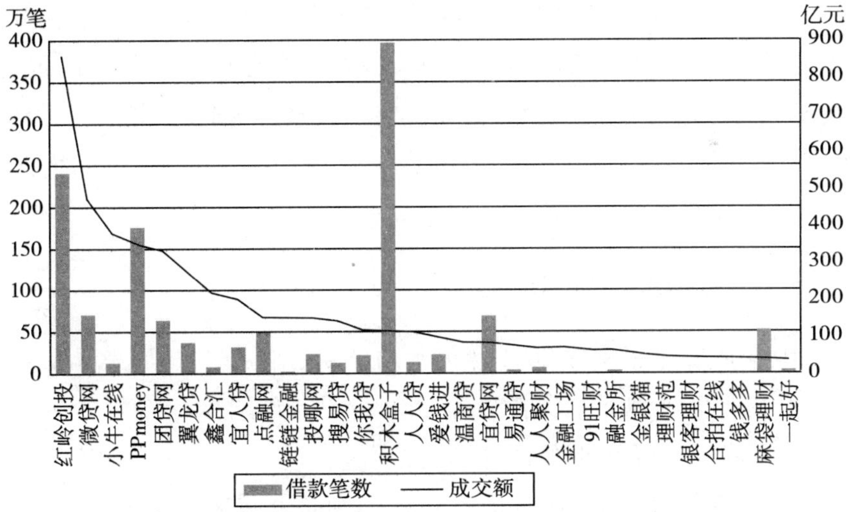

图 2-18　30 家 P2P 借贷平台全年成交额及借款笔数

2.3.2 笔均成交额

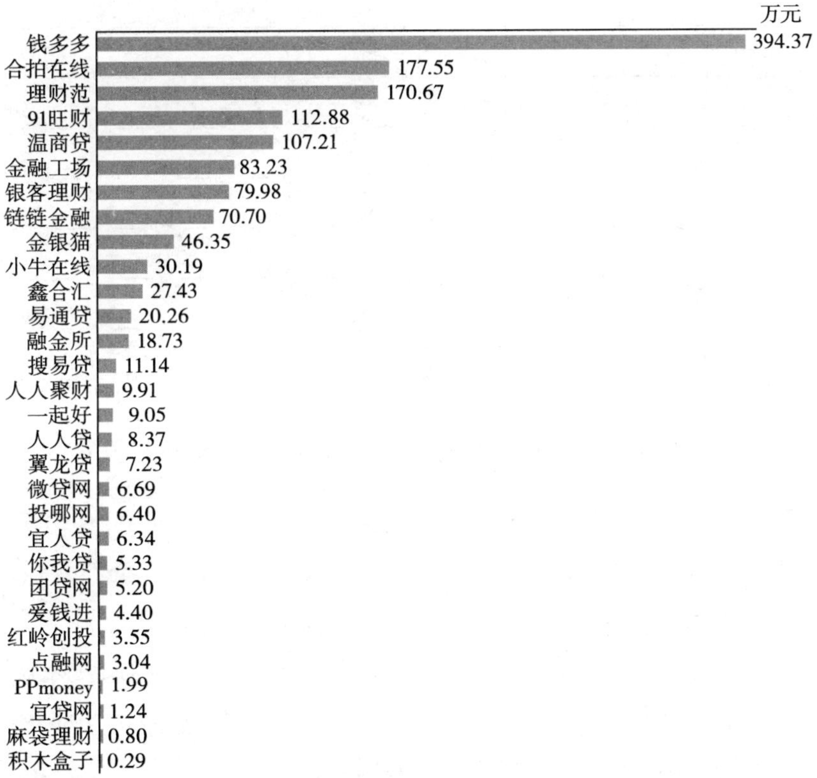

图 2-19　30 家 P2P 借贷平台平均单笔借款额

如图 2－19 所示，有 12 家平台全年的平均单笔借款额超过 20 万元，钱多多、合拍在线、理财范、易宝金融、91 旺财和温商贷等 6 家平台甚至超过 100 万元，这些平台主要以大额企业借款为主，笔数少、金额高是其典型特点。与此相对应的是，16 家平台的均单笔借款额都在 10 万元以下，其中积木盒子最低，仅有 2900 元，麻袋理财、宜贷网、PPmoney 也都没有超过 2 万元/笔。

2.3.3 平均借款期限

图 2－20 显示 30 家样本在 2016 年的平均借款期限走势，整体来看在 4～8 个月波动。农历春节期间，为满足投资者对高流动性产品的需求，大多数样本平台的借款期限有过显著下降，但随后又开始回升。

样本平台 2016 年的平均借款期限为 175 天，与整个行业（231 天）相差 56 天。样本平台 2016 年前半年的借款期限为 155 天，后半年的借款期限为 195 天，两者相差 40 天。

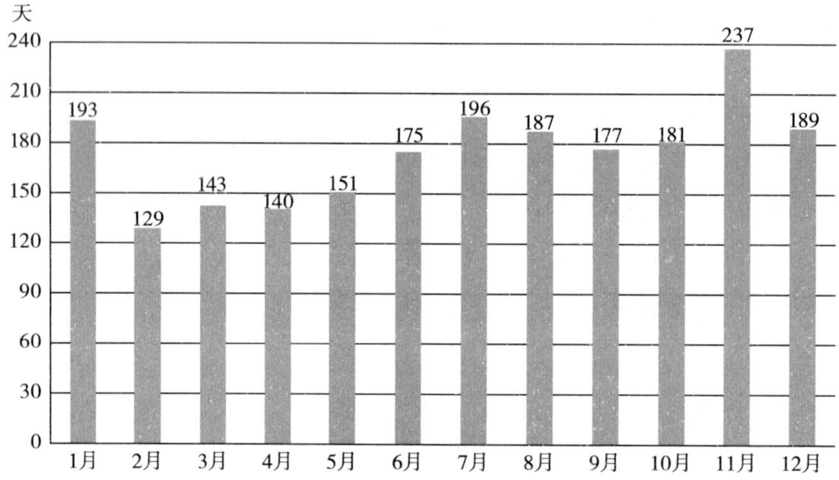

图 2－20　30 家 P2P 借贷平台 2016 年平均借款期限

图 2－21 显示 30 家样本中有 11 家平台超过全国平均借款期限，有 5 家平台的平均借款期限超过 1 年。其中人人贷长达 1035 天，位居首位；宜人贷和爱钱进紧随其后，平均借款期限分别为 946 天和 770 天。

有 8 家平台的平均借款期限小于 3 个月，其中宜贷网和红岭创投更是短到 33 天，这些平台主要是由理财产品或净值标拉低了平均借款期限。鑫合汇专注于短期理财产品，其半个月以内的借款项目占到相当大的比重。

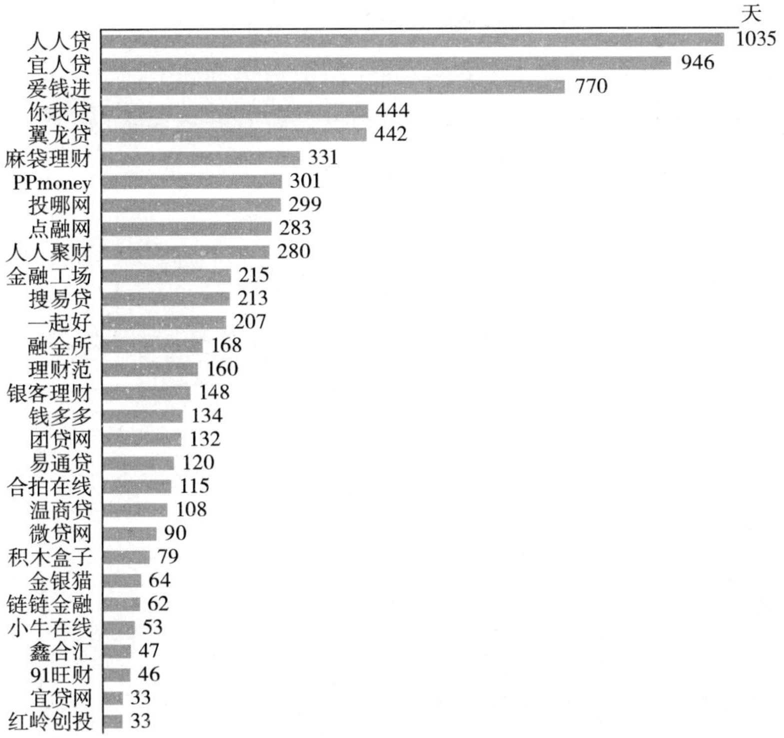

图2－21　30家P2P借贷平台平均借款期限

2.3.4　平均投资利率

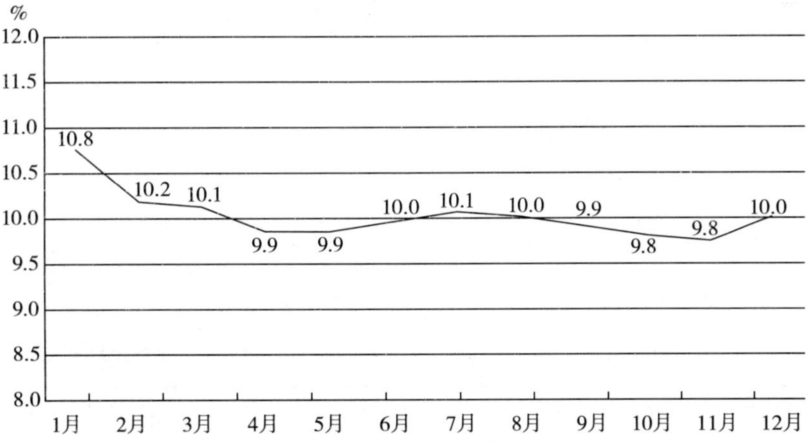

图2－22　30家P2P借贷平台2016年平均投资利率

图2－22显示的是2016年30家样本平台的平均投资利率，总体来看，波动已经明显收窄。年初资金面较为紧张，平均利率相对较大，如1月为10.8%，但是从2月

开始全年的平均投资利率在 9.8% ~10.2% 浮动，走势平缓。

图 2 -23 显示的是 30 家样本平台 2016 年的平均投资利率，其中 16 家平台投资利率高于行业平均水平(9.93%)。有 3 家平均投资利率超过 13%，分别为易通贷、一起好和钱多多;4 家平台的投资利率低于 8%，其中 91 旺财最低，仅为 7.3%。

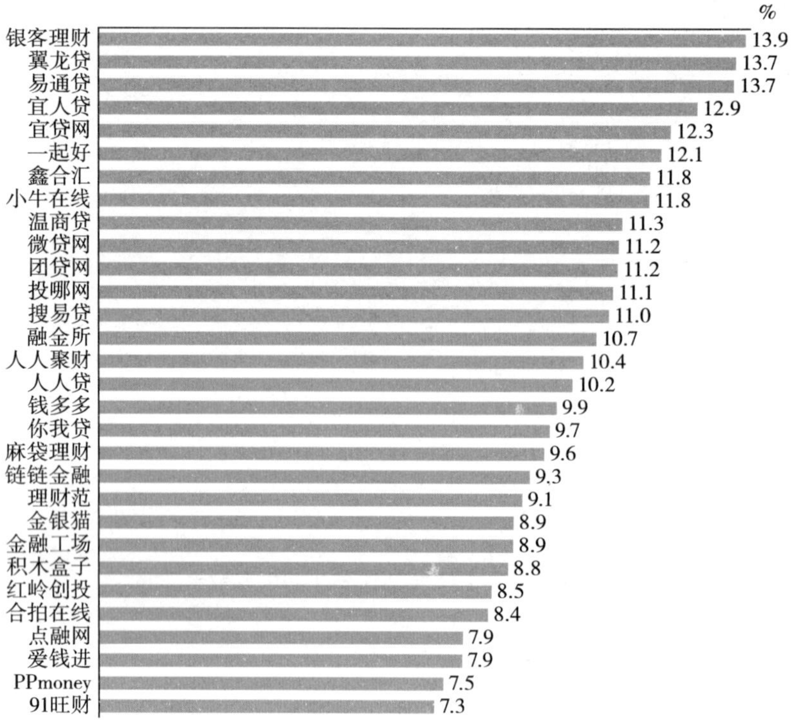

图 2 -23 30 家 P2P 借贷平台平均投资利率

2.3.5 资金流情况(见附录 1)

2.3.6 借款人情况

30 家样本平台对借款人属性的披露情况如表 2 -2 所示：

表 2 -2 30 家样本平台的借款人属性公开情况

平台名称	用户名	性别	年龄	婚姻	学历	籍贯
红岭创投	√	×	×	×	×	√
人人贷	√	×	√	√	√	√
你我贷	√	√	√	√	√	√
微贷网	√	—	√	√	×	√

续表

平台名称	用户名	性别	年龄	婚姻	学历	籍贯
翼龙贷	√	√	√	√	√	√
人人聚财	√	√	√	√	×	√
宜人贷	√	√	×	√	√	√
合拍在线	√	√	—	—	×	√
团贷网	√	√	√	√	√	√
投哪网	√	√	√	√	√	√
金融工场	√	—	—	—	—	—
一起好	×	×	—	√	×	√
PPmoney	√	√	—	×	×	—
易通贷	√	√	√	×	×	√
点融网	√	√	√	√	√	√
温商贷	×	×	×	—	×	√
融金所	√	√	—	√	√	√
小牛在线	√	—	—	—	—	—
钱多多	×	√	√	√	√	√
积木盒子	√	—	—	×	×	—
金银猫	√	×	×	√	√	√
银客理财	√	√	√	√	×	√
鑫合汇	√	×	—	—	×	×
宜贷网	√	√	—	—	—	√
理财范	×	×	×	×	×	×
91 旺财	√	√	√	√	√	—
爱钱进	√	√	×	×	×	√
搜易贷	√	√	√	√	√	√
链链金融	√	√	×	√	×	×
麻袋理财	√	√	√	√	√	√

注:√表示大部分或全部公开;—表示暂未获取,×表示未公开。

2.3.6.1 借款人数

2016 年 30 家样本平台的活跃借款人数约为 360 万人,占到整个行业的 632% 左右。样本平台中共有 12 家平台的借款人数超过 10 万人,其中 PPmoney 的活跃借款人数达 75 万人以上,是上年的 6.7 倍。

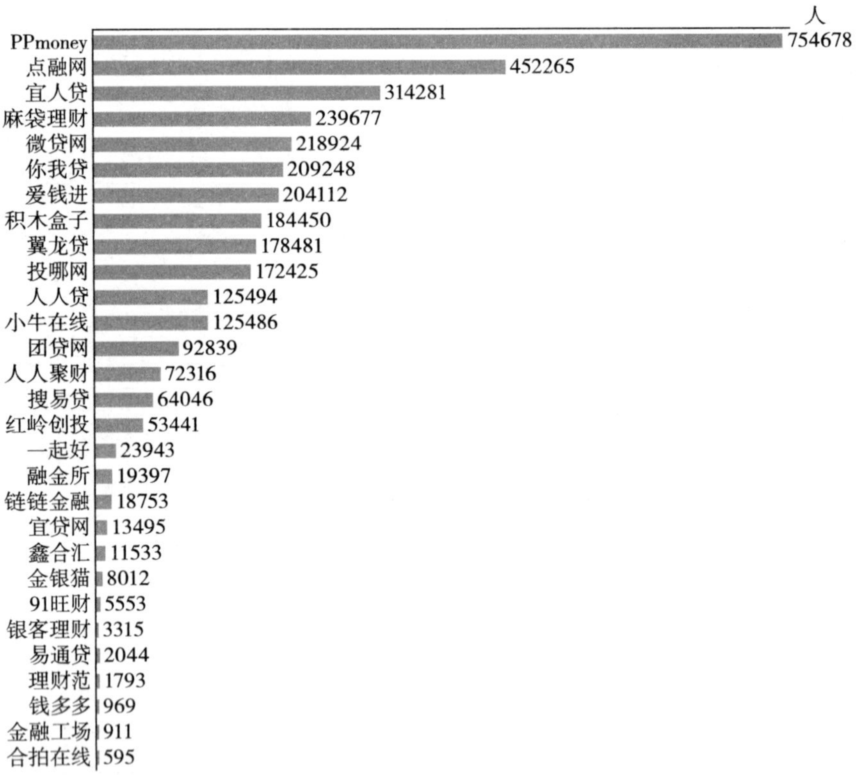

图 2－24　29 家①样本平台 2016 年活跃借款人数

图 2－25 是 29 家样本平台各月活跃借款人数的整体变化情况,可以看出 11 月和 12 月的借款人数有大幅增长,分别为 90.9 万人和 119.2 万人,环比增幅为 115% 和 31%。这主要是因为 PPmoney、积木盒子、宜人贷、你我贷等平台上线了大量的小额消费类贷款项目,其中 PPmoney 消费类项目对应的借款人数猛增到 36 万/月左右。

①温商贷由于缺失用户名信息,不在图中体现,下同;91 旺财、银客理财和钱多多的用户名由姓氏、性别和籍贯组合得到,其真实性借款人数可能是图中数据的 2 ~3 倍。

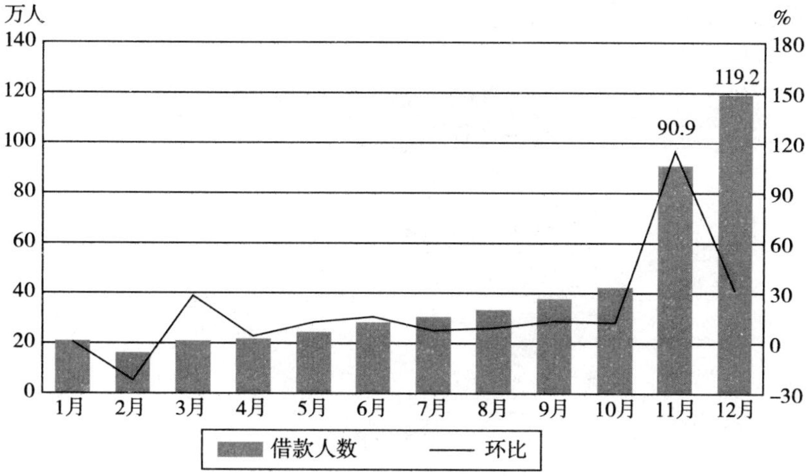

图 2-25　29 家样本平台 2016 年各月活跃借款人数及环比变化

2.3.6.2　人均借款次数及金额

如图 2-26 所示，宜贷网和红岭创投由于净值标较多，其人均借款笔数分别达到 196 笔和 51 笔，其余除了积木盒子、易通贷和鑫合汇单人借款笔数较多，均在个位数级别。从人均借款总额来看，金融工场和合拍在线高达 700 万元以上，钱多多、鑫合汇、易通贷以及理财范也超过 250 万元，这些平台均以企业借款为主。

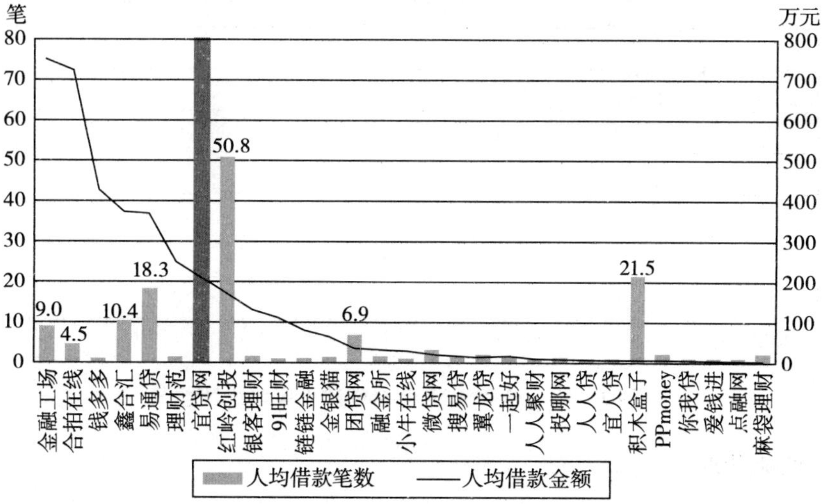

图 2-26　29 家样本平台 2016 年人均借款次数及金额

2.3.6.3　借款人画像

(1)性别

图2-27 为 20 家样本平台约 186 万借款人的性别统计情况，其中男性占

64.5%,女性占26.9%,两者比在5:2左右。

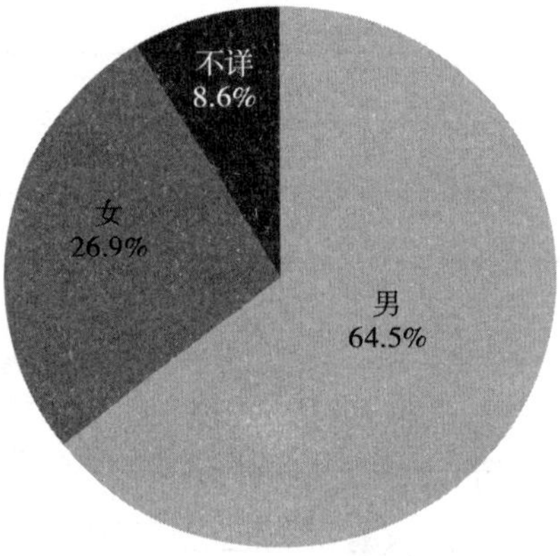

图2-27　20家P2P平台借款人性别统计情况

(2)年龄

图2-28为15家样本平台约178万借款人的年龄统计,其中21~30岁的借款人最多,占总数的44.4%,31~40岁的占比为30.8%;20岁以内和60岁以上占整体的4.1%,相对占比较小。借款主体年龄集中在21~40岁,集中度相对较高。

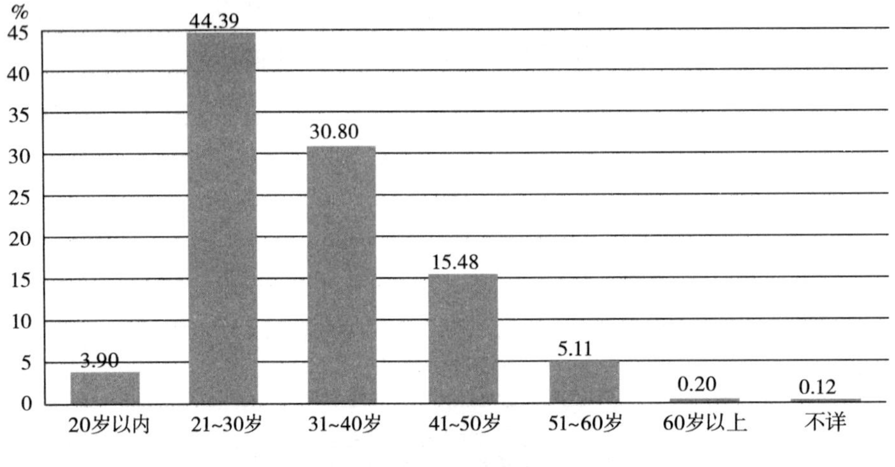

图2-28　15家P2P平台借款人年龄统计情况

(3)婚姻状况

图2-29统计了19家平台204万借款人的婚姻状况,其中已婚、未婚和离异的比例大约在5:3:1,已婚人士仍为主体借款人。和2015年相比,未婚借款人数大幅增加。

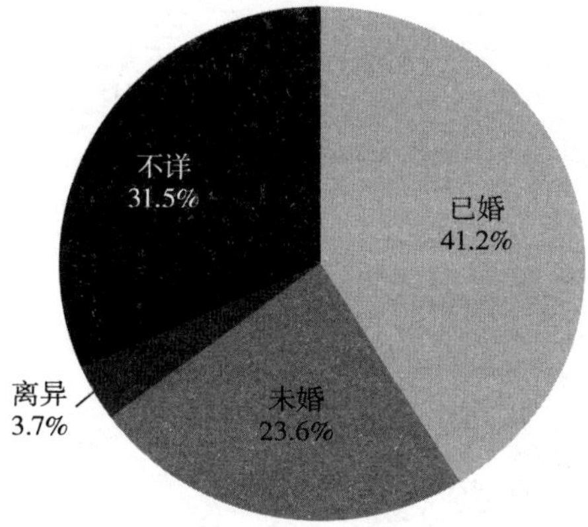

图 2－29　15 家 P2P 借贷平台借款人年龄统计情况

（4）学历

图 2－30 为 13 家样本平台约 191 万借款人的学历情况，以高中及以下（包含中专）和大专人群为主，二者占比分别为 35.3% 和 34.2%。

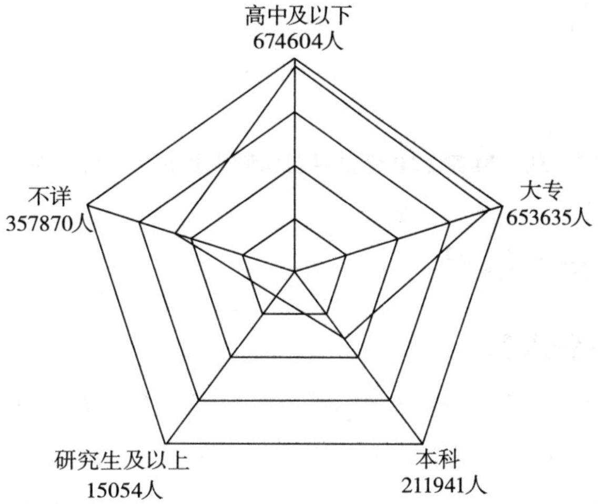

图 2－30　14 家 P2P 借贷平台借款人学历统计情况

（5）籍贯

这里对 14 家样本平台 117 万已知籍贯的借款人进行统计，图 2－31 为借款人的具体分布情况。由此可见，广东省的借款人最多，接近 15 万人，占比为 8.1%；其次是河南省，占到 5.0%。浙江、江苏、四川、河北、福建、山东等地借款人分布较为均匀，都在 6 万～9 万人。和往年相比，中西部地区，特别是湖北、湖南和内蒙古等地的借款人群有较大的增长；而海南、青海、新疆和西藏等偏远地区仍未被有效触及。

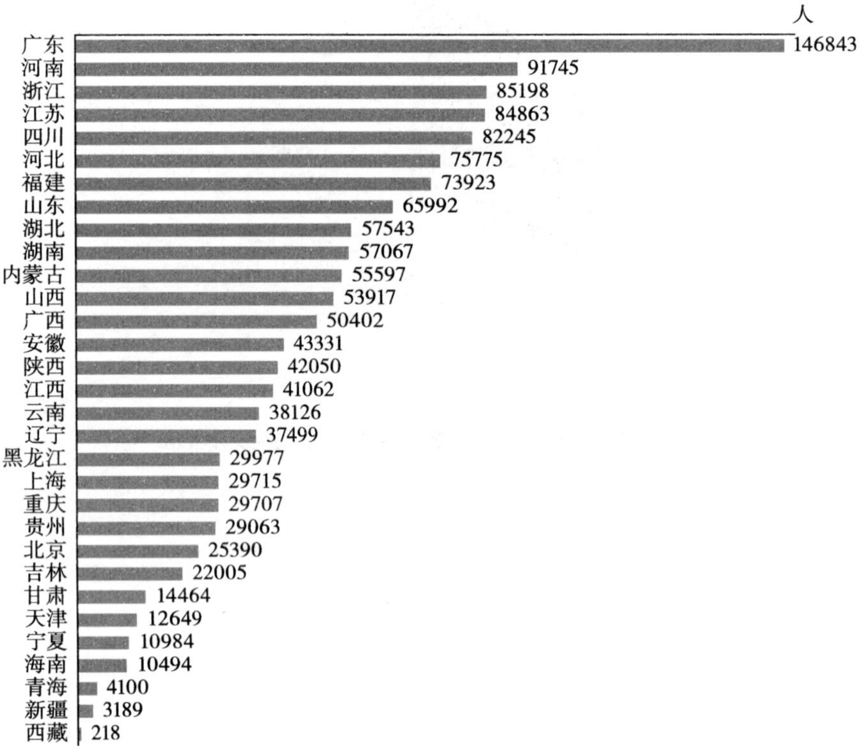

图 2－31　20 家 P2P 借贷平台借款人籍贯的省份分布情况

2.3.7　投资人情况

2.3.7.1　投资人数

如图 2－32 所示，2016 年 30 家样本平台的活跃投资人数在 585 万左右，占整个行业的 58.6% 左右。样本平台中有 3 家投资人数超过 50 万，分别为 PPmoney、小牛在线和宜人贷，另有 9 家超过 10 万人。温商贷、91 旺财和银客理财由于用户信息不完整，图中数据比实际偏低。

2.3.7.2　人均投资金额及次数

若忽略银客理财、91 旺财和温商贷 3 家数据比实际偏大的平台，红岭创投人均投资金额最高（约 40 万元），而宜贷网的人均投资次数最多（约 273 次），其余人均投资金额大部分都在 20 万元以内。从人均投资次数来看，宜贷网、一起好、人人聚财、积木盒子和麻袋理财也较高，投资者更为活跃。

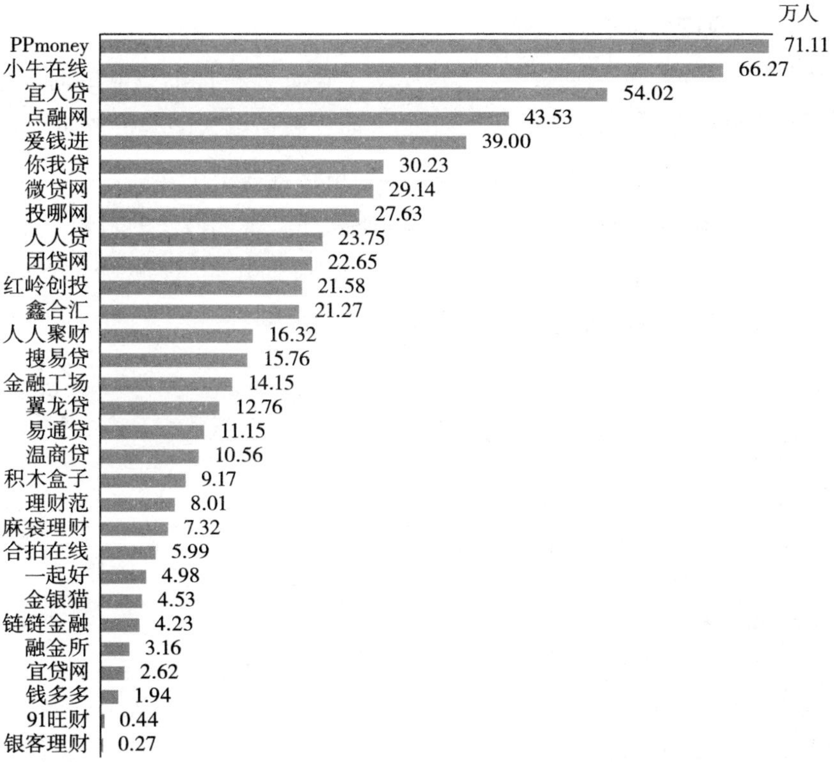

图 2－32　30 家 P2P 借贷平台全年累计投资人数

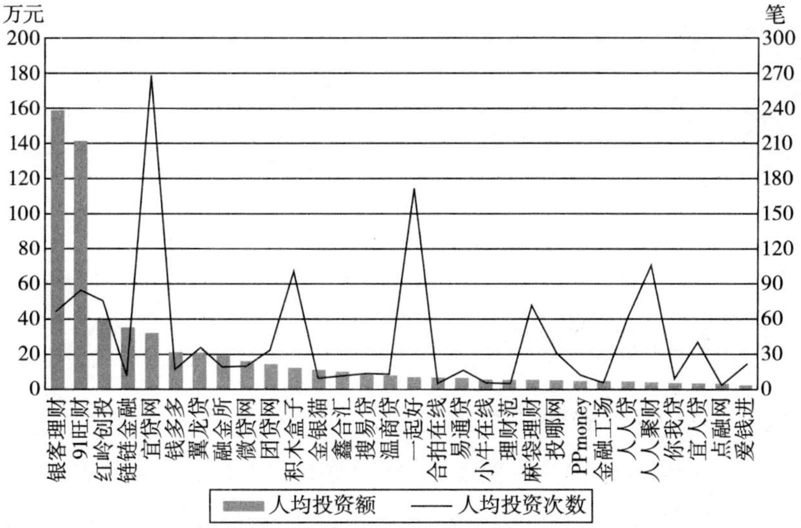

图 2－33　30 家 P2P 借贷平台人均投资金额与人均投资笔数情况

2.3.7.3 满标时间

满标时间①并非实际的融资效率，只是反映了投资人将标的投满的时间，也能在一定程度上展现投资人的活跃程度，但并不能全面反映借款人的融资效率。实际的融资效率除了受满标时间的影响外，还会受到申请、审核等线下工作的影响。

如图 2－34 所示为 30 家样本平台的平均满标时间，满标最快的是积木盒子，平均 2 秒钟，其次是宜贷网和麻袋理财，平均满标时间不到 2 分钟。理财范、钱多多、金银猫以及合拍在线 4 家平台满标速度相对较慢，在 8～9 小时。

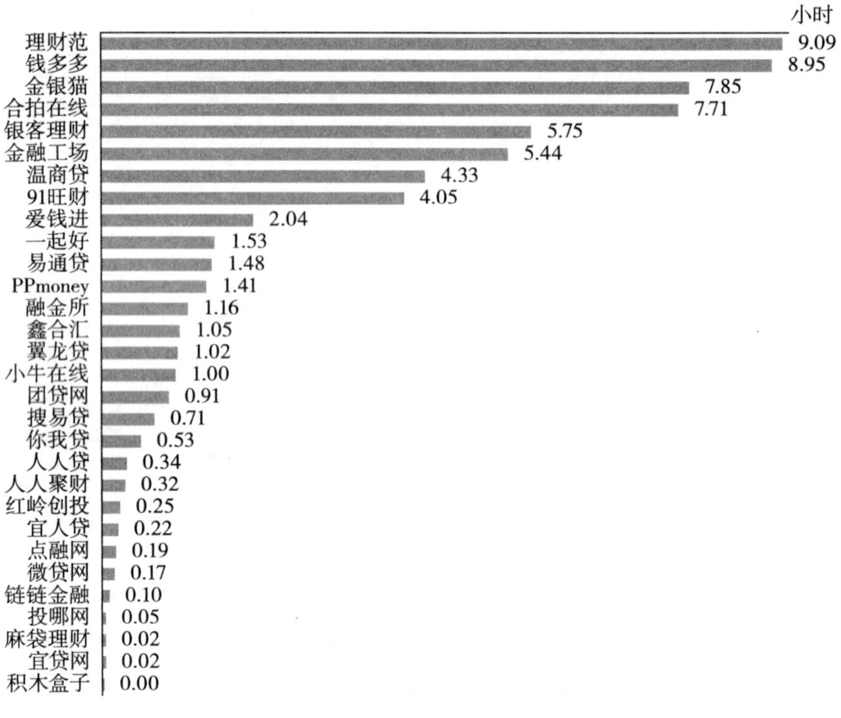

图 2－34　30 家 P2P 借贷平台平均满标时间

2.3.8 平台风险指标

2.3.8.1 前 10% 借款人融资情况

2016 年借款最多的前 10% 借款人，其借款总额占平台总交易额的比例超过 75% 的有 10 家平台，其中鑫合汇和红岭创投甚至超过了 90%；而人人贷、爱钱进、宜人贷

①单笔借款的满标时间（Δt）＝最后一笔投标时间－第一笔投标时间；平台的满标时间＝$\sum \Delta t_i$ ÷ 借款笔数，这里排除了 $\Delta t > 5$ 天的借款项目。

等平台均在 30% 以下。总体来说,样本平台的借款集中度较高,主要原因在于:(1)大额借款项目较多,包括将大额需求拆分成多笔较小额度的项目;(2)存在大量的净值标,一些用户频繁借款和投资赚取利差,如红岭创投;(3)存在高频、短期、相对高额的融资需求,如鑫合汇;(4)存在以债权包的形式发标,致使借款人为同一用户,集中度虚高。

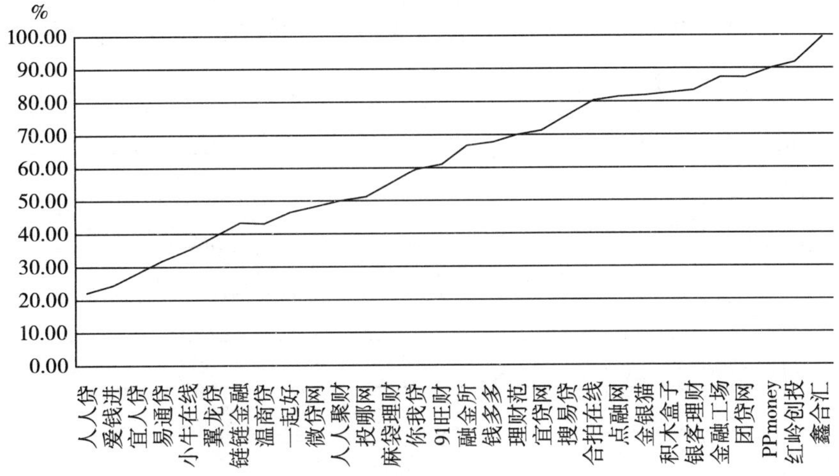

图 2-35 30 家样本平台借款集中度

2.3.8.2 前 10 大借款人融资情况

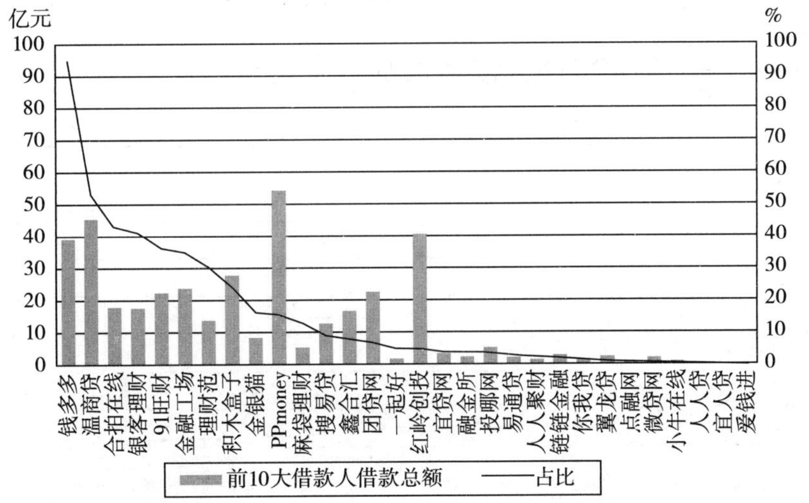

图 2-36 30 家样本平台前 10 大借款人情况

图 2-36 是 30 家样本平台 2016 年前 10 大借款人的借款总额及其占比,其中钱多多占比最高,为 94.4%,该平台以企业标的为主,通常将一笔需求拆分成多个标的

进行融资。合拍在线和金融工场在前 10 大借款人借款总额中占比也高达 43% 和 35% 左右,温商贷、银客理财和 91 旺财实际数据估计都在 30% 以下,其余平台中有 16 家占比小于 5%,7 家小于 1%。

2.3.8.3 前 10% 投资人投资情况

2016 年投资最多的前 10% 投资人,其投资总额占平台总投资额的比例超过 90% 的有 6 家平台,低于 70% 的也有 6 家,最低为链链金融(64.2%)。整体来看,少部分投资人提供了绝大部分的资金支持。

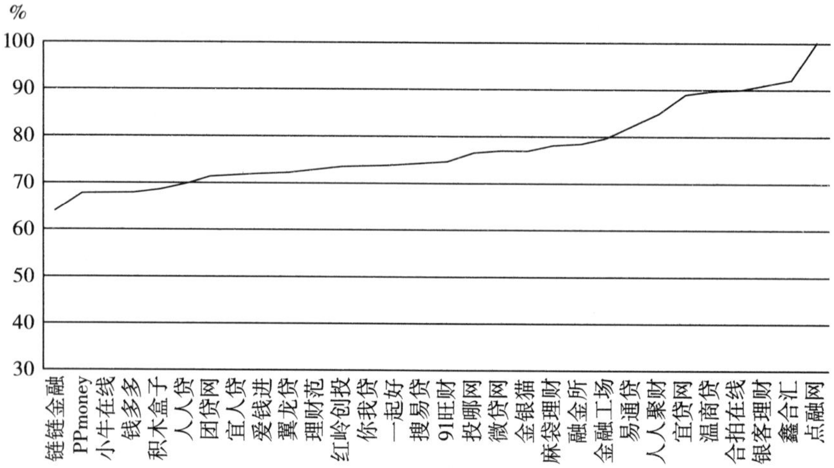

图 2-37 30 家样本平台投资分散度

2.3.8.4 前 10 大投资人投资情况

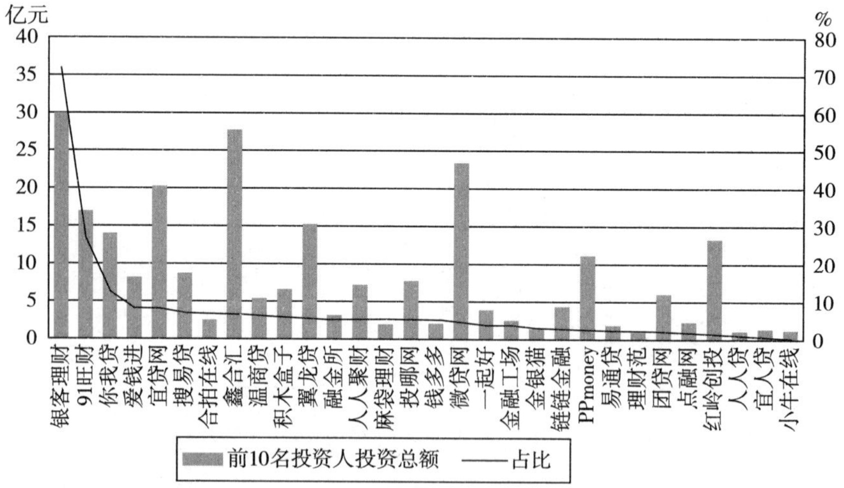

图 2-38 30 家样本平台前 10 大投资人投资情况

从图 2－38 中可以看出，2016 年前 10 大投资人投资占比最高的是银客理财和 91 旺财，分别为 71.4% 和 27.1%，由于这两家平台投资人用户信息不完整，其实际占比应该都在 20% 以下。在其余平台中，前 10 大投资人投资占比在 5% 以下的有 14 家，宜人贷和小牛在线低于 1%。

2.4 年度百亿俱乐部

2.4.1 交易额百亿俱乐部

据零壹数据不完全统计,2016 年交易额超过 100 亿元的平台至少有 28 家①,具体如表 2-3 所示。陆金服是唯一一家超过 1000 亿元的平台,红岭创投和网信理财紧随其后,也都超过了 500 亿元。

表 2-3　2016 交易额超过 100 亿元的平台　单位:亿元

序号	平台名称	交易额
1	陆金服	1225.3
2	红岭创投	854.1
3	网信理财	688.0
4	微贷网	474.3
5	小牛在线	380.0
6	PPmoney	350.2
7	团贷网	333.1
8	聚宝汇	294.2
9	翼龙贷	269.8
10	小赢理财	253.9
11	鑫合汇	217.1
12	宜人贷	200.5
13	拍拍贷	171.6
14	点融网	149.7
15	链链金融	149.5
16	投哪网	148.9
17	冠 e 通	140.6

①不包括未纳入零壹数据统计范畴的个别平台,如凤凰金融、金信网等。

续表

序号	平台名称	交易额
18	财富派	136.8
19	恒易融	135.0
20	搜易贷	140.6
21	你我贷	117.0
22	积木盒子	114.5
23	向上金服	111.7
24	人人贷	111.3
25	有利网	111.0
26	好贷宝	105.0
27	口袋理财	103.7
28	开鑫金服①	101.1

资料来源:零壹数据。

2.4.2 贷款余额百亿俱乐部

据零壹数据不完全统计,截至 2016 年末,贷款余额超过 100 亿元的平台至少有 15 家。其中,陆金服以 890.9 亿元独占鳌头,网信理财、翼龙贷、宜人贷、聚宝汇和你我贷依次位列其后,均在 200 亿～300 亿元。其余平台的数据如表 2-4 所示。

表 2-4 截至 2016 年末贷款余额超过 100 亿元的平台 单位:亿元

序号	平台名称	贷款余额
1	陆金服	890.9
2	网信理财	260.0
3	翼龙贷	245.3
4	宜人贷	230.8
5	聚宝汇	211.8
6	你我贷	206.3
7	红岭创投	142.2
8	人人贷	135.8

①开鑫金服的数据包括开鑫贷和开金中心的业务,前者仅占很小的部分,我们未做严格区分。

续表

序号	平台名称	贷款余额
9	浙里投	130.7
10	团贷网	129.8
11	PPmoney	126.5
12	微贷网	117.2
13	点融网	109.2
14	拍拍贷	107.3
15	爱钱进	106.6

资料来源:零壹数据。

除了浙里投和爱钱进之外,表 2-4 中其余 13 家平台 2016 年交易额及年末贷款余额均超过了 100 亿元,进入“双百亿俱乐部”。

2.5 问题平台分析

2.5.1 问题平台数量

据零壹数据不完全统计，截至 2016 年末，问题平台总数①达到 3234 家，占上线平台总数的 66.2%，较 2015 年（47.2%）增加 19 个百分点。其中 2016 年新增问题平台数量为 1144 家，同比下降 26.8%。具体到每月来看，1 月和 8 月相对最多，分别高达 129 家和 142 家。

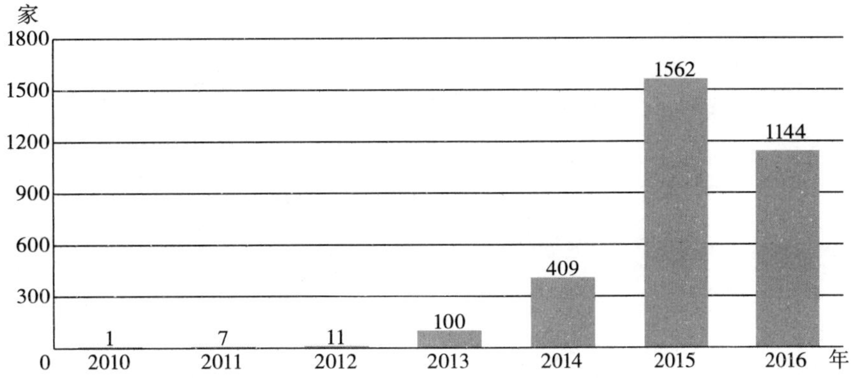

图 2－39　中国 P2P 行业历年问题平台数量走势

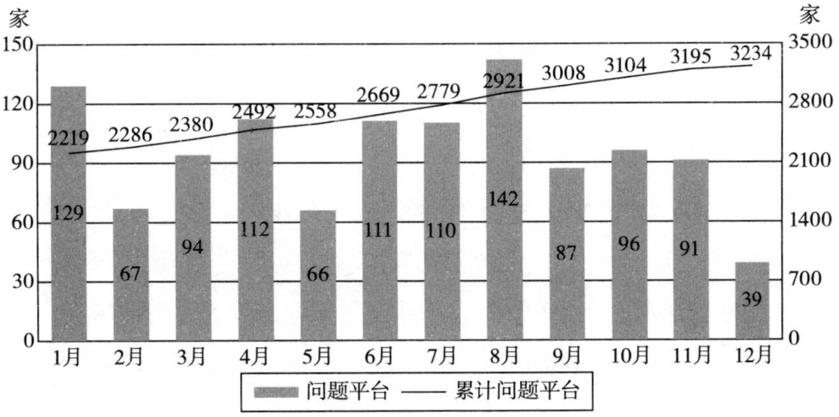

图 2－40　中国 P2P 行业 2016 年各月问题平台数量走势

①不包括正常转型的平台，下同。

2.5.2 问题平台的地域分布

图 2－41 是截至 2016 年底各省的问题平台数量,其中山东和广东都超过了 500 家,远远高于其他省市。其次是浙江、上海和北京,三省市的问题平台分别为 330 家、306 家和 251 家,以上 5 个地区的问题平台总数量占全问题平台数量的 60.8%。

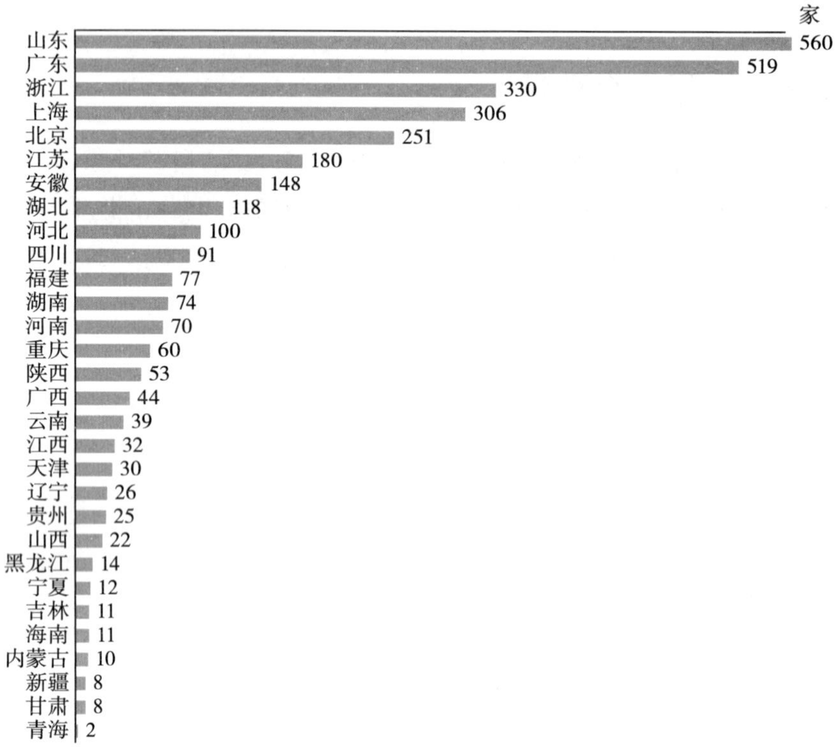

图 2－41　中国 P2P 借贷行业各省问题平台总数

如图 2－42 所示,2016 年新增问题平台以广东省最多,为 171 家。上海、北京、浙江和山东也都超过百家,分别为 134 家、123 家、116 家和 114 家。

如图 2－43 所示,截至 2016 年末各省问题平台数量占本省平台总数的比重,有 8 个省份的问题平台占比超过 75%,29 个省市超过 50%。其中,青海只有 2 家 P2P 平台,都已出问题;山东、云南和河北的问题平台占比分别为 87.4%、83.0% 和 82.6%。相对而言,北京的问题平台占比较低,为 46.1%,这与北京对 P2P 的强监管密切相关。

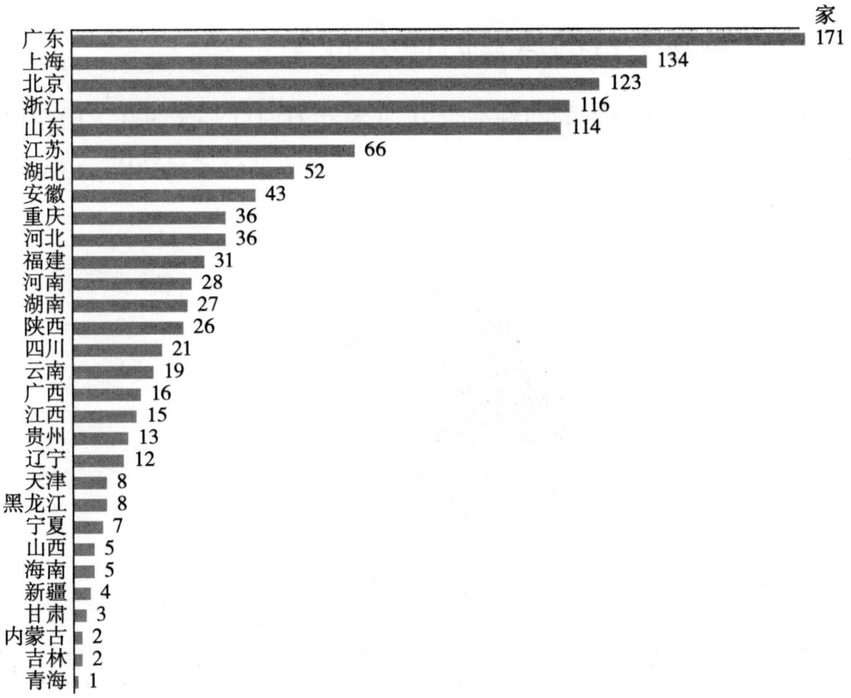

图 2－42　中国 P2P 借贷行业 2016 年新增问题平台情况

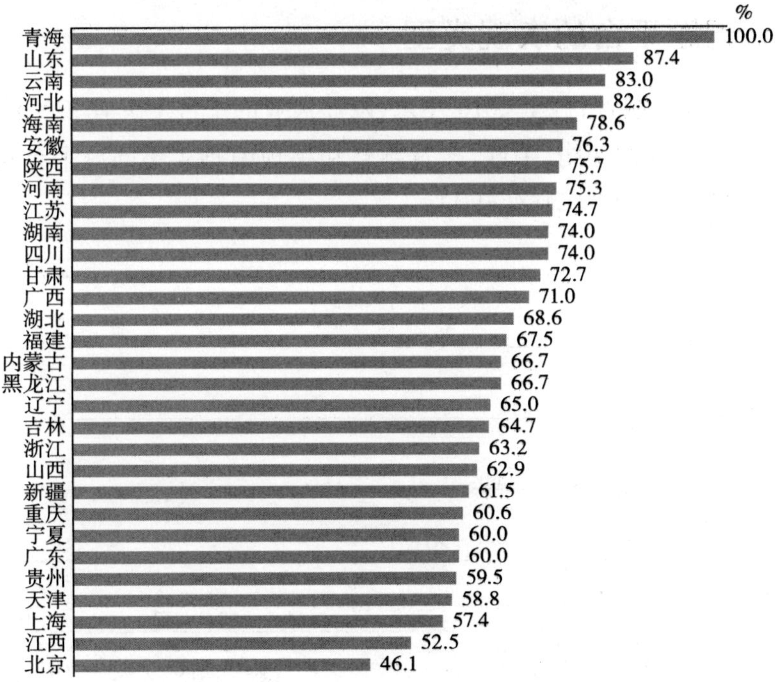

图 2－43　中国 P2P 借贷行业各省问题平台占比情况

2.5.3 问题平台的运营时间分布

如图 2-44 所示，在所有的问题平台中，正常运营时间小于 300 天的超过一半，达到 53.1%。运营时间超过一年半(500 天左右)的问题平台不足 20%，但与 2015 年相比有大幅提升。

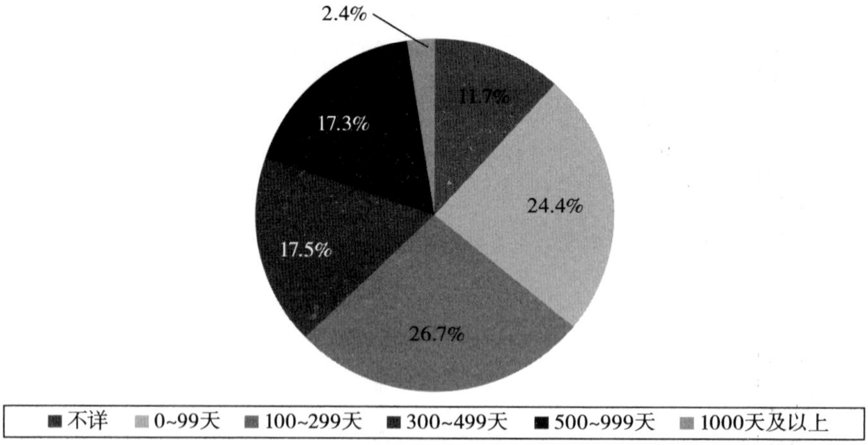

图 2-44 中国 P2P 借贷行业问题平台正常运营时间占比情况

2.5.4 问题平台的表现类型

据零壹数据不完全统计，截至 2016 年末，歇业停业的平台至少有 976 家，占到问题平台总数的 30%。网站关闭、失联、恶意跑路和提现困难 4 类问题平台均已超过 300 家，占比分别为 17%、17%、15% 和 11%。

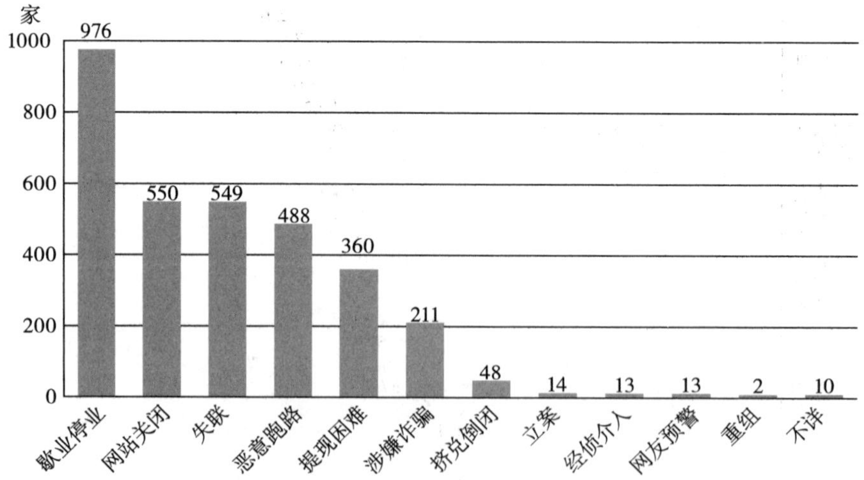

图 2-45 中国 P2P 借贷行业问题平台类型表现情况

2.5.5 典型问题平台案例分析

(1)e速贷

e速贷成立于2010年9月,是广东地区知名度较高的老牌平台之一。2016年5月20日上午,e速贷突遭“例行常规调查”,管理层被带走,网站停运。后经警方查明,e速贷以自融、设立资金池、发放虚假标的等形式进行非法集资,涉案资金高达数亿元。

2016年9月22日,惠州市公安完成对e速贷案件的侦查工作,正式将此案移交检察院。简某被认定涉嫌集资诈骗、非法吸收公众存款、挪用资金、擅自发行股票4项罪名;其余11名犯罪嫌疑人被认定涉嫌非法吸收公众存款罪。起诉意见书显示,e速贷累计投资人次超83万,累积投资金额超69亿元,受害投资人约1.9万,超8.6亿元资金未返还。

据惠州警方查证,在2013年3月至2015年11月简某曾重复发布借款标的,非法集资2.19亿元;2012年4月至2015年5月,简某未经证监会批准,通过线上或线下手段向272人转让股权,非法获利6500万元。

e速贷事件时间轴如下:

5月20日,e速贷突遭“例行常规调查”,网站停运;

5月24日,e速贷发布公告:平台运营停滞 投资人恐慌情绪在蔓延;

5月25日,惠州警方通报e速贷案件 定性为非法吸存;

5月31日,惠州警方最新通报:已正式逮捕e速贷法人代表;

6月2日,广东互金协会就e速贷发布声明:请主管部门帮助投资人挽回损失;

6月24日,投资者在论坛发帖称,已经对惠州市公安局惠城区分局提出控告;

6月29日,e速贷事件最新进展:再次逮捕11人;

8月3日,惠州警方通报e速贷发假标非法募资2600多万元获利400多万元。

(2)国诚金融

2013年9月上线,隶属于上海国诚金融信息服务有限公司,注册资本5000万元。2016年9月,国诚金融出现兑付困难,2017年以来更是出现大面积逾期。据零壹数据统计显示,截至2016年8月底,国诚金融累计交易额达到47.8亿元,贷款余额在5.5亿元左右。

据公开信息显示,国阳财富是一家从事线下财富管理的公司,成立于2014年6月,公司实际控制人、董事长为温某。而温某同时也是国诚金融的联合创始人和第二大股东(持股比例为39%)。2016年8月底,国阳财富“爆雷”,受此影响,国诚金融几乎同时遭遇出借人的集中挤兑,待还本金在 4 亿元左右。

2016 年 9 月 3 日,温某前往虹口经侦投案自首;20 日,国诚金融发布正式公告,宣布限制提现,自此开始了一波三折的兑付工作。同年 12 月 26 日,国诚金融称因为温某家人的不断骚扰影响了平台运营,提现暂时中断。2017 年 2 月 16 日,身陷国诚金融兑付危机的投资人联名向上海经侦总队报案,并已取得报案回执。

(3)徽融通

2013 年 2 月上线的徽融通是安徽省首家 P2P 网络借贷平台,隶属于安徽天贷网络信息技术有限公司。2016 年 5 月 31 日,徽融通被曝出现兑付危机,待收本金在 2.3 亿元左右,平台董事长周某因涉嫌非法吸收公众存款罪已被警方刑拘。

据投资人爆料,徽融通平台通过高息诱惑吸引投资者续投,周某承认其公司在 2014 年亏损了 900 万元,2015 年之后的项目均为虚构。周某还通过徽融通的母公司龙舒酒业进行集资,从 2015 年下半年开始向投资者推销龙舒酒业股权认筹计划,截至案发共循环吸收资金 24 亿元,涉及注册用户近 12 万人,至今约有 2.8 亿元无法兑付。事发之时,平台公布的还款方案是“现金 + 龙舒酒业的酒 + 股权”,但遭到大部分投资者的强烈反对。

(4)京金联

京金联于 2014 年 5 月上线,一直对外高调宣称拥有国资背景,隶属于中农基金设在湖北省的机构——中农高科(湖北)。2016 年 7 月开始,平台陆续被曝出问题,其联合创始人王某于 11 月底被刑拘,警方调查发现京金联通过发布假标的募集了数千万元资金,还存在借款方已还本付息但平台挪用资金的情况,该案件涉及受害人近 2 万人。

一名在平台投资的内部员工透露,京金联通过线上、线下渠道吸收资金 27 亿元左右,其中有近 20 亿元未兑付。

自 2016 年 4 月开始,京金联大力宣传一款名为“娱乐宝”的理财产品,专门为影视娱乐类节目提供策划、制作资金。娱乐宝线上产品发布总数为 54 个,涉及 5000 多万元资金,期限一般为 1 年,按月付息到期还本。以“娱乐宝一号”为例,京金联为受托人,定向投资上海某公司出品的电影《大闹天竺》,中农高科(湖北)科技投资管理有限公司承诺回购,但是仅仅 3 个月后该产品便无法兑付。

值得注意的是,武汉市政府官网曾表态,明确称京金联与 P2P 网贷不同,从事的是 P2C(个人对公司)业务,采用国资信用、风险准备金、企业保证金、企业三方联保,避免资金挪用风险。如今看来,显然已被事实“打脸”。

(5)融资城

融资城于 2009 年 3 月注册成立,是深圳的一家老牌平台,较早提出“不担保、不兜底”的口号,从2015年开始该平台连续被曝出多个项目本息兑付困难。2016年1月15日,深圳警方正式对融资城展开侦查,对涉案资产实施了查封、冻结、扣押,2月董某等28名犯罪嫌疑人以涉嫌非法吸收公众存款等罪名被批捕。

据警方调查,从2009年初至2016年1月,以董某为首的犯罪集团在未经国家金融主管部门批准的情况下利用融资城平台从事公开吸收、募集资金、股权上市等业务,通过承诺高额回报、发布虚假项目等手段,非法吸收资金约人民币49亿元,涉及投资人5000余名。事件爆发后,警方依法冻结涉案公司和个人银行账号175个,冻结金额约886万元,同时查封、冻结涉案公司和个人房产39套。

(6)同鑫创业

2014年7月上线,隶属于泰安市同鑫创业投资有限公司,注册资本3000万元。2016年2月3日上午,警方收到投资人的报警称同鑫创投突然无故关闭,导致其投资无法赎回。岱岳区公安分局对此事开展调查,经专案组初步查证,截至案发共有14名投资人报警称蒙受经济损失。目前,相关案件尚无实质性进展。

同鑫创投曾发出一则“奇葩”公告:只有两张照片,一张是由泰安市中医二院出具的公司法人代表“苏卫东”的死亡医学证明,证明苏卫东于1月31日在家中因心脏骤停死亡;另一张是由泰安市岱岳区殡仪馆出具的火化证明,证明苏卫东于2月1日在该殡仪馆火化。

(7)起源系8家平台同时爆雷

2017年1月18日,聪明投、奶瓶儿、早点儿、火牛财富、玩儿家、钱罐儿、乐行理财、海新金服不约而同地发出了同样的公告:由于老板方某经营不善,导致整个起源系资金链断裂,大部分用户难以提现到账。

这8家看似不相关的平台,背后均由一家名为北京起源财富网络科技有限公司(以下简称起源系)操纵。截至出事之日,累计有超过10亿元的投资资金进入这些平台中,待还余额也在1亿元左右,考虑到沉淀在账户中充值以及没有提现的到期资金,整体涉事金额可能达到2亿元甚至更多。

从目标人群来看,起源系这几家平台用户主要以大学生、孕妇、宝妈为主。以奶瓶儿理财为例,其直接在微信端的宣传页面上挂出了各种母婴用品,乍一看像是母婴电商网站多于理财网站。从信息披露来看,起源系8家平台总投资金额约在8.92亿元,具体如下:

A. 聪明投

官网显示注册用户数量为4468人,累计投资金额约为1.7亿元。平台有两大类产品:月月息和速速赚,据零壹数据统计,前者交易额约为996万元,后者则高达1.01

亿元,截至出事之时,两类产品未到期的本金合计在 2729 万元左右。

B. 奶瓶儿理财

官网显示注册人数在 44 万以上,累计交易额约为 4.28 亿元。由于交易都在微信端进行,具体的项目和投资数据无法采集。

C. 玩儿家理财

2016 年 2 月 3 日正式上线,隶属于北京来趣网络科技有限公司,注册资本 1000 万元。据零壹数据统计,截至 1 月 18 日,该平台共发布了 6.2 万笔借款,投资进度大于 0 的有 3.4 万笔,大于 10% 的有 781 笔,累计交易金额为 1.514 亿元,共涉及 2.8 万笔投资,实际投资人数在 1.68 万 ~2 万人,未到期的投资总额(待还余额)约为 655 万元。考虑到账户上沉淀有充值和回款的资金未能及时提现,实际涉事资金可能达千万元级别。

D. 钱罐儿理财

官网并没有对外公布相关数据,零壹数据根据可获取的数据估计该平台在 1 月 18 日之前共发布了 342 笔借款,总额约为 1.47 亿元。

E. 乐行理财

于 2016 年 12 月 1 日正式上线,运营时间不足 2 个月。根据零壹数据统计,截至 1 月 18 日,该平台共发布了 505 笔借款,投资进度大于 10% 的有 467 笔,累计交易金额为 1.077 亿元,共涉及 4910 笔投资,实际投资人数估计在 3733 ~4200 人,未到期的投资总额(待还余额)约为 1790 万元。考虑到账户上沉淀有充值和回款的资金未能及时提现,实际涉事资金可能在 5000 万元左右。

F. 海新金服

2016 年 6 月上线,截至出事之日累计交易金额为 4092.9 万元,共涉及 281 笔借款和 1202 笔投资,实际投资人数在 500 ~800 人,未到期的投资总额(待还余额)约为 5 万元。考虑到账户上沉淀有充值和回款的资金未能及时提现,实际涉事资金可能在千万元级别。

2.6 本章统计说明

由于各 P2P 借贷平台的页面各有差异,公开的借款和投资信息也不尽一致,最终获取的数据可能会因不够全面而影响分析。

(1)很多平台(包括个别样本平台)的数据通过爬虫自动获取,与实际情况相比可能会有少量的遗漏,但对整体统计影响很小。

(2)少数平台的借款人或投资人用户名有部分隐藏,表现为在用户名中间有"*",相应人数统计会比实际值偏低,对应的人均指标则会偏高。

(3)所有的统计均以完成时间来界定时间区间,即某标最后一笔投标对应的时间;如平台自身未公布投标信息,或投标信息难以获取,则以起息时间、审核时间或发标时间为准来统计。这种处理,对于个别平台而言可能会有一两天的时间错位,与平台公布的官方报告也会有所出入。

(4)大部分 P2P 借贷平台借款人的属性都是借款人自己填写,其真实性不能得到保证,本统计结果只有在这些信息无误的基础上才是准确的。

(5)借款人属性章节中,对于少数空白数据(主要是借款人未填写)和不合理数据(如年龄 10 岁以下等),统一按"不详"一类处理。

(6)关于借款人年龄的统计,绝大多数平台都公开了具体的年龄,对于只公开了借款人出生日期的平台,本书统一采用年份求差处理,因此与真实年龄之间存在 ±1 的误差。

第 3 章

P2P 借贷资产类型分析

3.1 P2P借贷资产概述

早期的P2P借贷模式中,个人与个人通过网络借贷平台发生借贷关系,P2P平台对接的资产主要是信用贷款。但P2P借贷在中国发展至今,已经远远超出了其原始概念,衍生出丰富多样的资产(借款)类型。

目前对接P2P借贷平台的资产类型,按照操作模式可以分为三类:(1)信用卡模式,即个人小额信用贷款模式,其客群、授信、风控与银行信用卡类似;(2)类担保债券模式,即担保机构或P2P借贷平台对借款方的信用进行评估和担保,包括保证担保贷款、抵押担保贷款、质押担保贷款等;(3)类资产证券化模式,对接的资产来自金融机构或准金融机构、类金融机构的已有资产,经过转让和包装后以标准化、份额化的方式进行销售。

按照资金端理财产品的类型,可以分为秒标,体验/活动标、以待收作为还款保障的净值标以及其他常规借款标。这些产品2016年的交易规模如表3-1所示。

表3-1　不同类型产品2016年交易规模数据　　单位:亿元

产品类型	2016年交易规模
秒标	约60
体验/活动标	400~600
净值标	约1800
常规借款	17000~17500
合计	19544

资料来源:零壹数据。

按增信方式,P2P借贷可以分为普通小额信贷、保证担保贷款、抵押/质押借款等;按底层资产的物理属性,可以分为消费借款、车贷、房贷、票据质押、股权质押等;按受贷主体可以分为个人贷和企业贷;按借款期限的长短可以分为长期借贷、短期借贷等。

下文我们将对当前主要的P2P借贷资产进行综述,围绕其发展历史、交易规模、平台数量、发展空间等进行展开。需要说明的是,这些资产的分类标准并非完全统一,如部分资产同时满足保证担保贷款和房贷的特点。

3.2 主流资产分析

3.2.1 普通小额信贷

普通小额信贷[①]是 P2P 借贷行业最早出现的资产类型,早期(2012 年以前)曾是绝大多数平台的主营业务,但由于坏账率高、竞争门槛低等原因,逐渐被担保贷款(含保证担保、抵押担保和质押担保)等取代。

虽然如此,普通小额信贷仍然是 P2P 资产的重要组成部分之一,是行业不少平台,如拍拍贷、人人贷、宜人贷和 PPmoney 的老战场。2016 年 8 月网贷监管办法发布后,该类资产成了平台发力和转型的热点之一。此外,小额信贷也是金融科技元素体现最多的业务,不少平台运用大数据风控、征信、反欺诈等技术优化业务,部分平台甚至有能力对外提供技术服务。

截至 2016 年末,在零壹数据监测的 1625 家正常运营的 P2P 平台中,至少有 461 家提供小额信贷撮合服务,其中企业信贷与个人信贷的比例约为 5.8:1。在零壹数据监测的 400 家平台范围内,以小额信贷为主业的平台约有 50 家。

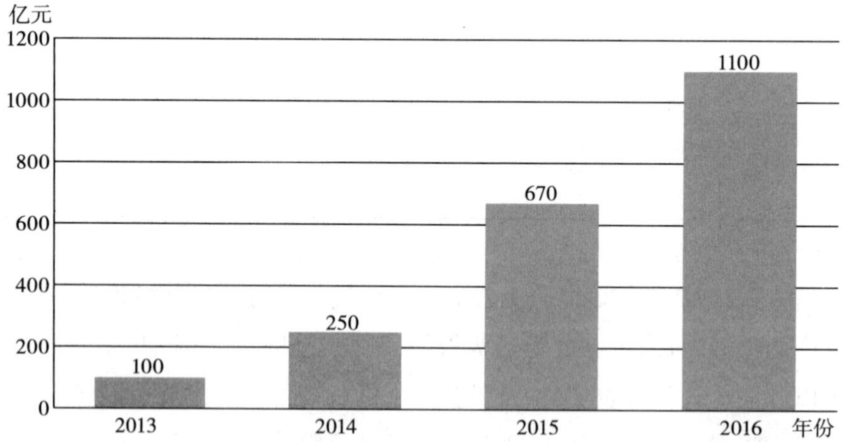

图 3-1 P2P 普通小额信贷历年交易规模走势

①本书中指的是借款金额不超过 100 万元(企业)或 20 万元(个人)的信用贷款。

如图 3 - 1 所示,2013 年 P2P 借贷行业普通小额信贷的交易规模约为 100 亿元,2014 年增长到 250 亿元,环比增幅为 150%;2015 年飙升至 670 亿元,是上年的 2 倍有余;2016 年首度超过千亿,达到 1100 亿元,环比增幅仍然有 64.2%。

为了方便统计,本节以翼龙贷、拍拍贷、宜人贷、爱钱进、人人贷、点融网、积木盒子、你我贷共 8 家平台作为样本研究对象,这些平台的月度交易数据可以反映出 P2P 小额信贷的整体规模、期限及利率走势以及其他特征。

如图 3 - 2 所示,除 2 月因春节影响交易规模相对较低外,1—4 月样本平台单月交易规模多在 50 亿 ~60 亿元,到年底两个月增至 90 亿元以上。从月度规模增长情况来看,4—7 月增速较快,而 8—12 月增速明显放缓。

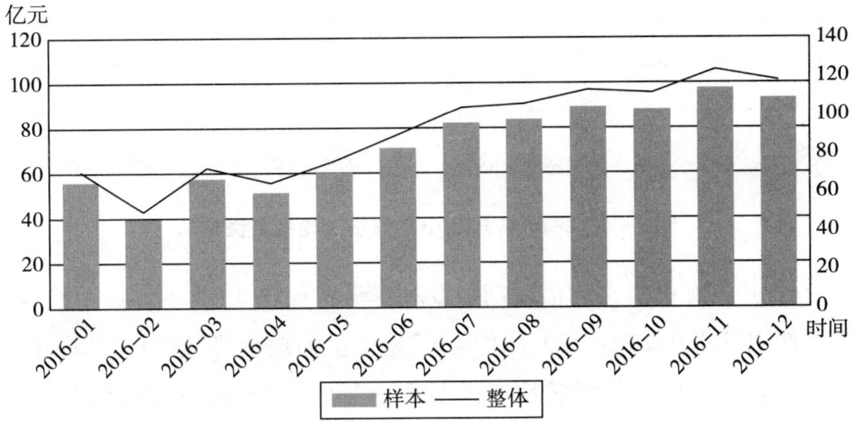

图 3 - 2　2016 年 P2P 小额信贷月度交易金额走势

如图 3 - 3 所示,借款笔数与交易金额走势基本一致,1、2 月样本平台整体借款笔数在 30 万笔左右;3 月明显增长至 65.9 万笔,11 月已经超过 160 万笔,12 月则有所回落。

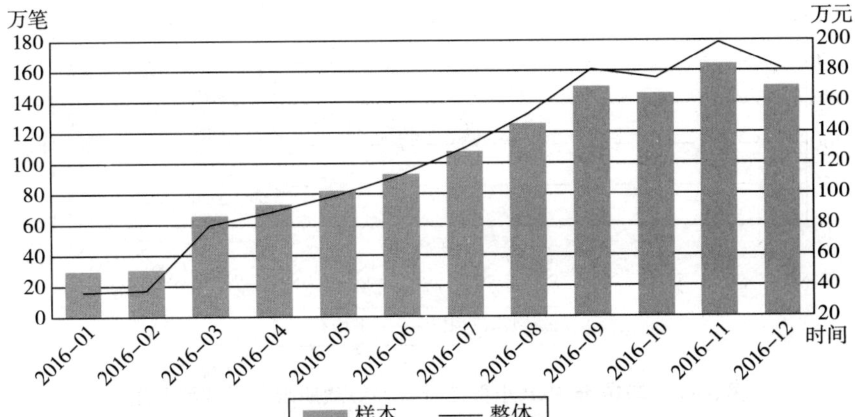

图 3 - 3　2016 年 P2P 小额信贷月度借款笔数走势

2016 年 P2P 小额信贷人均借款金额如图 3－4 所示。1 月和 2 月,人均资金需求量相对较大,人均借款居年度高位,分别达到 1.98 万元和 1.83 万元;2 季度和 3 季度每月人均借款金额降低到 1 万～1.3 万元之间;11 月已经少于 1 万元,为 0.92 万元。

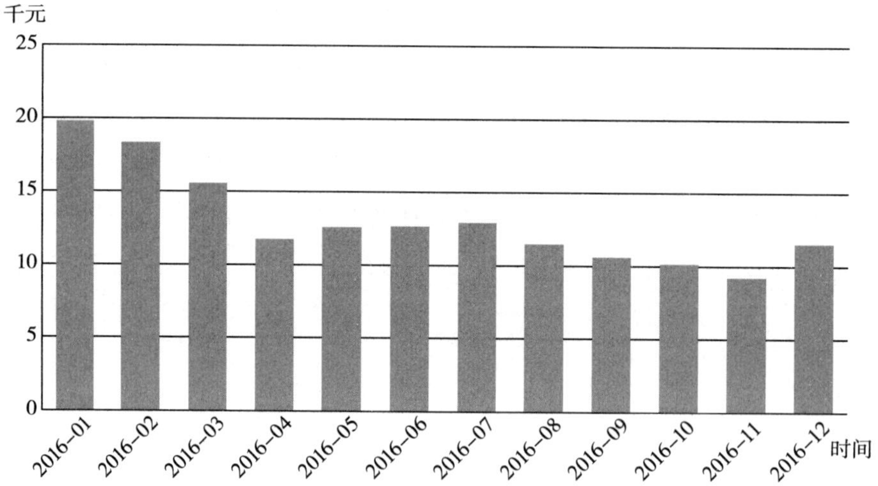

图 3－4　2016 年 P2P 小额信贷人均融资额走势

2016 年 P2P 小额信贷平均借款期限及利率走势如图 3－5 所示。从全年来看,各月平均借款期限基本在 200～300 天之间,且整体呈缩短趋势,这与短期现金贷逐渐增多有较大的关系。各月投资利率基本在 12%～13%,两头高,中间低,明显高于同期 P2P 行业整体利率。

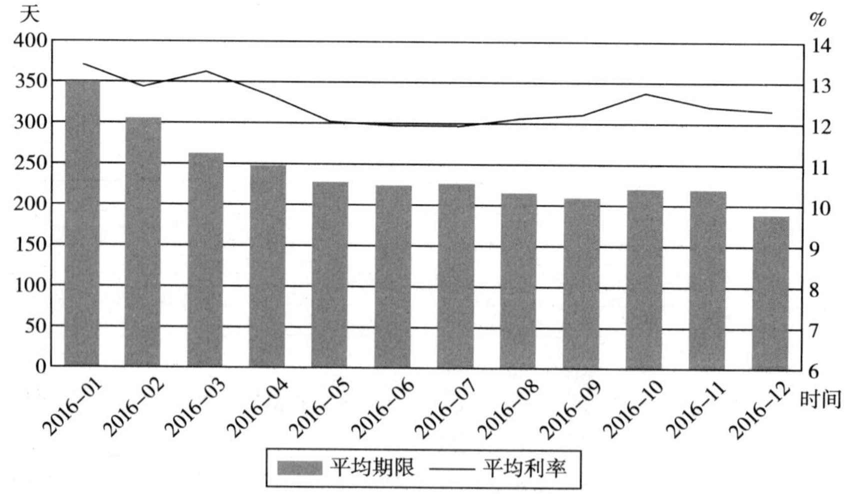

图 3－5　2016 年 P2P 小额信贷平均借款期限和平均利率走势

3.2.2 保证担保贷款

保证担保贷款,是指按《中华人民共和国担保法》规定的保证方式,以第三人承诺在借款人不能偿还贷款时,按约定承担连带责任而发放的贷款。具有代为清偿债务能力的法人、其他组织或者公民,皆可作为保证人。保证人包括专业担保公司(融资性担保公司和一般担保公司)、企业法人、其他组织或普通公民。

P2P担保模式由红岭创投于2009年首创,此后,几乎所有的P2P平台都推出了各类本金或本息保障措施,主流的就包括风险准备金、保证担保、抵押/质押担保等。保证担保措施最为广泛,其中专业担保公司提供的保证担保占主流,据零壹数据统计并估算,2016年专业担保公司担保的P2P借款达到4000亿~5000亿元,其他担保主体(个人、非担保公司担保)担保借款在2000亿~3000亿元。

(1)担保公司保证担保

2015年7月,央行等10部门对外发布《关于促进互联网金融健康发展的指导意见》,明确网络借贷平台作为信息中介不得提供增信服务。此后,越来越多的P2P借贷平台选择与专业担保公司合作,"自担"现象逐渐减少。2016年8月24日,银监会等部门对外发布《网络借贷信息中介机构业务活动管理暂行办法》,办法规定网络借贷平台作为信息中介,不得自身为出借人提供任何形式的担保,但允许网贷平台引入第三方机构进行担保。也就是说,P2P借贷平台与专业担保公司合作符合最新监管规定。

专业担保公司可分为融资性担保公司和非融资性担保公司。根据我国《融资性担保公司管理暂行办法》第二条规定:"融资性担保是指担保人与银行业金融机构等债权人约定,当被担保人不履行对债权人负有的融资性债务时,由担保人依法承担合同约定的担保责任的行为。本融资性担保公司是指依法设立,经营融资性担保业务的有限责任公司和股份有限公司。"融资性担保公司成立,需经省级政府部门颁发"经营许可证",而非融资性担保公司的注册审批按《公司法》相关规定即可,无特别审批程序,只能为借款提供履约担保而不负有债务清偿责任。因此,目前P2P网贷合作的主要是融资性担保公司。

在P2P网贷行业"去担保"进程逐渐推进的过程中,此种模式的平台数量正在快速减少,本节不再做具体的数据分析。

(2)其他主体保证担保

其他主体是指,担保人并非专业担保机构,而是与借款人有关联关系的个人或企业、提供资产的金融或非金融机构。在其他主体保证担保的模式下,视P2P网贷平台债权人不同,通常有不同的担保人,如由借款企业的关联公司提供担保,资产收益权的转让方提供担保等。需要说明的是,保证担保贷款在 P2P 网贷行业分布广泛,操作模式复杂,部分平台的担保人同时包括专业担保公司和其他主体保证人,也可能同时由多家非担保公司主体进行保证担保。其他主体保证担保与专业担保公司保证担保的区别点如表 3 -2 所示:

表 3 -2 其他主体保证担保与担保公司保证担保对比

类型	担保人	担保责任	平台与担保人的关系
担保公司保证担保	融资性担保公司、一般担保公司	一般保证责任或连带保证责任	担保人较少,通常一个平台不超过 2 家担保公司
其他主体保证担保	法人、其他组织或者个人		不同的借款方对应特定的担保人,单个平台通常对应有多个担保人

资料来源:零壹财经 · 零壹智库。

3.2.3 房贷

本节所指的房贷包括一切和房产有关的贷款,按市场规模从大到小可分为房产抵押贷款、房产抵押周转贷和首付贷等。

P2P 房产抵押贷款模式中,原始债权人以房产抵押的方式直接或间接从 P2P 平台获得资金,若债权人到期无力还款,抵押权人可处置抵押房产以抵消债权。房产抵押贷款的原始债权人包括个人和机构,2016 年全年交易规模在 1705 亿元左右。

房产抵押周转贷,是在房产已被抵押的前提下产生的,借款人以房产抵押向银行贷款已获批准,但从银行批贷到放款还存在一定的时间间隔(短则数天,长则几个月,一般为 1 ~3 个月),在此时间间隔内,借款人如果因急需资金向他人借款,借款额度不超过银行贷款额度,并承诺在银行贷款发放后偿还该笔借款,就形成了房产抵押周转贷。若房产抵押周转贷由 P2P 网贷平台的投资人发放,则称为 P2P 房产抵押周转贷,该类贷款规模远不如房产抵押贷款,加之一般需要与专业第三方金融机构合作,故以房产抵押周转贷为主要业务的平台数量较少。

传统的按揭贷款模式下,购房者需要一次性缴纳央行所规定的最低购置资金(即首付),但并非所有人都具有支付首付的能力或支付首付的意愿。在这种情况下,P2P 网贷平台作为资金供给机构,为这部分群体提供首付资金,购房人凭借从 P2P 网贷平台获得的首付金从银行获得贷款,同时 P2P 网贷平台投资人与购房者形成债权债务关系,即 P2P 首付贷。2016 年 3 月,首付贷由于涉及“炒房”被相关监管部门禁止,至年末已无平台开展该类业务如表 3－3 所示。

表 3－3　P2P 房贷具体模式分类及其特点

模式分类	细分分类	代表平台
房产抵押贷款	按抵押人不同分为：个人房产抵押贷款、机构房产抵押贷款	小牛在线、温商贷
房产抵押周转贷	按贷款用途不同分为：垫资、解扣、过桥和赎楼	积木盒子、百融网
首付贷	按债权来源分为两类：自营模式，由 P2P 网贷平台投资人直接为借款人提供资金；转让模式，债权由房产商或小微金融机构转让	搜易贷、链家理财①

资料来源：零壹财经·零壹智库。

如图 3－6 所示，在零壹数据监测的 1625 家存量平台中，涉及房贷的平台在 400 家左右，约占 25%。2016 年，P2P 房贷的交易规模约 1705 亿元，超过之前各年的总和。从房贷在 P2P 网贷行业占比情况看，由于 2013 年及以前信用贷款占据主流，加之房贷出现时间较晚，因此 2011—2013 年房贷比例仅有 3.78%；2014 年房贷增速快于 P2P 交易规模增速，当年房贷规模占到整体规模的 10.34%。2015 年和 2016 年，信用贷款、汽车贷款等形式的资产迅速增长，且整体快于房贷，因此这两年间房贷占比有所下降，分别为 9.74% 和 8.72%。

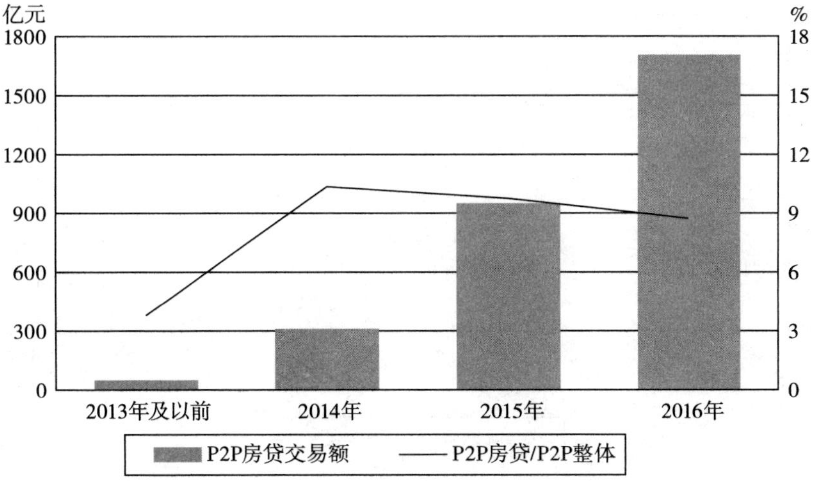

图 3－6　P2P 房贷历年交易规模及其行业占比

①两家平台目前已无首付贷业务。

图 3 -7 列出了 2016 年 P2P 房贷月度规模走势,月均约 101 亿元;第二季度至年底各月房贷交易额基本稳定在 80 亿 ~100 亿元区间内,但第 1 季度较高,或与各地监管机构 1 季度后叫停"首付贷"有关。

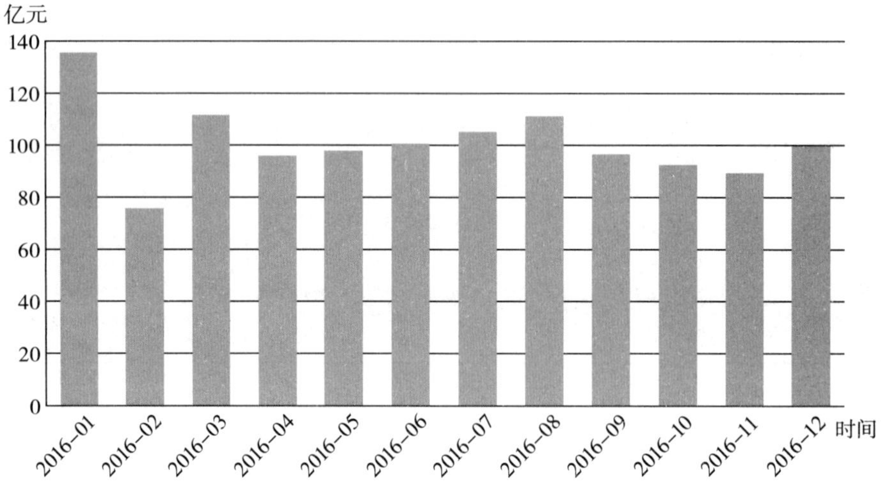

图 3 -7　2016 年 P2P 房贷月度交易金额走势

可以用平均借款期限及平均投资利率来表示 P2P 房贷项目的流动性及收益率。从图 3 -8 中可以看出,2016 年 1—4 月 P2P 房贷平均借款期限相对更高,5 月以后多稳定在 80 ~100 天。投资利率呈现出稳定而缓慢的下降趋势,由 1 月的 10.83% 降至 12 月的 9.60%,略高于 P2P 网贷行业同期投资利率。

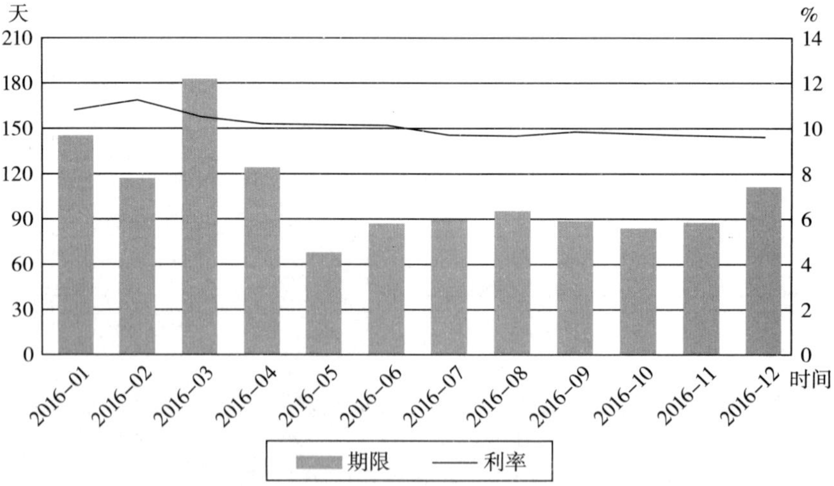

图 3 -8　2016 年 P2P 房贷各月借款期限及利率趋势

2016 年房贷交易额超过 20 亿元的 P2P 平台至少有 15 家,表 3 -4 列出了这些平台的部分数据。表中平台 2016 年房贷交易额合计为 884.0 亿元,占当年 P2P 行业整体规模的 51.8%。其中,小牛在线和链家理财分别有 193.9 亿元和 149.5 亿元,其余 13 家平台房贷交易额均在 20 亿~100 亿元之间。15 家平台房贷项目笔均融资额为 42.5 万元,其中仅小牛在线笔均融资额低于 20 万元,为 18.4 万元;温商贷、小赢理财、91 旺财等 10 家平台笔均融资额均超过 100 万元。

表 3-4　2016 年度房贷交易规模 TOP15

平台名称	交易额/亿元	房贷规模占比/%	借款笔数/笔	平均投资利率/%	平均期限/天	笔均借款额/万元
小牛在线	193.9	49.9	105278	11.3	30	18.4
链家理财	149.5	100.0	21152	7.9	62	70.7
温商贷	83.1	97.2	7851	10.7	107	105.8
易通贷	73.1	96.7	35535	14.0	121	20.6
小赢理财	61.7	54.4	5693	6.8	159	108.4
91 旺财	61.6	98.6	5488	7.8	45	112.3
搜易贷	45.3	36.4	13124	7.3	306	34.5
钱多多	40.0	96.6	968	13.8	143	413.4
融金所	30.5	49.8	1772	12.2	40	172.3
银客理财	27.7	63.8	2382	9.4	181	116.3
房天下理财	27.0	92.9	3641	5.7	37	74.2
聚爱财	25.4	41.1	1108	8.2	67	229.0
盈盈理财	24.1	36.7	1492	7.8	74	161.2
人人聚财	20.9	29.2	1280	10.3	104	163.6
微贷网	20.1	4.2	1082	9.5	95	185.9
综合	884.0	47.8	207846	9.8	77	42.5

资料来源:零壹数据。

3.2.4　车贷

这里的车贷主要是指围绕车辆(含新车、二手车)的销售、抵押/质押等环节产生的贷款服务,按业务模式、资产特征可以分为 4 种类型,具体如表 3-5 所示。

表 3-5 P2P 车贷类型划分及其特点描述

单位:亿元

类型	模式	交易特点	2016 年交易规模	代表平台
抵押/质押	借款人抵押/质押车辆给 P2P 平台或其合作方	金额较小、期限短	1311	微贷网
车商贷款	汽车经销商向 P2P 平台投资人借款,属于库存融资	—	134	搜易贷
汽车融资租赁	P2P 资产是由汽车融资租赁活动中产生,多为转让模式	期限长、金额高、利率低	<50	融租 E 投
汽车垫资	与房产抵押周转贷类似,金融机构放款前,借款人通过 P2P 平台借款	期限多在一个月以下	107	钱保姆
汽车消费贷款(非垫资类)	即汽车按揭贷款,债权主要来自汽车金融公司	—	<50	聚车金融

资料来源:零壹数据。

车贷已成为 P2P 网贷行业的主流资产之一。截至 2016 年末,在零壹数据监测的 1625 家正常运营的 P2P 网贷平台中,以车贷为主营业务的平台至少有 491 家,行业占比超过 30%。P2P 车贷从 2011 年萌芽期直至 2016 年,每年交易规模已增长至千亿元级别。考虑到历史增长趋势以及网贷监管办法“限额令”的影响,2017 年 P2P 车贷规模可能增长至 2500 亿元以上。

相较于小额信贷、保证担保等类型资产,P2P 车贷的精细化程度较高且业务操作流程更加标准化。本书在第 5 章对 P2P 车贷进行了深入研究和探讨。

3.3 细分资产分析

3.3.1 融资租赁

“融资租赁 + P2P”模式最早出现在 2013 年 7 月，当年融资租赁 P2P 产品的成交总额约 1.19 亿元。此后多家平台陆续上线融资租赁产品，2015 年和 2016 年交易规模均在数十亿元级别。

按照不同的操作模式，“融资租赁 + P2P”可以分为两类：收益权转让和委托租赁。

在收益权转让模式中，融资租赁公司与承租人签订租赁合同。融资租赁公司将租金收益权转让给金融机构（一般是资产管理公司或商业保理公司），金融机构审核后在 P2P 平台发布债权转让标，以供投资人投资；满标后融资租赁公司获得资金，承租人按期向投资者支付租金。在该模式中，也可由融资租赁公司直接通过 P2P 平台转让租金收益权给投资人，这种情形下由于没有金融机构履行尽调职能，由 P2P 平台主导如图 3－9 所示。

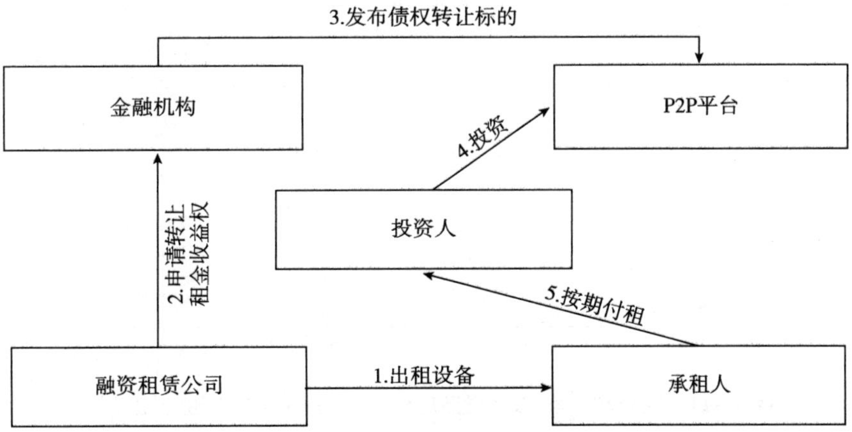

图 3－9　P2P 融资租赁债权转让模式

委托租赁模式下，融资租赁公司在 P2P 平台发布项目后，投资人的投资其实是购买租赁物，再将该租赁物委托于融资租赁公司出租给承租人，投资人的收益即该委托融资租赁项目的承租人租金如图 3－10 所示。

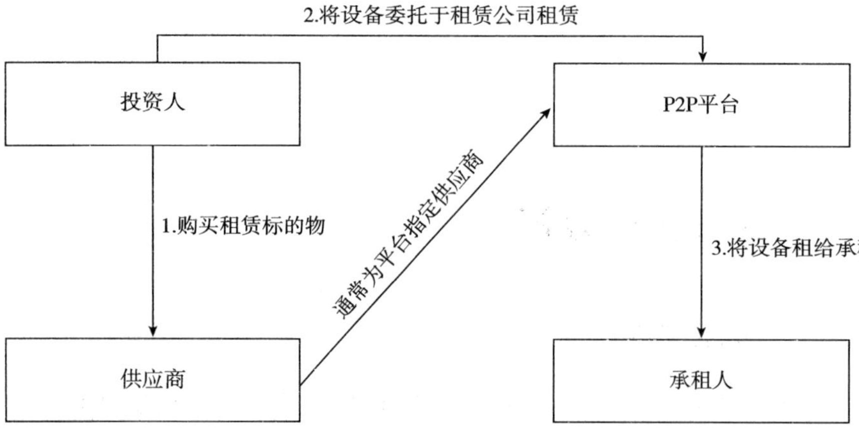

图 3-10　P2P 委托融资租赁模式

融资租赁 P2P 产品,最早是由普资华企在 2013 年 7 月推出,2015 年起更多的平台开始涉足该业务。据零壹数据不完全统计,截至 2016 年底,涉及融资租赁产品的平台至少有 462 家,与 2015 年相比变动不大。2016 年可统计的融资租赁 P2P 标的超过 2.5 万笔,交易金额约为 148 亿元,保守估计该类业务的整体规模在 180 亿元,约为 2015 年的 3 倍,2014 年的 9 倍。图 3-11 显示了该类业务历年交易规模。

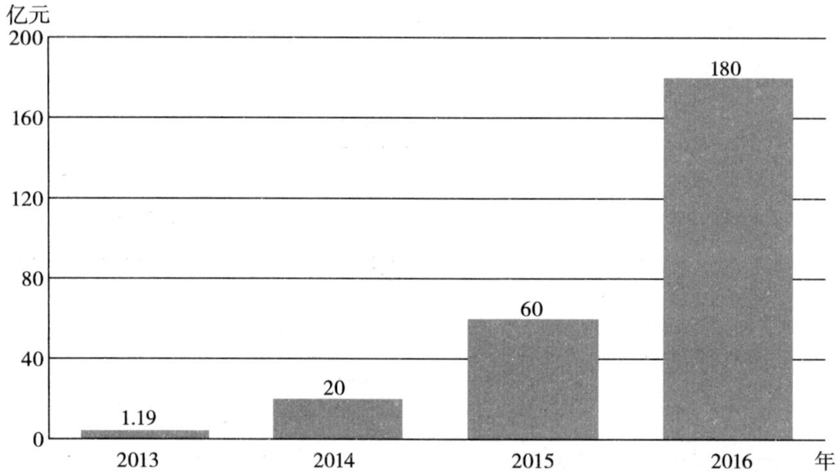

图 3-11　融资租赁类 P2P 产品历年交易规模(含汽车融资租赁)

图 3-12 是融资租赁 P2P 产品 2016 年月度交易规模趋势。除去春节、国庆以及年末季节性因素的影响,单月交易规模不断走高,且下半年增速明显加快,11 月达到峰值 22.7 亿元,是 1 月谷值(6.5 亿元)的 3.5 倍。

如图 3-13 所示,2016 年融资租赁 P2P 产品平均借款期限为 421 天,前 3 季度低于全年平均值,第 4 季度显著高于年度均值,11 月达到最高,为 632 天。各月平均投

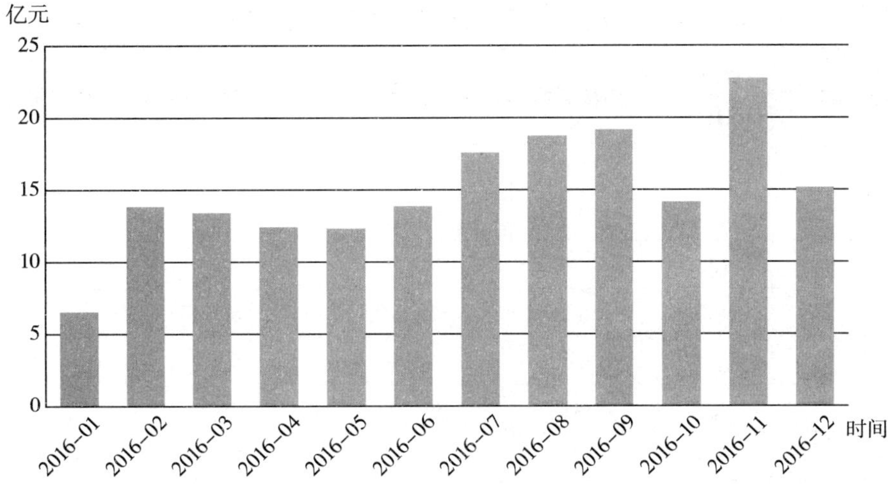

图 3－12　融资租赁 P2P 产品 2016 年月度交易规模

资利率保持小幅波动，仅有 1、4 月高于 10%，分别为 10.62% 和 10.04%。

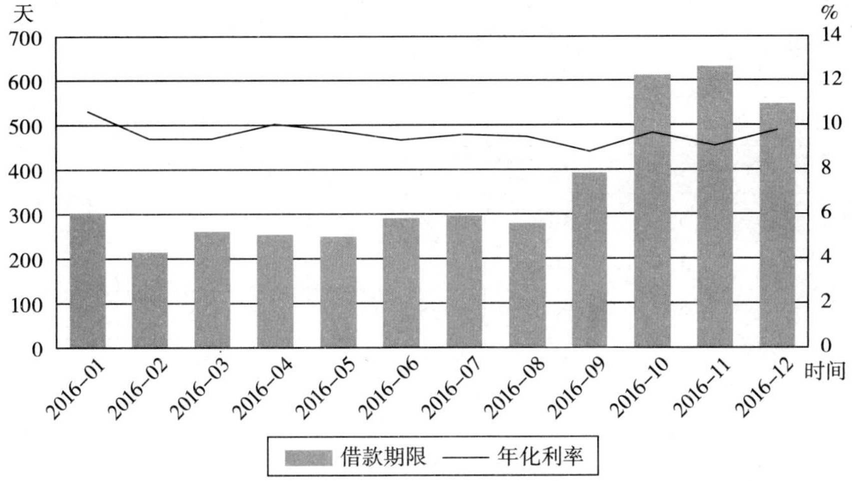

图 3－13　融资租赁 P2P 产品 2016 年借款期限及投资利率走势

表 3－6 列出了 2016 年 22 家融资租赁 P2P 产品交易额超过 1 亿元的平台。其中，普资华企和聚宝匯规模位居一、二，分别达到 20.7 亿元和 20.2 亿元；理财范也超过 10 亿元，约 12.1 亿元；其余 19 家平台均在 10 亿元以下。22 家平台年化投资利率在 5.4% ~15.4%，最低的是点车成金，最高的为融金所。平均借款期限多在半年以上，最高达到 1009 天，平均期限低于 3 个月的包括小赢理财和力帆善融，两者均为汽车融资租赁平台。

表 3-6　2016 年融资租赁类产品交易额超过亿元的 P2P 平台

平台名称	成交额/亿元	借款笔数	笔均借款额/万元	平均投资利率/%	平均借款期限/天
普资华企	20.7	3193	64.8	11.9	287
聚宝匯	20.2	370	546.2	7.7	151
理财范	12.1	379	319.9	10.4	137
融租 E 投	9.2	3898	23.6	8.6	171
点车成金	9.0	520	173.9	5.4	107
银豆网	8.8	241	364.7	12.5	366
搜易贷	8.4	1263	66.2	7.5	274
拾财贷	7.3	938	78.0	9.1	125
海融易	7.2	114	628.3	7.6	157
中航·生意贷	7.1	2107	33.8	13.1	121
甜菜金融	6.0	798	75.8	5.7	104
点融网	5.8	278	208.6	7.9	639
麻袋理财	3.3	5193	6.4	8.4	1009
融金所	3.3	311	106.6	15.4	709
小赢理财	3.3	218	150.6	6.2	57
力帆善融	2.4	380	63.9	8.0	87
爱投资	2.2	25	872.0	13.3	547
今日捷财	1.6	190	84.7	8.9	141
融贝网	1.5	283	54.4	11.5	258
财富派	1.4	11	1272.6	6.0	180
华融道	1.4	219	63.2	12.9	176
拉拉财富	1.0	422	23.0	11.4	103
合计	143.3	21351	67.1	9.4	400

资料来源:零壹数据。

3.3.2　票据质押

本节所说的票据是指狭义上的承兑汇票,包括银行承兑汇票和商业承兑汇票,其与 P2P 的结合方式主要为票据质押贷款,即借款人以未到期的银票或商票作为质押物,通过 P2P 平台向投资人融资。

票据质押模式最早于2014年下半年出现，虽然历年来规模呈稳定增长趋势，但在P2P行业的整体占比不到1%。据零壹数据统计，截至2016年末，涉及票据质押贷款且仍在正常运营的平台有99家左右，历年累计规模约505亿元。图3－14列出了P2P票据质押历年交易规模数据，由于部分项目难以区分银票还是商票，我们对两类票据的规模进行区间估算。整体而言，P2P票据质押贷款规模增长显著，2014年在55亿元左右，2015年为200亿～300亿元，2016年总规模在500亿元左右。

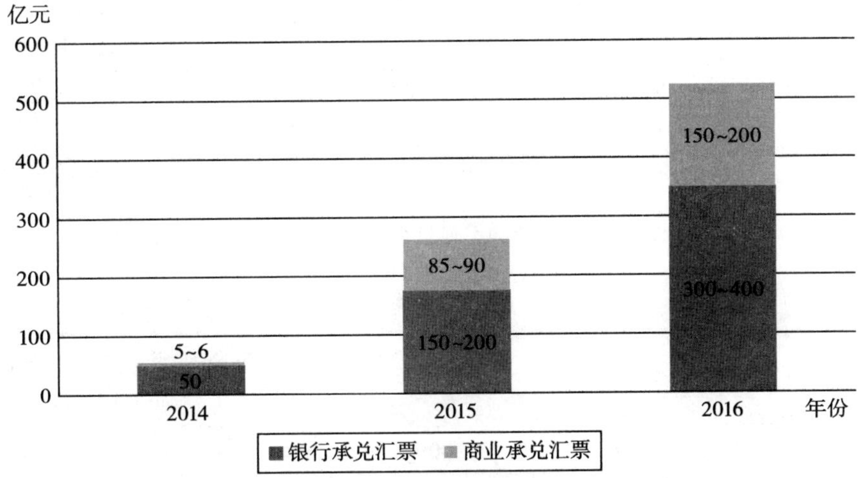

图3－14　P2P汇票质押历年交易规模

票据质押融资一般是企业为了补充流动资金产生的，其借款期限多在90天以内。零壹数据监测的样本数据显示，2016年1—12月此类贷款各月平均借款期限在53～95天之间波动，且下半年期限长于上半年，其中9月和10月略长于90天；其余月份基本都在80天以下如图3－15所示。

平均投资利率的走势相对平稳，第1季度和第二季度因资金需求较大利率相对更高，第2、3季度稳定在7.5%±1%的范围内。2016年商业汇票类项目综合年化投资利率为7.68%。

2016年共有22家平台票据质押类项目的交易规模超过1亿元，其中金银猫、银票网、开鑫金服等6家平台超过10亿元，金银猫以51.4亿元居于首位。由于借款方以企业为主，资金需求量较大，其笔均融资额相对更高，表中22家平台平均单笔融资金额为58.9万元，有9家平台笔均融资额高于100万元。票据质押安全性相对较高，投资人收益率普遍较低，表中平台平均投资利率为7.4%，远低于P2P行业整体值如表3－7所示。

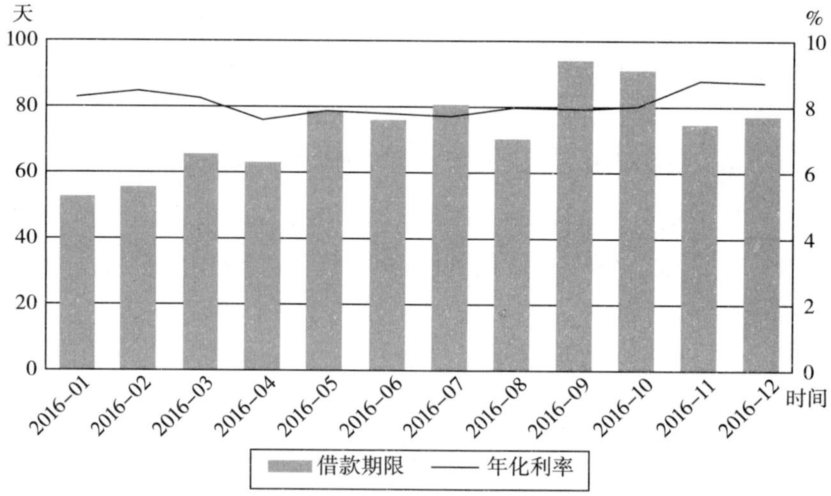

图 3-15　2016 年票据质押类项目各月借款期限及平均利率走势

表 3-7　2016 年票据质押规模过亿的 P2P 网贷平台

序号	平台简称	成交额/亿元	借款笔数/笔	笔均借款额/万元	平均投资利率/%	平均借款期限/天
1	金银猫	51.4	11100	46.4	7.5%	64
2	银票网	33.5	2754	121.6	8.0	55
3	开鑫金服	27.8	1058	262.6	7.0	348
4	福银票号	16.7	2312	72.4	5.8	58
5	金票通	16.2	3586	45.3	8.4	81
6	票据宝	13.3	4564	29.1	6.9	58
7	铜掌柜	9.9	899	109.7	8.9	39
8	民贷天下	5.8	831	69.2	5.8	10
9	广州 e 贷	4.8	577	82.5	10.2	151
10	中瑞财富	4.4	196	226.8	8.7	154
11	中广核富盈	4.0	107	374.1	7.5	168
12	爱达财富	3.9	387	100.9	8.4	87
13	票据客	3.7	3044	12.0	6.6	41
14	派派猪理财	2.9	1053	27.9	8.9	75
15	票金所	2.4	1272	19.2	8.0	57
16	小狗钱钱	2.0	984	20.3	10.8	

续表

序号	平台简称	成交额/亿元	借款笔数/笔	笔均借款额/万元	平均投资利率/%	平均借款期限/天
17	隆金宝	1.9	66	284.2	8.8	139
18	PPmoney	1.6	99	159.9	9.1	120
19	钱庄网	1.3	31	425.8	9.0	43
20	希望金融	1.0	108	93.9	8.0	170
21	e融所	1.0	351	28.1	10.3	128
22	网惠金融	1.0	357	27.4	9.1	136
—	合计	210.5	35736.0	58.9	7.4	63

资料来源:零壹数据。

3.3.3 其他资产

如表3-8所示,除了上文提及的几类资产,保理、典当、小贷债权包、公司股权质押、艺术品质押也是P2P行业中具有代表性的资产类型。关于保理,本书第6章关于供应链金融的分析中会有详细介绍;其他类资产由于规模较小,本书不作展开。

表3-8 保理、典当等其他资产类型及其模式介绍

类型	模式简介
保理	贸易卖方基于其与买方订立的销售/服务合同所产生的应收账款转让给保理公司,保理公司对买方进行资信审核,确保其履约能力后,通过P2P平台转让应收账款给投资人,投资者支付受让应收账款对价
典当	典当行将典当的物品质押给P2P平台得到相应融资,抵/质押物一般为房产、汽车,也有一些不常见但极具价值的古董、字画等
小贷债权包	本质上是小额信贷资产的打包,资产主要来自小贷公司和线下理财平台,期限普遍较短,单笔债权基本在5万元以下
股权质押	借款人以公司股权作为质押物向P2P平台申请贷款业务,通过调查审批后,平台对借款人授信,在授信范围内融资
艺术品抵押	借款人向P2P平台申请艺术品抵押贷款业务,由P2P平台委托第三方公司对艺术品估值,基于估值进行授信

资料来源:零壹财经·零壹智库。

3.4 短期资产分析

3.4.1 短期资产介绍

短期融资需求广泛,产生于生产、经营、消费等活动过程中。资金需求方涵盖个人及企业,借款用途主要包括日常消费、经营周转、企业过桥等。一般因资金流动性不足产生,对放款时间要求较高,具有需求急、期限短、利率高的特点。长久以来,小贷公司、担保公司、典当行这类非金融机构是短期贷款主要的资金供给方,2014 年以后 P2P 网络借贷快速发展,逐渐成为短期贷款的新渠道。

按央行、银监会等部门的统计口径,短期贷款是指期限在一年以内、流动性较强的贷款。本书所说的 P2P 短期融资是指期限在 90 天及以内且排除净值标的常规性贷款。主流的 P2P 短期资产大致可以分为四类:企业过桥贷款、个人短期消费贷、车商垫资周转贷和房产抵押周转贷。

(1)企业过桥贷款

企业过桥贷款占据当前 P2P 短期贷款的绝大份额,指企业为满足银行续贷等临时性融资需求,通过 P2P 网贷平台获得的过桥贷款。我国企业短期贷款规模增速,近年来虽有放缓趋势,但短期过桥贷款仍然存在较大的需求缺口,与此相矛盾的是,长期存在的金融抑制政策使过桥贷款资金来源较少,民间金融仍然是过桥贷款的主要渠道。互联网金融的出现有效地缓解了企业过桥贷款融资渠道窄、融资成本高以及放款速度慢的问题。举例来说,部分网贷平台拥有丰富的资金来源、相对高效的风控流程,因而有能力降低借款成本,多项金融科技手段大大提高了资金匹配效率,典型代表包括鑫合汇、十六铺金融等平台。

(2)个人短期消费贷

个人短期消费贷是指个人通过 P2P 网贷平台发起的小额融资,用于满足个人消费需求,如信用卡还款、购买消费品、支付消费性服务,同时包括小部分涉及房屋装修及汽车购置的分期贷款等。与传统的消费金融,如银行信用卡服务、分期购车等不同,P2P 开展个人短期消费贷服务时,审批流程主要在线上完成,利用多维度的大数据风控系统,资金体量小、足够灵活、对新技术等接受程度高、注重创新,提供的服务具有借款额度低、贴近消费需求、审核流程便捷等特点。除大数据风控外,开展个人短期消费贷的另一个重要因素是消费场景。不同的消费场景之下,用户需求极具差异化,信用风险各不相同,需要就此对风控系统作出相应的参数调整。

(3)车商垫资周转贷

车商垫资周转贷借款期限多在30天以内,一般流程如图3-16所示。购车人按揭购车时,汽车金融公司对购车人进行资质审核后,先行垫付按揭款,随后向银行申请按揭贷款业务。汽车金融公司向P2P网贷平台申请转让其所持债权,平台审核通过后在线上发布标的,供投资人进行投资。投资人资金通过特定支付通道支付给汽车金融公司,银行审批放贷后,将放贷给购车人的资金以受托支付的方式转账到汽车金融公司,同时投资人收回本息。

对汽车金融公司而言,快速回笼资金是其主要目的,所以有动力将垫资产生的债权通过P2P平台转让给投资人。P2P平台通常与多家汽车金融公司保持长期合作关系,以保证业务稳定性。

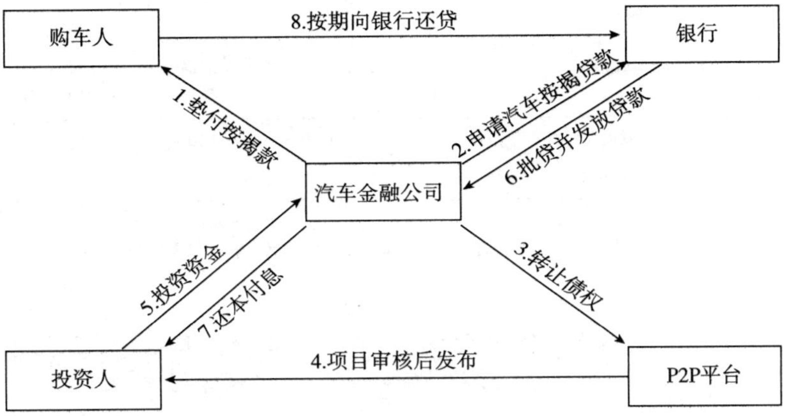

图3-16 P2P网贷汽车垫资模式

(4)房产抵押周转贷

房产抵押周转贷在3.2.3中已有介绍,具有急、短、稳、平的特点。借款需求急、借款期限短、风险相对可控、利率适中、没有抵押/质押物,非常适合采用互联网金融的模式进行处理。但是由于房产抵押周转贷项目属于相对优质的资产,而优质资产的获得并非易事,经营该类业务的平台若非自身资产端能力突出,多数便需要与担保公司、小贷公司等第三方机构进行合作,筛选优质项目,因而无法迅速扩张,该细分领域的市场规模相对有限。按照贷款用途不同,P2P房产抵押周转贷可以分为垫资、解扣、过桥和赎楼。

3.4.2 短期资产数据分析

(1)历年规模及其占比

据零壹数据统计,P2P 短期资产近年来呈指数型增长趋势(见图 3-17),2011 年约 9.3 亿元,占当年 P2P 网贷整体规模的 46.3%;2014 年达到 1750.7 亿元,占行业整体的 58.4%;2015 年继续大幅增长至 5341 亿元。2016 年,伴随 P2P 网贷整体规模的大幅增长,短期资产规模亦突破万亿元,达到 11300 亿元,占同期 P2P 网贷整体的 57.8%。

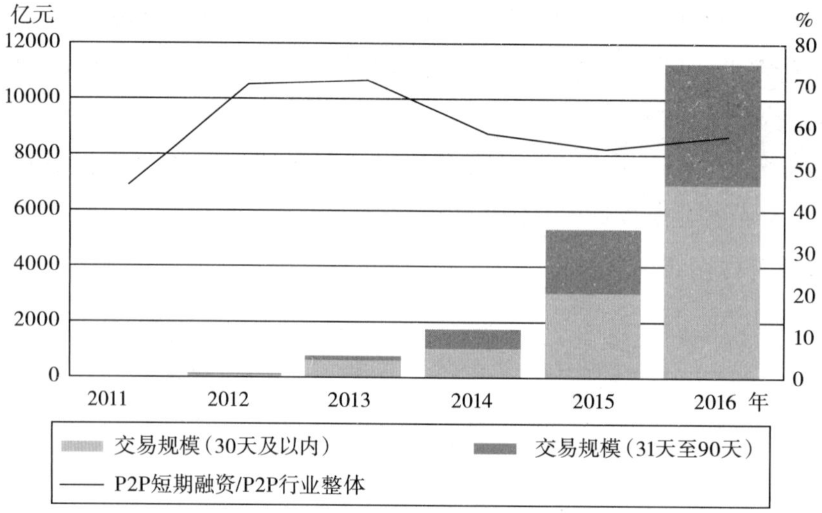

图 3-17 P2P 短期融资规模及其占比走势(2011—2016 年)

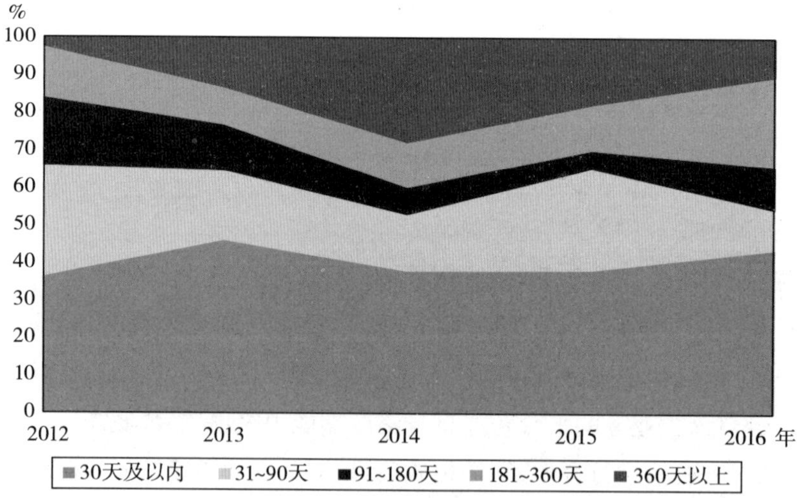

图 3-18 2012—2016 年不同期限借款项目的交易额占比

图 3－18 是 2012—2016 年不同期限借款项目的交易额占比。30 天及以内短期资产历年占比均在 35%～45%之间，2016 年达到历史峰值 43.7%。360 天以上长期资产变动趋势分为两阶段，2012—2013 年呈上升趋势，2014 年及以后线性减少，2016 年 360 天以上长期资产规模占比仅 10.27%。

（2）企业短期贷款

2011 年以来，P2P 企业短期贷款规模逐年增长。2011 年约 2.2 亿元，占 P2P 短期资产总规模的 24.1%；2012 年达到 63.8 亿元，是 2011 年的 28.6 倍。2013 年市场结构变化明显，企业短期贷款规模首次超过个人短期贷款，达到 456.0 亿元，占同期 P2P 短期贷款总规模的 58.3%。2014 年，P2P 企业短期贷款规模突破千亿，达到 1233.2 亿元；2016 年，增长放缓至 91.3%，占比也首次回落，降至 70.0% 如图 3－19 所示。

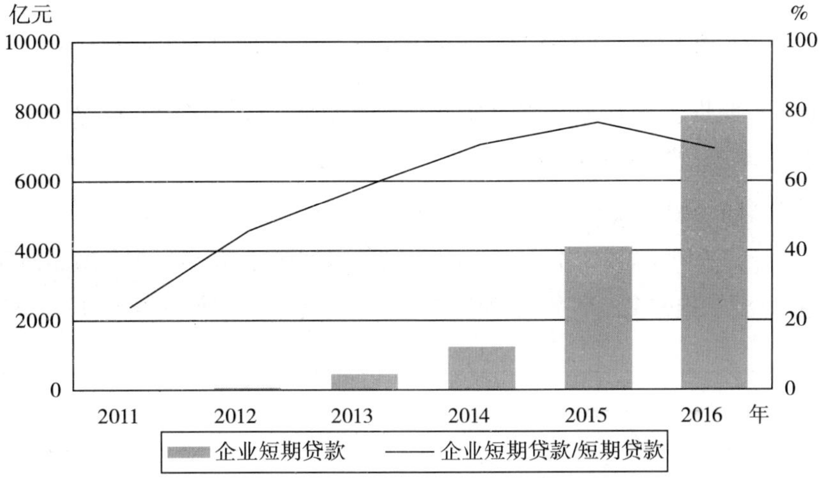

图 3－19　2011—2016 年 P2P 企业短期贷款规模及其占比

如果以 90 天作为中长期与短期贷款的界限，则 2016 年以前企业贷款平均期限高达 246 天，中长期贷款笔数明显偏高。此后短期贷款增长迅速，致使 2016 年企业贷款平均借款期限低至 78 天。企业短期贷款的走势较稳定，但 2016 年借款期限有明显下降，为 29 天。可见，即使在企业短期贷款的范畴内，融资期限缩短的趋势也愈加明显。

具体到 2016 年，企业短期贷款占到 P2P 网贷整体的 60% 以上。30 天及以内企业短期贷款规模占到 37.0%；31～90 天次之，约 20.3%；360 天以上的长期企业贷款占比仅为 9.4%。从借款笔数来看，企业短期贷款所占比重更大，90 天及以内短期贷款占比接近 80%，其中 30 天及以内的超短期企业贷款占比超过 58.3%。

近 6 年以来，企业贷款类产品的平均投资利率几乎呈直线下降趋势，2011—2013 年均在 18% 以上，2014 年降到 15.4%，2015 年降至 13.0%，2016 年则为 10.7%。相

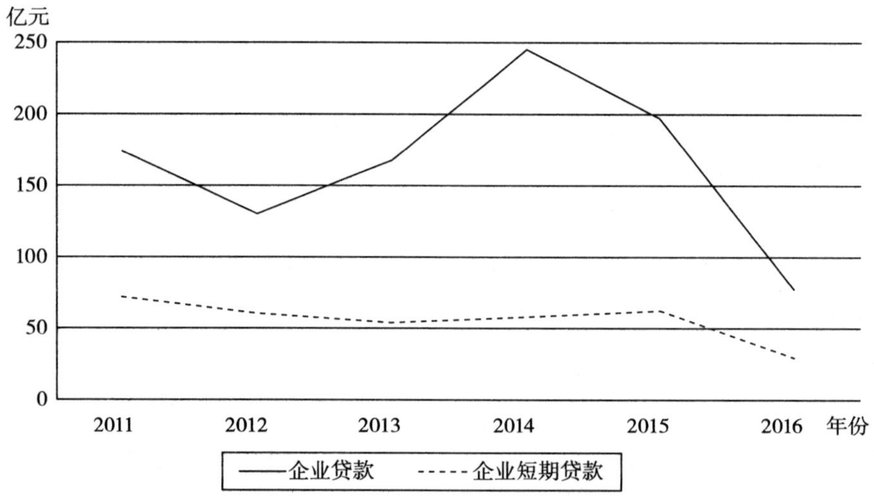

图 3－20　2011—2016 年 P2P 企业贷款平均借款期限走势

对而言,企业短期贷款的利率下降速度更快,2016 年降到 10% 以下(9.9%),较企业贷款的整体水平低出 0.8 个百分点如图 3－21 所示。

从平均利率来看,P2P 企业贷款的资金成本近年来有所降低;从供求关系来看,企业通过 P2P 网贷平台融资的时间成本也在下降。但考虑到逾期和坏账风险,以及平台运营成本,企业往往还要承担较多的服务费、保证金等额外成本,企业贷款的综合成本下降有限。

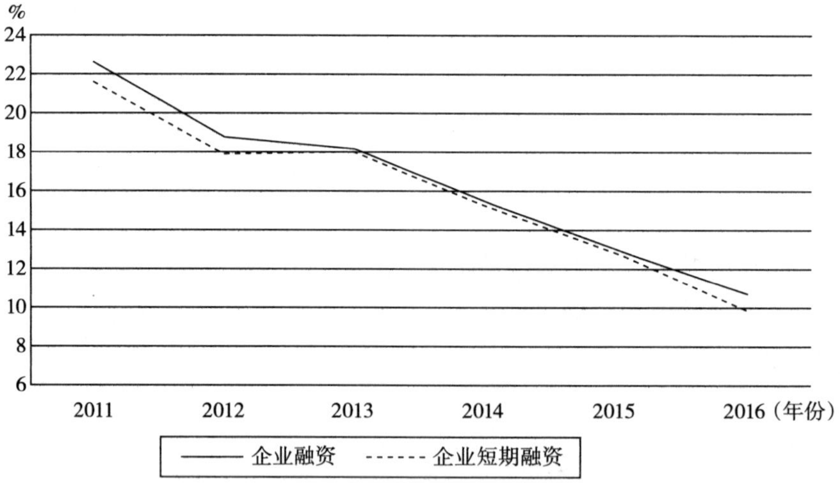

图 3－21　2011—2016 年 P2P 企业贷款平均投资利率走势

(3)个人短期贷款

据零壹数据统计,2011 年和 2012 年,P2P 个人短期贷款规模分别达到 7.0 亿元和 76.5 亿元,均高于同期企业短期贷款规模。2013 年和 2014 年,个人短期贷款规模分别达到325.8亿元和517.5亿元;2015年首次突破千亿元,达1232.2亿元;2016年则增至3440.1亿元,占P2P短期资产总量的30.4%如图3-22所示。

2016年以来,网贷领域各类监管文件层出不穷,将P2P网贷定位于“小额、分散、普惠”的金融服务提供者,与之相配套的“限额令”亦于2016年8月正式下发。零壹数据观察到,2016年下半年个人信贷资产比例明显提升,而大额企业贷款项目有减少趋势。

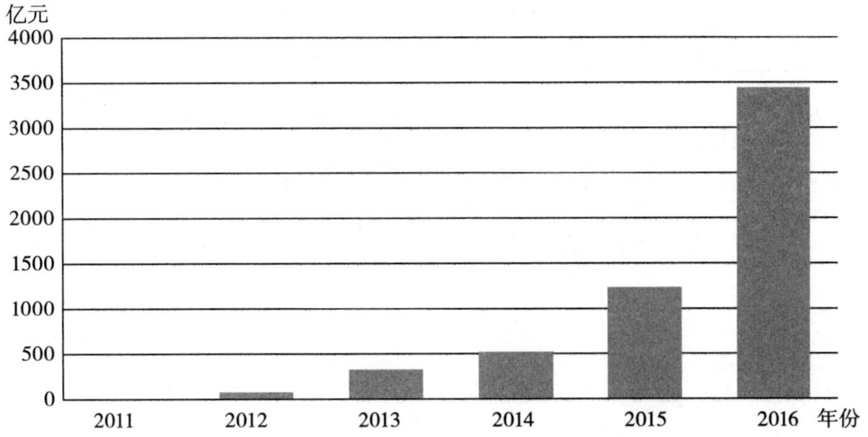

图3-22 2011—2016年P2P个人短期贷款规模走势

2011—2015年,个人短期贷款的平均期限由6个月延长到2年左右,主要是因为长期的小额信贷增长明显,包括宜人贷、陆金服、人人贷、翼龙贷等平台均有大量2~4年的贷款项目。2016年,由于超短期现金贷等资产的影响,个人短期贷款的平均期限急转直下,降至8个月左右如图3-23所示。

2016年,P2P个人短期贷款规模占到P2P整体的33.0%,其中30天及以内的贷款占21.7%。360天以上的个人贷款占到38.4%左右的比重,相对较小。从贷款笔数来看,个人短期贷款比达到43.8%,其中30天及以内的项目占比为36.0%;91~180天的项目占比为15.2%,而360天以上的项目占比仅10.6%。

2011年,个人贷款类产品的平均投资利率基本与同期企业贷持平,之后两者利率逐年快速下降且差距拉大。2012—2015年个人贷投资利率低于企业贷,这种差异背后的主要原因是个贷规模小于企业贷,且主要集中在业内几家大的平台上,这些平台在资金端上定价权较大,投资利率相对更低。2016年,行业迅速分化,从投资利率上来看,企业贷及个贷日趋接近,均在10.7%左右如图3-24所示。

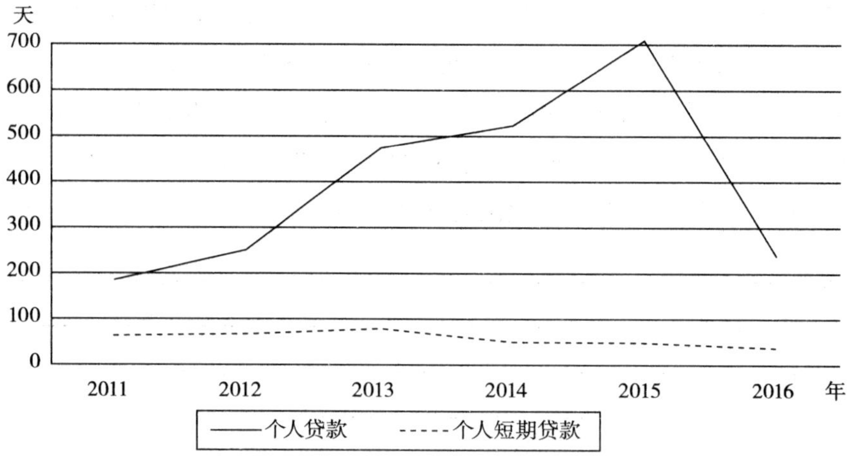

图 3-23　2011—2016 年 P2P 个人贷款平均期限走势

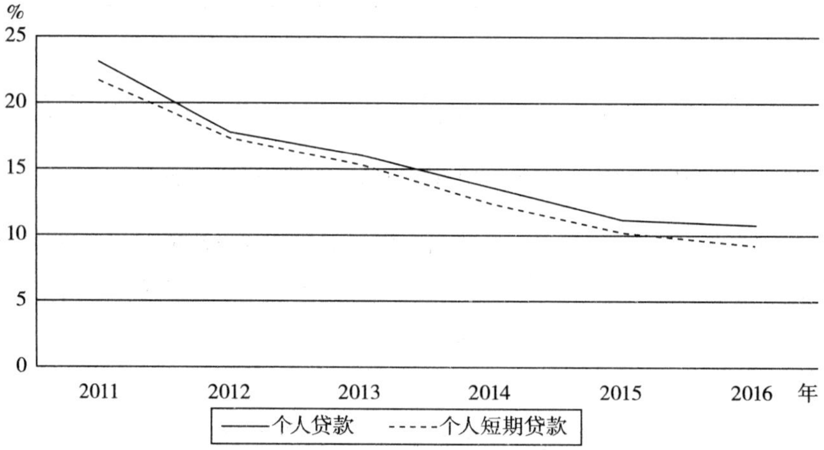

图 3-24　2011—2016 年 P2P 个人贷款平均投资利率走势

3.4.3　主要平台及其市场份额

表 3-9 列出了 2016 年短期资产规模靠前的 30 家平台，其中有 14 家超过 50 亿元，有 6 家超过 100 亿元。微贷网和鑫合汇相对最高，2016 年短期资产规模分别达到 426.4 亿元和 399.5 亿元，前者以车辆抵押/质押业务为主，70% 以上的借款为续贷；后者主要提供企业过桥服务，平均期限约 10 天。表中有 22 家平台的短期融资比例在 60% 以上，10 家平台在 80% 以上，其中微贷网、鑫合汇、十六铺金融、泰然金融和钱保姆甚至超过 90%。

表3-9　2016年短期资产规模较大的P2P网贷平台

序号	平台名称	短期融资规模(亿元)	短期资产比例(%)	平均投资利率(%)	平均借款期限(天)
1	微贷网	426.4	91.4	9.51	39
2	鑫合汇	399.5	93.3	8.87	10
3	团贷网	224.8	67.5	10.80	27
4	链链金融	143.1	95.7	7.87	58
5	小赢理财	116.2	45.7	5.88	53
6	网信理财	106.6	66.5	7.12	73
7	搜易贷	87.0	70.0	6.84	38
8	十六铺金融	82.0	100.0	11.63	14
9	积木盒子	76.4	66.8	7.34	35
10	泰然金融	73.0	93.6	8.38	37
11	财富派	62.1	43.7	5.64	68
12	钱保姆	55.6	96.8	10.19	26
13	铜掌柜	55.3	75.2	9.68	33
14	易通贷	54.8	72.4	13.19	73
15	融金所	43.0	70.2	12.26	41
16	汇泉贷	38.3	85.2	6.60	57
17	新联在线	37.8	85.9	9.94	44
18	金银猫	36.4	70.7	7.00	52
19	金联储	35.5	86.6	9.26	45
20	网利宝	34.4	69.5	7.85	50
21	冠e通	33.2	23.6	7.03	86
22	聚财猫	32.2	37.7	7.79	52
23	合时代	30.5	66.5	13.44	53
24	口袋理财	28.0	46.7	7.39	30
25	点融网	27.3	18.2	7.32	28
26	爱钱帮	24.2	87.3	9.80	59
27	红岭创投	22.8	21.9	9.51	85
28	石投金融	22.4	70.5	7.94	70
29	民贷天下	22.0	68.5	7.20	27
30	拍拍贷	21.7	10.9	17.47	36

资料来源：零壹数据。

3.4.4 短期过桥类资产案例——七桥

(1)平台简介

鑫合汇网贷是鑫合汇集团旗下专注于短期过桥业务的理财平台,自 2013 年 12 月上线以来,总交易额已经突破 1400 亿元,累计服务 600 多万投资用户。七桥是鑫合汇集团旗下的专业融资服务平台,依托团队 10 多年的金融经验,早期以专注过桥资产为特色,率先转型成为“互联网 + 过桥融资”垂直领域的“领头羊”,市场份额占到 60% 以上。

截至 2017 年 9 月,七桥服务覆盖全国 31 个省市地区,和 15 个市/区政府及 79 家银行、金融机构合作成立转贷引导基金,面向信用良好的企业和个人提供短期过桥融资,为 2.6 万名借款用户提供了超过 1800 亿元的资金服务,为企业与个人节省财务成本超过 12 亿元。

(2)业务模式

七桥的商业模式可以用图 3 - 25 表示。借款方向“七桥销售大厅”发起融资申请;“鑫资产车间”根据 CRM 系统录入的用户数据或需求信息进行产品匹配,并进行风险审核;审核通过后项目发布至鑫合汇供投资人投资,直到项目融资完成,这一过程被称为“鑫工厂”;投资人资金经由一对一的银行存管账户直接进入借款人账户,风控系统“鑫盾”对借款人的资金用途进行全程监督,也即“配送天网”。

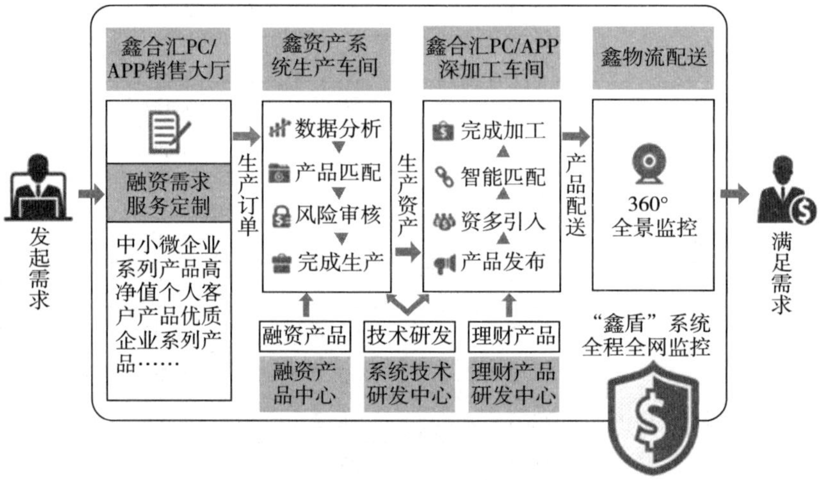

图 3 - 25 鑫合汇集团“鑫工厂”商业模式

A. 产品类型

根据借款人资金用途不同,鑫合汇提供的借贷服务可以分为六类:1)银政转贷,专项服务于政府转贷引导基金合作银行客户;2)保证金垫资,为企业或个人提供其在经济活动中所需的各类保证金垫资;3)证券价值,以A股股票在金融机构质押融资或出售作为还款来源;4)强增信,以房产第一顺位抵押或上市公司保证作为增信措施;5)个贷,银行高净值客户信用贷款及个人抵押贷款;6)区域产品,针对各区域差异化的市场特征,为企业或个人提供过桥资金。

证券价值和保证金系列是平台的主推业务,两类产品2016年销售规模分别达到216亿元和114亿元。前者借款对象为已上市企业,通过股权质押等方式,从券商等金融机构借款,款项未达账户前的短时间内,为补充资金流动性向鑫合汇投资人借款,最终以金融机构放款作为还款来源;保证金借款则是借款人向鑫合汇投资募集各类金融机构保证金的业务,这类业务单笔金融通常在数十万元至百万元。

表3-10 七桥/鑫合汇产品系列及交易规模(2016年) 单位:亿元

产品名称	对应标题	2016年交易规模(亿)
证券价值	鑫股一号	216.13
保证金垫资	鑫保一号	114.04
企业信用贷	经营贷	64.99
银政转贷	鑫银一号	32.09
个人转贷	鑫安一号	0.006

资料来源:零壹数据。

B.获客渠道

七桥通过在各地建立分支机构以及与小贷公司、保理公司等合作获取优质资产。目前,鑫合汇已设立21家直营机构,覆盖长三角、珠三角、京津冀等地区,未来资产布局将逐渐延伸至华北、华南、西南等地区的主要城市。七桥在线获客模式则是指企业或个人在线提交融资需求,完成申贷、审贷以及需求匹配的过程。七桥对借款需求审核完成后,通过鑫合汇网贷撮合借款用户和线上投资人。

C.风险控制

鑫合汇打造的“鑫盾风控系统”包含150个模型、19道程序、43步筛选操作,通过这一整套严谨的体系,能清晰地知道每一笔资产的风险所在,同时对用户资金流向进行全程监控,确保用户资金安全。除此之外,2016年8月,鑫合汇已获批接入国家互联网金融风险分析技术平台,不仅有助于信息透明度持续提升,也有可能利用共享数据完善风险模型。

在融资需求触达鑫合汇风控阶段直至借款人完成本息清偿之前,该平台的风险审查可概括为三个阶段。

①需求准入

将获客阶段企业或个人提交的信息,连同客户经理调研走访获得的完备资料上传至 CRM 系统,由这套系统对资料进行审核,筛除大批与风控模型不匹配的借款需求,借款需求与风控产品模型相匹配的,通过初审。

②项目评审

CRM 系统匹配完成后,为了做到对借贷人全面系统的判断,风控人员和客户经理会对借贷人进行实地探访、评审,进一步审核借款企业或个人的资质,通过审核即进入预备融资阶段。

③资金跟踪

通过上一阶段后,项目正式进入"天网系统"(全场景操作监控体系)。操作专员根据天网的指令,再次核查信息以落实放款条件,满足条件后与借贷人签订合同随即进入资金募集阶段,此过程由操作专员全程跟进。借款人清偿本息之前,"天网"每日跟进借贷人的企业运营情况、追踪还款情况,实时掌握资金的去向,保证资金不被借款人挪用。

(3)数据分析

如图 3-26 所示,七桥自上线以来业务规模便开始放量增长,截至 2017 年 4 月底累计撮合借款规模达到 1013 亿元[①],其中 2016 年为 427 亿元,同比增长 76%。

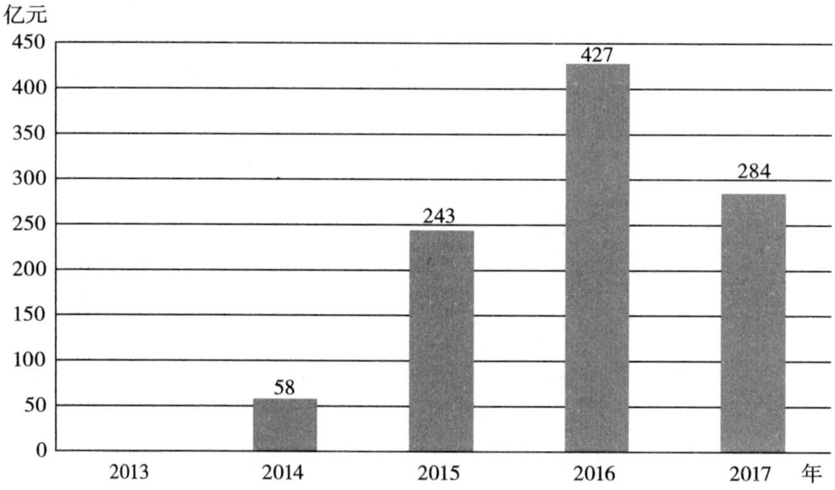

图 3-26 七桥历年交易规模走势(截至 2017 年 4 月)

七桥以企业借款为主,2016 年 1—7 月,均在 350 万~750 万元之间,8 月开始显

①不含净值产品"速兑通",下同。

著下跌,9 月及以后笔均融资额不超过 58 万元。这种变化是鑫合汇针对"824"网贷监管办法"限额令"所做的业务调整导致,"鑫保一号"以及"经营贷"这类小微企业项目增加较多如图 3－27 所示。

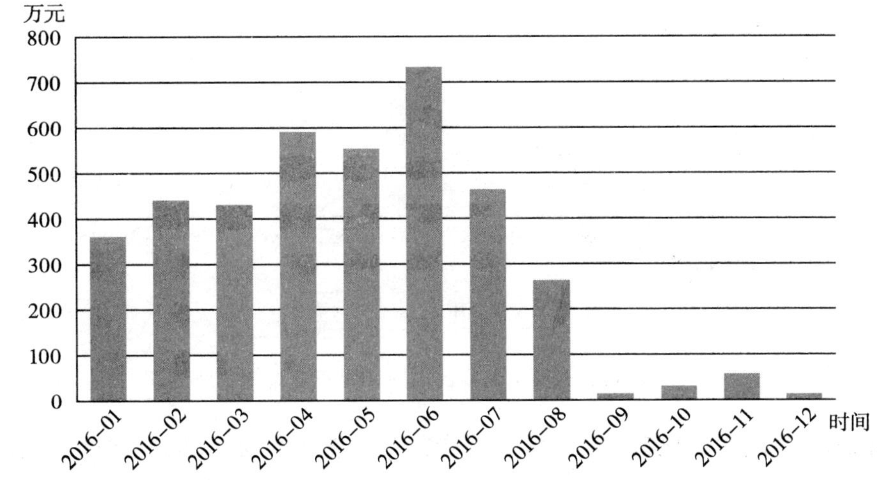

图 3－27　2016 年七桥月度笔均融资额走势

随着交易额的放量增长,鑫合汇网贷的贷款余额也呈现明显的增长趋势,但因其专注于短期借款,相较于其他规模较大的平台而言,贷款余额绝对值并不算高,自 2016 年 11 月以来一直维持在 35 亿～40 亿元,日均应还则在 3 亿元左右如图 3－28 所示。

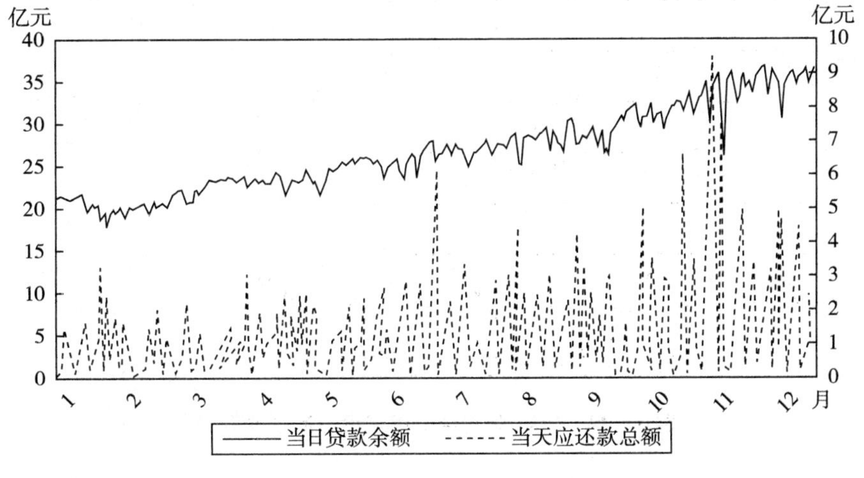

图 3－28　2016 年鑫合汇网贷贷款余额月度走势

就鑫合汇网贷平台的产品的流动性和收益性而言,项目借款期限多在 30 天以下,2016 年 9 月以来基本降至 10 天及以内,超短期融资服务特征鲜明;平台的投资利率则长期稳定在 9% 左右。如图 3－29 所示。

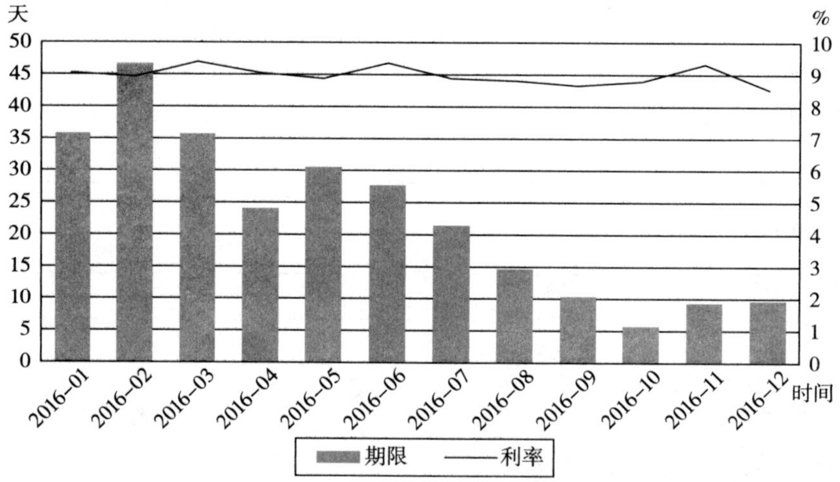

图 3-29　2016 年鑫合汇网贷利率及期限走势

鑫合汇网贷月度活跃投资人数与交易规模走势基本吻合,但前者增速相对更慢,表现为人均投资额呈现增长趋势明显,说明该平台大额投资用户比例增长、投资黏度较高。如图 3-30 所示,2016 年 1—8 月,单个投资人每月在平台投资 3~4 次,9 月以后,投资频率明显增长,12 月甚至接近 10 次。

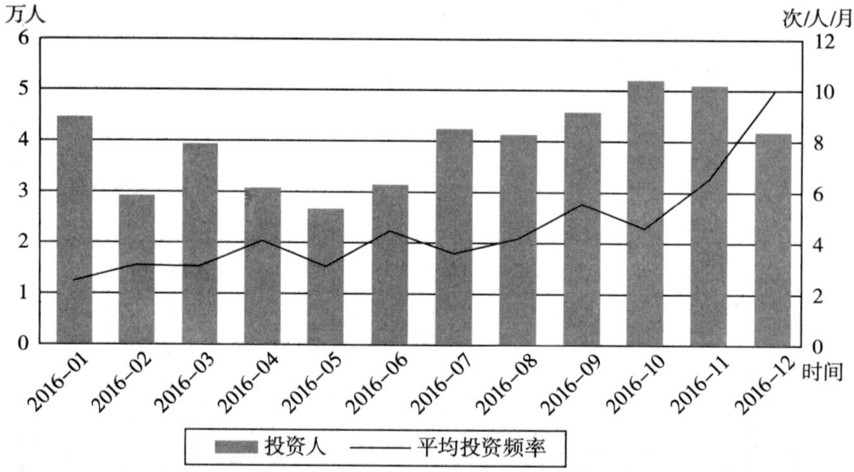

图 3-30　2016 年鑫合汇网贷投资活跃度趋势

第 4 章

P2P 借贷与消费金融

消费金融通常是指小额分散的消费者信贷，剔除了商业银行主导的住房按揭贷款。本书中消费金融的范围包括但不限于信用卡贷款、各种消费品贷款和服务性消费贷款等，同时包括小部分涉及住房装修及汽车购置的贷款。

关于互联网消费金融，目前尚无统一的定义，本书尝试从市场主体的角度，按照狭义和广义予以区分：

狭义：组织结构与运营模式全面互联网化，即将传统金融机构排除在外的消费金融，主要通过互联网方式开展业务，市场主体包括互联网公司、互联网金融平台、消费金融创业公司以及部分新兴持牌消费金融公司。

广义：一切依托于互联网开展的消费金融服务，除上述狭义的互联网消费金融外，包括但不限于金融机构线上消费金融服务。

4.1 消费金融发展概况

4.1.1 消费金融发展概况

我国消费金融业务最早出现于 20 世纪 80 年代。1985 年，中国建设银行深圳市分行发放了全国首笔个人住房抵押贷款，消费金融开始起步。但受经济发展水平、市场体制及消费观念等因素制约，到 1997 年末，全国消费信贷总额仅 172 亿元，占金融机构贷款总额的 0.2%。1998 年以后，为了应对亚洲金融风暴等影响，针对国内消费市场疲软和通货紧缩的苗头，中央陆续出台了一系列扩大消费的政策措施，包括加大住房信贷投入、推进汽车消费贷款等。1999 年 2 月，央行发布《关于开展个人消费信贷的指导意见》，允许所有中资商业银行开办消费信贷业务，银行可试办耐用消费品贷款、教育助学贷款等新品种的消费贷款，各行可在特定的有信用的客户中发行信用卡。同时，为生产厂家和商家提供多种形式的金融服务，促进开展信用销售。鼓励将银行卡作为个人消费行为的支付工具，可开办个人支票账户存款业务。

此后我国消费金融进入规模化发展期，到 2003 年末，我国消费信贷余额达到 15736 亿元，较 1997 年增长了 90 倍，年均增速高达 112%。2009 年，我国正式启动消费金融试点工作，在北京、天津、上海和成都各设立一家消费金融公司进行试点。2010 年，首批 4 家消费金融公司获批成立。2013 年，银监会宣布扩大消费金融试点城市至

16个,试点原则是“一地一家”。2013年11月,银监会修订并重新发布《消费金融公司试点管理办法》,允许民间资本介入、放开营业地域只能是注册地的限制、主要出资人的最低持股比例由50%降为30%、增加吸收股东存款业务等。

2015年6月,国务院常务会议决定放开市场准入,将原来在16个城市开展的消费金融公司试点扩大至全国,并将审批权下放至省级部门,鼓励符合条件的民间资本、国内外银行业机构和互联网企业发起设立消费金融公司,“成熟一家,批准一家”。这一系列的政策推动了消费金融行业的进一步扩容。2016年3月,李克强总理在《政府工作报告》中指出,要在全国开展消费金融公司试点,鼓励金融机构创新消费信贷产品。

互联网金融在助推消费金融发展上也起到了较大作用。2015年7月,央行会同有关部门发布的《关于促进互联网金融健康发展的指导意见》,提出鼓励消费金融机构依托互联网技术,实现传统金融业务与服务转型升级,积极开发基于互联网技术的新产品和服务,还提出支持消费金融机构与互联网企业开展众开众筹,拓宽金融产品销售渠道,创新财富管理模式。2016年3月24日,央行、银监会联合印发《关于加大对新消费领域金融支持的指导意见》,提出推动专业化消费金融组织发展,鼓励有条件的银行业金融机构围绕新消费领域设立特色专营机构,鼓励消费金融公司针对细分市场提供特色服务,还提出改善优化消费金融发展环境,通过金融债券发行、同业拆借、信贷资产证券化等方式,拓宽消费金融机构多元化融资渠道。

总的来看,在各种因素的推动下,我国消费金融快速发展,随着经济环境、生活水平的变化,互联网技术的发展、征信和法律法规体系的完善,我国消费金融已进入新发展阶段。

4.1.2 消费金融的互联网演变

2013年之前,商业银行是我国消费金融市场的绝对主体,其最主要的两大消费金融业务为信用卡和住房贷款;消费金融公司则定位为银行消费金融业务的补充。

2013年开始,互联网金融的发展促进了消费金融的觉醒与爆发。这一年,消费金融的业务发展以大学生分期服务为代表开始逐渐进入大众视野,如分期乐(目前已经升级为乐信集团)等创新平台的出现。此后,综合型电商平台,如京东、淘宝等,依靠自身的交易场景和数据积累纷纷推出消费金融产品,引爆了互联网消费金融市场。在这股热潮的带动下,包括垂直类电商、O2O平台、P2P网贷平台、大数据征信公司纷纷涌进消费金融领域。

来源广泛的消费金融资产也反哺了互联网金融,尤其是在P2P网贷和网络小额贷款领域。2015 年下半年,以消费金融为重要业务的 P2P 网贷机构数量达到历年巅峰,存量平台估计在 300 ~ 500 家,但平台之间的资产竞争也愈加激烈。消费金融是 P2P 资产来源的有效补充,平台通过对接消费金融资产、自行开发小额消费贷款的方式,缓解了“资产荒”,部分平台已经在消费金融上小有建树。

消费金融互联网化已是不争的事实,一个包括商业银行、持牌消费金融公司、电商企业、互联网金融企业及其他各类消费金融服务提供商的消费金融生态圈已然形成如图 4 –1 所示。

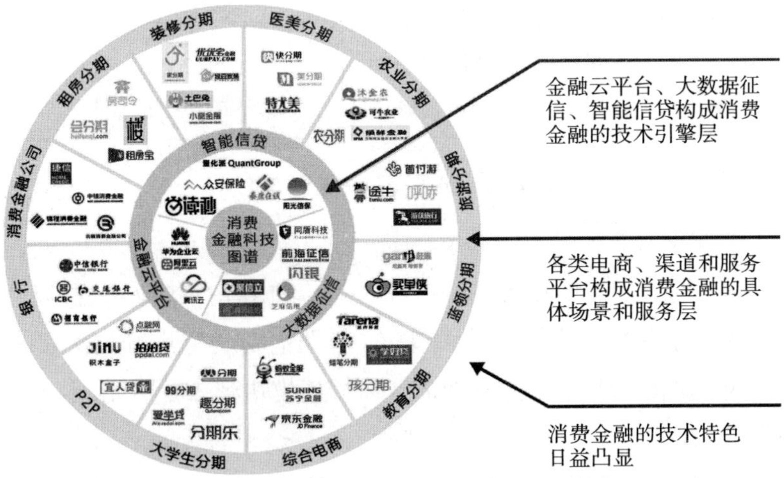

图 4 –1　中国消费金融生态圈

完整的消费金融产业链包括上游的资金供给方、消费金融服务商、基础服务商征信机构及监管机构等。在互联网消费金融发展的过程中,资金供给方主体呈现出多元化特点,资金来源方式也多有创新,如以应收账款、小额信贷为基础资产的资产证券化方式。

目前,消费金融的参与主体众多,图 4 –2 展现了 P2P 网贷平台在消费金融产业链中的角色分工。诸多涉足消费金融的 P2P 网贷平台,其开展业务的侧重点各不相同,主要表现为:

(1)重视线上理财端,利用流量优势批发销售资产;

(2)资产端与资金端并重,这种情况下往往需与其他机构合作;

(3)演变为专注资产开发的类助贷平台,此时定位已经不是 P2P 网贷,如美利金融。

在 P2P 网贷发展初期,小额信贷是最主要的资产,其中不乏借款用途为日常消费的项目,但规模较小。2013 年开始,随着互联网金融向各行各业渗透,以分期乐和趣

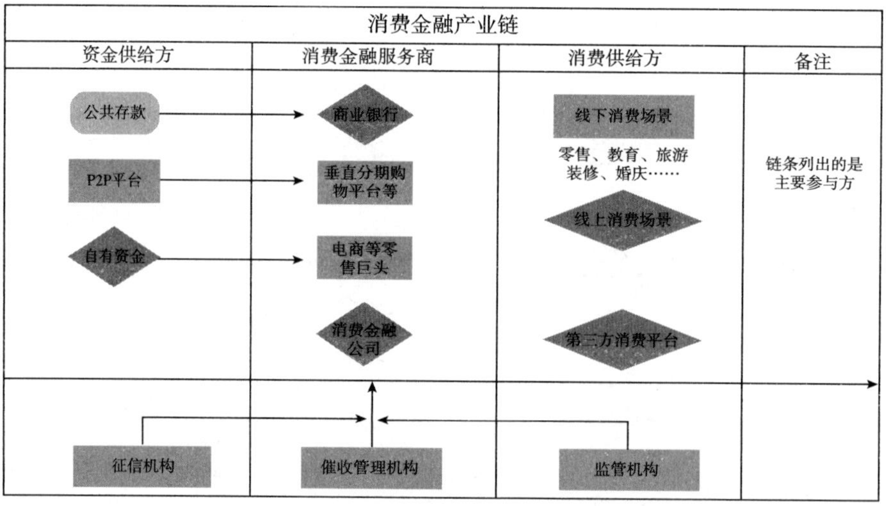

图 4-2　消费金融产业链示意

资料来源:零壹财经·零壹智库。

的项目,但规模较小。2013 年开始,随着互联网金融向各行各业渗透,以分期乐和趣分期为代表的大学生分期消费公司崭露头角,分期消费类资产开始大量进入 P2P 网贷行业。2015 年,对接 P2P 平台的分期消费债权规模达到 250 亿元,占当年 P2P 消费类资产总规模的六成以上。

2016 年以来,随着大数据风控和反欺诈技术的发展,在线批量获取消费类资产已成趋势。与此同时,大量平台在监管要求下转型或加码小额资产,消费金融成为其首选。在这种情况下,P2P 消费金融①交易规模出现井喷,2016 年达到 2100 亿元,同比增长 3 倍有余;2017 年上半年更是攀升到 1600 亿元左右,消费金融俨然已成为 P2P 网贷的主流资产。

①由于消费金融的范畴比较宽泛,出于统计方便,本章所指 P2P 消费金融仅为小额、分散的无抵押消费类贷款,其用途包括日常消费、3C/数码、房屋装修、汽车消费、教育培训、旅游等,但不包括购房赎楼类;除汽车消费外,单笔借款额度普遍在 20 万元以下。

4.2 P2P 消费金融业务模式

我国消费金融的主要形式是消费贷款,其具有不同的消费场景,用户的需求也极具差异化。从产品角度来看,本节将消费金融分为基于具体场景的代付消费贷款和无特定场景的现金贷,同时对消费金融技术服务商做一些介绍。

4.2.1 场景消费

场景消费模式中,出借方(P2P 平台、消费分期公司、其他金融机构等)提供消费贷款时,能够识别借款人的消费场景。场景消费亦可进一步细分为产品销售为主的电商场景消费和服务类消费,前者以 3C/数码、汽车购买为代表;后者则包括医美、旅游、教育培训、装修等。

按资产来源,P2P 平台的场景消费可以分为两类:一是从消费分期公司受让已有债权,即债权转让模式;二是直接切入手机店、医疗机构等场景获取债权。

债权转让模式的一般操作流程为:(1)消费分期公司向消费者提供贷款,获取原始债权;(2)债权持有方向 P2P 平台发起债权转让申请;(3)P2P 平台审核通过后,发布线上融资项目;(4)项目满标之后,P2P 平台放款给原债权持有人,后者收回资金,债权债务关系变更;(5)消费者还款通过专用资金通道支付给 P2P 平台投资人如图 4-3所示。

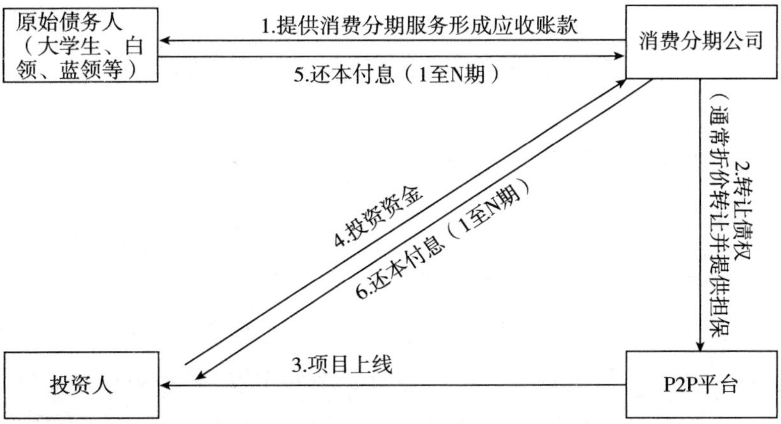

图 4-3　P2P 场景消费(债权转让)模式

这类借贷关系中,分期消费公司通过 P2P 平台转让债权给普通投资人,以回笼资金,增加了资金使用效率,P2P 平台从中赚取一定的服务费。这种模式对 P2P 平台自有运营团队要求较低,易于做大。但是,2016 年 8 月银监会等部门下发的《消费金融公司试点管理办法》中已禁止此类债权转让模式。因此,P2P 平台需要重新考虑资产合作机构在借贷合同中的法律关系,适当改变合作方式,使借款人与 P2P 投资人形成直接借贷关系。

P2P 平台直接切入消费场景的操作流程如图 4-4 所示:(1)与网贷平台合作的消费场景向消费者提供商品或服务;(2)消费者在消费之前向网贷平台发起贷款申请;(3)网贷平台对消费者进行资质审核并授信;(4)网贷平台发布线上融资项目;(5)网贷平台在项目满标后放款给消费者(也有部分平台直接支付账款给提供商品或服务的商家)。

这类模式对网贷平台信审效率和风控要求很高。消费贷款申请者通常对放款速度较为敏感,若信用审核和放款速度过慢,将降低消费者的贷款欲望;而信审过快一定程度上又会致使平台坏账率升高。如何平衡资金撮合效率和风险控制,是这类平台需要考虑的问题。

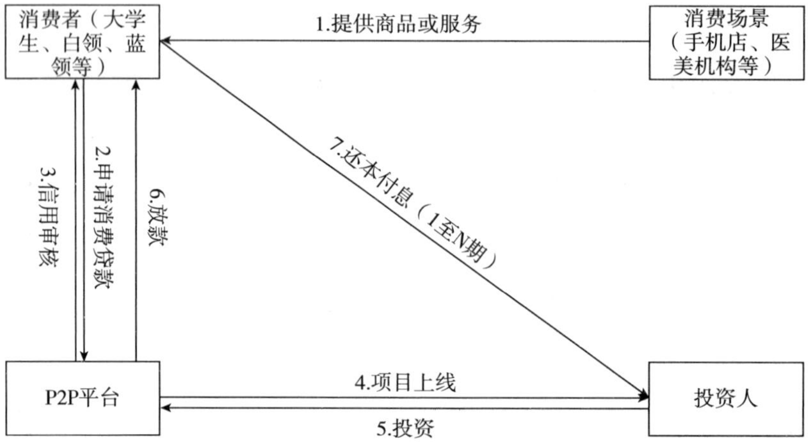

图 4-4 P2P 平台直接切入消费场景模式

4.2.2 无场景消费

无场景消费是指出借方提供消费贷款时,无法确定或无必要确定借款人的最终使用场景,主要表现形式为标准化的现金贷业务,操作流程如图 4-5 所示。

现金贷合理的消费场景可以认为是消费者为了还其他金融或者非金融机构的消费贷款的情况,其他大部分的现金贷都不能算作消费金融,如小商户的周转贷款等,已经远远超出了消费金融的范畴。所以,尽管无场景的消费信贷在 P2P 网贷中的主要表现形式为现金贷,但两者并不能画等号。

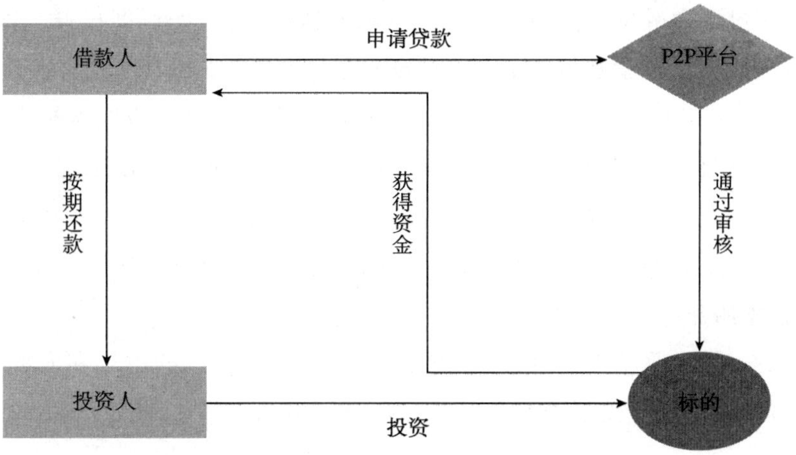

图 4-5 P2P 平台一般消费信贷(无场景消费)流程

消费贷款通常以个人小额信贷的方式开展,相反地,个人小额信贷业务也有一定比例的贷款为消费类项目。中国 P2P 网贷发展早期(2007—2013 年),业务形态尚未多样化,加之平台信息披露良莠不齐,识别消费场景较为困难。按上文的界定,此阶段的消费贷款基本为无场景的现金贷。

无场景的消费信贷通常来源更广,且单笔借款额度更低,加之放款机构无法完全确定资金流向,其风险系数相对更高。

老牌网贷平台相较而言优势更大,除了用户规模效应,历年的资金撮合业务也为平台积累了大量的用户数据,在风险控制方面更有优势。初创型公司并没有丰富的个人信用数据积累,通常利用高利率以覆盖坏账风险。不过,近年来金融科技创新也催生了一批第三方技术型服务公司,诸如大数据风控、反欺诈、智能投顾等,相应的服务可能降低消费信贷 P2P 平台的坏账风险。

4.2.3 第三方技术服务商

P2P 网贷平台的资产获取、风险控制、产品发布、放款、贷后追偿等环节多在线上进行,因此基于互联网的技术手段与网络贷款业务有着较好的相容性。随着互联网消费金融日趋成熟,技术与具体业务结合,在效率提升、风险控制、运营监测等方面发挥不可小觑的作用。

大型互联网公司是推动互联网消费金融技术前进的主力,它们投入大量资源研发大数据风控系统并开始向自身生态圈之外渗透。举例来说,百度有发展金融科技的基因,其身份识别、大数据风控、智能投顾、量化投资、金融云、智能获客等方面的能力正在输入百度金融,成为百度开展消费信贷的基础。此外,大型互联网集团基于资金优势,也可直接投资金融技术公司从而实现技术的迭代更新,如百度投资美国征信公司 Zest Finance,将百度搜索数据与 Zest Finance 技术结合以支撑其消费金融业务。

商业银行、P2P 网贷平台等从事消费金融业务的机构也纷纷探索技术创新,其优势在于原始数据积累以及技术落地环节,通常能够更早地使用技术驱动消费金融业务。此外,一些专注于大数据获取、模型构建、流程管理的第三方服务公司(如众安保险、百融、神州融、读秒、量化派等)崭露头角,向消费金融机构、中小型电商平台乃至银行提供技术服务。

整体来看,技术驱动正在融合、超越场景驱动,向更宽广的市场和人群扩展,且具有强大的爆发力。预计接下来的 2—3 年内,与网络消费和移动支付相关的信贷规模可达到万亿元。

表 4－1　典型的第三方消费金融技术服务商

公司名称	代表性案例/方案	上线时间	主要合作机构
众安在线	买单、分单、千单、宇宙立方	—	赶集网、蘑菇街、电信翼支付
百度	百度有钱花	2015—4	樱花日语、新东方烹饪学校等培训机构
读秒	读秒驱动	2015—6	法国安盛、康德乐(中国)、乐视、去哪儿、携程等
泰康在线	消费金融云	2016—3	线下中小旅行社
阳光信保	库支票	2016—5	寺库

资料来源:零壹数据。

4.3 P2P 消费金融数据分析

4.3.1 市场空间

根据央行公布的数据,截至 2016 年末,我国金融机构消费信贷余额为 25.06 万亿元,同比增长 32.2%,其中个人住房消费贷款余额 19.14 万亿元,同比增长 35.0%,占消费贷款比重为 76.4%。截至 2017 年上半年末,我国金融机构消费信贷余额达到 28.46 万亿元,其中个人购房贷款有 20.1 万亿元;其他消费类贷款增长至 8.36 万亿元,较 2016 年末增长 41.2%,占消费贷款比重的 29.4%,这一比例较 2016 年末的数据(23.7%)有明显增长如图 4-6 所示。

随着房地产调控政策的收紧,2017 年个人购房消费贷款增速明显回落,非住房消费贷款增速加快,且显著高于个人购房贷款和全部消费贷款的增速。如果有 10% 的非住房消费贷款通过 P2P 网贷平台获取资金,那么相应的市场规模可达到 8000 亿元以上。

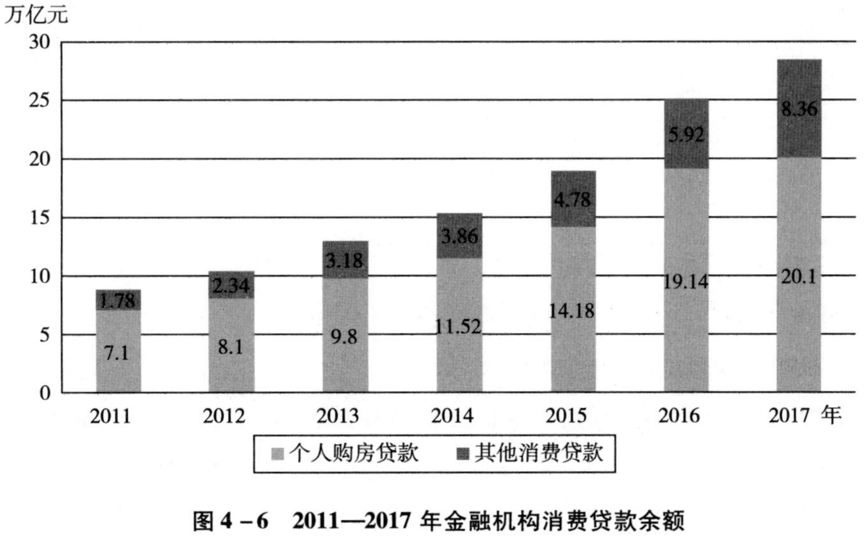

图 4-6　2011—2017 年金融机构消费贷款余额

4.3.2 交易规模

2013 年,随着分期购物平台的兴起及其与网贷平台展开合作(通过债权转让获取资金),P2P 消费金融开始爆发,当年交易规模为 11 亿元;2014 年相应的数据首次突破百亿,达到 102 亿元,环比大幅增长 8.3 倍。2015 年,P2P 网贷行业的分期消费资产达到 250 亿元。

2015 年下半年至今,各级监管部门对 P2P 网贷行业的监管趋严,印发的相关文件中多次强调网贷的"小额""普惠金融"等特性,配置消费金融资产的平台明显增多。据零壹数据统计,2016 年 P2P 消费金融规模已经达到 991 亿元,环比增长 90% 以上,预计 2017 年将达到 3500 亿 ~4000 亿元。

从图 4 -7 中可以看出,2013—2016 年,消费金融规模在整个 P2P 行业的占比由 1% 提高到 5% 上下,其增长速度明显快于行业整体。

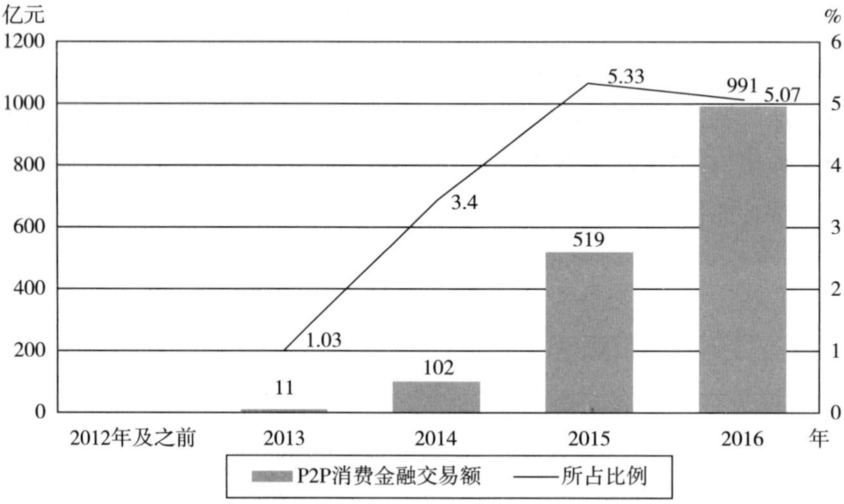

图 4 -7 P2P 消费金融资产规模及其占比

按消费场景划分,P2P 消费金融资产大致可分为 3C/数码、住房装修、汽车消费、三农贷款、医美分期、教育培训、旅游购物等。据零壹数据统计,截至 2016 年底,3C/数码类消费项目历年累计规模约 540 亿元,其中约 350 亿元来自分期购物平台。房屋装修类贷款累计约 162 亿元,典型代表为人人贷和点融网,两家平台相应的数据分别为 51 亿元和 20 亿元。三农贷款主要是指为农民生产(如购买种子、农具等)消费提供的小额融资服务,累计规模约 128 亿元;汽车消费资产主要为个人分期购车,规模靠前的平台包括豫商贷和钱庄网;教育培训类则为 38 亿元。

表4-2 各类P2P消费金融数据及其代表平台①

资产类别	累计交易规模(亿元)	平均单笔借款金额(万元)	代表平台
3C/数码	540	0.41	有利网、拍拍贷
房屋装修	162	5.82	人人贷、点融网
三农贷款	128	6.32	翼龙贷、短融网
汽车消费	89	11.2	豫商贷、钱庄网
教育培训	38	3.91	诺诺镑客
旅游	10	0.45	宜人贷
医疗/美容	3	1.22	积木盒子
其他消费	643	2.23	PPmoney

资料来源:零壹数据。

从单笔交易额来看,3C/数码平均仅0.41万元,旅游购物和医疗/医美分别为0.45万元和1.22万元。教育培训、房屋装修和三农贷款平均单笔金额为3.91万元、5.82万元和6.32万元。汽车消费贷款最高,达到11.2万元,具体见表4-2。

2016年,P2P消费金融规模达到991亿元,其中3C/数码类有293亿元,占到29.6%;房屋装修、三农贷款分别为96亿元和78亿元;汽车消费和教育培训分别有57亿元和23亿元;其他消费(旅游、医美分期和现金贷等)约444亿元。

3C/数码、住房装修和三农贷款是渗透率最高的3个场景,业内已经出现具有明

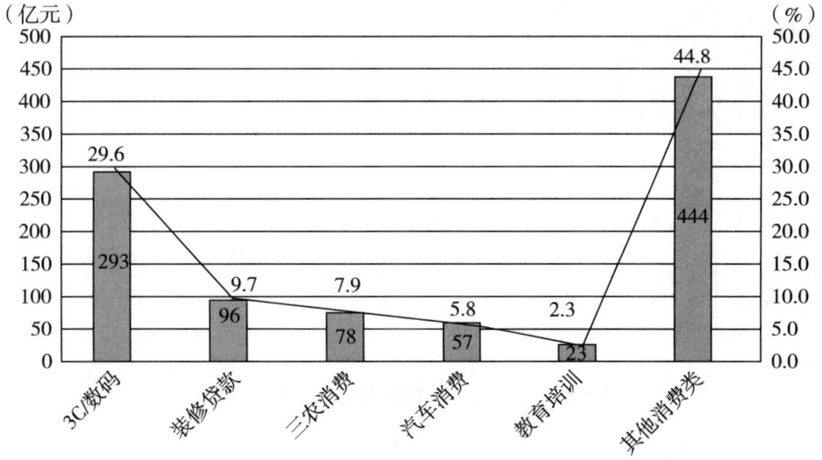

图4-8 2016年各类P2P消费金融交易规模及其占比

①表中所列代表平台消费金融资产均主要由平台自行开发,桔子理财、金蛋理财这类平台未列入。

显规模优势的平台,且规模仍在持续增长。汽车消费规模仅有 57 亿元,主要来自垫资;与传统金融机构、汽车金融公司相比,P2P 网贷在汽车消费方面没有资金成本优势,只有在四、五线城市的新车部分以及二手车消费方面寻求机会。教育培训、旅游购物、医美分期等消费金融资产在 P2P 平台的分布相对分散,其债权供应主要来自线下合作机构,近一两年增长缓慢。

4.3.3 市场格局

据零壹数据统计,2016 年 P2P 消费金融总规模约为 991 亿元,规模靠前的 20 家平台合计达到 467 亿元,占到 66% 的比重,具体数据如图 4 – 9 所示。

规模在 10 亿元以上的平台有 12 家,其中拍拍贷、宜人贷、积木盒子等以现金贷或合作机构推介的小额消费类资产为主,本身在消费场景建设上并无侧重。翼龙贷、有利网和点融网的消费金融业务定位较明确,翼龙贷主要面向三农群体,2016 年规模达到 50 亿元;有利网均为 POS 贷,且 3C/数码类占到 99.8%,医美分期和旅游消费等处在起步阶段;点融网则以房屋装修贷款为主,该类业务占到其消费金融规模的 65% 左右。

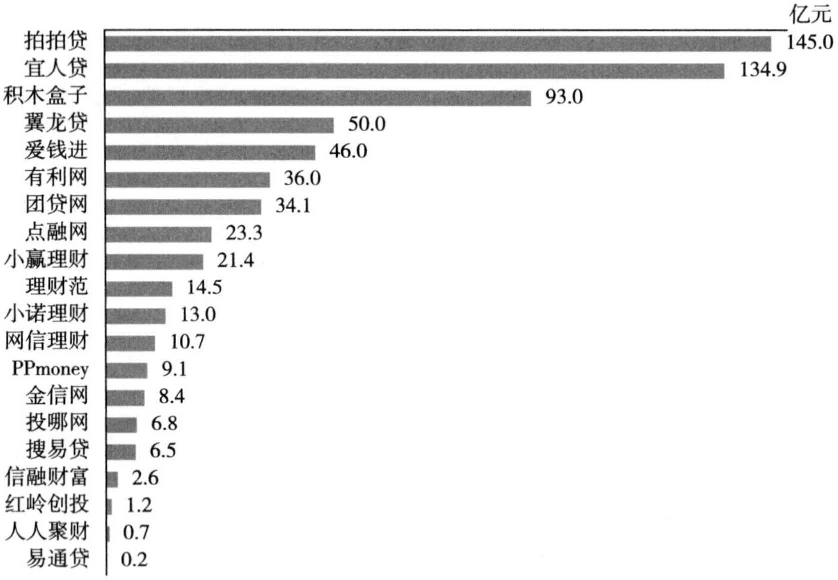

图 4 – 9　2016 年 P2P 消费金融 TOP20

4.3.4 平均投资利率

2016 年,P2P 消费信贷平均投资利率为 11.22%,较 2015 年提高 0.5 个百分点。从图 4 – 10 中可以看出,2015 年 8 月出现一个“拐点”,此后利率基本保持在 11% 以上,2016 年下半年后有小幅回落。

2016 年 P2P 消费信贷平均利率高于 2015 年,原因在于,网信理财、PPmoney、搜易贷等平台自 2015 年下半年后加大了消费金融布局,这些平台资金端定价高于行业平均值,因此拉高了平均利率。反观行业“老玩家”包括宜人贷、小赢理财、点融网,皆有降息措施。

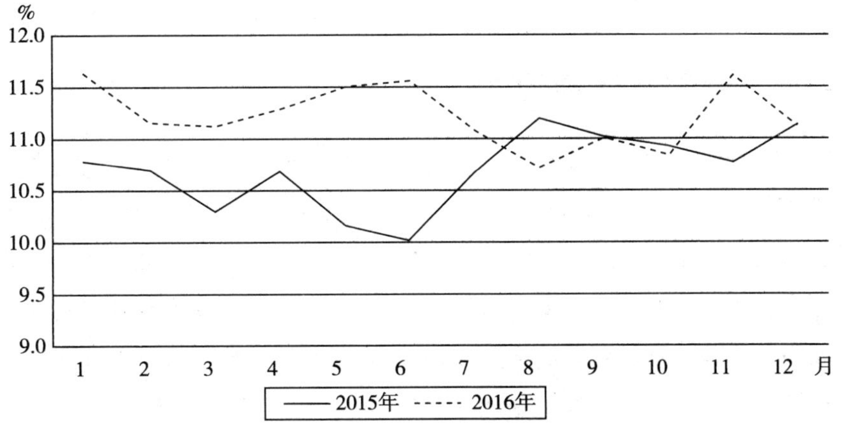

图 4-10　2015—2016 年 P2P 消费信贷平均投资利率走势

4.3.5　平均借款期限

2016 年,P2P 消费金融平均借款期限为 520 天,相较于 2015 年而言,长期信贷比例有所增加。从图 4-11 所示的借款期限走势来看,除了春节期间相对较短,1—7 月平均期限基本在 600 天左右,8 月开始下滑显著。

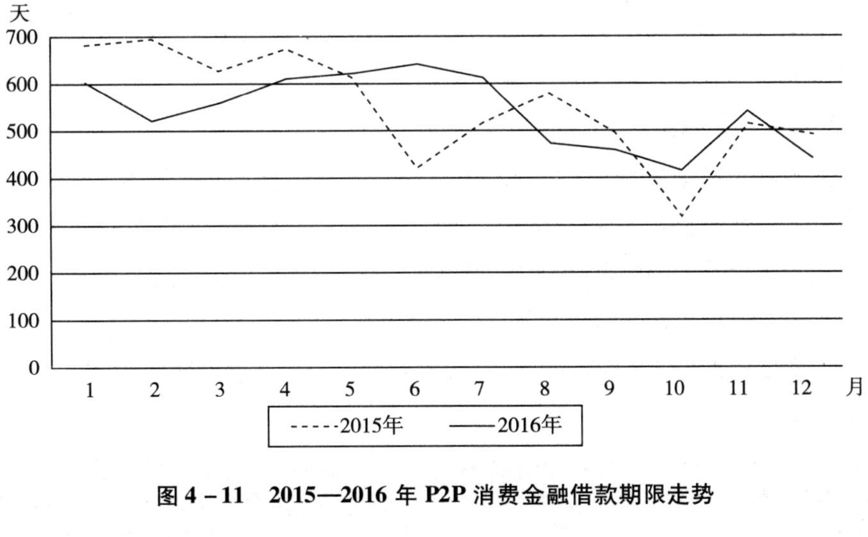

图 4-11　2015—2016 年 P2P 消费金融借款期限走势

4.4 风险与挑战

4.4.1 监管及法律风险

P2P 网贷平台在消费金融生态链中可能扮演资产开发、营销、资金获取渠道等多种角色,不同模式的平台面临的政策及法律及风险各异。首先,2016 年 8 月,银监会等部门发布的网贷监管办法,禁止了网贷平台的部分债权转让模式和资产证券化行为,网贷平台与消费金融公司、民间借贷公司等机构的资产端合作可能受到一定的影响,短时间内可能影响资金撮合效率甚至造成规模减小。其次,部分垂直用户和特定类型的消费类资产将无法开发,如针对大学生发放的“校园贷”(一种分期消费贷款产品)产品①。

除监管部门的针对性政策以外,P2P 网贷平台也面临诸多法律风险。对开展消费金融业务的平台而言,最容易触及的是信息泄露风险,用户在申请消费信贷时需要提交大量个人资料,若因技术缺陷、人为原因等因素泄露用户信息,则网贷平台需要承担相应的法律责任。

4.4.2 信用风险

消费金融产品绝大部分都是小额无抵押无担保的纯信用贷款,信用风险不容忽视。信用风险的产生主要源于以下几个方面。

(1)借款人信用风险

借款人没有还款能力或还款意愿,拒绝或逃避归还贷款;加之 P2P 网贷平台对小额消费贷款的风控过程基本完全在线上完成,审批流程快速、简单,传统的线下风险不易发挥作用,一定程度也推动了坏账的形成。

(2)平台信审能力不足

纯信用贷款对网贷平台的风控能力要求很高,而大量平台缺乏相关的人才、技术

①2017 年 6 月,银监会、教育部、人力资源社会保障部联合印发《关于进一步加强校园贷规范管理工作的通知》,强调“从事校园贷业务的网贷机构一律暂停新发校园网贷业务标的,并根据自身存量业务情况,制定明确的退出整改计划”。

储备,仅依靠渠道、流量或网络运营优势介入消费金融业务,或过度依赖第三方技术供应商,导致自身信审能力不足。

(3)信用数据缺失

小额信贷的信审过程依赖于征信数据的运用,但目前我国征信体系尚未健全,P2P 网贷平台无法使用央行的征信数据。虽然有不少民间机构试图搭建、参与互联网贷款失信黑名单,但由于缺乏全局性规划和支撑,“数据孤岛”的情况严重,几家市场机构难以解决这个问题。也有个别平台在长期运营过程中积累了足够多的数据,自建风控系统甚至对外输出风控技术,但其准确性尚未经历完整的信贷周期考验。

4.4.3 市场风险

我国正由投资驱动型经济向消费驱动型经济转型,消费金融的概念随之走向风口,越来越多的机构和平台进入了消费金融领域,其中的参与主体包括商业银行、持牌消费金融公司、小贷公司、民间借贷公司、P2P 网贷平台等。在这些主体中,P2P 网贷平台无吸储和放贷资质,资金基本来自线上投资人,与商业银行、消费金融公司相比并不具有政策优势和成本优势。即使放在互联网金融这个相对较小的范畴里,P2P 网贷也需要同数百家网贷同行机构、助贷平台等争夺资产,真正能够胜出的也是少数,绝大部分平台都将面临淘汰的命运。

4.4.4 其他风险

P2P 网贷平台开展消费金融业务还应该重视以下风险:(1)机构急于扩充用户,默认用户的欺骗、包装行为,向已获得其他机构授信的用户再次发放与其还款能力不符的贷款,这种行为将会导致风险系数的大幅提高;(2)恶性竞争产生的风险可能会传导至整个行业,导致逆向选择出现,市场定价机制失衡;(3)个别风险逐渐酝酿演变成为系统风险,可能危及整个消费金融生态圈,包括投资人、渠道商、第三方服务机构等。

4.5 趋势和展望

4.5.1 消费金融成为 P2P 转型的重要方向

监管方面,相关政策明确了 P2P 网贷平台信息中介的定位,提出限额要求,支持小额分散贷款撮合业务等,使消费金融成为平台转型的重要方向之一。

从行业角度来看,消费金融发展目前尚处于“窗口期”,市场规模足够大,这给新进机构带来了空间和机会。同时消费金融受到宏观政策支持,平台尚可以在一定时期享受政策红利。

从平台自身来讲,转型也具备一定的可能性,如几年发展过程中积累了小额信贷业务的经验;基于数据与技术的申贷系统逐渐完善与成熟;有一定的线下销售团队等,已有的积淀促使平台在合规道路上做出转型选择。

4.5.2 互联网消费金融规模将大幅增长

目前,我国消费金融仍是增量市场。根据央行发布的金融机构贷款投向统计报告,近年我国住户消费金融贷款余额年均增长率基本在 13% 左右,剔除房贷部分,其他消费金融贷款余额也在高速增长。

互联网消费金融也处于快速增长阶段。以蚂蚁借呗/花呗、微粒贷等为代表的消费金融产品凭借其巨大的流量优势,覆盖了数以亿计的用户,且渗入到人们生活的方方面面;银行、证券等传统金融机构的“互联网化”加速推进,借助资金和资源优势发掘沉淀客户的潜在需求,也与具备一定技术实力的第三方服务商(助贷机构、风控服务商等)合作扩展客源。P2P 网贷消费金融规模相对较小,但在 2016 年 8 月监管部门释放“小额”信号后,平台迅速调转“船头”,消费金融规模因此快速攀升,这种趋势将长期维持。

综上,我们保守估计,2017 年广义互联网金融规模在 2 万亿元左右。

4.5.3 或有消费金融平台发行 ABS 降低资金成本

资产证券化正在受到市场热捧,已有众多机构开始了消费金融领域的资产证券化探索及实践，既包括新型的互联网消费金融机构，也包括传统金融机构。

从宏观环境来看，消费金融是刺激消费增长、拉动内需、缓解经济下滑压力的重要手段；从政策层面来看，监管层的主要态度还是鼓励消费金融积极发展；从资本流动来看，在实体经济增长乏力的背景下，资本市场表现出对消费金融资产的极大偏好；从消费金融服务机构本身来看，通过资产证券化，可以有效释放资金流动性、降低资金成本、拓宽资金来源渠道。综合起来，结构调整的宏观要求、政策层面的积极支持、资本市场的巨大需求以及消费金融服务商自身的内在动力，多种因素叠加，将促使互联网消费金融资产证券化的快速发展。

不过，在 P2P 网贷这个细化领域内，资产证券化受到了一些制约。面临的问题主要来自两方面：一是如何批量获取标准化的优质消费金融资产，二是如何在监管部门基本禁止了 P2P 网贷与金融机构资金对接的背景下合规获取低成本资金。

4.5.4 技术驱动特征越来越明显

消费金融市场的参与主体众多，有一类平台以技术驱动为核心，通过不断的科研投入，开发出大数据风控等系统，改善消费金融的服务并降低成本，它们的发展路径是将技术能力对外输出。如果平台能够有持续的科技研发投入，并建立核心技术壁垒，就有可能在消费金融领域占据一定的位置。

消费金融的场景复杂多样，其小额、分散的业务特征决定了人工成本必然是高昂的，因而通过技术手段批量获取资产并进行风险控制变得格外重要。金融科技已经成为新兴平台与传统金融机构差异化竞争或互补的关键，未来消费金融技术驱动的特征会越发明显。对于 P2P 网贷平台来讲，如果不注重技术开发与创新，不能利用技术手段降低获客或运营成本，则可能面临较大压力。

第 5 章

P2P 借贷与汽车金融

所谓汽车金融，是指汽车的生产、流通、购买与消费环节中融通资金所产生的金融活动。主要包括资金筹集、信贷运用、抵押贴现、证券发行与交易，以及相关保险、投资活动等，是汽车制造、流通、服务维修与金融业相互结合渗透的必然结果。

广义的汽车金融涵盖了汽车零部件生产、汽车整车生产、汽车经销商购入库存和一般消费者购买汽车等各个环节内发生的资金融通行为。狭义的汽车金融主要是指。在汽车的流通环节中融通资金所产生的金融活动，包括对经销商的建店贷款、设备融资和库存车融资以及对汽车消费者的消费贷款、融资租赁和车辆保险等。

5.1 汽车金融发展概况

5.1.1 传统汽车金融发展概况

我国汽车金融的发展，始于国内汽车产业开始启动的20世纪90年代初，虽然到目前仅有20多年的发展历程，但也受汽车产业布局和信贷政策调整等诸多方面的影响，经历了从诞生到爆发，再到后期的剧烈震动，直至最终趋于稳步发展的阶段。

1993年，北方兵工汽贸率先提出了分期付款购买汽车的概念，成为中国汽车金融诞生的标志。这也是由于当时国内汽车消费相对低迷，为了减轻人们购车所承受的经济压力进而刺激销售，汽车生产厂家和经销商对当时情况作出的对策。

1995年，金融机构开始“试水”汽车金融领域，其标志性事件是一汽集团、上汽集团和长安汽车陆续成立各自的财务公司。这些财务公司通过商业银行融通资金，并通过各自的销售渠道为终端消费者办理汽车消费信贷。但由于当时国内个人信用体系建设并不完善，而相关金融机构也没有建立较为完善的风控体系，暴露出一些比较严重的问题，导致一度被央行叫停。同时，当时的消费观念对汽车消费贷款的接受度十分有限，其消费模式并未被国人广泛接受和认可，汽车金融的发展步履维艰，直到1998年总体信贷规模仅4亿元左右。

1998年9月，央行出台《汽车消费贷款管理办法》，随后又下发《关于开展个人消费信贷的指导意见》，给汽车金融在中国的发展指明了方向，同时也树立了政策依据。汽车金融业务在此后的5年多时间实现了几何式增长，总体信贷规模也由1999年的29亿元暴涨至2003年的逾2000亿元。这个时期汽车金融的发展是粗放式的，市场主要参与者由商业银行、保险公司、汽车生产企业和经销商构成。盈利的冲动驱使金融机构逐步放低信贷门槛、降低首付比例,信用风险的积聚和个人信用体系建设的滞后,造成了商业银行大量不良贷款的形成,国内汽车金融产业随之进入调整阶段。

2004 年 8 月,上海通用汽车金融有限责任公司正式挂牌成立,这是我国成立的第一家汽车金融公司,也标志着我国汽车金融业开始向由汽车金融服务公司主导的专业化时期转换。2004 年 10 月,中国银监会出台《汽车贷款管理办法》,以此取代了已经不能完全符合当时国内汽车行业发展状况的《汽车消费贷款管理办法》,进一步规范了汽车消费信贷业务。从此以后,中国汽车消费信贷开始朝着专业化、规模化的方向发展。

而前期汽车金融业务的重要参与者——商业银行,也并没有就此归于沉寂。一方面,商业银行通过开始萌芽的信用卡分期业务,在消费信贷领域同汽车金融公司开展竞争;另一方面,在汽车生产厂家扩大产能之际,商业银行纷纷切入各大汽车集团新建生产基地的项目融资,并沿着产业链条逐步开展对汽车经销商的预付款融资和库存车融资,将信贷的投放上移到生产制造环节和批发环节。海量的资金涌入和信贷支持也间接推动了中国汽车行业维持至今的 10 年发展黄金期。

5.1.2 汽车金融的互联网演变

互联网汽车金融,是指通过互联网拓展的汽车金融服务,内核与传统汽车金融相同,主要包括企业融资、个人信贷、按揭贷款、融资租赁等。在传统汽车金融的基础上,互联网汽车金融在渠道、效率等方面有所拓宽,如传统银行与互联网打车软件合作推出消费金融服务,阿里、百度、京东等互联网巨头"试水"汽车贷款,P2P 和众筹平台提供车商融资、个人信贷服务等。

传统的汽车金融萌芽于 20 世纪 90 年代初,经历近 10 年的发展,与互联网开始碰撞、融合、演变。互联网汽车金融的主要表现形式有以下几种:

(1)P2P 网贷 + 汽车金融

汽车金融在 P2P 网络借贷中主要表现为 P2P 车贷,车企、经销商、拥有车辆的个人、汽车购买人通过 P2P 平台向线上借款人融资。

在可考证的时间范围内,P2P 平台线上发布车贷项目最早可追溯到 2011 年,以小额消费购车和个人汽车抵押的形式出现,当年车贷交易额在 3100 万元左右。次年,抵押/质押型项目增长明显,带动车贷交易额增长至 15 亿元左右。2014—2015 年车贷平台数量大幅增多,年交易额分别达到 195 亿元和 665 亿元。2016 年,车贷平台数量基本停止增长,但交易额同比增长率达到 143%,当年交易额为 1616 亿元。

P2P 车贷首次出现的 2011 年,车贷交易额行业占比仅 1.6%;2012 年和 2013 年分别为 7.5% 和 8.5%;2014 年正值 P2P 行业爆发之年,当年车贷规模增速慢于行业整体,车贷占比回落至 6.5%;2015 年增至 6.8%;2016 年,行业因合规性需要,众多平台加大配置小额、分散的车贷资产,车贷规模占比达 8.3%,同比增长 1.5 个百分点如图 5 - 1 所示。

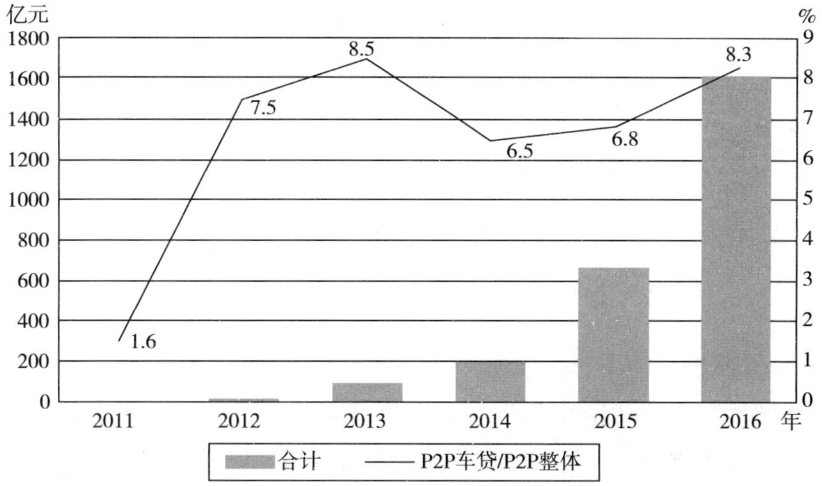

图 5 - 1　P2P 车贷历年交易规模走势

(2)互联网众筹 + 汽车金融

汽车金融在众筹行业中的表现形式为汽车收益权众筹,即以汽车作为投资标的,通过互联网众筹平台向大众募集资金,用于收购汽车,将其出售或租赁给用户(个人、下级车商、汽车使用公司等)以获取买卖差价或租赁收入,并按约定的方式向投资者和服务方(一般为车商和平台)分配收益。

最早涉足汽车众筹的应该是"ZM 汽车众筹",该平台于 2014 年 11 月上线,涉足包括汽车及其周边产品在内的多种业务,目前已经转型。2015 年 4—5 月,融车网、兴发米、中 e 财富先后开展汽车众筹业务,标志着这个行业的正式开端。同年 9 月以来,国内汽车众筹平台开始持续增多,2016 年更是呈现出爆发趋势。截至 2016 年底,运营中的汽车众筹平台达到 119 家,已经超过产品型和股权型众筹平台。

2015 年 4 月到 2016 年 2 月,汽车众筹并不为市场所关注,整体表现不温不火,众筹金额则呈缓慢增长趋势。2016 年农历春节过后(3 月开始),随着平台数量的增多以及行业热度的提升,汽车众筹异军突起,月度交易规模猛增到 4 亿元以上。截至 2016 年底,汽车众筹累计筹资额接近百亿,达到 93.9 亿元,约为上年的 12.4 倍如图 5 - 2 所示。

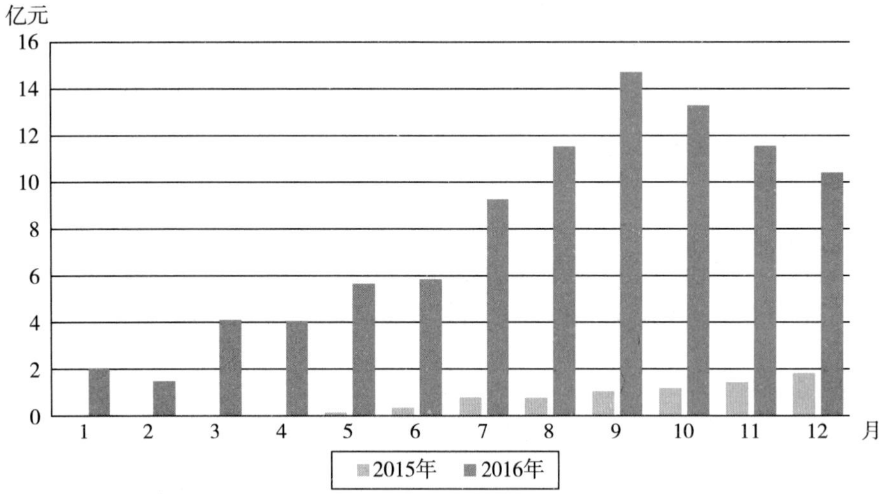

图 5－2 我国汽车众筹筹资规模走势

(3)其他互联网机构＋汽车金融

除 P2P 网贷和互联网众筹之外，涉足汽车金融的互联网主体还包括汽车电商、汽车出行、汽车后市场服务公司、互联网汽车金融服务平台、媒体资讯公司、互联网投资机构等，这些从业主体提供的报务及其代表平台如表 5－1 所示。

表 5－1 其他互联网机构涉足汽车金融

平台类型	汽车金融服务	代表平台
汽车电商	汽车消费 以租代购 抵押/质押 车险 车商贷款	优信二手车、汽车之家、易车
汽车出行		滴滴出行、神州租车
汽车后市场服务		车享家
互联网汽车金融		易鑫车贷、第 1 车贷、蚂蚁打的、阿里汽车、58 赶集、美利车金融
媒体、咨询服务	车贷搜索、汽车消费信贷等	融 360、好贷网、搜贷网
互联网投资机构	风险投资、战略投资、渠道提供等	阿里、腾讯、京东、百度

资料来源：零壹财经 · 零壹智库。

汽车电商、汽车出行、汽车后市场服务公司、汽车金融服务互联网公司，围绕汽车产业链的生产、流通、消费等各个环节，提供诸如汽车消费信贷、融资租赁、汽车抵押贷款、车险等金融服务。媒体和咨询类互联网机构，主要是指车贷搜索平台，这类主体在汽车金融产品引流以及品牌塑造上起着重要作用。

诸如阿里、腾讯、京东、百度等互联网巨头除开发部分汽车金融贷款产品和辅助工具外，还为互联网汽车金融产业生态提供资金支持，如 2015 年 9 月，阿里巴巴旗下湖畔山南股权投资基金和上市公司道明光学投资携车网B轮4000万元。2013年,腾讯联合君联资本等投资了B2B平台优信拍;2015年1月,腾讯和京东以现金和独家资源的形式对易车网投资约13亿美元,并向易车旗下专注于汽车金融互联网平台的子公司易鑫资本注资2.5亿美元;2015年8月,腾讯投资C2C平台人人车;2015年9月,腾讯联合易车网等共同投资C2B平台天天拍车。至此,腾讯完成了在新车电商及二手车电商C2B、C2C、B2B主要细分领域的完整布局如图5-2所示。

表5-2　互联网巨头的汽车金融布局

集团简称	主要动作
阿里	2015年3月,阿里与上汽集团全资子公司上海汽车集团投资管理有限公司各出资约5亿元人民币,设立总额约10亿元人民币的互联网汽车基金。 2015年4月,阿里整合旗下大数据营销、汽车金融业务以及6000万车主汇聚的平台优势,成立阿里汽车事业部;与上海通用汽车达成战略合作,在汽车大数据营销、汽车金融、原厂售后O2O业务和二手车置换四大领域展开合作;阿里旗下湖畔山南股权投资基金和上市公司道明光学投资携车网B轮4000万元。 2015年7月,阿里汽车事业部宣布联手蚂蚁小贷和众多汽车厂商推出"车秒贷",消费者只需用手机在线上提交申请,半小时之内即可获知贷款授信额度,网购信用额度最高可达20万元
腾讯	2013年,腾讯联合君联资本等投资B2B汽车电商平台优信拍。 2015年1月,腾讯和京东以现金和独家资源的形式对易车网投资约13亿美元,并向易车旗下专注于汽车金融互联网平台的子公司易鑫资本注资2.5亿美元。 2015年8月,腾讯投资C2C平台人人车;2015年9月,腾讯联合易车网等共同投资C2B平台天天拍车。至此,腾讯完成了在新车电商及二手车电商C2B、C2C、B2B主要细分领域的完整布局
百度	对外投资了优步、天天用车、51用车、优信二手车。 在百度钱包、百度财富的基础上,2015年11月,百度、安联保险、高瓴资本在上海宣布,三方将联合发起成立一家全新的互联网保险公司。 2017年4月,百度与奇瑞签署战略合作协议,双方将在高度自动驾驶、无人驾驶等方面展开全面合作
58赶集	58、赶集合并之后,成立了AFG车及金融事业群,2015年6月上线汽车金融产品58车商贷,并在全国推出。此外,原来属于58赶集旗下的瓜子二手车业务被分拆出来。 针对个人消费者,58赶集联手阳光保险和大地保险推出了在线车险服务,为车主提供车辆损失险、商业第三者责任险、全车盗抢险等多项保险产品,用户可以在线直接投保

续表

集团简称	主要动作
乐视	2016 年 6 月,广汽集团、乐视控股、众诚保险共同投资的大圣科技股份有限公司(以下简称大圣科技)正式宣布成立,大圣科技首先着力于汽车电商领域,意图提供修车、用车、买车、租车一站式服务。 2016 年 8 月,乐视就与浙江省政府召开战略合作发布会,宣布双方在乐视超级汽车生态体验园区、智能汽车产业基金、互联网金融方面的合作项目正式启动。 整体而言,乐视的互联网 + 汽车金融还在筹备和蓄力阶段

资料来源:零壹财经·零壹智库。

5.2 P2P 车贷业务模式

前文述及的互联网平台与汽车金融相结合的几种模式中,“P2P 平台 + 汽车金融”萌芽时间较早(可追溯至 2011 年),且每年的市场规模不断扩大,2016 年约为 1616 亿元。按 P2P 车贷的具体业务模式分类,各类 P2P 车贷资产发展历史、发展阶段、市场规模均有所不同,本节将就 P2P 车贷的具体类型作进一步阐述。

5.2.1 抵押/质押

P2P 汽车抵押/质押模式中,借款人以汽车抵押物作为担保,最终通过 P2P 平台向投资人融资。在此过程中,若借款人直接将汽车抵(质)押至 P2P 平台或其关联方,该类车贷业务属于平台自营型,其模式如图 5 -3 所示。由 P2P 平台承担汽车评估、抵押登记、授信、GPS 安装等责任,审批流程通常较短、放款速度快,这类平台的典型代表包括微贷网。

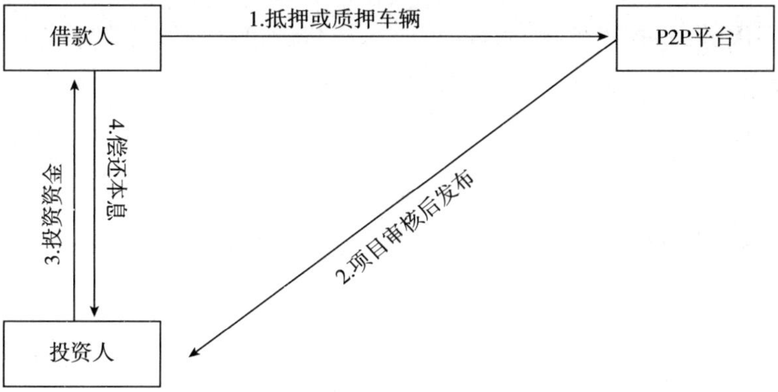

图 5 -3 P2P 汽车抵押/质押贷款模式(自营型)

如图 5 -4 所示,若汽车抵(质)押权归属于小微金融机构或汽车消费金融公司,后者将其所持债权转让给 P2P 平台投资人,则为转让模式。P2P 平台一般不对借款人借款资质进行一一评估,而主要对债权转让方进行尽调查或要求其提供一定形式的担保。这种模式便于 P2P 平台快速扩张规模,尤其是对有渠道优势的平台而言,早期的有利网、爱钱帮等均可归为此类。

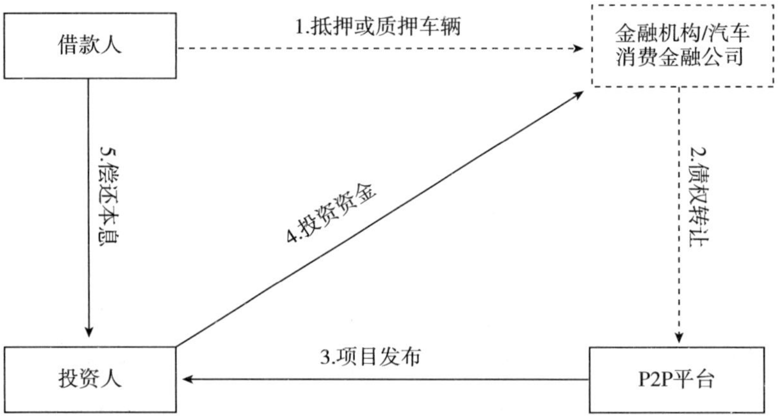

图 5－4　P2P 汽车抵押/质押贷款模式(转让型)

5.2.2　车商贷款

如图 5－5 所示,车商贷款模式中,借款人以抵(质)押汽车或质押车辆登记作为担保,通过 P2P 平台发起借款,平台审核并完成相关程序后,在线上发布借款标的,出借人可直接线上投资,最终由借款人通过专有支付通道向投资人偿还本息。

借款人一般为二手车商或汽车融资租赁公司,且多为中小企业,借款目的多为短期资金周转。因此,相较于抵押/质押模式,车商贷款虽然笔均融资额更高,但由于客群较小,其规模远不如前者普及。除了迷你贷、好车贷等少数平台,其他平台多将其作为次要业务经营。

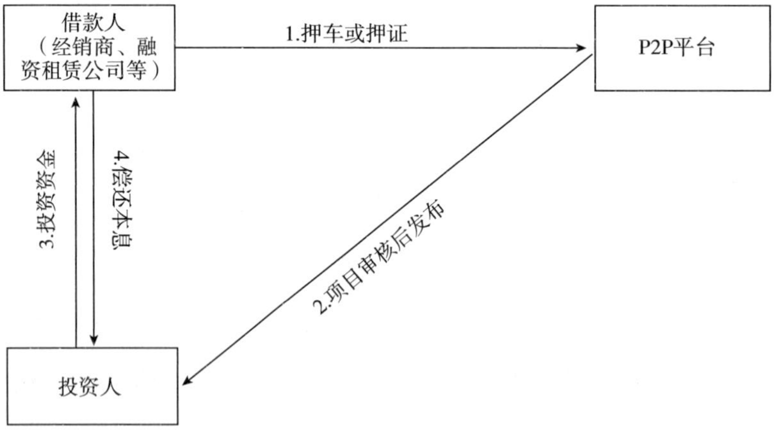

图 5－5　P2P 车商贷款模式

5.2.3 融资租赁

目前,市场上并无汽车融资租赁公司直接开设的P2P平台,P2P汽车融资租赁均为收益权转让模式。一般流程如下:承租方已与汽车融资租赁公司达成租赁协议的情况下,融资租赁公司向P2P平台申请转让此笔融资租赁租金收益权,P2P平台对融资租赁公司尽调且通过情况下要求其提供担保,审核通过后发布借款标的。满标后投资人受让租金收益权,融资租赁公司获得资金,承租人按时还款。

融资租赁公司亦可先将租金收益权转让给资产管理公司、保理公司等机构,再由后者向P2P平台投资人转让。相较于图5－6所示流程,区别只在于中间流程增加,本质上并无不同。

可统计的数据显示,汽车融资租赁收益权转让模式最早出现于2014年11月,由融租E投开创。2015年,点车成金、力帆善融、融金所等平台开始涉足。与车商贷款类似,汽车融资租赁的客群相对较局限,截至2016年末,曾发布汽车融资租赁项目的平台约30家,历史累计筹资额在41亿元左右。

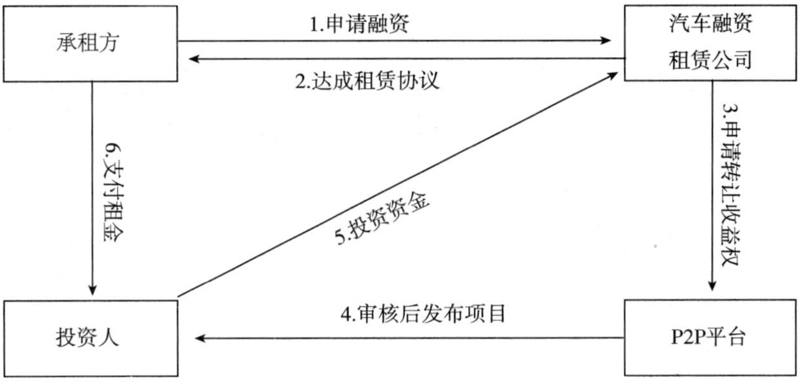

图5－6 P2P汽车融资租赁收益权转让模式

5.2.4 汽车垫资

与本书第3章所述房产抵押周转贷中的垫资类似,P2P汽车垫资业务周期短,多在30天以内。一般流程如图5－7所示,购车人按揭购车时,汽车金融公司对其进行资质审核后,先行垫付按揭款,随后向银行申请按揭贷款业务①。汽车金融公司向P2P平台申请转让其所持债权,平台审核通过后在线发布标的,供投资人投资,满标后资金

①向银行申请按揭贷款需要通过专门的车贷担保公司,图中省略了该环节。

通过特殊通道支付给汽车金融公司。银行审批放贷后,将放贷给购车人的资金以受托支付的方式转账到汽车金融公司,后者通过 P2P 平台还款给投资人。

P2P 平台通常与几家汽车金融服务公司保持长期合作,以保持业务稳定性。对汽车金融公司而言,快速回笼资金是主要目的,P2P 平台的审核和满标速度尤为重要。对 P2P 而言,与汽车金融公司有稳定合作关系、投资活跃度高、资金端来源充足是开展汽车垫资的必要条件,入门门槛和竞争壁垒较高。据零壹数据统计,截至 2016 年底仅有 5 家平台汽车垫资贷款累计规模在亿元以上。

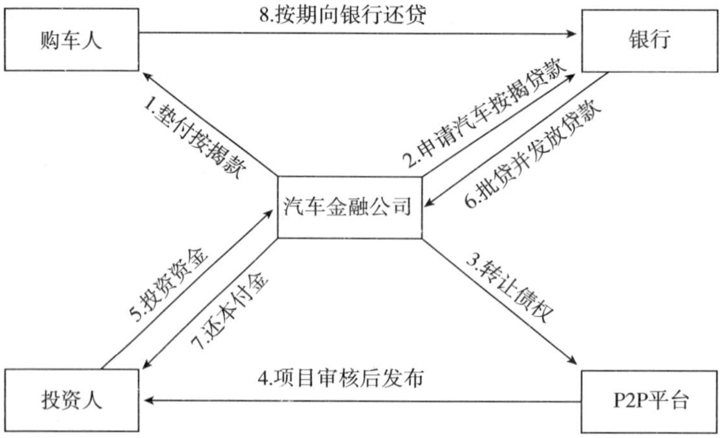

图 5-7　P2P 汽车垫资模式

5.2.5　汽车消费(非垫资类)

汽车消费贷款即购车人为购买汽车申请的贷款。按流程不同可作以下分类:

一类是购车人自发向 P2P 发起借款申请,除融资目的为购买汽车外,与 P2P 个人信贷并无显著区别。P2P 平台不对该类人群和项目进行主动筛选,项目分布零散。事实上,2011—2012 年人人贷、翼龙贷、宜人贷发布的汽车消费贷款项目均属此类。

另一类是 P2P 平台与汽车消费金融公司合作,由 P2P 平台投资人受让债权的贷款模式,其流程如图 5-8 所示。汽车经销商或汽车金融公司为购车人提供贷款服务后,将该笔债权转让给 P2P 平台投资人;平台审批项目后发布线上标的吸引投资人,资金通过专用支付通道进入经销商或汽车金融公司账户;购车人偿还本息通过 P2P 专用通道支付给平台投资人。

汽车消费贷款的两种模式,一种模式是,个人信贷类型流程简单,通常无担保措施,发放该类贷款的 P2P 平台数量较多。截至 2016 年末,至少有 200 家平台发布该类消费贷款。另一种模式中,经销商或汽车金融公司为盘活资产向 P2P 投资人转让债

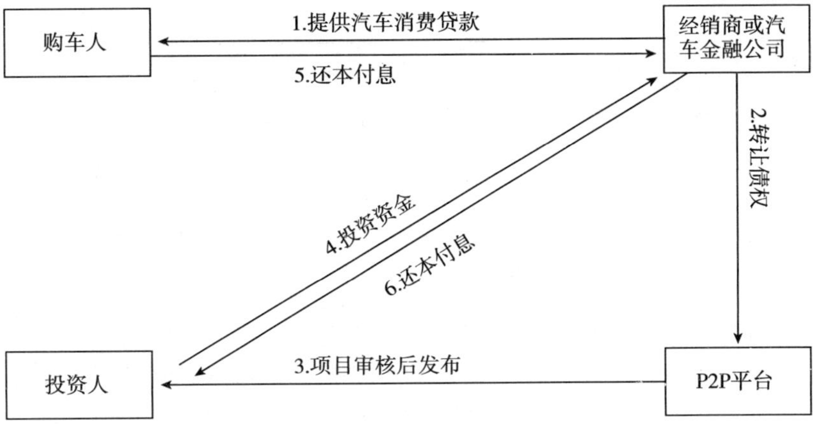

图 5-8　P2P 汽车消费贷款模式（转让型）

权，除购车人需抵押汽车作为担保外，平台一般还要求借款人签订回购协议、提供连带责任担保等措施。经营此类汽车消费贷款的平台数量相对较少，但交易规模更大，截至 2016 年底，历年累计交易规模约 59 亿元，占到汽车消费贷款整体（68 亿元）的 87%。

5.2.6　本节小结

如表 5-3 所示，P2P 车贷的 5 种业务模式中，最早出现的是消费贷款和抵押/质押，2011 年分别由人人贷、微贷网 2 家平台开展。2012 年，汽车抵押和消费购车贷款总规模在 15 亿元左右。2013 年随着迷你贷平台上线，车商贷款作为一种新的专营模式在 P2P 行业出现。2014 年第 4 季度，非消费类的汽车垫资贷款、融资租赁收益权转让模式先后出现，至此，P2P 车贷的 5 种模式齐具。2015 年车贷规模约 665 亿元，同比增长 242%。2016 年随着平台业务扩张，P2P 车贷年交易规模达到 1616 亿元，其中抵押/质押类约 1311 亿元，占到 83.1%。

表 5-3　P2P 车贷发展历程（按涉足时间先后排序）

P2P 车贷模式	主要发展历程
消费贷款	2011 年 2 月，人人贷首次涉足汽车消费贷款，全年交易规模近百万元。2012 年，宜人贷和翼龙贷也先后提供汽车消费贷款业务，但年度总规模不超过 300 万元。2013—2014 年出现高速增长，年度交易额分别为 3 亿元和 6 亿元。2015—2016 年均在 30 亿～50 亿元

续表

P2P 车贷模式	主要发展历程
抵押/质押	微贷网自 2011 年 8 月起发布汽车抵押项目,当年行业交易额约 3000 万元。2012 年,民民贷、一起好等平台涉足该领域,年交易额约 15 亿元。2013 年交易规模 90 亿元,2014 年,随着平台数量增多和存量平台展业范围扩大,年交易额首次突破 100 亿元,达到 180 亿元。2015 年增至 560 亿元。2016 年首次突破千亿元,达 1311 亿元
车商贷款	2013 年下半年渐成规模,以迷你贷为代表,当年交易规模在 250 万元左右。2014 年 PPmoney、好车贷、点融网等平台也开始发布车商贷款项目,当年交易规模在 8 亿元左右。2015 年同比增长 4 倍,约 40 亿元。2016 年则在 134 亿元左右
融资租赁	始于 2014 年,以融资租赁收益权转让模式为主,当年交易额约 5000 万元。2015 年点车成金、力帆善融、融金所等平台涉足汽车融资租赁,当年交易额约 11 亿元。2016 年规模约 29 亿元
汽车垫资	最早追溯到 2014 年第 4 季度,以钱保姆为代表,当年交易规模约 2000 万元。以该模式为主营业务的平台数量较少,截至 2016 年底,约 10 家,行业累计交易规模 137 亿元,其中 2016 年约 107 亿元

资料来源:零壹数据。

数据显示,汽车抵押/质押由于其客群范围最广、门槛低,成为 P2P 车贷中规模最大的类型,历年规模占比均在 80% 以上。车商贷款近几年规模增幅明显,2016 年交易额仅次于汽车抵押/质押贷款,约 134 亿元。汽车垫资交易规模集中在少数几家平台,历史累计规模约 137 亿元。消费贷款和汽车融资租赁规模较小(2016 年均不超过 35 亿元),但涉足此领域的平台数量较多,加之网贷新规和汽车金融新政实施带来的政策利好,或将迎来高速增长如表 5 -4 所示。

表 5 -4　P2P 车贷历年交易规模

单位:亿元

年份	抵押质押	车商贷款	汽车垫资	消费贷款	融资租赁	当年合计
2011	0.3	—	—	0.01	—	0.31
2012	15	—	—	0.03	—	15
2013	90	0.03	—	3	—	93
2014	180	8	0.2	6	0.5	195
2015	560	40	30	24	11	665
2016	1311	134	107	35	29	1616
合计	2156	182	137	68	41	2584

资料来源:零壹数据。

5.3 P2P 车贷数据分析

5.3.1 平台数量

在零壹数据监测的 4876 家 P2P 平台中,涉足车贷业务的平台至少有 1093 家,截至 2016 年底,仍在正常运营的平台达到 491 家。2014—2016 年车贷样本平台变动趋势如图 5 -9 所示,2014 年第 4 季度至 2015 年第 3 季度,各季新增车贷平台数量都在百家以上;2015 年第 4 季度开始,车贷平台新增态势降低,这与 P2P 行业整体变动趋势一致。

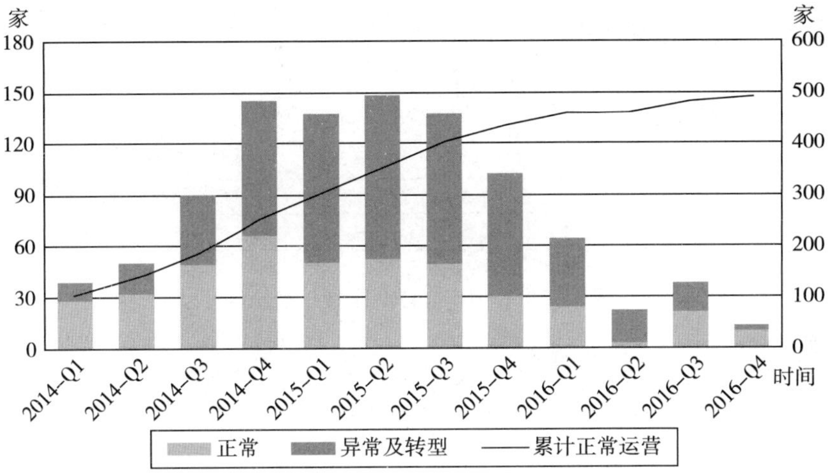

图 5 -9 P2P 车贷样本平台数量变动趋势(2014—2016 年)

除了图中体现的车贷平台上线时间分布之外,我们亦观察到,2016 年转型车贷业务或在车贷产业链加深布局的 P2P 平台数量同比增多。究其原因,一方面是网贷监管办法明确后,相对小额、分散的汽车信贷(主要指个人抵押贷款)较为符合监管要求,平台为满足合规性开发此类资产,如大额企业贷平台红岭创投发布小额汽车抵押贷款项目;另一方面是车贷平台基于自身已有汽车产业链,横向或纵向延伸车贷业务,如汽车垫资贷款平台钱保姆开发小额汽车抵押贷款业务。

5.3.2 交易规模

2016 年,除春节和国庆长假分别导致 2 月和 10 月车贷交易额下挫外,其余各月 P2P 车贷交易额呈现稳步增长的趋势,3 月及以后都在 100 亿～200 亿元。全年车贷规模共 1616 亿元,占 P2P 行业整体(19544 亿元)的 8.3%。

相比于 P2P 行业交易额环比变动率(100.4%),车贷同比增速更快,达到 148.6%,其中 2016 年下半年增速快于上半年,这主要是因为网贷监管对 P2P 借款作出限额规定后,平台在小额车贷的布局加快导致(如图 5－10 所示)。

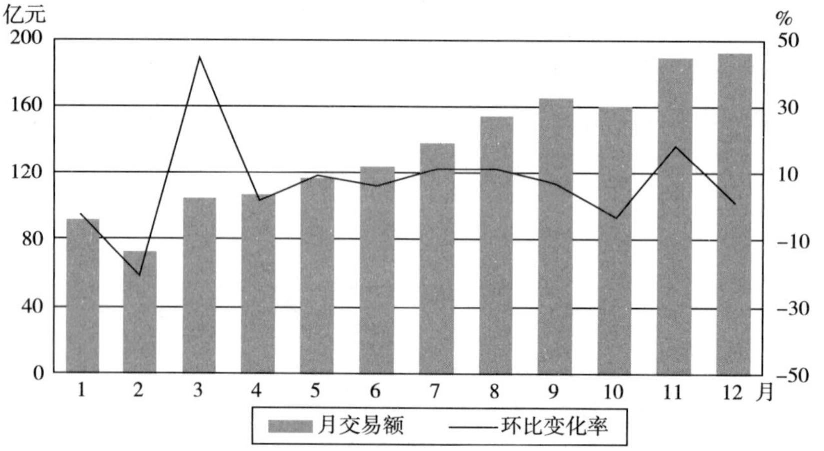

图 5－10　2016 年 P2P 车贷规模走势

2011 年以后,抵押/质押型均为规模占比最大的车贷类型,2016 年该类车贷规模共 1311 亿元,约占 81.1%,这一比例同比下降约 5 个百分点。车商贷款和汽车垫资同比增幅较高,2016 年交易额皆在百亿元以上,所占比例分别达到 8.3% 和 6.6%。汽车消费贷款和汽车融资租赁全年规模分别约 35 亿元和 29 亿元如图 5－11 所示。

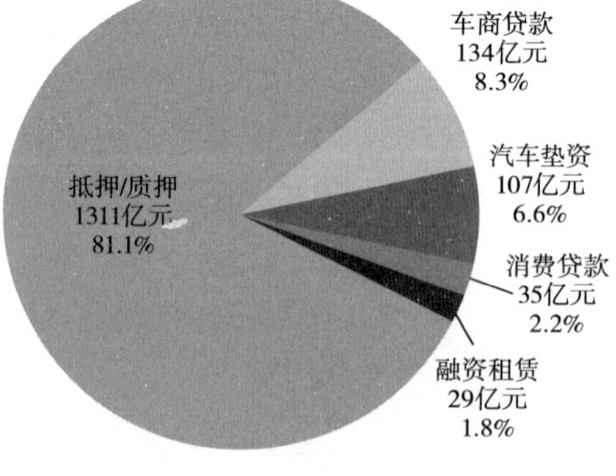

图 5－11　2016 年 P2P 车贷类型分布

5.3.3 笔均融资额

2016 年 P2P 车贷笔均融资额(即 P2P 平台上车贷标的融资额的算术平均)为 9.09 万元。由图 5－12 所示的月度走势图可知,除个别月份外,各月笔均融资额均在 8.5 万～10 万元,且呈稳定而缓慢的下降趋势,2016 年前 9 个月环比下降幅度均在 1% 上下,10 月和 11 月降幅超过 2%。

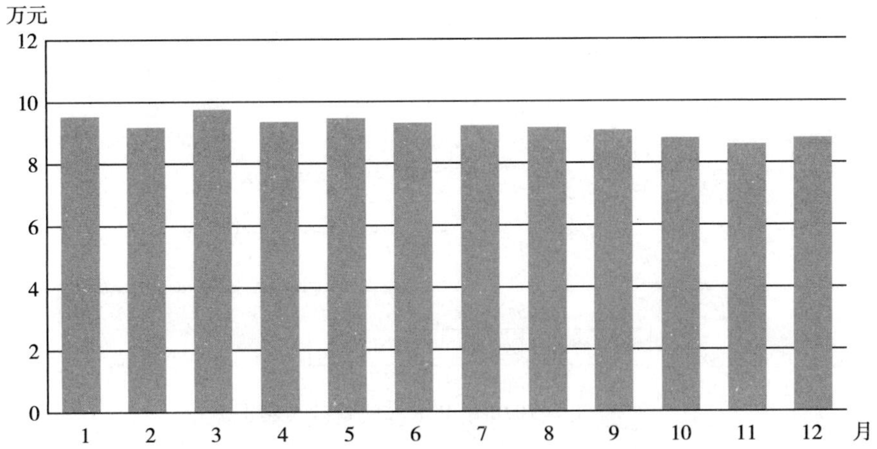

图 5－12　2016 年 P2P 车贷笔均融资额走势

如图 5－13 所示,抵押/质押型车贷和汽车消费贷款 2016 年笔均融资额分别为7.81 万元和 10.16 万元,且后者下半年有明显的增长趋势。融资租赁、车商借款和汽车垫资分别为 27.78 万元、29.86 万元和 32.92 万元,8 月后银监会网贷监管办法下发后,部分平台受制于"限额令"规定,下调了部分项目融资金额,造成 9—12 月笔均融资额轻微下降。

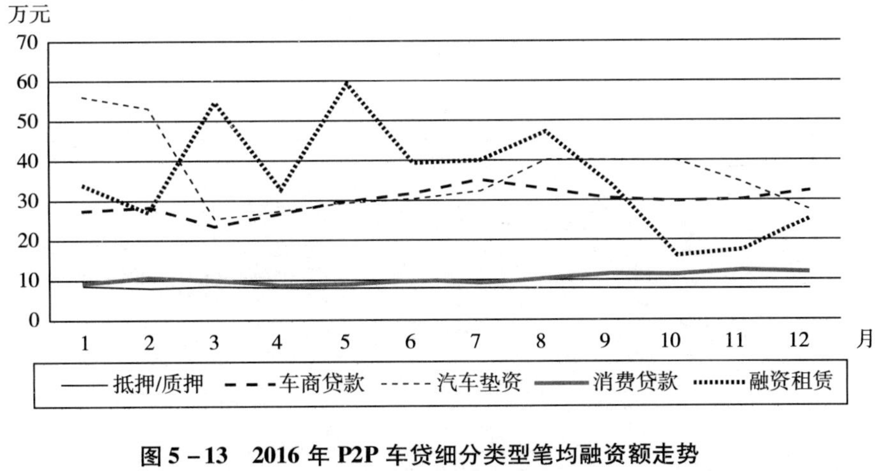

图 5－13　2016 年 P2P 车贷细分类型笔均融资额走势

5.3.4 贷款余额

截至 2016 年末,P2P 车贷贷款余额(指本金,下同)为 467 亿元,同比增长 159%。与 P2P 行业整体相比,车贷余额占比仅 5.6%,小于车贷成交额占比(8.3%),这是因为 P2P 车贷项目平均借款期限大幅低于 P2P 整体。

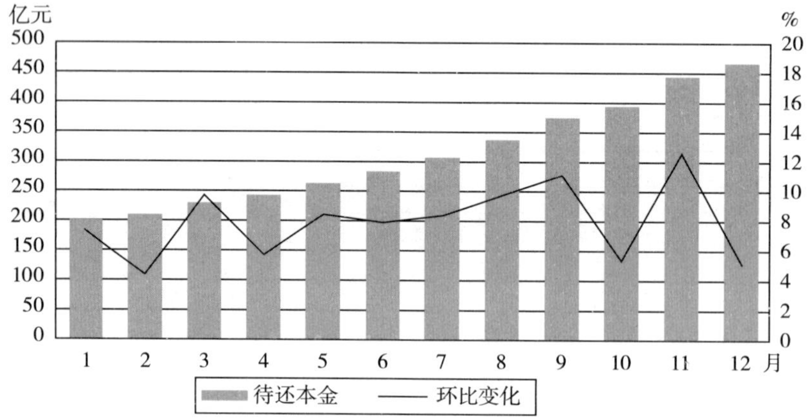

图 5 - 14　2016 年 P2P 车贷贷款余额走势

5.3.5 活跃人数

2016 年,P2P 车贷活跃借款人(即通过 P2P 平台获得融资的借款人,不区分个人和机构)约 61.2 万人,占 P2P 行业整体(572 万人)的 10.7%;人均借款额 26.4 万元,低出 P2P 行业整体(34.2 万元)7.8 万元如图 5 - 15 所示。

借款人数与车贷月度交易额变动趋势一致,但前者增速略大于后者;相应地,各月人均借款额有缓慢下降的趋势,这和下半年大额车商贷款规模占比减少有关。

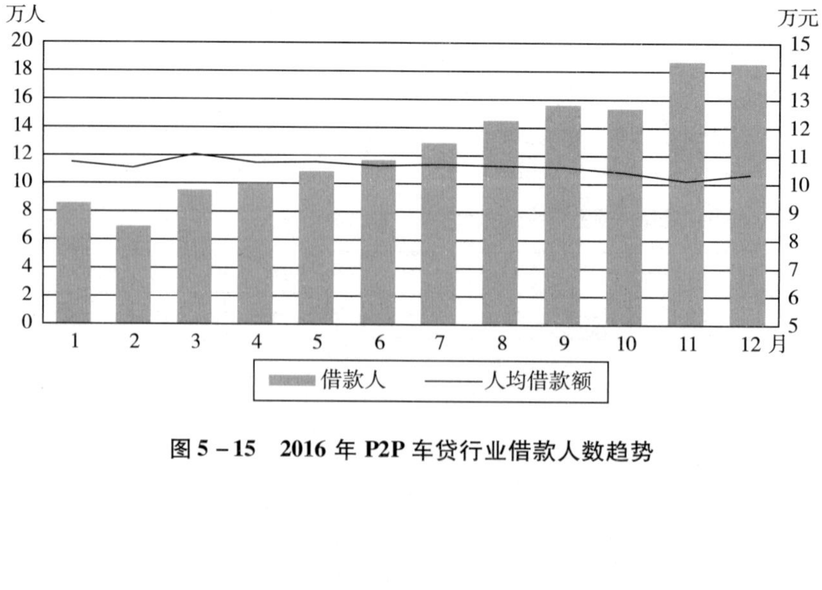

图 5 - 15　2016 年 P2P 车贷行业借款人数趋势

2016 年 P2P 车贷活跃投资人数共计约 360 万人，与 P2P 投资总人数（998 万人）相比，约有 36% 的出借人投资过车贷项目，每人每年投资车贷项目总额约 4.5 万元。如图 5－16 所示，相较于各月借款人数的变化，投资人的增速较为缓慢，主要是因为 1 个月内投资人的复投率大幅高于借款人复借率，且随着多家平台加大对小额车贷的投入力度，借款人下半年出现加速增长。

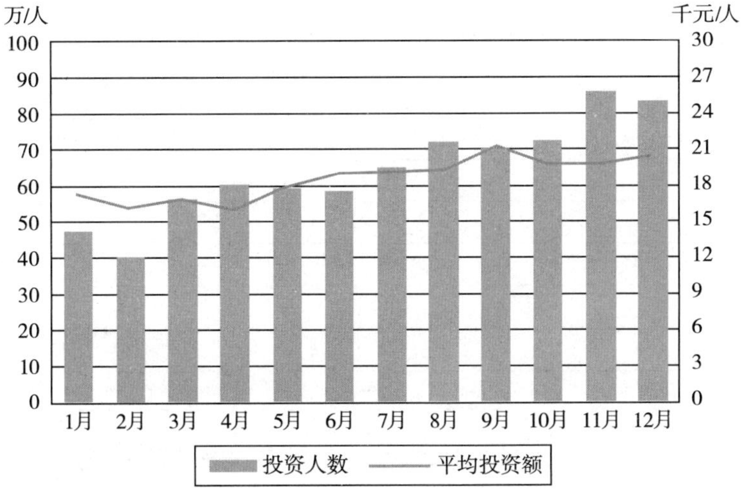

图 5－16　2016 年 P2P 车贷行业投资人走势

5.3.6　平均投资利率

如图 5－17 所示，2016 年各月车贷利率环比呈下降趋势，且同比下降多在 2 个百分点以上。统计显示，2014—2016 年，P2P 车贷平均投资利率分别为 15.96%、13.35% 和 10.87%，其降息速度快于 P2P 行业整体，车贷利率逐渐向 P2P 整体利率靠拢。

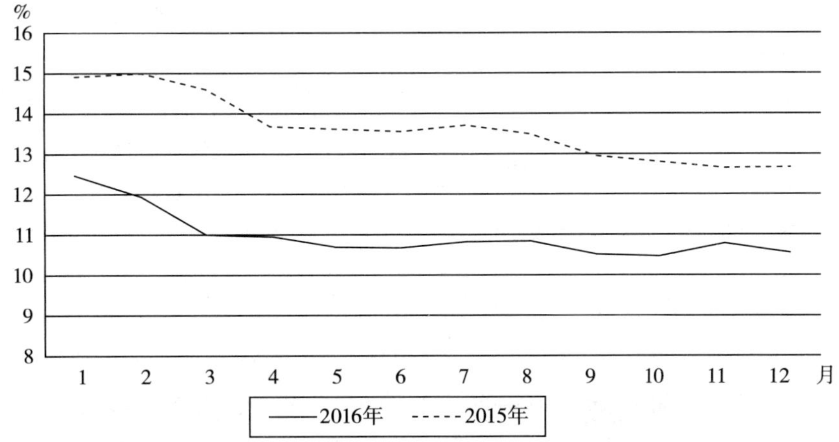

图 5－17　2015—2016 年 P2P 车贷行业平均投资利率走势

从车贷具体类型的角度来看，融资租赁、汽车垫资和车商贷款项目 2016 年平均投资利率较低，分别是 8.69%、9.19% 和 9.61%；汽车抵押/质押和汽车消费贷款分别为 11.21% 和 11.11%，2016 年各月份利率情况如图 5－18 所示。结合各类资产的业务属性和投资利率发现，原始债务人多为企业法人的车贷类型利率更低，而抵押/质押、汽车消费贷款这类个人贷款项目投资利率较高。

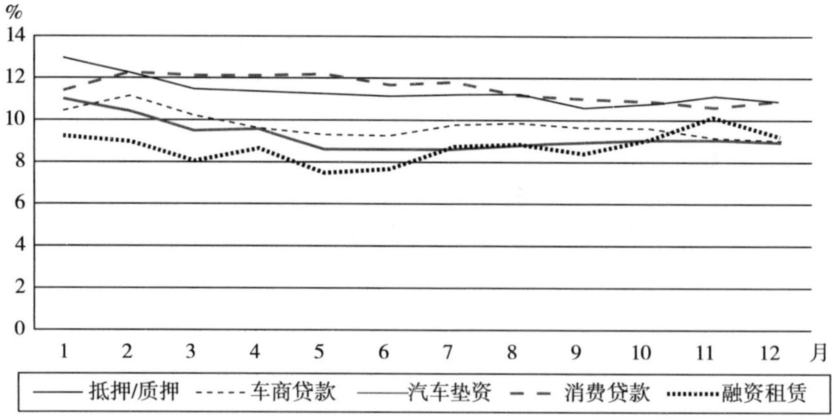

图 5－18　2016 年 P2P 车贷细分类型平均投资利率走势

5.3.7　平均期限

如图 5－19 所示，2016 年，P2P 车贷各月平均借款期限基本在 100～200 天波动，且第 4 季度相对较长。2014－2016 年 P2P 车贷平均借款期限分别为 128 天、142 天和 155 天。整体来看，P2P 车贷的长期信贷比例有所增加，但增速较慢。

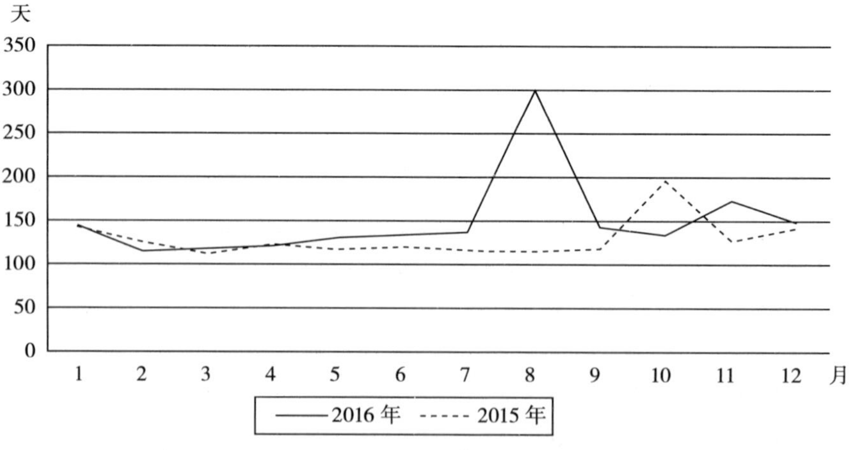

图 5－19　2015—2016 年 P2P 车贷平均投资期限走势

受具体车贷业务特点的影响,不同类型的 P2P 车贷平均借款期限差异较大。汽车垫资这类短期融资业务期限最短,2016 年平均借款期限仅 27 天;车商贷款次之,平均为 72 天;抵押/质押型车贷平均为 152 天;汽车消费贷款 2016 年平均借款期限为 401 天,下半年期限缩短趋势明显;汽车融资租赁平均期限为 668 天,且 2016 年 9 月前呈快速延长趋势,9 月后基本稳定在 900 ~ 930 天。

从图 5 – 20 各类车贷借款期限走势来看,汽车垫资、车商贷款和抵押/质押型车贷期限较稳定,而消费贷款和融资租赁变动趋势明显,这和各领域从业主体变更有关。举例来说,红岭创投自 2016 年 5 月开始发力汽车消费贷款以来,期限稳定在 30 天左右,该平台汽车消费贷款规模市场占比不断提高,致使汽车消费贷款平均借款期限缩短;汽车融资租赁期限的延长则和微贷网以租代购项目期限延长和麻袋理财 9 月后开展 1000 天以上的汽车融资业务有关。

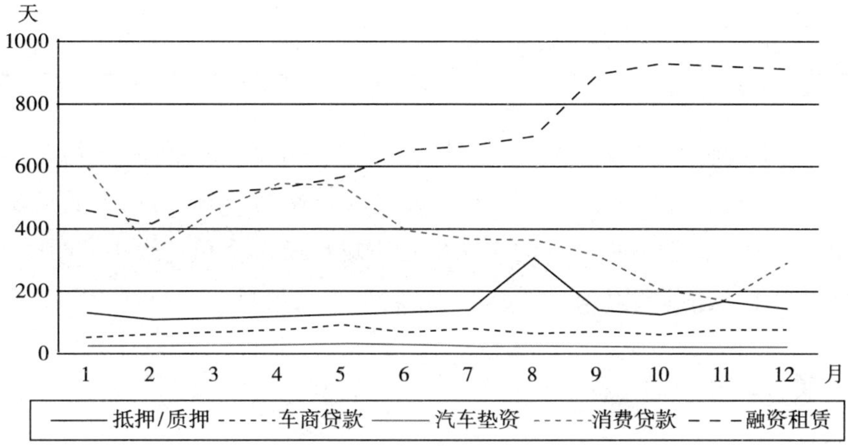

图 5 – 20 2016 年 P2P 车贷细分类型平均投资期限走势

5.3.8 年度车贷交易额 TOP10

表 5 – 5 列出了 2016 年车贷规模靠前的 10 家平台及其交易数据,其年交易规模合计为 858 亿元,占 2016 年 P2P 车贷总规模的 53%。微贷网、投哪网、钱保姆和搜易贷 4 家平台均超过 50 亿元,合计达到 691 亿元,占 2016 年 P2P 车贷总规模的 43%。

表 5 -5　2016 年 P2P 车贷交易额 TOP10

序号	平台名称	交易额(亿元)	车贷比例(%)	平均利率(%)	平均期限(天)	车贷类型
1	微贷网	451.1	95.3	9.7	90	抵押/质押,融资租赁
2	投哪网	127.7	85.1	10.7	303	抵押/质押
3	钱保姆	57.4	100.0	10.2	55	汽车垫资,抵押/质押
4	搜易贷	54.6	43.9	7.0	64	汽车垫资,车商贷款
5	人人聚财	46.7	65.2	12.4	250	抵押/质押
6	一起好	32.9	91.4	13.6	221	抵押/质押
7	融金所	25.3	41.2	13.1	148	抵押/质押,融资租赁
8	有融网	23.5	72.4	9.6	44	抵押/质押,汽车垫资,车商贷款
9	迷你贷	20.8	100.0	12.9	57	抵押/质押,车商贷款
10	祺天优贷	18.2	91.7	12.2	60	抵押/质押,车商贷款

资料来源:零壹数据。

图 5 -21 绘制了 2016 年车贷规模排名前 10 平台的投资利率、平均期限以及其市场规模(与面积成正比)情况。投资利率大致以 11% 为中界线,利率低于该值和高于该值的平台各 5 家,且利率较高的 5 家平台市场规模占比相对较小。图中 10 家平台中,6 家平台平均借款期限少于 2 个月,投哪网、人人聚财和一起好 3 家平台期限高于 200 天。

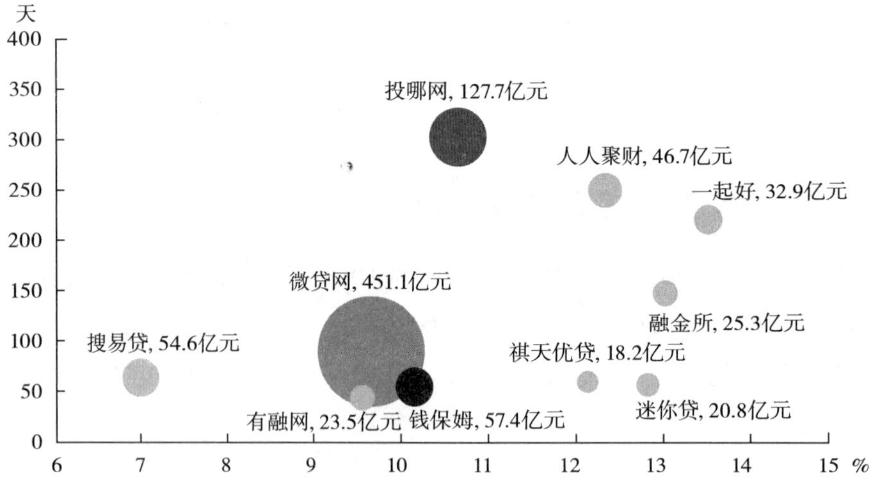

图 5 -21　2016 年 P2P 车贷交易额 TOP10 平台平均借款期限及投资利率

5.4 风险与挑战

5.4.1 监管风险

目前,汽车在P2P网贷的渗透率很低,汽车产业中的政策和监管风险对P2P车贷的影响基本可以忽略,但是针对P2P网贷行业的监管风险却不容忽视。

2016年,国务院牵头的互联网金融专项治理陆续在全国各地开展,力度空前,监管高压下大量平台开始退出网贷行业,车贷平台数量也呈减少趋势。具体而言,2016年8月中旬发布的网贷监管办法,分别对个人借款人和企业法人的融资上限进行限制,部分大额车商贷款平台、融资租赁型车贷或将受到影响;北京市监管部门2017年1季度透露的网贷整改要求禁止P2P资产端与融资租赁公司对接,部分平台汽车融资租赁资产来源渠道或将收窄。

5.4.2 重复抵押风险

汽车重复抵押在民事法律中属于合同诈骗,此类风险在汽车抵押/质押贷款环节中非常常见,是指通过在同一汽车上设立多个担保物权(主要指抵押权和质权)的方式,从而获得重复贷款。举例来说,借款人与A平台签订了车辆抵押合同,但未到车管所进行抵押登记,此时抵押合同虽有效但不能对抗善意第三人,若借款人再次抵押或质押车辆给B平台且进行了登记,一旦借款人无法还款,A平台便无法按合同约定处置车辆。重复抵押看似容易规避,但只要平台或小贷公司按标准流程对借款人所押车辆进行抵押登记,此类风险将会大大降低。不过在实际操作中,由于平台之间为竞争用户一味地比拼放款速度,加之借款人联合放贷机构业务员、抵押登记管理机构工作人员骗贷,使该类问题较难避免。

除重复抵押外,其他合同诈骗还包括冒用身份、冒用车辆、租用汽车用于抵押贷款等情况下,借款人与平台投资人签订投资合同的情形。在我国征信建设不完善的情况下,现阶段P2P平台对借款人的资质很难全面了解,加之车贷竞争激烈,平台在业务驱动下有动机放松风险控制,种种因素影响之下,车贷的合同诈骗高频发生。

5.4.3 车辆估值及授信风险

P2P 车贷的几种类型中,普通汽车抵(质)押贷款、车商贷款、汽车消费贷款通常需要抵(质)押汽车作为担保,其中汽车估值是影响车贷授信额度甚至最终信用风险的关键因素。办理汽车抵押评估时,若未进行翔实的现场调查,未就汽车折旧速度、变现难度等因素作出全方位评估,则容易导致对借款人授信过高,抵押汽车不足值,难以覆盖贷款的信用风险。

需要补充的是,车贷业务实际操作中,P2P 平台的授信凭据并不止抵押物残值,还包括借款人收入情况、资产情况、职业背景、家庭情况等信用因素,举例来说,部分 P2P 平台给单一借款人放款额度可以达到所押汽车估值的 90% 以上。但授信额度管理仍是车贷 P2P 平台需要重点考虑的问题。

5.4.4 对外合作风险

行业多数车贷平台需要引入合作方来开展 P2P 车贷业务,如汽车经销商、汽车金融公司、小贷公司、融资租赁公司等资产提供方,汽车估值机构、IT 服务提供商、营销公司等。平台在与第三方机构合作的过程中,后者可能会因政策因素、道德因素、操作因素、市场因素等给 P2P 平台带来风险。

具体来看,P2P 车贷的资产提供方在对原始债务人放贷时,其风险审核环节对 P2P 平台而言是不可测因素,加之部分 P2P 平台与资产提供方合作的过程属于类资产证券化行为,或将受到有关监管部门政策的抑制。汽车估值机构关乎押品的价值评估,继而影响授信额度,导致信用风险加大。IT 服务提供商、营销公司对平台信息安全、品牌价值有着直接影响。

5.4.5 市场格局固化,资产开发难度高

经历 5 年发展,P2P 车贷尤其是抵押/质押模式正逐渐进入红海市场,格局基本固化,中小平台生存危机加重。据零壹数据统计,2016 年 P2P 车贷规模月均环比增长率仅 7%,车贷规模在 50 亿元以上的平台仅有微贷网、投哪网、钱保姆和搜易贷,这 4 家平台车贷占到行业整体的 43%。车贷细分领域的“先行者”优势巨大,如车辆抵押/质押平台微贷网和投哪网,车商贷款平台搜易贷,汽车垫资平台钱保姆,融资租赁平台点车成金和融租 E 投。目前仅有汽车消费贷款尚无平台建立足够的壁垒和优势,但该领域一直为汽车金融公司、银行等传统金融机构所主导,P2P 平台想要切入非常困难。

尽管我国汽车保有量和年增长率居世界前列,但对 P2P 平台而言,车贷资产开发

难度很大。一方面,我国开展汽车金融业务的机构数量庞大,包括商业银行、小贷公司、汽车金融公司、融资租赁公司等,这些机构分享了汽车金融的绝大部分市场份额。另一方面,监管层禁止网贷平台开展类资产证券化业务,对接融资租赁公司、小贷公司的 P2P 车贷平台资产来源渠道受阻。

从 P2P 车贷平台的角度来看,2016 年虽有不少平台加快开发车贷资产,但在资产类型、开发方式、合作方式等方面遵循守旧缺乏创新,同质化竞争严重。规模较大的平台固然可以凭借线下网点开拓信用贷、房贷等资产,但中小车贷平台受制于团队规模等硬件质量和风险控制等软实力,资产获取难度加大,生存空间将受到明显挤压,垂直细分类型的车贷,如汽车垫资、区域性经营或是中小型平台可采取的突围措施。

5.5 趋势和展望

5.5.1 机构数量减少,市场规模继续增长

在 P2P 行业大趋势影响之下,车贷行业亦难避免平台数量净减少以及“马太效应”加剧的趋势。一方面,2015—2016 年一系列监管政策实施落地,平台数量到 2016 年底基本停止增长,而问题平台数量仍旧高企。另一方面,受网贷限额的影响,越来越多的平台将车贷资产作为新的业务支撑,微贷网、投哪网等车贷资产已经超过百亿元的平台也在继续扩张,由传统的抵押/质押向消费金融、融资租赁等细分领域渗透。我们预计 2017 年 P2P 车贷规模将超过 2500 亿元。

5.5.2 P2P 车贷模式趋于成熟

与行业格局固化相对应,P2P 车贷模式也趋于成熟。表 5 - 2 所示规模靠前的平台多曾获风险资本投资,如微贷网、投哪网平台融资轮次已在 B 轮及以后。部分平台在原有车贷业务的基础上,或横向扩充资产类型,或纵向深耕汽车产业链。2017 年或将有平台将其优质车贷资产对接机构资金,以降低资金端成本。

5.5.3 车贷资产证券化或将面临强监管

P2P 车贷部分资产来源于民间小贷公司、汽车金融公司、融资租赁公司等机构,在 P2P 平台发布线上投资产品时,可能涉及打包发售资产的情况,属于类资产证券化业务。2016 年 8 月发布的《办法》中,类资产证券化业务已被明确禁止,《办法》整改期内,经营此类业务的 P2P 车贷平台,应尽早调整投资产品使其合规化,或者加大小额分散 P2P 资产配置以摊低平台整体风险。

5.5.4 P2P 汽车消费贷款将迎来高增长

在激烈的市场竞争和技术革新的推动下,汽车产品更新换代不断加速,新车销售量呈稳定增长趋势,二手车金融的渗透率也在快速增加。随着网贷行业的不断成熟,汽车消费贷款有望从传统的银行、汽车金融公司加速转向 P2P 借贷平台。从已有数据来看,与 P2P 平台相结合的汽车消费贷款 2016 年规模不到 50 亿元,发展空间巨大。

第 6 章

P2P 借贷与供应链金融

供应链金融是指以核心客户为依托，以真实贸易背景为前提，运用自偿性贸易融资的方式，通过应收账款质押、货权质押等手段封闭资金流或者控制物权，对供应链上下游企业提供的综合性金融产品和服务。它的一个典型特点是“自偿性贸易融资”，即借款企业通过供应链金融服务商完成贸易，而该贸易的收入则是借款企业的直接还款来源。可以说，供应链金融是产融结合、金融支持实体经济的典型代表，其依托于贸易、服务于贸易、获益于贸易。

6.1 供应链金融发展概况

6.1.1 供应链金融产生背景

在供应链中，大型核心企业在控制供应链信息流、物流和资金流方面具有绝对的话语权，而上、下游小企业则处于弱势地位。供应商垫资情况时常发生，他们既要向核心企业准时供货，又要承受应收账款的推迟。经销商向核心企业购买产成品，若核心企业太强势不准备向其赊销，则经销商由于资金紧张往往需要贷款付钱。

由于起步晚、技术含量低、经营管理落后、财务信息不透明、可供担保抵押的财产少等内部缘由，以及商业银行出于风险考虑不愿给中小企业贷款等外部原因，中小企业普遍存在“融资难”和“融资贵”的问题。一个已经初具规模的企业，在与其上游供货商以及下游经销商之间的合作过程中，往往会因为其中一方资金紧张，导致交易出现各式各样的问题。供应链金融就是为了解决类似问题而诞生的。

供应链金融不再局限于中小企业个体硬件的评判，更多以核心企业为中心，基于整个产业链的角度，对供应链参与成员进行整体的资信评估，进而降低了对中小企业融资的准入门槛。供应链金融还可以通过核实贸易情况、控制货权、第三方物流监管等工具进一步完善风险的管控，为供货商、经销商等解决短期资金紧张问题，在帮助其与大中型企业之间商贸合作顺利完成的同时，也缓解了大中型企业的短期资金压力，从而形成一个良性循环。

目前，开展供应链金融业务的资金来源渠道，主要包括商业银行、小贷公司、商业保理、融资租赁、P2P 网贷平台等。其中，商业银行是主要资金来源，但是由于其在风控和门槛方面较为严苛，难以覆盖海量的中小微企业的个性化融资需求。在“互联

网 + ”浪潮的推动及传统产业转型的大背景下,掌握大量客户资源和中下游企业真实交易信息的产业核心企业、电商交易平台和物流企业等各参与方,纷纷利用自身优势切入供应链金额服务领域。

6.1.2　供应链金融的互联网演变

随着互联网的介入,电商平台的兴起和供应链信息化程度的提升,供应链金融业务的发展速度和受重视程度与日俱增,从而诞生了互联网供应链金融这一新的表现形式。目前许多商业银行也在尝试自建或者与电商平台合作开展线上供应链金融,实现资源整合,优化物流链、资金链和信息链。在这一过程中,线上供应链金融服务平台掌握了供应链融资过程中的物流、商流、信息流、资金流,从而具备了衡量借款企业实际的还款能力,进而进行差异化的风险定价。

互联网已经全面渗入到供应链金融的各个环节,能降低金融服务的成本,并提高效率。

在获客环节,对银行等传统机构来说,实地调查中小企业的资金需求性价比较低。但由于供应链上的中小企业本身可以通过互联网触达到下游用户,以阿里和京东为代表的电商和企业管理软件服务商,能以较低的成本了解其交易信息,自动从后台数据中找到需要贷款和信用较好的客户;借款企业也能更加便捷和高效地在线申请融资服务。

在风控环节,以阿里和京东为代表的电商和以汉得信息为代表的企业管理软件服务商能实时了解企业的交易信息,掌握其信用状况变化情况,并根据借款企业的入库单、结算单和产品的销售情况等信息实时完成自动审批,提高了审贷效率。另外,以阿里为例,在贷款发放后,阿里可以通过支付宝等渠道监控客户是否出现与贷款目的不符的资金运用情况,当发现客户有特定违约风险时,阿里小贷可以直接从支付宝账户中扣款。

在提供资金环节,各类与供应链金融相关的 P2P 网贷平台能聚合普通个人投资者的理财资金,使后者以投资固定收益产品的方式支持实体经济发展。

互联网供应链金融服务商可以分为电商企业、ERP 服务商和和 P2P 网贷 3 种。电商企业和 ERP 服务商在供应链金融中的核心竞争力主要是掌握了借款企业的交易信息,其角色与传统供应链金融中的核心企业相似。ERP 服务商又可以分为只了解企业经营数据的服务商和既了解企业经营数据、又提供资金的服务商两种,后者以银行为典型代表。

(1)电商

如图 6 – 1 所示,电商作为平台也能掌握上下游交易数据,如 B2B 电商能掌握供应商和经销商之间的交易数据，B2C 电商能掌握供应商和消费者之间的交易数据。电商开展供应链金融的典型代表是阿里巴巴和京东集团。

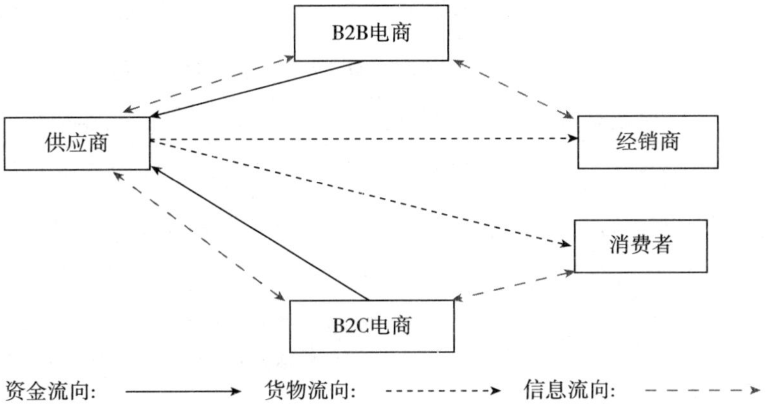

图 6－1　电商开展供应链金融的模式

- 阿里巴巴

2002 年，阿里巴巴推出诚信通，对商户数据进行量化评估并建立信用评核模型；2007 年，阿里与建行、工行合作推出贷款产品，由银行放贷，阿里提供企业信用数据；2010 年，阿里小贷成立。

2010 年 11 月，阿里巴巴收购深圳一达通，提供一站式外贸融资服务。一达通在供应链金融方面的产品包括流水信用贷、信用证融资、备货和尾款融资（申请这两种融资服务需提供中国出口信用保险公司的保单，如果没有，供应商可以向阿里巴巴申请由其代买保险并全程负责后续投保操作和专业理赔）。

2011 年，阿里巴巴设立重庆阿里小贷（全称为"重庆市阿里小微小额贷款有限公司"）。重庆阿里小贷经过特批，可以在全国范围内开展办理各项贷款、票据贴现、资产转让业务。同年，阿里切断与银行在供应链金融业务上的合作。

2014 年，阿里成立商诚（上海）商业保理有限公司，基于资金管理结算系统推出出国购物退税保理业务。该业务的模式为消费者在退税单上填写自己的支付宝绑定的手机号，退税金额会兑换成人民币支付到消费者的支付宝账户，退税应收款的 2% 会被支付给商诚保理，保理商可以把正式申报的出口退税向银行质押以融资。

2015 年 6 月 25 日，网商银行正式开业。2016 年 11 月，网商银行已服务小微企业逾 200 万家，贷款余额达到 254 亿元。阿里还通过资产证券化（ABS）等方式为 B 端供应商应收账款融资提供资金来源。数据显示，阿里从 2013 年开始分别与东证资管、中金累计发行的阿里小贷 ABS 金额达 105 亿元。

● 京东金融

2013 年 10 月,京东金融集团独立运营。京东金融的供应链金融产品较为丰富,具体见表 6－1。

表 6－1　京东金融供应链金融相关产品

产品类型	产品名称	服务对象	备注
池保理融资	京保贝	京东自营供应商	日利率是万分之 2.5,融资期限长达 90 天
存货质押融资	动产质押融资	供应商	额度最高可达 3000 万元,日息低至 0.033%,贷款次日可还款
信用融资	网商贷	供应商法定代表人	期限可以在 1～12 个月之间选择,最低日息为 0.036%,贷款额度最高达 50 万元
理财产品	企业金库	供应商	基于京东企业网银钱包账户内的资金而设计

资料来源:京东金融官网,零壹数据。

京东金融最为知名的供应链金融产品是“京保贝”,该产品上线于 2013 年 12 月 6 日,其是一种池保理融资方案,服务对象是与京东商城合作 3 个月以上、结算周期正常的自营供应商,这些供应商与京东商城签署的产品购销协议中的结算方式,需为账期且支付方式为电汇。在该方案中,供应商将其现在或将来产生的应收账款,全部转让给京东旗下的保理商上海邦汇商业保理有限公司,由后者根据应收账款核定最高额度并向其提供融资服务。

京东金融的动产质押融资服务系统能自动核准质押率,并能动态调入未押品以维持质押价值,也能动态调出在押品以保证货品销售,从而帮助供应商盘活企业库存,加速资金流转。京东金融之所以能推出动产质押融资服务,主要是由于其和多家仓储服务商达成了合作,能了解企业的仓储信息。

从京东金融的产品线可以看出,京东金融为供应商提供的是相当完整的金融服务:供应商缺钱时可以借钱,有钱时可以理财。

(2)ERP 服务商

ERP(Enterprise Resource Planning, 企业资源计划)服务商开展供应链金融业务的优势是其对接了核心企业的 ERP 数据,能获取其交易、采购、发货和开票等真实交易数据。ERP 服务商开展供应链金融的目的有两个:一是扩展 ERP 系统的客户群,以金融服务带动主营业务收入;二是获取保理收入等收入,增加利润增长点。

ERP 服务商开展供应链金融业务的典型代表是汉得信息。2014 年,汉得信息设立独立运作的供应链金融事业部,接入 4 家核心企业及其上游约 2000 家供应商。

2015年,汉得信息成立汉得保理全资子公司,从而为核心企业的供应商提供应收账款融资服务。截至2017年上半年,汉得信息已经与20余家核心客户达成供应链金融战略合作协议,与40余家供应商开展了保理业务。

汉得信息供应链金融业务面向的行业有3个:制造行业、医疗行业和影视行业。其中,制造行业供应商融资额度依据的是供应商和核心企业的贸易往来数据,医疗行业供应商融资额度依据的是经授权获得的医院采购数据,影视行业供应商融资额度依据的是票房收入数据。

(3)银行

在银行在线开展供应链金融服务中,平安银行和招商银行是先行者。以平安银行为例,2007年该行全面启动线上供应链金融系统。2012年2月平安银行发布了供应链金融新版本,该版本集成了预付线上融资、存货线上融资、线上反向保理、电子仓单质押线上融资等7种产品和服务。通过登录平安银行企业网银——“线上供应链金融”通道,企业可以在线完成合同签约、融资申请、质押物在线入库、存货管理、打款赎货等业务流程。

2014年7月10日,平安银行在深圳推出橙e网线上平台,它是供应链生意平台和金融电商平台,定位于帮助中小企业上下游之间熟客交易快速实现电子商务转型。中小企业可以免费使用该系统。借助这一系统,中小企业可以实现上下游商务的电子化协同,实现订单(商流)、运单(物流)、收单(资金流)一体化,并且能够实现物流、保险、结算、融资等商务服务的一站式获取。

表6-2 橙e网产品概况

产品名称	服务对象	功能介绍
平安管家	供应商、经销商	管理订单、进销存、物流、收付款等信息
橙e融资	供应商	在线申请,在线审核,最快3~5分钟在线出账和提货
橙e付	橙e网用户	网络支付、收款、资金增值
橙e财富	企业、个人	投资购买橙e宝、橙e聚财、黄金、众筹产品等

资料来源:零壹数据。

(4)P2P网贷平台

企业通过对接P2P网贷平台或者自身成立P2P网贷平台来获取资金,已经成为当下供应链金融的一种新兴模式。其优点在于P2P网贷平台审核及放贷快,可以根据企业差异化、个性化的融资需求进行产品和服务设计,也不存在资金杠杆的限制;劣势在于该模式对公司运营、技术和风控能力要求较高,前期需要投入大量的人力、财力等资源。

6.2 P2P 供应链金融业务模式

6.2.1 应收账款模式

P2P 平台与某条供应链上拥有较大控制权的核心企业(与上游供应商之间存在真实的赊销债务)合作,以签订真实贸易合同项下的应收账款作为还款来源,撮合投资人与供应商达成借贷关系。在这一过程中如图 6-2 所示,核心企业往往还被要求承担对供应商的信息核实、风险监督以及对 P2P 投资人本息保障等兜底责任。

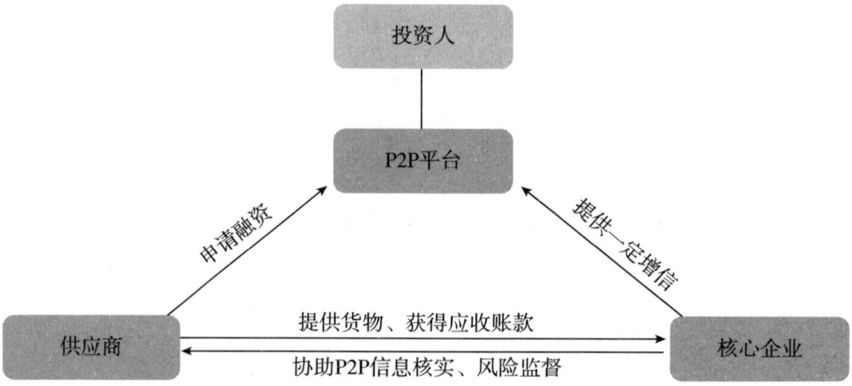

图 6-2 应收账款模式

从目前 P2P 网贷平台与此类供应链核心企业的合作模式情况来看,主要分为以下几种:

(1) P2P 平台于与核心企业合作,为核心企业的上下游企业融资,如开鑫贷的商票贷业务,以借款人持有的核心企业签发并承兑的商业承兑汇票为还款保障;

(2) 核心企业出资自建 P2P 平台,如海尔集团出资成立海融易,凭借海尔集团运营几十年形成的上下游产业链条和得天独厚的资源优势涉足供应链金融;

(3)大宗商品服务商自建 P2P 平台,如中瑞财富,依托 A 股上市公司瑞茂通专注于煤炭供应链投融资服务;

(4)学术机构发起成立 P2P 平台,如由清华大学五道口金融学院发起的道口贷平台。

以上形式的合作，优势在于充分体现出网贷融资快、期限灵活、限制少等特点，但对核心企业的依赖程度较高，风险点主要在于应收账款的真实性，因此在核心企业的选择上需谨慎而行。另外，由于网贷行业发展至今仅 10 年时间，在行业监管政策、技术把控等方面和银行是无法比拟的。除此之外，在前期筹备阶段，对平台和核心企业的人力、物力要求较高，需要大量的资金投入作为支撑。所以，选择该模式的大多是上市公司、行业龙头企业。

6.2.2 债权转让模式

融资方通过保理、小贷、融资租赁或其他机构借款，后者将债权转让给 P2P 网贷平台的投资人从而盘活资金。

以保理公司为例，上游供应商在获得对核心企业的应收账款后，将债权转让给商业保理公司，由保理公司向其提供融资服务；保理商已对上下游企业、核心企业以及双方的贸易背景真实性进行了尽职调查，项目审核通过后，由保理商为融资方提供保理融资服务、账款管理及账款催收服务。同时，保理商将该笔应收账款债权通过 P2P 平台转让给投资人，保理公司承诺到期回购保理，保理公司收回本息后再支付给 P2P 投资人如图 6－3 所示。

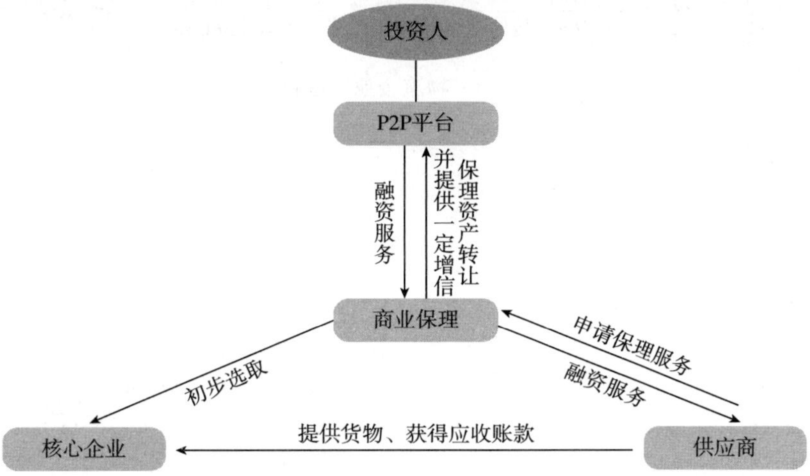

图 6－3　债权转让模式

对融资企业而言，该模式缓解了目前国内中小企业因应收账款数额庞大，而陷入周转资金紧张的困境。以保理业务为出发点，保理公司通过对客户本身及下游客户的财务情况进行考察后，准确地判断出其交易对手的还款能力。

6.2.3 物流企业增信模式

在这种供应链关系中,上下游企业之间交易的达成,通常要借助物流企业提供相关服务才能实现,包括租用仓储场地或者货物运输服务。物流企业通过提供物流服务,能有效掌握上游供应商和下游经销商之间的第一手交易信息,然后将该真实的贸易信息传到 P2P 平台,经平台审核通过后,从而为供应链上下游企业提供各种类型的信用贷款。当然在这一过程中,物流企业需要协助对货物进行评估与库存监管,同时为 P2P 平台投资人提供一定的增信措施如图 6 –4 所示。

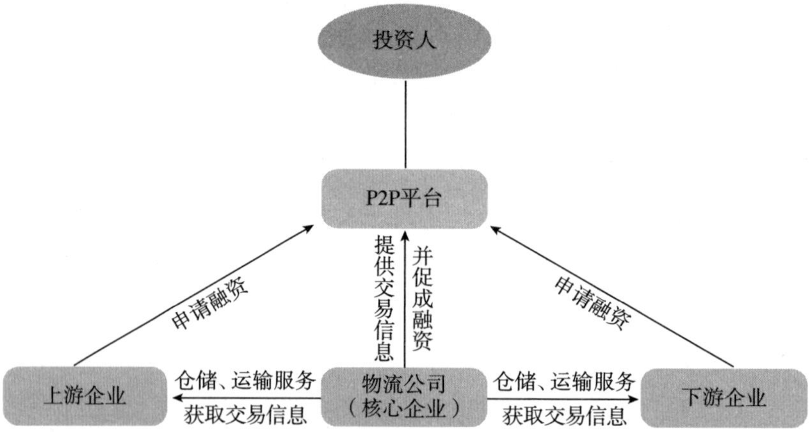

图 6 –4 物流企业增信模式

6.3 P2P 供应链金融数据分析

6.3.1 市场空间

目前中国经济正处于由高速增长转为中高速增长阶段,国内市场需求不足,各行业产能过剩问题比较突出,大多数企业由卖方市场转为买方市场。在此背景下企业应收账款规模持续上升,回收周期不断延长。据国家统计局报告显示,2010—2016 年,规模以上工业企业应收账款净额由约 6.5 万亿元增加到 12.6 万亿元,6 年间约增长了 2 倍,年均复合增长率约为 12% 如图 6 -5 所示。

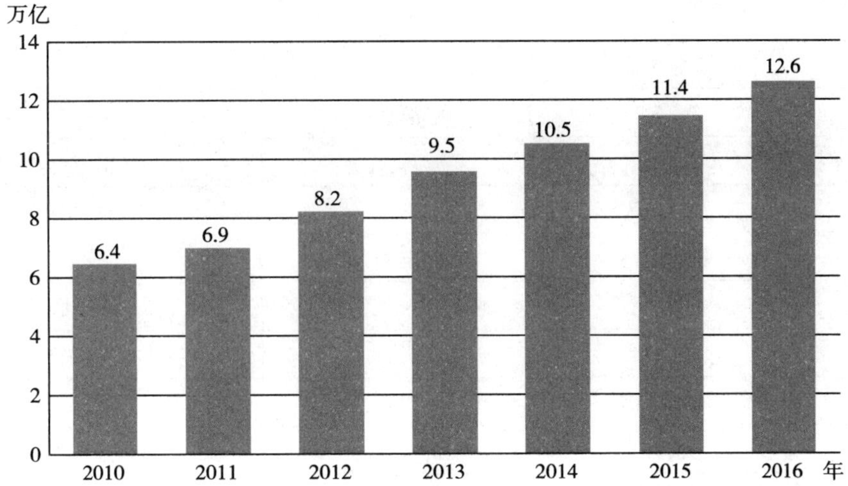

图 6 -5 2010—2016 年全国规模以上工业企业应收账款净额

资料来源:国家统计局,零壹数据。

该数据仅是规模以上工业企业的数据,由于"核心企业"没有统一标准,其上游供应商的应收账款数据难以获知,2016 年企业实际应收账款估计超过 15 万亿元。假如有 6% 的应收账款通过 P2P 网贷平台来进行融资,考虑到融资租赁、银行承兑汇票等其他形式,P2P + 供应链融资规模可达到万亿级别,市场空间巨大。

6.3.2 平台数量

据零壹财经不完全统计,截至2016年底,涉及供应链金融且仍在运营中的P2P网贷平台至少超过70家;这些平台涉足的行业跨度较大,包括大宗商品、餐饮、通信等,且有相当一部分拥有上市公司背景(上市公司参股)。表6-3列出了部分平台信息。

表6-3 部分开展了供应链金融服务的P2P平台

序号	平台名称	主要涉足的行业	上市公司背景(含新三板)
1	爱投资	电子	—
2	安心de利	农牧业	人人公司
3	广电财富	—	广电网络
4	丰收贷	印刷包装	—
5	城满财富	建筑业	—
6	中瑞财富	煤炭	瑞茂通
7	金联储	能源	—
8	宝象金融	农牧商品	—
9	筷来财	餐饮	—
10	珠宝贷	珠宝	金一文化、萃华珠宝
11	钱香	珠宝	南通锻压
12	新沃金融	零售、电力、制造	—
13	鹏金所	通信、电子、物流等	万科等22家A股上市公司
14	久金所	央企	久其软件
15	希望金融	农牧	新希望
16	钱香	黄金珠宝	南通锻压
17	好又贷	旅游	—
18	杉易贷	农业	杉杉股份
19	金蝶金链	—	金蝶国际
20	葫芦金融	钢铁	上海钢联
21	碧有信	建材、汽车	碧桂园
22	宇商理财	建材等	怡亚通
23	合拍贷	医疗	运盛医疗
24	投融家	房地产	中亚能源

续表

序号	平台名称	主要涉足的行业	上市公司背景(含新三板)
25	格林易贷	—	格林国际控股
26	普邦金控	种植	普邦园林
27	叮咚钱包	—	富贵鸟集团
28	胖胖猪	建筑装饰、建材	中化岩土
29	e 融所	通信	方大集团
30	百利市	商贸	沃尔玛
31	雅堂金融	红木家具	—
32	红包贷	基建	—
33	万商贷	塑料	鸿达兴业
34	惠投无忧	车辆	赛为智能
35	嘉石榴	物业、金融、传媒等	卓尔集团
36	普惠理财	矿业、出版、百货	皖新传媒
37	全民财富	汽车、化工	—
38	电网贷	电力	—
39	万盈财富	医药	—
40	金茂街	大宗商品	—
41	奇象理财	汽车、餐饮	联创永宣(新三板)
42	一财金融	医药	—

资料来源:零壹数据。

P2P 网贷在发展供应链金融业务时,融合了各种传统金融机构(银行、保险公司)和类金融机构(小贷公司、担保公司、保理公司、融资租赁公司),其中银行、小贷公司主要作为资金提供方而存在,保险公司和担保公司主要是作为增信方而存在,保理公司和融资租赁公司主要是作为资产介绍方而存在。

6.3.3 交易规模

近年来,通过 P2P 平台开展供应链金融服务的整体规模增长显著。根据零壹数据统计,2014 年 P2P 供应链金融规模在 100 亿元左右,2015 年达到 600 亿～750 亿元,是 2014 年的 7 倍左右;2016 年增长到 1300 亿～1700 亿元,又是 2015 年的 2～3 倍。不过,由于《网络借贷信息中介机构业务活动管理暂行办法》的限额规定,大额供应链金融项目通过 P2P 网贷融资被禁止,预计 2017 年 P2P 供应链金融的业务规模将会有所下降如图 6－6 所示。

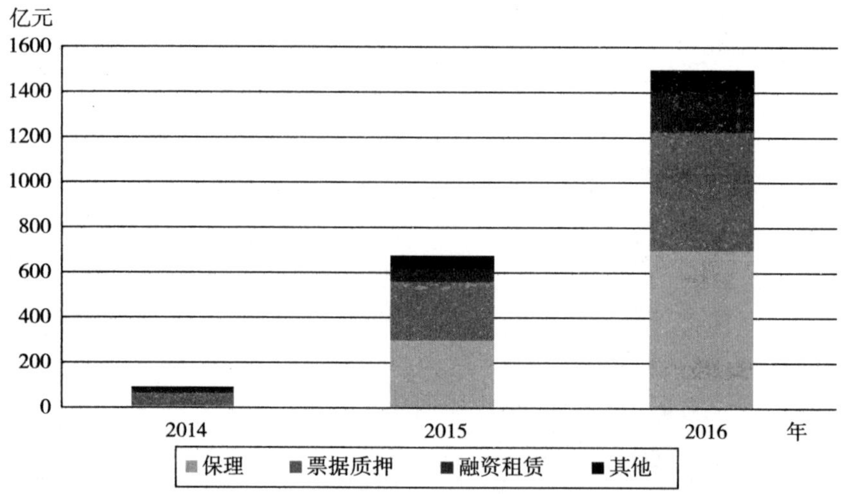

图 6 -6　2014—2016 年 P2P 供应链金融业务规模

按照规模大小,P2P 开展供应链金融服务的主要形式依次是与保理机构合作、票据质押融资和融资租赁,其详细数据见表 6 -4。

表 6 -4　P2P 开展供应链金融服务的业务规模　　单位:亿元

年份 业务模式	2014	2015	2016
保理	10	250 ~ 350	600 ~ 800
银行承兑汇票	50	150 ~ 200	300 ~ 400
商业承兑汇票	5 ~ 6	85 ~ 90	150 ~ 200
融资租赁	20	60	180
其他	5 ~ 10	50 ~ 60	70 ~ 120
合计	100	600 ~ 750	1300 ~ 1700

资料来源:零壹数据。

6.3.4　典型平台数据

零壹数据对爱投资、中瑞财富珠宝贷等 12 家提供供应链金融服务的 P2P 平台进行了简单统计,如图 6 -7 所示。从涉足供应链金融的时间来看,爱投资最早,于 2013 年 1 月开始;中瑞财富和珠宝贷在其后,分别于 2014 年 3 月和 9 月进入。

截至 2016 年 12 月,累计借款总额超过 30 亿元的平台共 4 家,分别是爱投资、中瑞财富、珠宝贷和希望金融。其中,爱投资位于榜首,累计借款总额达到 189.7 亿元。12 家平台以 5 个月以下的短期借贷为主,平均借款期限在 114 天左右。

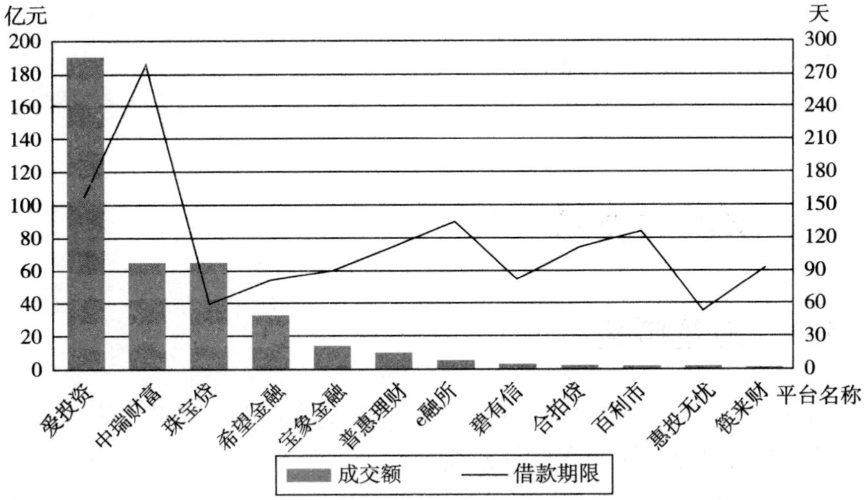

图6-7　12家P2P供应链金融平台累计交易额和平均借款期限

6.4 风险与挑战

6.4.1 政策风险

当国家政策发生变化时,往往会对供应链条上的相关企业和 P2P 网贷平台的资金筹集、投资及其他经营活动产生较大影响。

2016 年 8 月 24 日,银监会联合 4 部委发布了《网络借贷信息中介机构业务活动管理暂行办法》(以下简称《暂行办法》),首次对借款人在 P2P 平台上的借款金额做出限制:同一自然人在同一 P2P 平台的借款余额上限不超过 20 万元,在不同 P2P 平台的借款总余额不超过 100 万元;同一法人或其他组织在同一 P2P 平台的借款余额上限不超过 100 万元,在不同 P2P 平台的借款总余额不超过 500 万元。这对部分以大额项目为主的平台而言是利空,即便可以采用联合放贷等方式来满足大额借款需求,平台的运营成本也会增加,转型或者开拓新资产成为这类平台的发展出路。例如,爱投资,截至 2017 年 3 月累计上线 2777 个项目,其中爱保理和爱融租等供应链金融产品占到 429 个,融资总额 34.34 亿元,平均单个项目约 805 万元。

《暂行办法》负面清单第八项规定,禁止平台开展类资产证券化业务或实现以打包资产、证券化资产、信托资产、基金份额等形式的债权转让行为。而 P2P 平台上的保理、融资租赁业务普遍采用的是债权转让模式,由于原始债权往往具有小额分散的特点,将资产打包进行转让的情况也较为普遍。这些平台要想满足合规要求,可以尝试向出借人(投资人)推荐借款人(即承租人)的模式进行信息撮合——借款人与出借人直接签订借款合同,资金不经过融资租赁公司。在这种"助贷模式"下,网贷平台仍为信息中介,融资租赁公司则为助贷机构。但是这种模式与非 P2P 融资渠道相比,已经没有优势。

2017 年 3 月,网络流传由北京监管层下发的《网络借贷信息中介机构事实认定及整改要求》,其第 67 ~ 75 条所称的"平台开展类资产证券化业务、将散标或债权转让标的打包发售、资产端对接金融交易所产品、对接融资租赁公司产品、对接典当行、对接保理公司、对接小额贷款公司、对接担保公司等其他形式"按照《暂行办法》第十条(八)规定处理。北京作为网贷发展较为发达的地区,对网贷的监管规定具有一定的

"示范效应",如此一来,上述业务模式介入互联网供应链金融的 P2P 网贷平台面临较大的政策风险。

6.4.2 信用风险

(1)核心企业信用风险

供应链融资主要是依赖核心企业的信用,向整个供应链提供融资的金融解决方案。核心企业一般都是较大型的企业,其上下游企业大部分是中小企业,实际上是将核心企业的融资能力转化为上下游中小企业的融资能力,提升上下游中小企业的信用级别。在融资工具向上下游延伸的过程中,一旦核心企业信用出现风险,这种风险也就必然会随着交易链条扩散到系统中的上下游中小企业,进而影响供应链融资的整体安全性。此外,在我国企业征信体系不完善的背景下,很容易形成核心企业自融的问题,从而损害到 P2P 网贷平台和投资人的利益。例如,一家存在资金漏洞或是急需大量资金周转的核心企业,通过上下游业务公司或者关联公司等途径为自己开具应收账款等证明,之后通过 P2P 网贷平台(包括自建平台)进行融资,填补自己的资金缺口。

(2)核心企业实力不足

在"P2P + 供应链金融"合作模式中,核心企业掌控了供应链的核心价值。平台基于核心企业的综合实力、信用增级及其对供应链的整体管理程度,对上下游企业开展授信业务。然而当参与供应链融资的中小企业和第三方物流企业等主体利益产生冲突时,一些主体便可能做出损人利己的行动,而出现道德风险导致供应链资金断裂。P2P 网贷平台面临大额还款需求时,若核心企业实力不足,无法有效履行担保责任,则会出现项目逾期、无力还款的情况。

(3)上下游企业欺诈风险

供应链条上的每个企业都是独立经营和管理的经济实体,当供应链条规模日益扩大、结构日趋繁复时,供应链上发生信息错误的机会也随之增多,信息传递延迟将导致上下游企业之间沟通不充分,发生信息传递风险。在此过程中不能排除部分企业通过欺诈或隐瞒信息等方式获得授信,到最后却无力偿还借款。

6.4.3 物流监管及抵押物处置风险

(1)物流监管风险

在供应链金融模式下,为发挥监管方在物流方面的规模优势和专业优势,降低质押贷款成本,P2P 供应链金融平台将质物监管外包给物流企业,由其代为实施对货权的监督。由于信息不对称,物流监管方可能会做出损害 P2P 平台利益的行为,或者由于自身经营不当、不尽责等致使平台质物损失。例如,个别企业串通物流仓储公司有关人员出具无实务的仓单或入库凭证向平台骗贷,或伪造出入库登记单,在未经平台同意的情况下擅自提取处置质物,或者无法严格按照操作规则要求尽职履行监管职责,导致货物质量不符或货值缺失。

(2)抵质押资产风险

抵质押资产作为供应链金融业务中对应贷款的重要还款源,其资产状况直接影响到 P2P 平台回收的成本和企业的偿还意愿。供应链金融模式下的抵质押资产主要分为两类:应收账款类和存货融资类。应收账款类的风险主要在于应收账款交易对手信用状况、应收账款的账龄、应收账款退款的可能性等;存货融资类的主要风险在于质物是否缺失、质物价格是否波动较大、质物质量是否容易变异以及质物是否易于变现等。

6.4.4 运营风险

(1)优质资产争夺激烈

2015 年以来,围绕优质资产的争夺愈演愈烈,供应链金融已经成为资产争夺的主战场。如果平台没有较强的行业和资本背景,上下游产业链的触及不够深,人才储备和资源整合能力不足,那么资产获取将成为一大难题。上市公司旗下的 P2P 平台,其借款方均来自于上市公司的众多供应商,这是它独特的优势,但这一优势无法被复制用来支撑业务的扩张,因为一旦跳出自己的供应链范围,就丧失了独有的风控优势。此外,与 P2P 平台一起分割供应链金融这块“蛋糕”的机构还有银行、保理公司等,相对而言 P2P 平台的优势并不明显。

(2)市场经济周期性风险

市场经济的运行轨迹具有明显的周期性,繁荣和衰退交替出现,这种宏观经济的周期性变化,使供应链的经营风险加大。经济繁荣时期,在市场需求不断升温的刺激下,上下游企业会扩大再生产,融资需求较高。而在经济衰退时期,企业销售额下降,企业则不需要大量资金的继续投入。此时市场经济周期性运行将影响到 P2P 平台项目端的稳定供给。

6.5 趋势和展望

6.5.1 资产端垂直化发展,日益接近ERP服务商

很多开展了供应链金融业务的P2P网贷平台都专注于垂直行业,重要原因在于股东有产业背景,对该行业的风险较为了解。另外,有产业背景的股东开设P2P平台,为其上下游企业融资有利于维护与后者的关系,有利于发展主营业务。例如,普惠理财的业务涉及了较为冷门的浆纸行业,因为其股东皖新传媒从事出版行业。

相对于银行而言,P2P网贷平台在资金端上并不具备优势,二者在优质供应链金融资产获取上也都面临类似的困难。一方面,没有便捷的入口吸引供应链上的中小企业前来融资;另一方面,没有掌握足够的企业经营大数据,在风险把控等方面较为吃力。

供应链金融是资金流、物流和信息流的统一,而ERP服务商能最为精准地了解企业的“三流”信息。因此,为了更深入地了解资产质量,获取借款客户,互联网供应链金融服务商纷纷ERP化。例如,平安银行橙e网的“平安管家”的“进销存”和“发货宝”的推出,目的正是获取中小企业的资金流、物流和信息流数据。而电商由于了解其平台上商户的交易数据,在某种程度上相当于一种ERP服务商。

6.5.2 资金端P2P化,打造自有生态体系

P2P平台能在短时间内聚集大量的投资用户。由于这个特点,互联网供应链金融一个可见的发展趋势是在资金端P2P化。不仅是传统金融机构或金控集团在自建P2P(如平安集团旗下的陆金所),产业机构也纷纷入场(如海尔集团旗下的海融易),原因不排除为集团关联企业融资的可能,陆金所的“彩虹计划”产品就曾经出现过平安集团旗下企业借款、平安集团旗下保理公司保理、平安集团旗下担保公司担保的“闭环”产品。

传统的ERP服务商,通过多年经营积累沉淀了商家信息、商品信息、会员信息、交易信息等数据建立供应链生态圈,是其开展供应链金融业务的优势所在。要形成闭环,资产端的另一面是资金端,ERP服务商在获取资金方面的能力较弱,渠道较窄,因

此很多 ERP 服务商选择开设 P2P 网贷平台,吸引市场上的普通投资者,来拓宽自身的资金来源渠道。此外,开设 P2P 平台还可以增加自身的知名度,吸引企业前来使用自己的 ERP 软件。已经开设 P2P 网贷平台的 ERP 服务商包括怡亚通(宇商理财)、金蝶软件(金蝶金链,目前已暂停向个人投资人提供服务)、用友软件(友金所)和久其软件(久金所)。

6.5.3 区块链等新技术被不断探索、应用

区块链有望解决供应链金融中的数据隐私和数据获取成本问题。首先,传统供应链金融模式中,核心企业出于保护自身交易数据的考虑,可能不愿意向银行等供应链金融服务商提供完整、准确、真实的数据,应用区块链技术后,多方确认业务数据难以造假。其次,区块链技术大范围应用后,供应链金融服务商不需要逐个与核心企业对接,直接接入行业区块链网络即可,可以显著降低成本。

2016 年 3 月,宜信在其内部技术大会上,发布了私有区块链系统 BlcokWorm 和该系统上的第一个应用 CreditStorage。BlockWorm 基于开源区块链技术以太坊搭建,具有 4 大功能:可信存储、代币系统、智能合约和混合场景。CreditStorage 对业务提供 HTTP 形式的 API,能完成传统数据库的存储和查询功能,还可查询某笔数据的历史版本,返回的数据中含有区块链特征数据。CreditStorage 下的供应链台账应用将首先被应用于其旗下的供应链金融服务云平台翼启云服,后者将与一家钢铁 B2B 交易平台展开合作,将融资与交易协同整合。

2017 年 3 月,点融网宣布与富士康旗下金融平台"富金通"推出基于区块链的供应链融资方案"Chaind Finance",该方案已在电子制造业供应链上成功试运行,并在线上成功发放多笔贷款,未来将扩展到汽车业和服装业。点融网和富金通已成立一个经济实体来推进上述解决方案,双方计划将该平台开放给更多的机构。

区块链本身仍处于发展的初期,其应用于供应链金融领域尚处于探索阶段,目前还有一些关键问题尚未解决。首先,确认时间较长,效率较低,目前仅适合一些金额大、对安全性要求高、交易并发性压力不大、对便捷性要求较低的企业间交易。其次,技术底层结构、标准体系、监管环境、应用场景尚未明确,有待验证;最后,占用资源较多,无法应付庞大的交易规模。但从发展趋势来看,这些问题的解决已经有了一些进展,彻底解决只是时间问题。

第 7 章

P2P 借贷与资本市场

资本市场(capital market),亦称“长期金融市场”,是指期限在一年以上各种资金借贷和证券交易的场所。资本市场的交易活动方式通常分为两类:一是资本的需求者发放和买卖各种证券,包括债券和股票等;二是资本的需求者直接从银行获得长期贷款。按照不同的分类方式,资本市场可以分为多个子市场。举例来说,按交易场所,可以分为场内资本市场和场外资本市场;按风险系数,可以分为一般资本市场与风险资本市场。

鉴于通过 P2P 网贷融资的企业多为中小型企业,本章从中小企业融资风险出发,侧重于将我国资本市场分为一般资本市场与风险资本市场。前者的主要功能是为成熟的大中型企业筹集中长期资金,包括证券市场、股票市场、债券市场等;后者包括 3 个子市场,分别是非正式的私人风险投资市场、风险基金市场和专门为中小高成长性企业设立的证券市场。

7.1 我国资本市场发展概述

7.1.1 我国资本市场发展历程

20 世纪 80 年代以前,我国实质上并无现代意义上的资本市场。1980 年 1 月,中国人民银行抚顺支行新居办事处,向当地红砖厂成功发售 280 万股,标志着新时期中国股票市场的萌芽。1981 年,我国首期国库券发行,标志着新中国债券市场产生。在接下来的 1982—1985 年,北京、上海等地企业发行股票的现象逐渐增多。总结 1980—1985 年国家及企业主导的资本活动,股票和债券发行规模小,发行企业数量较少,但是以企业债券和股票交易为主的证券二级市场不断出现,我国资本市场已经初步形成。

1986 年,沈阳、上海两地先后开设了债券柜台交易和股票柜台交易;1988 年,国务院正式批准了政府债券交易试点,证券交易成为合法化行为,交易范围以及交易规模迅猛增长。与此同时,沪、深两地政府都出台了相关政策,打击非法交易等不规范行为。在政策支持、股票及债券二级市场形成、非法资本交易活动增多的背景下,1990 年及 1991 年上海证券交易所及深圳证券交易所分别成立,为我国资本市场拉开了新篇章。

1992—1999 年,我国资本市场进入成长与规范阶段。但是,由于缺乏相应的法律依据和制度基础,再加上监管制度缺失,资本市场存在市场混乱、区域性发展不均、信息透明度低等诸多问题。1992 年,邓小平发表南方谈话,同年国务院证券管理委员会和中国证监会相继成立,形成了统一的证券监管体制。此后,资本市场规模日益扩大,国债、股票发行数量和金额出现快速增长,区域性场外交易市场也得到迅速发展。另外,监管制度也逐渐跟上,部分证券交易中心和场外证券交易场所被关闭,证券经营机构实行分业经营、分业管理;投资基金、期货市场得到了清理整顿。

2000 年以后,我国建设多层次资本市场的步伐不断推进,资本市场进入快速发展阶段。多层次资本市场的架构体系基本形成,资本市场金融产品不断丰富,主要表现在中小板市场设立(2004 年)、创业板市场建立(2009 年)、场外资本市场迅速发展、金融衍生品市场逐渐扩大、互联网金融的崛起(2007 年)等。

我国资本市场历经 30 多年的发展,多层次资本市场初步成型。目前主要分为这样几个层次:主板市场、中小板和创业板市场、新三板市场和地方股权交易市场。主板市场服务于行业龙头、大型和骨干型企业;中小板和创业板服务于成长期中,后期具有自主创新能力的企业;而以全国中小企业股份转让系统(以下简称“新三板”)和地方股权交易中心(以下简称“四板”)为主体的场外市场主要服务于成长初期的小微企业。

不过,与发达国家相比,我国资本市场仍处于起步阶段,中小企业融资难、资本市场区域性发展不均、诚信体系建设不足等问题依然突出。

7.1.2 P2P 网贷受资本市场青睐

继移动互联网之后,金融与科技的结合——金融科技(Fintech)[①]备受瞩目。目前全球金融科技业处于初级阶段,市场尚未培育完成但发展机遇较大,使该行业成为全球资本市场的“逐鹿”之地。金融科技涵盖互联网和移动支付、网贷、理财以及区块链技术等多个细分领域,其在资本市场的表现有着较大的差异。

2014 年以来,全球金融科技投资规模开始大幅增加,2015 年达到 191 亿美元,其中风险投资同比增长 106%,至 138 亿美元[②]。根据零壹财经发布的《2016 年全球金融科技投融资与指数报告》,2016 年全球金融科技公司共融资 504 笔,总金额达 1177 亿元。中国金融科技企业融资笔数与金额均为全球最高,融资金额达到 875.5 亿元,

---

①本书援引沃顿 Fintech 俱乐部对金融科技的界定——即“一个用技术使金融体系更有效率的行业”。

②资料来自 KPMG 与 CB Insights 联合发表的“全球金融科技业风投趋势报告”。

占 78%；其中，P2P 网贷平台共获得 91 笔融资，相应金额为 189 亿元，占到中国金融科技融资总额的 21.6% 如表 7－1 所示。

表 7－1　2016 年金融科技投融资分布情况　　单位：亿元

地域	类型	融资笔数	融资金额
全球	金融科技	504	1134.6
中国	金融科技	281	875.5
中国	P2P 网贷	91	189.0
海外	金融科技	223	259.2
海外	网贷①	63	69.3

资料来源：零壹数据。

P2P 网贷与资本市场的关系存在一个循序渐进的过程。2007—2010 年，P2P 网贷在我国尚处于起步阶段，平台的资金基本由创始人自行筹集，即 P2P 网贷行业的资金来源于无组织的风险资本。2013 年下半年开始，风险资金进入 P2P 网贷行业的步伐明显加快，2015 年、2016 年达到顶峰，每年规模均在 200 亿元左右。

除风险资本外，部分上市公司、国有大中型企业、金融机构开始自建或入股 P2P 网贷，产生了一批“上市系”“国资系”和“银行系”②网贷平台。此外，团贷网、你我贷等平台“曲线”登陆新三板，宜人贷在纽交所成功上市，70 多家平台开始与股交所或金交所合作，个别平台甚至直接发起或参股区域性资产交易所。

直至 2015 年底，随着“e 租宝”等一系列风险事件相继发生，监管层对互联网金融的态度开始由积极鼓励向规范发展转变。2016 年初，全国性的互联网金融风险专项整治陆续拉开帷幕，P2P 网贷平台数量锐减，行业去粗取精的速度加快，通过资本市场获得融资的 P2P 网贷平台有所减少，但融资金额相对更高，这些平台通常具有交易规模大、用户数量多、技术实力强、交易频率高等特征。2016 年，部分平台开始由融资者向投资者转变，积极收购或投资优质标的，以完善其资金端、资产端，改善运营效率等。

7.1.3　P2P 网贷引入资本的意义

首先，在公司发展早期，借助风险资本加快产品开发、市场推广对于迅速抢占市场和建立影响力至关重要；从金融风险的角度看，设置风险准备金、应对可能的逾期或坏账等潜在风险也需要一定的现金储备。

---

①不限于 P2P 网贷。

②“上市系”“国资系”“银行系”平台分别指有上市公司、国资企业、商业银行投资或入股的 P2P 网贷平台。

其次,与商业银行、保险机构、证券交易所等传统金融机构相比,P2P 网贷的客群渗透率较低,投资人普遍对平台缺乏信任。引入背景较“深”的股东对 P2P 网贷平台而言是行之有效的增信方式,引入知名风投、上市公司、国企、商业银行等机构的资金能够有效地强化自身品牌。

最后,P2P 平台引入资本通常也伴随着资源合作。具体来看,网贷平台与上市公司、商业银行、保险机构等达成资源合作后,将可能利用股东在金融方面的资源改善业务流程、提高监管合规性,这些金融资源包括金融牌照、风险控制模式、资产来源、理财客户等。

7.2 P2P网贷与资本市场分析

7.2.1 P2P网贷与风险投资

(1)融资规模

2011年,中国第一家P2P网贷平台拍拍贷获得数百万元种子融资;2012年,拍拍贷、团贷网、人人贷先后获得A轮融资,前两者融资金额都在1亿元以上,人人贷约2000万元。2013年被称为“互联网金融元年”,网贷平台的融资明显升温,当年共有6例融资事件发生,融资总额在6亿元左右。

2014年开始,我国P2P网贷行业开始进入爆发期,政策鼓励、市场规模迅速扩大、金融风险尚未大范围暴露的背景下,风险资本跑步进场。据零壹数据统计,2014年P2P网贷行业共发生47笔融资,相应的融资金额达到53亿元,是2013年的8.8倍;2015年融资至少129笔,总额达到199亿元,环比增长275.5%。截至2016年末,我国P2P网贷行业累计风险融资总额约447亿元。

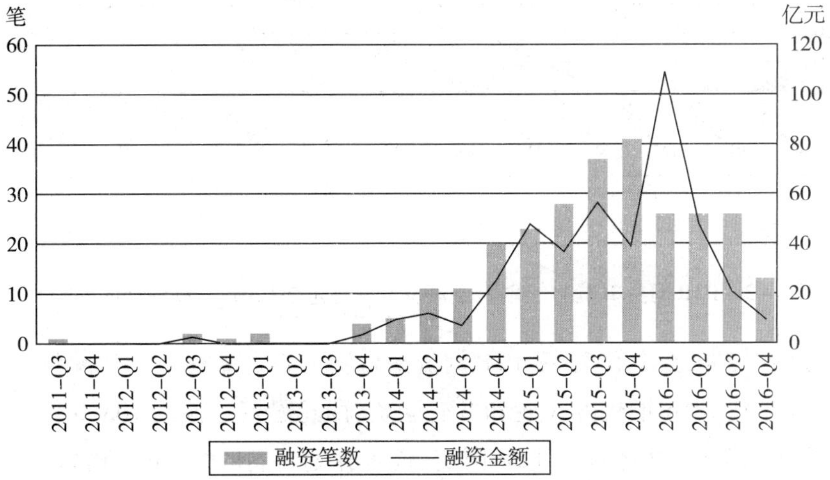

图7-1 P2P网贷融资情况(2013-Q3—2016-Q4)

(2)融资成熟度

风险投资的成熟度可以用融资轮次来反映。2014 年第二季度,拍拍贷和有利网先后获得 B 轮融资,融资金额均为 5000 万美元,是业内最早获得 B 轮融资的平台。2015 年第 1 季度共有 12 家平台融资轮次在 B 轮及以后,融资总额达到 20.7 亿元,其中桔子理财、积木盒子、团贷网融资额分别在 1 亿美元、5 亿美元和 8400 万美元左右。2015 年第 3 季度,点融网、有利网、信而富 3 家网贷平台均获得 C 轮融资,融资额均高于 2 亿元。

2016 年 1 季度,由于陆金所 B 轮融资 12.16 亿美元,当期 8 家平台 B 轮融资总额约 79.6 亿元,创历史高峰。此后 3 个季度,P2P 网贷融资笔数和金额均呈减少趋势,但 B 轮及其以后融资占行业整体融资金额的比例持续走高。截至 2016 年末,至少有 65 家 P2P 网贷平台融资轮次在 B 轮及以后,这些平台历史累计融资额约 277.4 亿元,占行业整体(428.5 亿元)的 64.8%;至少有 27 家 P2P 平台融资轮次在 C 轮及以后,这些平台历史累计融资额约 90.53 亿元,占行业整体的 21.1%。

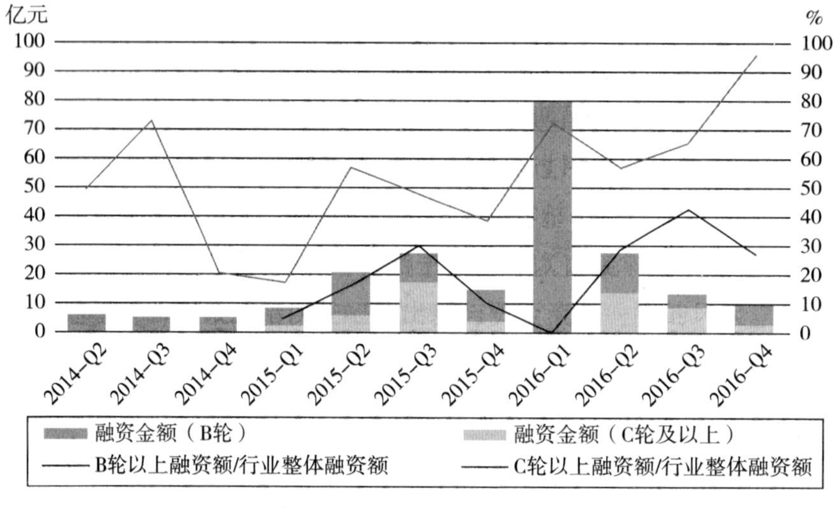

图 7-2　P2P 网贷 B 轮以上融资金额及其占比走势(2014-Q2—2016-Q4)

截至 2016 年末,至少有 17 家 P2P 网贷平台获得超过 5 亿元的风险投资,陆金所先后于 2015 年和 2016 年获得 A 轮和 B 轮融资,两轮融资总额约 103.0 亿元,该平台已转型综合理财平台,业务涵盖 P2P 网贷、资管计划、信托等领域。借贷宝、可溯贷、点融网、微贷网和草根投资累计获融资都超过 10 亿元人民币。

表 7-2 列出了上述 17 家平台的融资情况。从投资机构角度来看,经纬中国(曾投资桔子理财、积木盒子)、顺为资本(曾投资草根投资、积木盒子)、晨兴资本(曾投资有利网、美利金融)、Betafund(曾投资桔子理财、美利金融)出现频次较高。

表 7-2 累计融资额超过 5 亿元的 P2P 网贷平台①(截至 2016 年末)

序号	平台名称	公开融资时间	投资机构	融资金额	融资轮次
1	陆金所	2015-03	未透露	30 亿元	A
		2016-01	中银集团,国泰君安证券(香港),民生商银国际控股	12.16 亿美元	B
2	借贷宝	2015-08	未透露	20 亿元	天使轮
		2016-01	未透露	25 亿元	A
3	可溯贷	2016-06	苏州丛蓉	1.5 亿元	A
4	点融网	2013-12	北极光创投	数千万美元	A
		2014-10	新鸿基	数千万美元	B
		2015-01	老虎亚洲基金	未透露	B+
		2015-08	渣打银行,北极光创投	2.07 亿美元	C
5	微贷网	2015-09	汉鼎金服	15000 万元	B
		2015-09	盛大资本,汉鼎宇佑集团	数亿元	B
		2016-05	嘉御基金	10 亿元	C
6	草根投资	2015-01	顺为资本	数千万美元	A
		2016-06	广州基金	10 亿元	B
7	团贷网	2012-09	巨人网络(巨人创投)	1 亿元人民币	A
		2015-04	昆吾九鼎投资	5 亿元人民币	B
		2016-06	未透露	3.75 亿元	C
8	翼龙贷	2014-11	联想控股	9 亿元	A
9	积木盒子	2014-02	银泰资本	数千万美元	A
		2014-09	小米科技、顺为资本等	3719 万美元	B
		2015-04	英国天达集团,经纬中国,银泰资本、顺为基金等	8400 万美元	C
10	人人贷	2012-11	弘合基金,东方弘道资本	2000 万元	A
		2014-01	挚信资本,腾讯产业共赢基金/腾讯	1.3 亿美元	A

①包括曾为 P2P 网贷,但是后来转型做其他业务的平台。

续表

序号	平台名称	公开融资时间	投资机构	融资金额	融资轮次
11	有利网	2013－01	鼎晟天平投资,伙伴创投戴志康	数百万元	天使轮
		2013－11	软银中国	数千万美元	A
		2014－06	晨兴资本	5000 万美元	B
		2015－07	高瓴资本 Hillhouse Capital	4600 万美元	C
12	拍拍贷	2011－08	清华大学旗下基金金信	数百万元	天使轮
		2012－09	红杉资本中国	2500 万美元	A
		2014－04	光速安振,红杉投资,诺亚财富	5000 万美元	B
		2015－03	君联资本	4000 万美元	C
13	玖富	2015－04	IDG 资本、SIG 海纳亚洲	1.1 亿美元	A
14	桔子理财	2014－05	险峰华兴	数百万元	天使轮
		2014－06	经纬中国	数百万美元	A
		2015－01	经纬中国、险峰华兴,贝塔斯曼亚洲投资基金	1 亿美元	B
15	银客网	2014－10	源码资本、清风资本	数千万美元	A
		2015－06	昆仑万维(香港)	2000 万美元	B
		2016－08	云游控股	3 亿元	C
16	短融网	2014－10	启赋资本	数千万美元	A
		2016－01	辅仁集团	3.9 亿元	B
17	美利金融	2015－11	贝塔斯曼亚洲投资基金,晨兴创投,光信资本,挖财	6500 万美元	A
		2016－04	京东金融	数千万美元	B

资料来源:零壹数据。

7.2.2 P2P 网贷上市或挂牌

由于国内政策环境尚未成熟,A 股市场对企业的财务和盈利要求甚严,P2P 网贷平台直接在国内主板上市的难度非常高。目前,国内 P2P 网贷进入一般资本市场融资的路径,通常是海外上市、被上市公司并购或“借壳”登陆新三板。

(1)海外上市

截至2016年底,已有2家中国P2P网贷平台在美国上市:宜人贷2015年12月在纽交所上市,阳光动力SPI①于2016年1月登陆纳斯达克。我们选择4家在美上市的网贷平台利润表数据进行对比,详见表7-3。2016年,美国网贷平台LendingClub和Ondeck的净收入均未明显增长,且亏损面均有所扩大;中国的宜人贷收入增长明显较快,同时也是表中最早盈利的平台。

表7-3 在美上市P2P网贷平台盈利数据(2014—2016年) 单位:美元

平台名称	净收入			净利润		
	2016年	2015年	2014年	2016年	2015年	2014年
LendingClub	500812	429943	211128	-145969	-4995	-32894
Ondeck	140940	179598	90234	-82958	-1273	-18708
宜人贷	466400	209088	31893	160800	43828	-4497
阳光动力SPI	—	176000	77000	—	-185000	-5000

资料来源:公司财报,零壹数据。

宜人贷上市后3个月,股价呈下跌趋势,最低跌至3.35美元/股;2016年3—10月,股价整体呈增长趋势,一度达到42.34美元/股;2016年10月至2017年3月底,股价基本在20~30美元/股,变动趋势不明显。截至美国时间2017年4月17日收盘,宜人贷市值为13.99亿美元如图7-3所示。

值得一提的是,宜人贷发布的2016年未经审计的财务报告显示,该平台营收、净利润、市值及股价数据表现良好,而坏账率有逐年上升趋势。财报发布后,股价短时间内有下跌趋势。这也意味着,虽然作为信息中介的P2P网贷平台不提供担保,但金融风险仍然是影响上市企业股价的重要因素。

阳光动力SPI股份自上市1年多以来,仅有4个月报涨,股价从其上市首日收盘价16美元/股,跌至2017年4月13日的0.565美元/股。从2016年上市至2017年4月末,SPI未对外发布年报及季度财务报告,从2015年各季度财务数据来看,该公司各季度亏损面逐渐扩大,现金流持续净流出,资产总额也呈减少趋势如图7-4所示。

海外上市对网贷平台最主要的作用是提升品牌价值,且上市公司的信息披露也更加透明。不过,海外上市与网贷平台的实际业绩和风险控制没有必然的关联,这从LendingClub、Ondeck、SPI的持续亏损以及宜人贷坏账率逐年升高可见一斑。

①其全资子公司江苏绿能宝融资租赁有限公司为互联网金融服务平台,该平台以实物融资租赁为商业模式;2017年4月17日,绿能宝官网公告确认该平台提现逾期。

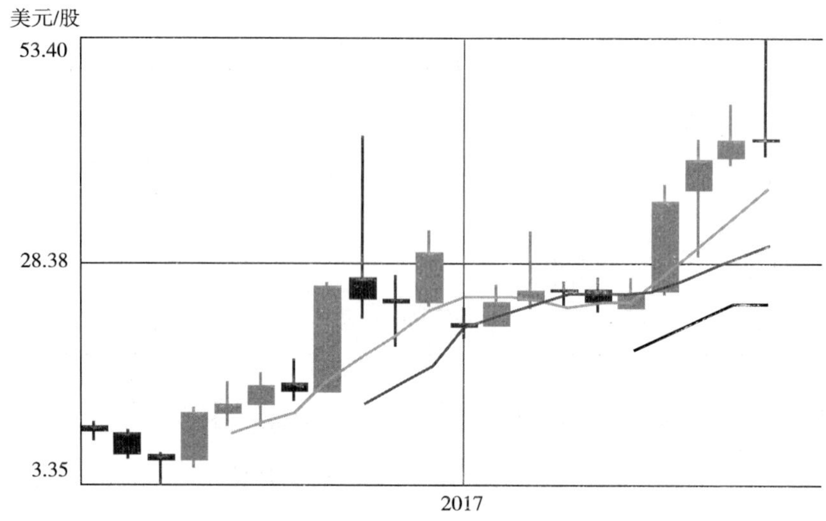

图 7-3　宜人贷股价走势

资料来源：百度股市通。

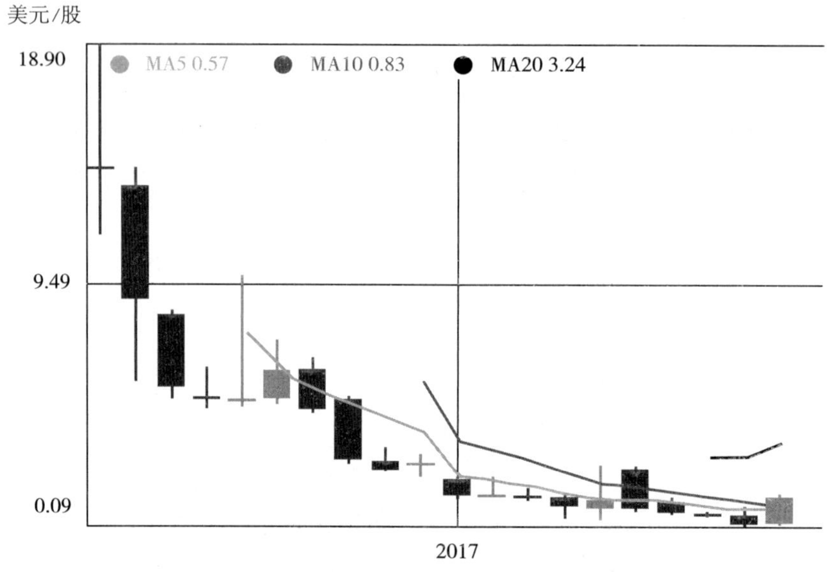

图 7-4　阳光动力 SPI 股价走势

资料来源：百度股市通。

从 2016 年下半年开始，信而富、陆金所等互联网金融公司均传出上市消息，其中信而富已于 2017 年 4 月向美国证券交易委员会（SEC）提交了 IPO 招股书，并于 4 月 28 日在纽交所 IPO 上市，承销商为摩根士丹利、瑞士信贷和 Jefferies。据信而富招股书，2015—2016 年该公司均为亏损状态，且 2016 年并未计提贷款减值损失。

（2）挂牌新三板

全国股权转让系统（即“新三板”）于 2012 年 9 月在国家工商总局成立，是我国证券市场中场外市场的一部分，严格意义上应属于风险资本市场的一部分，其主要目的在于为营收规模小、处于发展初期的高科技与新兴产业公司提供融资渠道。

P2P 网贷在全世界范围内仍然属于新兴产业，从我国金融监管的角度看，网贷平台借助新三板融资存在一系列政策壁垒。2016 年 1 月，类金融企业挂牌新三板被紧急叫停；同年 5 月，“新三板”发布《关于金融类企业挂牌融资有关事项的通知》，明确表示“小贷、担保、融资租赁、商业保理、典当等其他具有金融属性企业暂不受理新的挂牌申请，已受理企业终止审查”，也规定了“不属于其他具有金融属性企业的挂牌公司，其募集资金不得用于参股或控股其他具有金融属性的企业”。这些条款堵死了 P2P 网贷平台独立挂牌新三板的路径，也提高了“借壳”登陆“新三板”门槛。

在上述新政发布之前，P2P 网贷平台多选择“借壳”的方式在新三板挂牌。关于“借壳上市”，监管层对 A 股市场中的操作有明确的界定条件，但对在新三板进行的类似资本活动则未有明确认定。本书对 P2P 网贷平台借壳新三板的认定条件为：通过定向增发、协议收购等方式取得新三板挂牌企业控制权，且挂牌企业向网贷平台及其关联方收购的资产价值达到一定程度。

据零壹数据统计，截至 2016 年末，与 P2P 网贷相关的新三板挂牌企业共有 7 家，多为信息科技和商务类，具体信息如表 7－4 所示。团贷网、PPmoney、金蛋理财等认购了壳公司定向增发的股份，安心贷与九信金融则是协议收购新三板公司股权。

表 7－4　已挂牌新三板 P2P 网贷平台名单

平台名称	企业名称	挂牌时间	摘牌（退市时间）
金蛋理财	南京金蛋科技股份有限公司	2015－08	2016－05
温商贷	温州瓷爵士科技股份有限公司	2015－08	2016－06
安心贷	嘉源网络股份有限公司	2015－09	2017－01
九信金融	九信资产管理股份有限公司	2015－09	—
PPmoney	广州万惠金控科技股份有限公司	2015－11	—
团贷网	北京光影侠数码科技股份有限公司	2016－01	2017－03
你我贷	上海嘉银金融科技股份有限公司（原复仁科技）	2016－11	—

资料来源：零壹数据。

截至 2017 年 3 月底,表 7－5 中仅有嘉银金科与瓷爵士披露了 2016 年度财务报告。自 2016 年 3 季度起,嘉银金科不再经营网络技术服务,P2P 网贷服务成为其唯一收入源,因此嘉银金科目前是唯一专营 P2P 网贷业务的新三板挂牌企业。2016 年 11 月 25 日,瓷爵士剥离浙江温商贷的重大资产重组方案审核通过,正式退出互联网金融领域。

财报显示,2016 年嘉银金科与瓷爵士网贷服务费收入分别达到 6.61 亿元和 1.31 亿元,占合并报表营业收入的比例达到 99.1% 和 93.1%。从净利润来看,嘉银金科由于“剥离”了 2 家网络技术服务公司,2016 财年所有净利润均来自你我贷,而在瓷爵士 3680.2 万元的净利润中,温商贷只占 39.1%。

表 7－5　嘉银金科、瓷爵士部分利润表数据　　单位:万元,%

	嘉银金科(你我贷)		瓷爵士(温商贷)	
	2016 年	2015 年	2016 年	2015 年
营业收入	66690.4	7553.8	14114.7	4559.8
其中 网贷服务费收入	66097.2	5482.5	13141.3	3537.2
网贷服务费占比	99.1	72.6	93.1	77.6
净利润	6487.9	1082.5	3680.2	1046.0

资料来源:零壹数据,公司财报。

根据 2015 年或 2016 年前三季度财务数据,光影侠(团贷网母公司)、万惠金科(PPmoney 母公司)、软智科技(金蛋理财母公司)的营收绝大部分由网贷撮合业务贡献,母公司对互金业务的依赖非常大。虽然如此,软智科技、瓷爵士、嘉源网络和光影侠 4 家公司 2016 年 5 月后相继“剥离”了 P2P 网贷业务,原因包括合规性整改、盈利能力、母公司欲转板等。

(3)区域性股权交易市场

场外市场亦包括区域性股权交易市场(名称一般为股权交易中心、股权托管交易中心、股权交易所),该市场由省级人民政府负责监管,主要服务于所在地省级行政区域内中小微企业的私募证券市场,具有区域性、私募性、证券性、灵活性 4 大特征。该市场的主要功能是为特定区域内的企业提供股权、债券的转让和融资服务的私募市场,对于促进企业特别是中小微企业股权交易和融资,鼓励科技创新和激活民间资本,加强对实体经济薄弱环节的支持,具有积极作用。

2008 年以来,为了破解中小企业融资难的问题,各地开始陆续设立区域性股权交易市场。2012 年以后由于多个省市加速金融改革,地方政府大力推动、证券公司深度参与、中小企业踊跃挂牌,交易所数量开始加速增长,全年数量共 6 家。2013 年,区域性股权交易市场达到 11 家，创历年高峰；截至 2016 年底，全国区域性股权交易市场至少有 40 家。

根据全国各区域性股权交易市场的官网数据，截至 2016 年底，前海股权交易中心、上海股权托管交易中心、广州股权交易中心是挂牌企业数量最多的 3 大市场，分别在 1.3 万家、0.9 万家、0.6 万家左右；P2P 网贷挂牌的场所也主要集中在深圳前海股权交易所和上海股权托管交易中心。

P2P 网贷平台挂牌区域性股权交易市场的历史，最早可追溯到 2013 年，当年至少有 20 家网贷平台挂牌，2014—2015 年挂牌 P2P 网贷平台数量明显增长。2016 年监管趋严的背景下，新上线平台数量减少，当年挂牌网贷平台数量较 2015 年有所减少。截至 2016 年底，至少有 70 家平台在区域性股权交易市场挂牌如表 7－6 所示。

表 7－6　挂牌区域性股权交易市场的 P2P 网贷平台一览

序号	平台名称	挂牌企业名称	挂牌场所
1	顺顺贷	广州银悦投资管理有限公司	广州股权交易中心
2	壹宝贷	广东壹宝资产管理有限公司	
3	佰易贷	临沂市佰易理财服务有限公司	上海股权托管交易中心
4	长久贷	上海长久金融信息服务集团有限公司	
5	城商行	上海厚福金融信息服务有限公司	
6	橙旗贷	上海橙旗金融信息服务有限公司	
7	发发贷	长沙发发贷金融信息服务有限公司	
8	赣商贷	安义县凤凰金融服务有限公司	
9	股信网	上海誉品金融信息服务有限公司	
10	好车贷	安徽省长天资产管理有限公司	
11	好利网	上海中赢金融信息服务有限公司	
12	宏鑫宝	宏韶投资管理（上海）有限公司	
13	金砖联合	江西海煌实业有限公司	
14	九一贷	江阴九一贷信息咨询服务有限公司	
15	乐居财富	武汉盛世乐居电子商务信息有限公司	
16	乐投贷	福建中金联合金融服务有限公司	
17	龙城易贷	山西正时投资有限公司	
18	宁创金融	宁波宁创金融科技有限公司	
19	平平贷	宁波平平投资咨询有限公司	
20	钱多多	上海旭胜金融信息服务股份有限公司	

续表

序号	平台名称	挂牌企业名称	挂牌场所
21	乾贷网	贵州中小乾信金融信息服务有限公司	上海股权托管交易中心
22	潜隆贷	四川潜隆社会经济咨询有限公司	
23	三信贷	温州三信融民间融资信息服务有限公司	
24	顺发人人帮	大连雪波网络科技有限公司	
25	逍遥贷	逍遥贷金融客户服务湖北有限公司	
26	雪山贷	上海雪山金融信息服务有限公司	
27	智富 360	智富金融信息服务(上海)有限公司	
28	中吴财富	中吴财富投资管理(上海)有限公司	
29	e 周行	天津源丰财富生活网络信息服务有限公司	深圳前海股权交易所
30	白菜金融	龙环普惠投资管理(北京)有限公司	
31	百仁贷	百仁财富网络科技(北京)有限公司	
32	财佰通	福建财佰通智能科技有限公司	
33	车易贷	惠州市东门实业有限公司	
34	诚汇通	深圳市诚汇通金融信息有限公司	
35	贷贷通	贷贷通(大连)网络科技有限公司	
36	富轩投资	惠州市富轩投资管理有限公司	
37	红岭创投	红岭创投电子商务股份有限公司	
38	汇通易贷	深圳市汇通电子商务有限公司	
39	建安金融	中外建(北京)金融服务外包有限公司	
40	金发所	广西联银投资有限公司	
41	礼德财富	广州礼德互联网金融信息服务有限公司	
42	利巢贷	武汉利巢投资管理有限公司	
43	利民网	深圳利民网投资管理有限公司	
44	路路通	南通元合金融信息服务有限公司	
45	牛牛金服	青岛牛牛金服网络信息服务有限公司	
46	钱贷网	深圳市感融互联网金融服务有限公司	
47	钱途在线	深圳钱途互联网金融服务有限公司	
48	日益网	深圳市日益创投电子商务有限公司	
49	融金桥	深圳市前海鑫冠力互联网金融服务有限公司	
50	融信网	深圳融信网金融信息服务有限公司	

续表

序号	平台名称	挂牌企业名称	挂牌场所
51	融易创投	成都市瑞鑫融易投资管理有限责任公司	深圳前海股权交易所
52	融之家	福建融之家金融信息服务有限公司	
53	瑞银创投	泰州市瑞银创投电子商务有限公司	
54	速贷100	韶关市武江区强胜电子商务有限公司	
55	投巴巴	深圳市前海合贷互联网金融服务有限公司	
56	万贝贷	深圳万贝金融信息服务有限公司	
57	稳通金融	深圳市稳通金融服务有限公司	
58	厦信贷	厦门金昌恒润金融技术服务有限公司	
59	心意贷	心意贷(北京)资产管理有限公司	
60	信融财富	深圳市信融财富投资管理有限公司	
61	宜聚网	深圳宜聚互联网金融服务有限公司	
62	印子坊	深圳市中云金融服务有限公司	
63	智佳金服	深圳智佳网络科技有限公司	
64	中潮金服	温州金管家金融信息服务有限公司	
65	新纪元财富	武汉新纪元财富资产管理有限公司	武汉股权交易托管中心
66	点点财富	温州点点资产管理有限公司	浙江股权交易中心
67	鼎信贷	温州众人通民间融资信息服务有限公司	
68	绿谷贷	浙江聚喜互联科技有限公司	
69	浙里投	浙江股权交易中心有限公司	
70	中网国投	中网国投投资管理有限公司	

资料来源:零壹数据。

表中70家P2P网贷平台挂牌于5家股权交易市场,分别是深圳前海股权交易所(36家)、上海股权托管交易中心(26家)、浙江股权交易中心(5家)、广州股权交易中心(2家)、武汉股权交易托管中心(1家)。

从网贷平台注册地来看,广东、上海、浙江三省市平台数量最多,分别有22家、10家和9家;湖北、北京、福建、江苏等14省(含直辖市)挂牌平台数量均不超过4家。由于区域性股权交易市场的"区域性"特征,网贷平台多选择在当地股权交易市场挂牌,同时股权交易市场对本省市网贷平台接纳度更高。举例来说,在深圳前海股权交易所挂牌的36家网贷平台中,20家是广东网贷平台;上海股权托管交易中心挂牌的26家网贷平台中,10 家注册于上海市。

区域性股权交易所的主要功能是,为不具备在主板、创业板、新三板融资的股份公司提供挂牌、融资、股份转让服务(股份转让系统,即俗称的 E 板)。截至 2016 年底,已挂牌区域性股权交易所的 P2P 网贷平台多是在 Q 板挂牌,Q 板不涉及在线交易,仅是为挂牌企业提供报价系统,挂牌门槛低。以上海股权托管交易中心为例,只要不存在无固定的办公场所、无满足企业正常运作的人员、企业被吊销营业执照、不存在重大违法违规行为或被国家相关部门予以严重处罚,不存在企业的董事、监事及高级管理人员存在《公司法》第一百四十六条所列属的情况,即满足 Q 板挂牌条件。

相对于 Q 板,E 板的融资功能更好,对挂牌企业的要求更高,通常要求企业具有持续性经营能力、风险控制能力、健全的治理结构,以及区域性股权交易市场要求的其他条件。在 E 板挂牌的 P2P 网贷平台数量较少。

综合来看,区域性股权交易市场为 P2P 网贷平台提供了融资可能性,挂牌企业可以吸引更多资金机构的关注,扩大影响力。相比在主板、中小板、创业板和新三板融资,地方股权交易所对企业的审核门槛很低,挂牌条件多是框架性要求和原则性规定。因此,在区域性股权交易市场挂牌与挂牌企业的风控水平、经营能力、盈利能力相关性不高。举例来说,曾于 2014 年 11 月挂牌上海股权托管交易中心 Q 板的国诚金融,后被认定为非法集资,未还资金约 8.7 亿元,涉及近 2 万名投资人。

7.2.3 P2P 网贷与资本市场的资产合作

P2P 网贷平台兼具资金渠道与资产提供的功能,因此其与资本市场的资产合作也包括两方面:1)作为资金渠道,将传统资本市场(新四板及金交所)的资产打包销售;2)出于降低资金端成本的考虑,将平台资产以资产证券化(即“ABS”)的方式出售给传统金融机构。

(1)资金渠道

作为小微金融市场的补充,P2P 网贷平台最主要的职能在于撮合资产端和资金端。我国区域性股权交易市场与区域性资产交易市场也具有相似的功能,使 P2P 网贷平台与上述资本市场进行资产层面的合作成为可能。这类合作主要有两类:一是与区域性股权交易市场合作代销私募债,二是与金交所合作销售相应资产,前者已于 2015 年 9 月被证监会叫停。

区块性金融资产交易所或交易中心由各地方政府批准设立,股东多为政府部门或国有企业,承担的主要功能是各类金融资产交易服务(信贷资产、金融国有资产、不良金融资产等），债权和股权融资、并购交易与企业资产重组等，还可以在基础资产上开发标准化金融产品和金融衍生产品交易。

据零壹数据不完全统计，截至2016年底，全国至少有44家区域性金融资产交易所，具体名单如表7-7所示。44家金交所共分布在全国20个省（含直辖市），辽宁、广东、江苏、陕西和浙江5省市注册金交所数量都在3家以上；44家金交所注册资金总和为48.5亿元，金交所平均注册资金为1.10亿元；至少有31家金交所与互联网公司有合作关系。

表7-7 截至2016年末我国金融资产交易所设立情况 单位：万元

序号	金交所名称	成立时间	注册资本
1	成都资产交易中心	2016-09	10000
2	江苏开金互联网金融资产交易中心	2016-08	5000
3	西安合众巨联网金融资产交易中心	2016-06	10000
4	厦门国际金融资产交易中心	2016-05	12500
5	西安百金互联网金融资产交易中心	2016-04	10000
6	恒大金融资产交易中心	2016-04	10000
7	浙江浙商国际金融资产交易中心	2015-12	10000
8	互联网金融资产（西咸新区）交易中心	2015-12	2500
9	天安（贵州省）互联网金融资产交易中心	2015-11	10000
10	大连京北互联网金融资产交易中心	2015-11	5000
11	青岛国富金融资产交易中心有限公司	2015-10	5000
12	湖南金融资产交易中心	2015-09	5000
13	普惠金融资产交易中心（大连）有限公司	2015-08	10000
14	西部金融资产交易中心	2015-05	10000
15	苏州金融资产交易中心	2015-02	5000
16	深圳亚太租赁资产交易中心	2014-12	10000
17	江苏省金融资产交易中心	2014-12	10000
18	南宁金融资产中心	2014-12	10000
19	浙江互联网金融资产交易中心	2014-12	5000
20	南京金融资产交易中心	2014-12	5000
21	无锡金融资产交易中心	2014-12	5000
22	长春金融资产交易中心	2014-12	5000
23	吉林东北亚创新金融资产交易中心	2014-11	20000

续表

序号	金交所名称	成立时间	注册资本
24	辽宁北方金融资产中心	2014－09	30000
25	温州金融资产交易中心	2014－09	10000
26	福建海峡金融资产中心	2014－09	2000
27	江西赣南金融资产交易中心	2014－06	5000
28	深圳前海航空航运交易中心	2014－04	10000
29	辽宁金融资产交易中心	2014－04	1000
30	山东金融资产交易中心	2014－03	20000
31	浙江金融资产交易中心	2013－12	10000
32	贵州中黔金融资产交易中心	2013－11	5215
33	广东金融资产交易中心	2013－10	10000
34	广州金融资产交易中心	2013－09	6000
35	山西省金融资产交易中心	2013－05	5000
36	武汉金融资产交易所	2011－09	12000
37	四川金融资产交易所	2011－09	10000
38	大连金融资产交易所	2011－06	10000
39	河北金融资产交易所	2011－06	1250
40	深圳前海金融资产交易所	2011－03	100000
41	重庆金融资产交易所	2010－12	7200
42	安徽省金融资产交易所	2010－07	5000
43	北京金融资产交易所	2010－05	31000
44	天津金融资产交易所	2010－05	4357

资料来源：零壹数据。

大部分 P2P 网贷平台与金交所的合作都始于 2014—2015 年，模式可以分为产品代销和收益权转让两类。前者流程中，P2P 网贷平台作为信息发布方，代销或者展示金交所挂牌交易的产品；收益权转让模式中，网贷平台或其关联方将金交所挂牌资产购买并打包，以资产收益权作为保证在平台借款或直接将资产收益权转让给平台投资人。

据零壹数据不完全统计，截至 2016 年末，至少有 28 家互联网金融平台曾与金交所达成合作，其中七成以上是P2P网贷平台，百度金融、乐视金融①、苏宁金融、京东金融和腾讯理财通等综合理财平台也发售过与金交所合作的投资项目如表7-8所示。

表7-8 涉及地方金融资产交易所的互联网理财平台

序号	平台名称	金交所名称
1	安心贷	互联网金融资产（西咸新区）交易中心
2	百度金融	西安百金互联网金融资产交易中心，武汉金融资产交易所
3	邦帮堂	温州金融资产交易中心
4	博金贷	深圳前海航空航运交易中心
5	大麦理财	青岛国富金融资产交易中心有限公司
6	和包	南京金融资产交易中心
7	金蛋理财	西部金融资产交易中心
8	京东金融	西安合众巨联网金融资产交易中心，广东金融资产交易中心，普惠金融资产交易中心（大连）
9	聚财富	河北金融资产交易所
10	开贷	大连京北互联网金融资产交易中心
11	开鑫贷	江苏开金互联网金融资产交易中心
12	口贷网	大连京北互联网金融资产交易中心
13	立马理财	海南股权交易中心有限责任公司
14	陆金所	深圳前海金融资产交易所，重庆金融资产交易所
15	蚂蚁金服	浙江互联网金融资产交易中心，天津金融资产交易所
16	人人贷	南京金融资产交易中心
17	顺手付	江苏开金互联网金融资产交易中心
18	搜易贷	深圳亚太租赁资产交易中心
19	苏宁金融	南京金融资产交易中心
20	腾讯理财通	天津金融资产交易所
21	团贷网	大连京北互联网金融资产交易中心
22	万达财富	天安（贵州省）互联网金融资产交易中心
23	网金社	广州金融资产交易中心
24	网易理财	广州金融资产交易中心

①乐视金融曾发布金交所资产合作项目，由于该理赔产品信息披露较少无法确认金交所名称，故未在表7-8列出。

续表

序号	平台名称	金交所名称
25	小油菜	深圳亚太租赁资产交易中心
26	银票网	吉林东北亚创新金融资产交易中心
27	真融宝	大连京北互联网金融资产交易中心

资料来源:零壹数据。

(2)资产证券化

广义的资产证券化(ABS)是一种类债权的可交易证券,即以基础资产(特定资产组合或特定现金流)为支持,以类似债券的形式发放。"ABS"作为动词即指"企业将其资产进行资产证券化的过程",作名词时意为"通过资产证券化发行的资产支持证券"。

截至2016年末,共有宜人贷、美利车金融[①] 2 家机构发行过 ABS。以宜人贷2016年4月发行完成的 ABS"中金—宜人精英贷专项计划"为例,此项资产支持证券的基

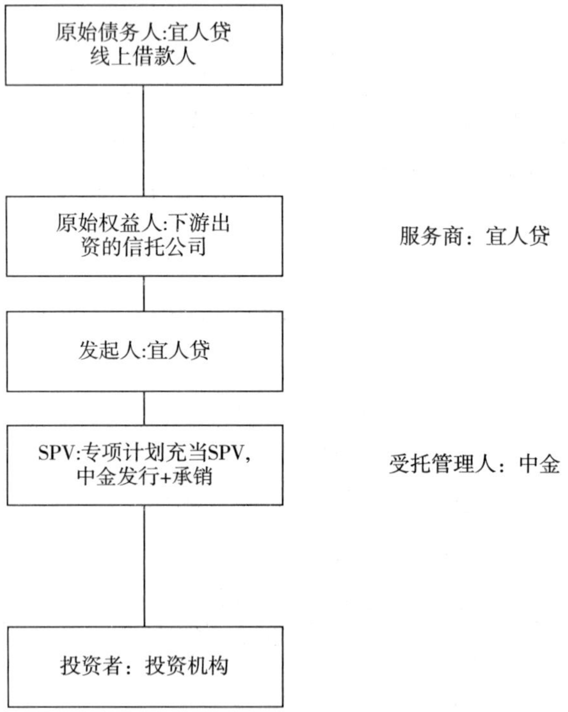

图7-5 "中金—宜人精英贷专项计划"结构示意

①已于2016年7月关闭线上理财端。

础资产是一个静态资产池，包括3292笔贷款，分为优先A1级、优先A2级、优先A3级、优先A4级、优先A5级、优先A6级、优先B级和中间级，对应的预期收益率从5.2%至9.0%不等。图7－5是此项资产支持证券的结构图，由于P2P平台宜人贷定位于信息中介，因此以借款服务商而非原始权益人的身份进入ABS流程。在该ABS产品结构中，宜人贷的关联公司充当资产提供方，中国国际金融股份有限公司充当ABS的受托管理人、发行及承销机构。

7.3 风险与挑战

7.3.1 政策及监管风险

P2P 网贷平台在资本市场上融资存在较大的政策及监管风险。从我国互联网金融的监管方面来看,2014—2016 年相关监管文件及政策发布的频率在加快,但截至 2016 年末仍没有建立其完整的政策框架,同时针对 P2P 网贷平台的互金专项整治也一再延期。

从我国多层次的金融市场分析,属于场内市场的主板、中小板和创业板对企业的资本金、收入、利润等方面的要求非常高,且部分市场明确禁止了 P2P 等类金融企业上市或“借壳”上市,P2P 网贷平台借助 A 股融资存在较高壁垒。“新三板”已于 2016 年禁止了 P2P 等类金融公司上市,且对非挂牌企业“借壳”新三板也作出了一定限制;区域性股权交易市场对 P2P 网贷的准入条件虽无特殊要求,但 2017 年初,国务院针对区域性股权交易市场的乱象进行了多方面的整治规范。

7.3.2 平台盈利问题

无论是在一般资本市场还是风险资本市场,P2P 网贷平台能够获得融资的先决条件都是有一定的预期盈利能力,但满足这个要求的平台寥寥无几。在早期发展阶段,公司组织架构、管理能力、战略规划等软实力是支撑网贷估值的较大因素;随着公司的进一步发展以及整个市场的不断成熟,营收增长、利润构成、客户来源等硬性指标变得越加重要。总体来说,在行业发展早期,风险资本倾向于“广撒网”式地扶植企业,中后期则投资面收窄,倾向于投资已具有一定市场规模的大平台或在某个垂直细分领域具备足够优势的平台。

海外上市、新三板都对企业的持续经营能力有一定要求,若企业包括长期经营能力在内的各项指标不达标,亦有可能退市或被摘牌。举例来说,我国新三板规定了 11 条强制摘牌条件,包括信息披露严重失信、欺诈挂牌、持续经营能力存疑和公司治理不健全等。不过,截至 2016 年底,并无 P2P 网贷相关的新三板企业被强制挂牌。纽交所、纳斯达克对上市企业均设有明确的退市条件,若企业未达标,则可能从证券市场退出。2017年4月7日起，在纳斯达克上市的SPI股权持续低于1美元，若股份持续走低，则很可能面临退市。

2016年以来，主动退出互联网金融行业的P2P网贷平台数量不断走高，出现兑付问题的平台屡见不鲜，恶性竞争、高额获客成本、高坏账等现象突出，大批风险资本、上市企业从网贷领域抽身。种种现象都说明网贷并不好做，能够盈利的机构只占少数。

7.3.3 资产合作风险

区域性股权交易市场与网贷平台的合作一般为，通过拆分、收益权转让等方式在后者销售企业私募债。2016年12月，招财宝“桥兴私募债”违约，其本质是侨兴集团通过广东金融新区股权交易中心和招财宝向互联网用户募资，设计了复杂的交易结构，业务涉及银行、证券、保险等多类金融机构，最终涉及大量的个人投资者。区域性股权交易市场的私募债一般为高风险融资，通过网贷平台向公众募集资金具有较大的监管风险以及市场风险。在2015年9月，证监会便叫停了互联网平台与区域性股权市场合作销售企业私募债。

P2P网贷与金交所的资产合作更加广泛，开鑫贷、安心贷、团贷网、人人贷、银票网、博金贷、人人聚财等约20家平台都曾代销金交所产品或是转让金交所产品的收益权。与区域性金融资产交易市场进行资产合作一度被认为是P2P网贷监管政策落地后的一个趋势，因为该模式可以有效规避网贷新规对大额借款人的限额要求。但2016年10月，央行等17部门联合发布的《通过互联网开展资产管理及跨界从事金融业务风险专项整治工作实施方案》明确表示，对互联网金融应该采用“穿透式”的监管，因此P2P网贷与金交所这种“创新式”金融应受到合理监管。从地方性网贷监管办法看，北京、上海两地已于2017年初禁止了各辖区网贷平台与金交所的相关资产合作。

7.3.4 资本运营风险

从P2P网贷平台发展的时间脉络看，处于萌芽期时，利用风险资本迅速扩大市场是运营的关键；进入成长期，需求增长且行业竞争激烈，资本运营强调市场争夺和品牌建设，大批平台在此阶段“折戟”。P2P网贷行业分化到一定程度时，平台之间开始出现兼并收购，2016年起这种趋势开始明朗化，微贷网、团贷网等平台收购了与自身主营业务相关的外部公司。在这类资本活动中，网贷平台属于投资者而非融资者，通常具有较大的财务风险。

第 8 章

新技术在网贷中的应用

8.1 大数据

2016 年 6 月国务院出台《运用大数据加强对市场主体服务和监管的若干意见》,9 月 5 日国务院正式印发《促进大数据发展行动纲要》,这一行动纲要的出台意味着大数据发展正式成为国家战略。

8.1.1 网贷大数据应用逻辑

网贷是一种金融信息中介服务,大数据的应用在于提升数据资源的获取和利用能力。

一方面,可借助大数据和云计算技术对个人衣食住行、社会交往与互联网紧密结合所产生、沉淀的大量数据进行采集、记录、储存和分析。另一方面,以机器学习为代表的人工智能技术相继被采用,不仅可以分析、归纳和汇总各种渠道获取的结构化和非结构化数据,还可设计多种预测模型(欺诈模型、身份验证模型、还款意愿模型和稳定性模型等),预测信用主体的履约意愿和履约能力,降低违约风险和坏账率。

近年来,不少 P2P 网贷平台开始积极探索技术创新,尝试将大数据、云计算、机器学习等技术应用于精准获客、反欺诈、征信、审贷、贷后管理等环节,相关服务机构也积极提供技术工具,促进行业的健康发展。部分平台已经可以实现在线申请、在线审批、自动定价、(半)自动贷后管理等过程,初步打造出基于互联网大数据的风控体系。

8.1.2 大数据在网贷风险管理中的应用

(1)信用风险管理

大数据在网贷信用风险领域的应用,包括信用评估、审贷决策、抵押品自动估值、风险预警等。在信用风险防范上,可以依靠大数据建模,评估借款方的还款能力(经济实力)与还款意愿(道德风险)。大部分用户在申请阶段并非恶意,这就考验网贷机构对借款人信用风险的判断,而行为数据挖掘是信用风险防范的核心。要预测借款人的信用风险,更多地需要依赖于分析海量用户的行为数据(强弱变量),从中挖掘出可以多次复用的规律。

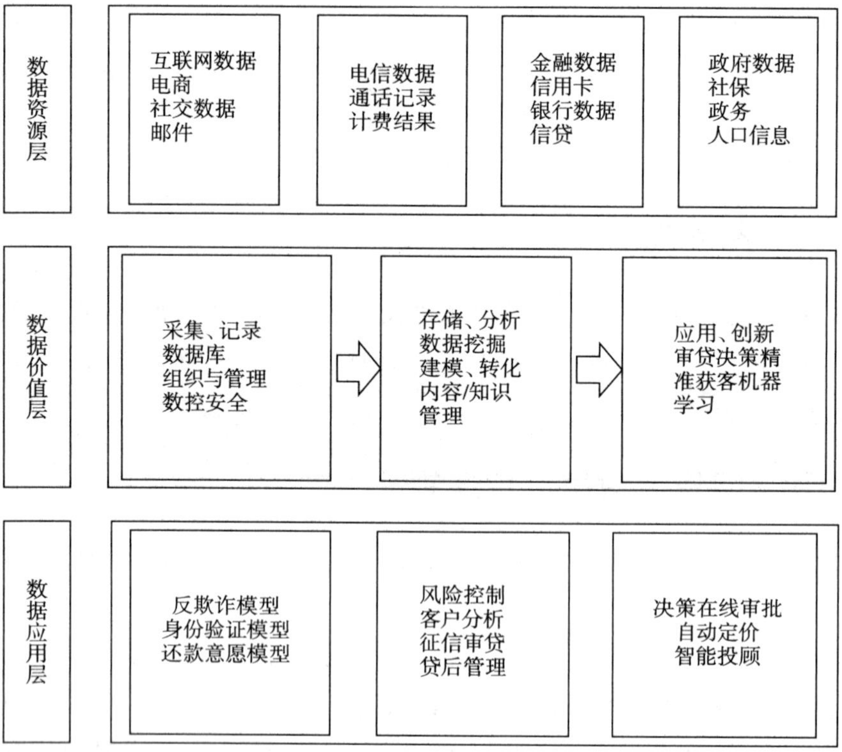

图 8－1　大数据在网贷中应用示意

(2)市场风险管理

大数据在市场风险领域的应用,包括贷前风险控制、产品控制系统等方面。例如,贷前风险控制,表现在对抵押物资产价格是否会变化的跟踪判断,该类资产较多涉及动产与不动产、抵/质押贷产品,如房贷、车贷产品,政策、行情、利率都可能引起资产价格的波动。

8.1.3　大数据在网贷产品中的应用

(1)反欺诈

P2P 借款客户在申请借款时提交的信息相对有限,简单的个人资料如何支撑精准、复杂的风控工作,一直是 P2P 借贷行业面临的重大挑战。以搜索引擎和知识图谱为代表的大数据技术,能够挖掘出隐藏在简单资料表面下的复杂关系,帮助反欺诈人员洞察一些“不为人知”的企图。

反欺诈图谱的规则来源于以往经验和以往骗贷人的数据积累,建立在大量数据之上,规则在越多人身上验证,将会越准确。

信息的分析和归类是反欺诈图谱系统的一项关键工作,它模拟人力搜索的理念,把所有信息通过二维乃至更多维的方式串联起来,根据调查人员日常处理案件的思维方式,快速对“涉案”人员的逻辑信息进行技术辨识,以图表的形式把被调查人员的关系脉络呈现出来。不同于线性维度关联,反欺诈图谱是多维度的网状关联,可视化效果好,审贷员操作起来较为容易。

整体上,大数据反欺诈模型可以解决这些问题:1)身份核实,辅助审贷员验证借款人的真实信息。2)甄别团伙骗贷,对一些有组织的骗贷行为,通过搜索和知识图谱,很容易发现这些数据之间的关联,从而进行预警。3)不良信息查询,对于首次申请贷款的个人骗贷通常难以甄别,但是如果此人有公开的不良信息记录,可以获取这些信息并进行提示。

(2)自动审贷

P2P 借贷在不断演进的本地化进程中,风险控制是保证其存续发展的核心。互联网大数据提供了不同于传统金融的征信数据。当前,自动审贷技术在消费金融、信用贷等产品上应用较多。

自动审贷技术以数据收集为基石,建立申请人征信数据档案,数据来源包括自有数据以及众多合作渠道,以及征信机构的有效数据。在审贷过程中,平台需要建立模型评分层次并进行策略匹配,最终得出与之匹配的授信策略与结论。

自动审贷当下可应用于:1)信用记录空白人群,随着金融业客群的下沉,借款人已经不再局限于城市有卡一族,而是向收入较低的农民、学生等信用空白人群渗透,这就需要非传统的不依赖于现有征信系统授信的方式。2)线上授信,由于摆脱征信强变量材料以及线下审核时效的束缚,自动审贷技术可做到审慎的线上快速授信。

(3)信用风险评估

针对客户的信用风险评估,需要在掌握海量数据基础上进行数据建模,这些数据可以是消费、阅读、社交、旅游、娱乐等领域的数据,利用大数据技术及来自互联网、金融机构、线下零售、社交、媒体、航空、教育、运营商、品牌商等多维数据源,为信贷、保险、投资理财等行业企业提供获客引流、精准营销、客群分析、风控管理、反欺诈、贷前信审、贷后管理等服务。

互联网大数据的碎片化、非结构化给利用互联网数据进行风险评估带来了很大的挑战,因此要利用前沿的数据挖掘技术进行数据处理整合,生成各种更加有效的衍生变量。最后用于信用风险评估的可分析数据涵盖了人口统计数据、身份核查数据、稳定性数据、消费行为数据、媒体阅览数据、社交网络数据等。

信用风险的评估对象可以是个人,也可以是企业。通过搭建大数据平台,数据平台可以在不同数据源中采集并处理包括通信、SNS、电商交易、虚拟消费、关系链、阅读行为、游戏行为、媒体行为、金融行为、房子、汽车、资产和基础画像等数据,并利用统计学、传统机器学习的方法,构建全面、立体、精准的“用户画像”,并最终形成完整的用户评估报告以及信用风险评分。用户评估报告包括真实性评估、风险评估、价值评估、兴趣评估以及高端定制版模块。由此,信用风险评估模型可在预审核、信贷审批、风险定价、催收管理等方面起到显著作用。

8.2 区块链

区块链(Block chain)技术的产生和发展离不开比特币。区块链技术是构建比特币区块链网络与交易信息加密传输的基础技术。它是一种去中心化协议,链上数据不可随意更改或伪造。区块链具有分布式(Distributed)、去中介(Disintermediation)、不可篡改(Immutable)、可编程(Programmable)等特点,其主要特征如下:

(1)去中心

中心化系统,当参与的节点从5个增加到100个时,系统风险性上升;多个中心化的系统(去中心化),当参与的节点从5个到100个时,系统风险性呈指数性下降。

(2)安全

区块链也可以解决TCP/IP安全传输问题,解决信息化联网去中心化信任问题。基于TCP/IP协议构建出价值互联网,能够从根本上变革现有金融行业生产方式,颠覆社会组织与生产方式。

(3)信任

由于区块链内每个节点掌握各个节点信息,信息可以采用匿名原则(交易公开);系统内交易批准取决于所有节点共识性原则,规则对于所有节点公平且强制(去中心化),并且,随着时间推移,交易增多,每个节点内同步更新的链条越发变长,越发难以被篡改。

8.2.1 区块链技术在网贷中的应用

(1)供应链融资

区块链在供应链融资中的作用,主要是存证以方便授信。首先,借助区块链平台,所有和核心企业相关的供应链上的中小企业,都可以被自动高效地记录相关交易行为;其次,在所有节点上,记录的同时已经对其真实性进行了自动验证和同步,记录也不可篡改;最后,区块链上的所有企业只要有需要,就可以随时根据相关交易记录快速融资。资金出借方就可以放心大胆地把钱借给链条上一级、二级乃至所有的中小供应商。

(2)网贷资金存管

场景中,传统的交易和清算模式是"T+1 日"清算,在应用区块链技术后,可做到实时交易、实时清算。

另外一个可能提升服务效率的场景在跨境 B2B 交易中。据网信集团相关业务人士透露,以区块链技术应用替代基于银行信用证方式的跨境交易,理论上实验数据将降低手续费到原来的 1/10 甚至更低。

(3)机构内部中后台流程改造

目前,金融机构中后台部门有大量人员从事交易的账目登记、结算等工作,甚至部分复杂的交易还需人工记录和操作。区块链技术则为这类中后台部门提供了非常好的效率提升工具。例如,通过区块链的多重签名技术和智能合约技术,可以大大提升交易、记账等工作流的自动执行程度、提升各流程间的协同工作效率。

(4)网贷监管

以区块链为底层技术,基于分布式存储、加密计算、交叉比对验证等技术特点,构建了网络借贷信息中介机构业务监管系统。系统实现了产品实时登记、信息及时披露,可以对接银行存管数据,数据的真实性、完整性及安全性可以高效交叉验证。该技术可以让监管部门将所有 P2P 上报的数据记录在案,并能在浩如烟海的数据中对异常交易进行快速识别并作出反应。

8.2.2 传统信息共享及其特点

(1)数据共享之痛

互联网金融的风控难做是众所周知的,一是用户群是银行未覆盖或者不愿意覆盖的人群,风险本身就高。二是众多用户都没有征信记录,无法使用传统的风控模型来判断。三是互金信息无法纳入人行征信系统,形成行业的"信息孤岛",也给很多投机者提供了钻营空间。

"打破行业信息孤岛,实现信息共享"的呼声一直伴随着网贷行业的发展,众多部门和机构为此目标在努力,进行了各种尝试。为何数据共享如此艰难,我们有必要先了解一下数据的特性:

A. 无唯一性,没有明确的所有权约束。数据不具备唯一性,可以同时交易给多个对象,也就没有了传统所有权的概念。

B. 看过即拥有。拥有数据非常简单,成本更低,看过即拥有了数据,就能获得效用。

C. 数据复制的完全无差异性。传统商品也存在复制或者仿制,但复制品和仿制品在效用上与原商品有着巨大差别的,而数据产品的复制具有完全无差异性,在效用上也没有差异。

(2)数据中心共享模式

行业数据中心将各个机构业务系统产生的主体信用数据,汇集到中心数据库,然后由中心数据库统一对外提供服务如图 8-2 所示。

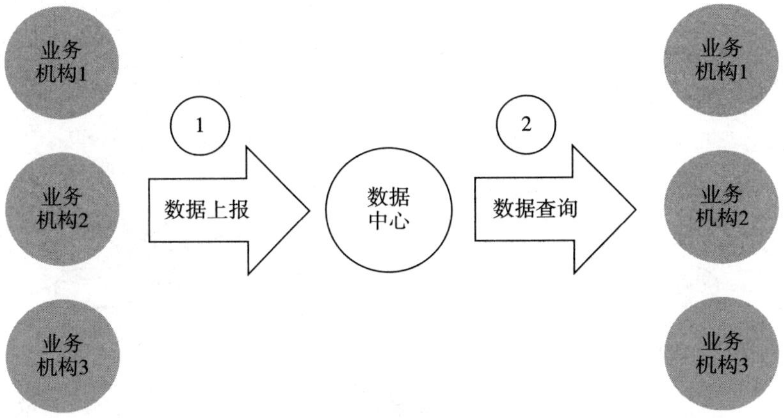

图 8-2　数据中心共享模式

①机构将业务系统产生的主体信用信息主动报送给数据中心;

②数据中心对数据合并整理后,对外统一提供数据服务。

行业数据对机构的强制力是模式运转的关键,机构提交数据后对数据完全失去了控制权和收益权。

(3)数据聚合中心模式

数据聚合中心是业务机构自发成立的联合体系,业务机构无须事先将数据上报给中心,数据由机构自己管理。当某个机构需要获取数据时,通过中心发送到其他机构,有数据的机构回应信息,由中心统一返回给查询机构如图 8-3 所示。

这种模式也存在一定问题:

A. 查询信息泄露。查询请求被发送给所有机构,可能导致用户信息泄露;

B. 中心可以获取所有流转数据,最终形成数据中心模式,机构的数据价值下降。

信息的多方共享必定需要一个中介或者中心节点,然而数据是一种特殊的商品,传统的商品中介流动模式是不适合数据流通的,数据的安全性和保密性,尤其是数据权益的保障至关重要。而当前众多的数据共享模式中,无论是数据托管模式还是分布式的接口聚合模式,都存在流通数据被中心节点复制、留存、修改的可能,这也造成了中心节点对数据提供者的潜在威胁。原意是要促成各机构之间信息共享的中心节点,反而成为信息共享的威胁和障碍,使机构不敢将数据通过中心共享,而仅仅凭借签订

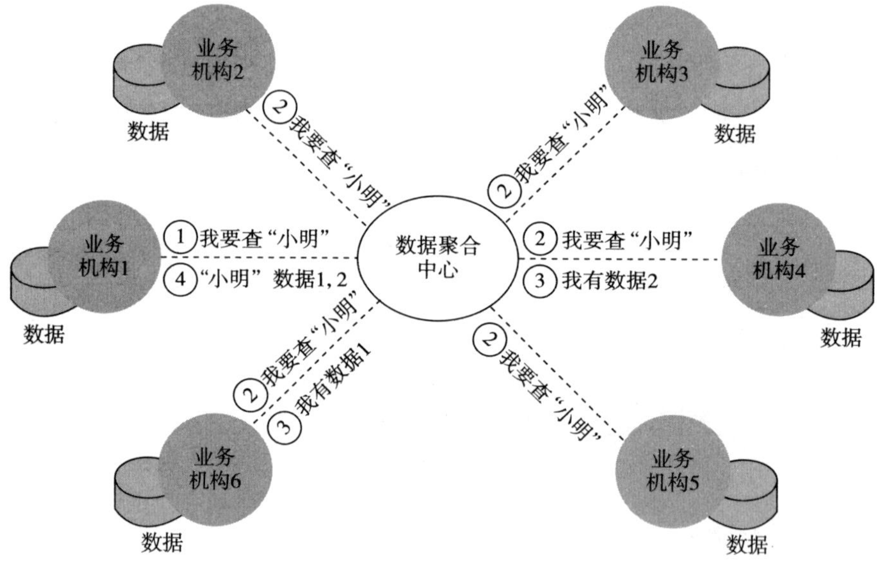

图8－3 数据聚合中心模式

保密协议，承诺不对数据进行复制、留存以及他用，还不足以打消机构的顾虑。

8.2.3 区块链技术在网贷信息共享中的应用案例

北京市网贷行业协会于2017年1月发布了网贷行业信息共享系统——"X－credit信息共享系统"。以解决机构间的"信息孤岛"现象。该系统通过去中心化技术建立数据可控的流通机制，推动机构间的信息自由、安全、公平共享交流；该系统不以监管为目的，不以收集数据为目标。系统仅执行数据提供方与数据查询方的信息共享撮合功能，从机制和技术上将使共享数据无法获取、存储、合并、修改，以保障数据提供方和查询方权益为目标。

1. 用创新技术消除中心威胁

打消中心节点对机构的潜在威胁，不是靠承诺，而是从技术和机制上让中心没有机会复制、留存数据，从"不去做"变成"无法做"。为了达到这一目标，北京市网贷行业协会建立的新型信息共享系统采用了以下两种创新技术：

(1)运用加密技术

一个系统不是用了加密技术就代表了安全，更重要的是是否能正确使用密码技术，密码技术的正确使用包括两个方面：

①密码算法的正确使用。单独一种密码算法很难有效保证整个系统甚至某个应用功能的安全性，需要对多种算法进行有效组合，如身份确认可以使用非对称加密；不

可逆可以采用HASH算法;大数据量加密采用对称加密;不可抵赖和篡改使用数字签名;定向加密采用数字信封等。

②流程的正确使用。完成整个业务的安全必须在各个流程中正确使用加密技术,如密文索引、密码查询、密文获取如图8-4所示。

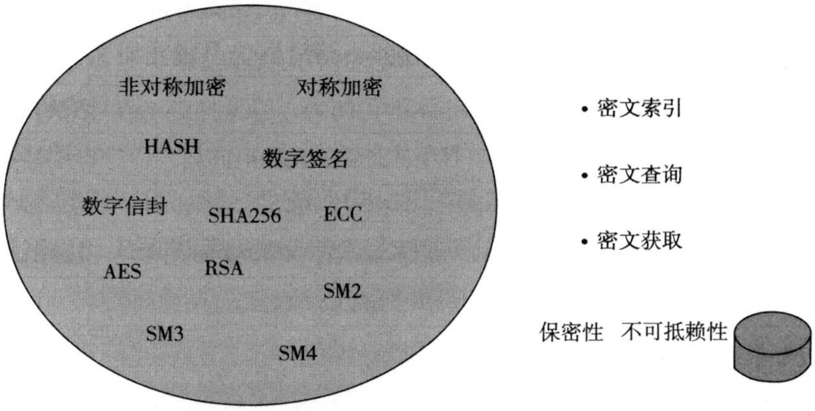

图8-4 数据共享中应用加密技术

(2)引入区块链技术

通过将数据共享过程巧妙分解,将关键环节使用区块链记录,形成索引链、交易链以及投诉链,可以让所有机构公平参与。去中心不是无中心,而是让中心的操作变为透明、可监督,让中心成为随时可监督、可抛弃、可替换的服务者。

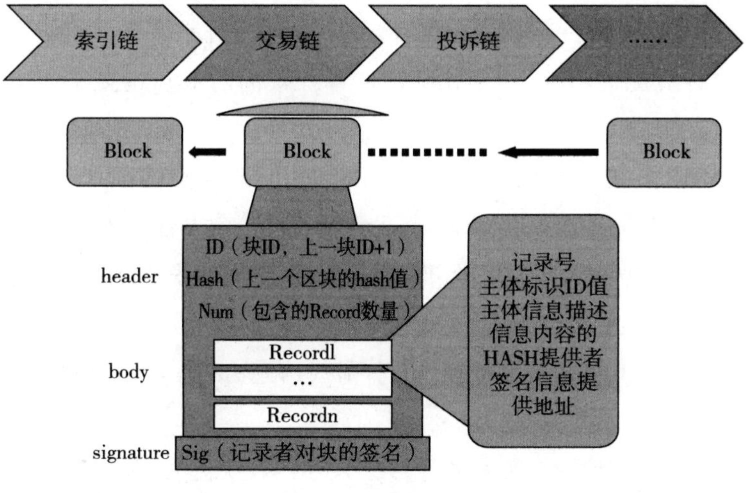

图8-5 数据共享中引入区块链技术

2. 新型共享系统的特点

A. 开放与开源机制

无论多么完善、多么完美的机制和体系,都抵不住实现过程中的小“技巧”(漏洞或者后门)。新型系统采用协议开放和代码开源:

①协议开放。系统对交互的协议和数据格式公开,参与者可以自行技术实现相关组件加入体系,确保自身数据的安全可控。

②代码开源。系统为参与者写好了数据接入模块,源代码公开,让参与者看得清清楚楚、明明白白。

B. 保护数据提供者和查询者的权益

系统以最大程度保障参与者权益为首要目标,让参与者真正放心地参与其中,权益的保护表现在:

①参与者身份保护。系统实现了参与者之间的匿名信息交流、匿名共享和匿名查询。

②数据完全可控。数据提供者对数据完全控制,每一次的数据流动,数据提供者都能获知和控制。

③数据安全流动。数据的每一次流动都是安全的,如查询行为不泄密,不会被不能提供数据的机构获知;查询信息不泄密,查询信息对于无关方没有任何意义(即使其他机构看到查询信息,也不知道代表什么);响应信息不泄密,真正的数据传输都有双方动态协商密钥,加密完成,保证第三方包括中心节点也无法解密。

④数据有效流动。每一次数据获取都是有效行为,机制保证了机构无法恶意制造查询风暴(不是计算能力不够,而是无法构造合理查询请求),也无法一次性爬取数据(不是技术不行,而是性价比不行)。

⑤数据的价值、标准和预期。共享的数据首先保证其价值,系统中共享的数据都是由各个机构共同协商,价值和企业机密达到平衡点,确认有需求的数据才会进入系统。其次进入系统的数据都有统一标准,数据提供者完全按照标准格式提供数据,而数据查询者对于获取的数据有明确预期。

⑥机构自主性。加入与退出系统、共享哪些信息、共享多少信息,都由机构自行决策。

⑦平等和公平。数据面前人人平等,共享数据多,获益大;共享数据少,获益少,大小机构都能找到位置。

C. 实现多样性目标

①数据由提供者存储和管理,谁的数据谁控制;

②查询请求只会发送到有此数据的机构，不能造成查询信息泄露；

③数据查询方不知道数据由谁提供，数据提供方不知道查询者是谁；

④数据只在查询方和提供方之间交互，任意第三方包括信息共享系统也无法获取信息真正内容；

⑤数据可追溯、可跟踪与可评估；

⑥体系的运转是透明的、可监督的、可验证的。

8.3 其他技术

8.3.1 人工智能

人工智能在金融领域的应用基础之一就是大数据。数据是不会撒谎的,通过各种算法建立不同的模型,对资金流动过程中所有的数据加以记录和标识、分类整理和处理,使成型模型广泛地应用于信贷和风控体系,完全避免人类因欲望而形成的各种风险。

人工智能在 P2P 网贷领域的应用常见的是智能投顾,发展尚处于初级阶段。网贷平台实现人工智能在投顾方面的应用,主要体现在两大方面:

(1)实现个性化理财挖掘

通过 AI,对投资者的财务状况、风险偏好、投资目标等进行分析,通过已搭建的数据模型和后台算法为投资者提供相关投资建议,形成其个人独有的投资方式。此外,"机器人投资顾问"相比人本身而言,在投资过程中也更加理性和冷静,注重风险。

(2)风险匹配与投资组合

依据投资人风险偏好进行风险匹配。客户匹配被用于证明公平性。在投资者适当性原则中,金融服务机构必须表明他们在向客户卖出产品前,充分了解每位客户的投资属性,以公平对待客户,也为金融机构控制了风险。投资组合选择是将客户分析得出的风险偏好参数与大类资产配置的预期收益一一对应,选择出与客户的风险偏好相对应地符合投资适当性的资产组合。标准化资产组合,出于对风险控制和流动性需求,标准化的资产组合能够分散风险,提供优质的流动性,并且可以完全支持人工智能算法的计算。

人工智能在网贷领域的应用还可以体现在信用评估、风控管理、信贷管理和贷后跟踪、反金融犯罪领域以及智能客服方面。

不过,P2P 类似高风险的类固收资产,仅仅用一类资产无法进行有效的资产配置和财富管理,这也是其短板。针对 P2P 网贷领域的智能投顾,有一个需要重点关注的方面,即 P2P 网贷平台提供的备选资产标的和不同利率的个性化选择较少。在网贷细则发布后,网贷平台混合金融已成为过去,网贷平台产品组合仅有不同标的可选。

目前由于 P2P 领域的信息披露大多不透明，很难对标的资产的风险变化进行动态监控，网贷平台对配置方案的动态更新方面，都做得不够精细，还有很大的改进空间。

8.3.2 时间戳

电子合同在互联网金融领域得到了广泛应用，也成为发生纠纷和争议时的重要证据。但因电子数据自身可能被无痕篡改、容易灭失、原始性无法保障等，即便引入相应的签名和认证技术，也只能完成对身份的识别和确认，缺少对于内容固化和防篡改的有效机制，其作为证据仍然有局限性，给法律适用带来很多困扰，而时间戳服务提供了一个有效的解决途径。

时间戳是采用时间戳服务器产生的，可分为普通时间戳（Time Stamp）和可信时间戳。普通时间戳（Time Stamp）的时间一般来源于卫星或第三方机构，时间未得到权威时间机构（国家授时中心）的守时保障，存在可以篡改时间或重新伪造时间签发时间戳的可能，导致事后认定时间戳时间困难的问题，因此普通时间戳只用于系统内部的时间序列，不能用于数据电文的法律效力证明。而可信时间戳（Trusted Time Stamp）则是由权威时间机构（国家授时中心 ）进行授时和守时保障的第三方时间戳服务机构（Time Stamp Authority，TSA）产生的时间戳，可用于解决数据电文的存在性和内容完整性证明，适用于电子合同签署的有效性及出现纠纷时相关电子证据的法律效力（包括证据固化以及法律认可的证据提取）证明。

可信时间戳的技术原理是将用户的电子数据的 Hash 值和权威时间源绑定，并由国家授时中心负责授时和守时，在此基础上通过时间戳服务中心的加密设备，产生不可伪造的时间戳文件。用户申请时间戳时，并不需要用户的原始信息（数据），而是只对用户原始信息（数据）的 Hash 值进行时间戳签名，即上传至时间戳服务中心的仅仅是电子数据的 Hash 值，而非电子数据的原文，从而有效防止原始信息（数据）泄露的风险，确保原始信息（数据）的安全性和保密性。

可信时间戳目前在 P2P 行业，解决的主要问题是电子合同签署的有效性及出现纠纷时，相关电子证据的法律效力（包括证据固化以及法律认可的证据提取）。

电子合同和电子凭证实现可靠的电子签名，需要通过采用身份认证手段（如数字证书、视频、照片、指纹等身份识别等手段）和 TSA 时间戳服务机构配合完成。电子签名中的身份认证手段可以采用多种方式，核心是签署人在事后无法抵赖其签署行为。电子合同、电子凭证的签署、产生时间和签署、产生后内容完整未被更改需要使用可信时间戳进行认证。针对借款人，采用可信视频（TVS）及手写签名加可信时间戳认证相结合;针对平台方,采用数字证书签署加可信时间戳认证(ES－T);针对投资人,采用注册协议中约定其付款行为视为对借款合同的确认,并对其确认行为的电子数据加可信时间戳认证。采用上述方法产生的电子合同和凭证,具有签发人无法对内容、签署时间及签署者身份进行抵赖的特点。

8.3.3 电子数据保全技术

互联网金融平台的交易基本在线上进行,其“用户身份信息、标的信息、投标信息、电子协议信息、资金兑付信息”等都是以电子数据的形式存在,具有易变性、易改无痕性。作为基本的维权资料,这些易变易改的电子数据往往都存管于平台自身的服务器中,如果没有第三方或者权威机构的介入证明,就无法确认这些数据有没有被篡改过。另外,一旦平台违约“跑路”,只要关闭服务器或修改数据,就能让维权举证变得无比艰难。而且,互联网金融平台的在线协议基本由系统生成,那么这份在线协议是否具有证据效力,能否在诉讼中被采纳,能否明确互联网金融平台中投资人、借款人与平台自身的主体权利与义务? 这些都存在疑问。因此,建立一个良好的信息披露机制与数据溯源存管体系,瞬间证明电子数据的真实性,并对其保留存证,成为互联网金融行业亟待解决的问题。

电子数据保全系统为以 P2P 为代表的互联网金融平台的整个交易过程做保全。保全内容包括标的数据、交易数据、合同数据,并可在交易完成的瞬间将交易数据实时同步至保全系统进行托管,平台可对该系统申请出具公证书,还原事实真相。数据保全技术不仅在网贷领域应用,其覆盖领域还包括网络银行、直销银行、消费金融、电子商务、电子政务、众筹业务、P2P 业务、知识产品保护等。

第9章

P2P监管与合规运营

9.1 行业风险特征

金融自由化和宽松的监管环境是一把“双刃剑”,一方面促进了 P2P 借贷行业的高速发展,另一方面也导致严重的风险问题。目前国内 P2P 借贷泥沙俱下,只要不具备相关资质而从网络[①]吸收资金的机构都自称为“P2P”,包括但不限于各类担保公司、投资咨询公司、财富管理公司、实业公司乃至一些传销机构等。抛开集资诈骗的情况,行业主体事实上包括了两类平台:资产证券化平台和放贷平台,前者则难以界定属性,类似“资产管理公司 + 证券机构 + 银行”的混合体;后者则类似于银行,即所谓的“影子银行”。

资产证券化平台自身不生产原始资产,接收其他机构的资产后经过包装进行标准化、份额化销售。此类平台良莠不齐,部分平台对自己所接手的资产一无所知,普遍把风控寄托于资产的生产方或关联担保方,不论产品如何包装,处于弱势地位的资产生产方都仍然是事实上的风险承担主体。而对于投资者来说,资产的透明度普遍较低,其实质是什么、是否存在虚假信息、现金流如何、安全程度如何等,投资者只能听任平台宣传而无从辨别,因此经常蕴藏极高的风险。

放贷平台则自己生产资产,或者说直接向原始借款人放贷。但是由于资产端与资金端供需不平衡、经营成本居高不下、投资者有刚性兑付预期等问题,大部分放贷平台实际上已经切断了投资人与借款人之间的直接联系,全盘接受投资人的资金后再统一向借款人放贷,同时提供直接或间接的全额担保服务。有的平台会向投资人披露这些资金的具体投向以及对应资产的详细构成,有的平台则不做任何披露,投资人的资金就像进了一个黑匣子,到期后自动赎回或续投。

鉴于信息、资金与风险的阻隔,放贷平台容易存在如下问题:

(1)期限错配

理论上,互联网平台可以聚集大量的借贷需求,可以直接进行需求的完美匹配。事实上,投资者的期限偏好具有集中性,大多青睐一年、半年甚至三个月以下的短期投资;而借款人的期限偏好比较分散,既有几天的极短期资金需求,也有长达 3 年、5 年

①事实上也包括线下。

的长期资金需求;不同平台也有自己的借款人定位,经常倾向于提供某类期限的贷款。这三类需求很难统一,因而期限错配问题难以避免。

P2P 借贷平台的期限错配问题主要为借短贷长,即平台借入半年以下的短期资金放给长期资金需求者。当短期资金到期时,平台再借入一笔短期资金偿还给上笔借款的投资人,如此反复,直到长期资金需求到期为止。期限错配给平台带来了资金流管理问题,一旦某笔短期资金到期而后续资金供应不足,平台自身的备付金也难以覆盖,便可能引发挤兑,乃至后续的连锁反应,导致平台陷入危机。

(2)阴阳合同

存在期限错配就很难避免阴阳合同,即平台单独与借款人签订一份长期贷款合同(但是并不告知投资人),而投资人与借款人签订的是短期贷款合同。投资人的资金事实上并不直接打给借款人,而是由平台中转,这种资金中转模式加上阴阳合同的存在,为不良平台截留、挪用乃至诈骗资金开启了方便之门。

(3)收费不透明与资金杠杆

借助阴阳合同,平台可以隐瞒费用,获取更多息差或手续费收入。一些平台在网站上公布各项收费,甚至在合同中也注明这些费用,但是这些信息是给投资人看的,借款人可能根本就看不到出借合同也无从知道这些费用。借款人看到的是自己与平台签订的合同,其借款利率和需要缴纳的手续费一般远远高于公开公布的利率及手续费。如此一来,投资人根本不知道借款人的实际借款成本,也无从真正评估项目风险。

与此同时,平台普遍通过一次性收取大笔服务费来快速回笼资金,并将其用于放贷,然后把债权转让给投资人赚取息差,如此循环往复,不但自己参与了放贷,而且极大地提升了自有资金的杠杆率。更有甚者,有的放贷平台还会更改借款人的还款方式,如借款人对平台还款采用等额本息法,而平台对投资人还款采用按期付息、到期还本法,借款人提前归还的资金被平台自行用于放贷,再次循环往复,形成第二个杠杆。这两个杠杆叠加之下,平台的资金管理负担沉重,一旦出现大笔坏账,可能影响整个资金链条,给平台造成毁灭性打击。

(4)资金挪用

由于事实上的全额担保,风险全部集中于放贷平台,放贷量越大,相应的可能坏账就会越高,平台的资金链便越难维系。在出现坏账而平台的自有资金已经不足以垫付时,为了能够继续运转下去,有的平台欺骗投资人,假装借款人的资金已经归还到投资人账户,投资人可以继续用此笔资金进行投资,但是这笔资金只是平台修改了投资人的账户余额,并无真正的资金流入,只要投资人不提现,其虚假性便无从察觉。有的平台则直接挪用投资人已充值但未投标的资金,投资人根本无从知晓,只要平台能够大致估算出每天投资人提现的总金额,有能力支付这部分金额(毕竟在风险没有暴露时,不太可能发生所有投资人在同一天提取所有账户余额的情况),资金挪用的"把戏"便可继续进行下去。

在这两种情况下,一旦风险爆发,投资人去提现,发现无钱可提,就会产生所谓的兑付危机。事实上,如果一个平台不欺骗投资人、不挪用资金,即使投资人的已投资金出现亏损,其账户中的可提现余额也不会受到影响。几乎所有倒闭、"跑路"平台爆发危机,其最直接的表现都是提现困难,说明这些平台要么隐瞒坏账、欺骗投资人,要么私自挪用投资人的资金,使投资人的已投资金收不回来,未投资金同样血本无归。

(5)自融

自融产生的原因多种多样,包括:平台本身存在诈骗意图,发布虚假借款标的、骗取投资人的资金后卷款潜逃、平台成立的目的便是为实际控制人或关联公司融资,并不是撮合外部借贷需求;平台缺乏资产生产能力,找不到真正的借款项目供投资人投标,便自己发标自借自用;平台的风控能力差,借款项目坏账太多,只能自己借入资金进行其他投资,希望用投资收益填补坏账缺口;平台业务能力差,运营收入不足以覆盖支出(包括获客、风险管理、网站维护、坏账垫付等),只能发布虚假标的进行自融以弥补亏损;等等。

自融的风险不言而喻,但投资人并不容易发现。甚至在自融被发现之后,平台依然会为其正当性进行辩解,只要平台的资金流没有断裂,投资人也经常认可其辩解,导致风险累积,往往以平台倒闭或者投资人报案收尾。

(6)庞氏骗局

平台为了弥补坏账或运营亏损而进行自融,已经具备庞氏骗局的性质:发布虚假标的、向投资人许诺高息回报、吸引大量资金流入;利用该笔资金填补亏空后再借入更多资金,用后一批投资人的钱偿还前一批投资人的本息。平台在此过程中并无真正的业务现金流,只是不停地借新还旧。如果运作得当,庞氏骗局可以维持很长时间,等到最终没有正向现金流入(投资人对平台产生怀疑从而不再投资,或者平台的资金获取能力已经达到极限)时,骗局崩坍,涉及的人员和资金规模往往超乎想象。

据零壹数据统计,截至2016年底,已经出现问题(包括倒闭、停业、歇业等)的P2P借贷平台达到3201家,占上线平台总数的65.9%,2016年出现的问题平台更是多达1106家。所有的问题平台中,占比最大的3大类型分别是歇业停业、失联、网站关闭,分别达到30.4%、18.1%和17.7%。问题平台类型中不乏涉嫌诈骗、恶意跑路者,但也包括大量(占问题平台的一半以上)因经营不善而失去运营能力的平台,本身并无银行的经营能力,却以银行方式吸储、放贷,是这些平台失败的主要原因如图9-1所示。

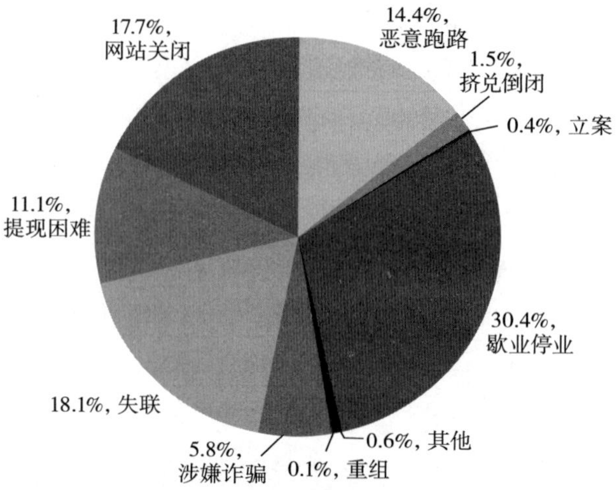

图 9－1　截至 2016 年底全国各类问题平台占比

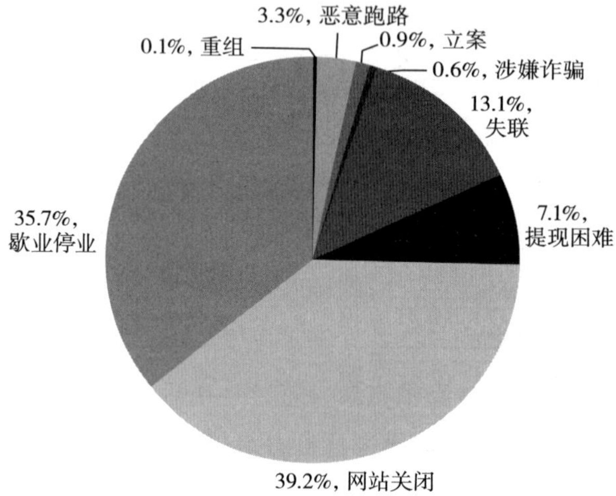

图 9－2　2016 年全国各类问题平台占比

即使对于目前仍在正常运营的平台,其业务经营不涉及以上任何问题的也微乎其微。从这个角度来说,国内真正符合“P2P 借贷”定义的平台可能不足 1%。

因此,我国 P2P 借贷行业在迅猛发展过程中,解决了一部分次级贷款需求问题,其方式是借助互联网渠道实现民间借贷公开化、阳光化。但由此引发了“合理”吸储问题,即平台日益成为吸储、放贷机构,即使平台上一个个明文列示的借款项目给予投资人点对点借贷的错觉,投资人的资金实质上也是投给平台的,并从平台收取利息和本金,而未必能够严格对应到某个已公开的真实借款需求,平台因此获得自由支配投资人资金的权力。即使存在监管,这类平台也依然可能通过暗箱操作进行吸储,其负面效果大于普惠金融价值,构成了我国 P2P 借贷行业的核心问题与风险。

9.2 监管办法及其解释

9.2.1 监管办法及其内容

2016 年 8 月 24 日，银监会、工业和信息化部、公安部、国家互联网信息办公室联合发布《网络借贷信息中介机构业务活动管理暂行办法》（以下简称《办法》）。《办法》共有八章四十七条，主要内容如下：

一是界定了网贷内涵，明确了适用范围及网贷活动基本原则，重申了从业机构作为信息中介的法律地位。网贷机构以互联网为主要渠道，为出借人和借款人提供信息搜集、信息公布、资信评估、信息交互、借贷撮合等服务；具有高效便捷、贴近客户需求、成本低等特点；在完善金融体系，弥补小微企业融资缺口、满足民间资本投资需求、促进普惠金融发展等方面发挥了积极的作用。《办法》规定，从事网贷业务，应当遵循依法、诚信、自愿、公平的原则，对出借人及相关当事人合法权益以及合法的网贷业务和创新活动予以支持和保护。

二是确立了网贷监管体制，明确了网贷监管各相关主体的责任，促进各方依法履职，加强沟通、协作，形成监管合力，增强监管效力。按照《关于促进互联网金融健康发展的指导意见》提出的“依法监管、适度监管、分类监管、协同监管、创新监管”的原则及中央和地方金融监管职责分工的有关规定，按照“双负责”的原则，《办法》明确银监会及其派出机构负责对网贷业务活动实施行为监管，制定网贷业务活动监管制度；地方金融监管部门负责本辖区网贷的机构监管，具体监管职能包括备案管理、规范引导、风险防范和处置工作等。《办法》还明确了工业和信息化部、公安部、国家互联网信息办公室等相关业务主管部门的监管职责以及相关主体的法律责任。

三是明确了网贷业务规则，坚持底线思维，加强事中、事后行为监管。根据《关于促进互联网金融健康发展的指导意见》提出的“鼓励创新、防范风险、趋利避害、健康发展”总体要求，为网贷机构提供充足的发展和创新空间，进一步释放市场活力，引导其回归信息中介、小额分散、服务实体以及普惠金融的本质。《办法》以负面清单的形式划定了业务边界，明确提出不得吸收公众存款、不得归集资金设立资金池、不得自身为出借人提供任何形式的担保等,并根据征求意见,增设不得从事的债权转让行为、不得提供融资信息中介服务的高风险领域等内容,旨在对打着“网贷”旗号从事非法集资等违法违规行为,坚决实施市场退出,按照相关法律和工作机制予以打击和取缔,净化市场环境,保护投资人的合法权益。

四是对业务管理和风险控制提出了具体要求。《办法》落实《关于促进互联网金融健康发展的指导意见》有关要求,规定实行客户资金由银行业金融机构第三方存管制度,防范平台道德风险,保障客户资金安全,严守风险底线。同时,为防止信贷集中度风险,根据相关部门意见,实现《办法》与刑事法律中非法集资有关规定衔接,引导网贷机构遵循小额分散原则,避免刑事执法混乱,规范行业乱象。《办法》明确规定了同一借款人在同一网贷机构及不同网贷机构的借款余额上限。

五是注重加强消费者权益保护,明确对出借人进行风险揭示及纠纷解决途径等要求,明确出借人应当具备的条件。《办法》设置了借款人和出借人的义务、合格出借人条件,明确对出借人风险承受能力进行评估和实行分级管理,通过风险揭示等措施保障出借人的知情权和决策权,保障客户信息采集、处理及使用的合法性和安全性。《办法》还明确了纠纷、投诉和举报等解决渠道和途径,确保及时有效地解决纠纷、投诉和举报等,保护消费者合法权益。

六是强化信息披露监管,发挥市场自律作用,创造透明、公开、公平的网贷经营环境。《办法》规定网贷机构应履行的信息披露责任,充分披露借款人和融资项目信息,定期披露网贷平台有关经营管理信息,对信息披露情况等进行审计和公布,保证披露的信息真实、准确、完整、及时。《办法》坚持市场自律为主、行政监管为辅的思路,明确了行业自律组织、资金存管机构、审计等第三方机构职责和义务,充分发挥网贷市场主体自治、行业自律和社会监督的作用。

9.2.2 监管细则要点分析

(1)监管主体

《办法》对网贷主管机构银监会和地方金融监管机构职能进行了分工,实行“双负责”原则,即由银监会及其派出机构对网贷业务实施行为监管,制定网贷业务活动监管制度,地方金融监管机构负责网贷机构的监管。

在具体分工上,银监会作为中央金融监管部门,负责对网络借贷信息中介机构业务活动,制定统一的规范发展政策措施和监督管理制度,指导地方金融监管部门做好网络借贷规范引导和风险处置工作,指导全国性网络借贷行业自律组织。

工信部负责对网络借贷信息中介机构业务活动涉及的电信业务进行监管。

公安部牵头负责对网络借贷信息中介机构业务活动进行互联网安全监管，打击网络借贷涉及的金融犯罪工作。

国家网信办负责对金融信息服务、互联网信息内容等业务进行监管。

地方金融监管部门负责本辖区网络借贷信息中介机构的规范引导、备案管理和风险防范、处置工作，指导本辖区网络借贷行业自律组织。

此外，省级网络借贷行业自律组织，还可教育会员遵守法律法规和网络借贷有关监管规定，受理有关投诉和举报，开展自律检查等。

（2）准入门槛

《办法》整体实行非牌照管理制度，实行事中、事后管理监管，而非事前监管，即实行备案制，也就意味着“宽进严管”。《办法》按照负面清单的模式设置了负面清单管理，同时按照简政放权的要求，对“网贷”机构实行备案管理，而不是传统意义上的持牌许可。

2016 年 11 月 28 日，中国银监会办公厅、工业和信息化部、工商总局办公厅印发《网络借贷信息中介机构备案登记管理指引》（以下简称《指引》）。《指引》要求，新设立的网贷平台登记注册、领取营业执照后，应当于 10 个工作日内向注册地金融监管部门申请备案登记。已设立的网贷平台，依据 P2P 网贷专项整治工作的安排，在各地完成分类处置后再行申请备案登记。

新设立的网贷借贷平台备案登记程序为：注册并领取营业执照—向注册地金融监管机构申请备案登记—地方金融监管部门出具备案登记证明文件。

按照要求，新设立网贷平台办理备案登记需要 9 大部分材料。包括：1）网贷平台基本信息，如名称、住所地、组织形式等；2）股东或出资人名册及出资额、股权结构；3）经营发展战略和规划；4）合规经营承诺书；5）企业法人营业执照正副本复印件；6）法定代表人以及董事、监事、高级管理人员基本信息资料；7）分支机构名册及其所在地；8）网贷平台官方网站及 APP 名称；9）地方金融监管部门要求提交的其他文件、资料。

对于已设立的网贷平台，除上述 9 大材料外，还需提交机构经营总体情况、产品信息及违法违规整改情况说明。按照要求，已设立的网贷平台，办理备案登记的具体时限不得超过 50 个工作日。

接到备案申请后，银监会要求地方金融监管部门对网贷平台以数据对比、网上核验、实地认证、现场勘查、高管约谈等方式进行审核。

备案登记完成后，备案登记指引指出，网贷平台应当持备案登记证明文件，与银行业金融机构签订资金存管协议。

(3)业务合规

A. 资金存管

《办法》要求网贷平台对客户资金实行第三方存管(第二十八条、第三十六条)。为防范网贷机构设立资金池和欺诈、侵占、挪用客户资金,增强市场信心。《办法》对客户资金和网贷机构自身资金实行分账管理,规定由银行业金融机构对客户资金实行第三方存管,对客户资金进行管理和监督。资金存管机构与网贷机构应明确约定各方责任边界,以便于做好风险识别和风险控制,实现尽职免责。

2016 年 8 月,银监会下发《网络借贷资金存管业务指引(征求意见稿)》,要求网贷机构"为委托人开立资金存管汇总账户和平台自有资金账户,为网贷机构的客户(包括出借人、借款人及其他网贷业务参与方等)在资金存管汇总账户下,分别单独开立客户交易结算资金账户,确保客户网络借贷资金和网贷机构自有资金分账管理……"

B. 信息披露

由于把 P2P 借贷平台定位为信息中介,信息披露成为监管抓手,需要披露的信息既包括借款人、借款项目信息,也包括平台自身信息。

《办法》第三十条规定网贷机构应当在其官方网站上向出借人充分披露以下信息:

• 披露内容

①借款人基本信息,包括但不限于年收入、主要财产、主要债务、信用报告;

②融资项目基本信息,包括但不限于项目名称、类型、主要内容、地理位置、审批文件、还款来源、借款用途、借款金额、借款期限、还款方式及利率、信用评级或者信用评分、担保情况;

③风险评估及可能产生的风险结果;

④已撮合未到期融资项目有关信息,包括但不限于融资资金运用情况、借款人经营状况及财务状况、借款人还款能力变化情况等;

⑤第三十九条规定:网络借贷信息中介机构应当聘请有资质的会计师事务所进行年度审计,并在上一会计年度结束之日起 4 个月内向地方金融监管部门报送年度审计报告;第三十七、三十八条还规定了重大风险信息报送事项和一般信息报送事项。

• 披露形式

①在官方网站上建立业务活动经营管理信息披露专栏,定期以公告形式向公众披露年度报告、法律法规、网络借贷有关监管规定。

②将定期信息披露公告文稿和相关备查文件报送工商登记注册地地方金融监管

部门，并置备于机构住所供社会公众查阅。

• 披露信息审计

聘请会计师事务所定期对本机构出借人与借款人资金存管、信息披露情况、信息科技基础设施安全、经营合规性等重点环节实施审计，并且应当聘请有资质的信息安全测评认证机构定期对信息安全实施测评认证，向出借人与借款人等披露审计和测评认证结果。

C. 行为红线

《办法》把网络借贷明确定义为个体和个体之间，通过互联网平台实现的直接借贷，把网贷服务机构界定为信息中介，以互联网为主要渠道，为借款人与出借人（即贷款人）实现直接借贷提供信息搜集、信息公布、资信评估、信息交互、借贷撮合等服务。

信息中介主要相对信用中介而言，后者以自身信用替代借款人信用，统一归集出借人的资金，依自身能力无差别地使用出借人的资金进行放贷。借款人的信用风险由信用中介机构承担，即使借款人违约，（在相关法律、法规规定的额度范围内）信用中介机构也依然需要按照合同约定全额本息归还出借人的资金。信息中介则无须承担借款人的信用风险，其主要职责在于撮合借贷需求，以及围绕撮合业务提供相应的信息搜集、评估和发布服务。

《办法》中禁止行为由原征求意见稿的十二条增为十三条。其中"不得从事的债权转让行为，不再提供融资信息中介服务的高风险领域"。为新增禁止行为。

《办法》明确规定，作为信息中介的网贷平台网络借贷信息中介机构承担客观、真实、全面、及时进行信息披露的责任，不承担借贷违约风险（第三条）。但同时不得提供增信服务、不得设立资金池、不得非法集资（第三条）；禁止利用本机构互联网平台为自身或具有关联关系的借款人融资（第十条）；禁止直接或间接接受、归集出借人的资金（第十条）；禁止向出借人提供担保或者承诺保本保息（第十条）；禁止将融资项目的期限进行拆分（第十条）；禁止故意虚构、夸大融资项目的真实性、收益前景，隐瞒融资项目的瑕疵及风险，以歧义性语言或其他欺骗性手段等进行虚假片面宣传或促销等，捏造、散布虚假信息或不完整信息损害他人商业信誉，误导出借人或借款人（第十条）；等等。

D. 其他要点

• 限额

《办法》明确规定了同一借款人在同一网贷机构及不同网贷机构的借款余额上限。单一的个体、单一的自然人在单一平台上的借款上限是20万元，单一组织、法人在单一平台上借款上限是100万元，单一自然人在多个平台的借款上限是100万元，单个法人在多个平台的借款上限是500万元。

- 合格投资者

《办法》明确提出网贷机构应对出借人进行风险评估,根据评估结果对出借人实行分级管理,即实行合格投资人制度,通过风险揭示等措施,保障出借人知情权和决策权,并设置可动态调整的出借限额和出借标的限制。

按照要求,网贷机构应当对出借人的年龄、财务状况、投资经验、风险偏好、风险承受能力等进行尽职评估,不得向未进行风险评估的出借人提供交易服务。

- 技术安全

《办法》要求网贷机构开展信息系统定级备案和等级测试,具有完善的防火墙、入侵检测、数据加密以及灾难恢复等网络安全设施和管理制度;建立信息科技管理、科技风险管理和科技审计有关制度;配置充足的资源,采取完善的管理控制措施和技术手段保障信息系统安全、稳健运行,保护出借人与借款人的信息安全。

网贷机构应当记录并留存借贷双方上网日志信息,信息交互内容等数据,留存期限为自借贷合同到期起5年;每两年至少开展一次全面的安全评估,接受国家或行业主管部门的信息安全检查和审计。

网贷机构成立两年以内,应当建立或使用与其业务规模相匹配的应用级灾备系统设施。

9.3 监管落地及整改方向

9.3.1 资金存管

P2P 行业频繁爆发的跑路事件使资金安全成为投资人关注的首要问题。资金存管也成为平台为增强投资人信心而设立的主要保障方式,目的是防止用户资金被非法挪用或在平台破产清算时,不受到平台债务等问题的牵连。

(1)存管机构

在银行介入之前,第三方支付机构一直是 P2P 平台在客户资金管理方面的主要合作对象,但其合作方式大多停留在平台通过第三方支付开立一个统一的资金归集中间账户,这种模式下客户资金的支配权仍掌握在平台手中,被挪用或权属不清的风险并没有得到解决。尽管也有第三方支付机构为平台的所有用户设立了独立二级账户,使客户资金流转不经由平台,但其仍无法避免由第三方支付机构作为资金存管方本身存在的一些问题,如缺乏足够的风控能力和存管经验、风险承受能力相对较弱、缺乏监管标准和受托资质、商业合作下的部分利益驱动使其缺乏客观性等。

在上述背景下,2015 年 7 月 18 日央行等 10 部委联合发布了《关于促进互联网金融健康发展的指导意见》,提出要建立客户资金第三方存管制度,实现客户资金与从业机构自身资金的分账管理,并首次明确了资金存管机构应当是银行业金融机构,这就使第三方支付机构无法再承担资金存管机构的职责。2017 年 2 月 23 日,银监会对外发布的《网络借贷资金存管业务指引》则在指导意见的基础上,进一步说明了银行作为资金存管方的责任承担,主要包括两个方面:

第一,明确了存管银行的主要责任,包括监管平台用户(即借款人和出借人)资金账户的开立和使用、依据用户向平台发出的指令对其资金进行“存管、划付、核算和监督”等。只有借贷双方的个人资金账户均被囊括入存管银行的账户体系,才能真正实现该银行对用户账户和资金的监管。

第二,明确了存管银行的责任界限,即银行只承担“实名开户和履行合同约定及借贷交易指令表面一致性的形式审核责任”,而并不对项目和交易本身的真实性及违约风险负责。这就需要平台做好宣传和教育,不对投资人造成误导,促使其理性投资。

然而受对接流程较长、开发成本高等多方面因素的影响,真正实现由银行进行资金存管的平台仍为少数。截至 2017 年 2 月 23 日《网络借贷资金存管业务指引》发布当天,已经上线银行资金存管的平台只有 167 家。

(2)主流存管模式介绍

目前主流存管模式有两种,一种是直接存管,一种为银行直连。直接存管即通常所说的“大账户 + 小账户”模式,子账户可以是虚拟账户模式(如民生银行为积木盒子、人人贷提供的资金存管服务),其特点是存管银行会为每个用户开立一个平台汇总账户下的子账户,并由用户自行设置一个交易密码,任何人未经用户密码授权不得擅自动用账户内的资金,同时基于这样的账户体系,也可以实现借贷双方资金的点对点流动。

而开鑫贷、金宝保采用的是银行直连模式,其特点在于一般需要用户事先已有平台合作银行的实体账户或直销银行账户,认证绑定后用户无须进行充值、提现操作,只需通过银行的支付结算通道直接进行一对一资金划转,使平台无法触及资金。这种模式具有特殊性,一般平台不易仿效,我们重点讨论直接存管。

从合规的角度来看,P2P 资金存管制度的政策意图主要有两点:一是实现平台和用户资金的分账管理,二是信息流与资金流要实现匹配。虚拟账户模式下,由于用户的资金都存放在自己的存管子账户里,划转需要经过用户确认和授权,因此不存在与平台资金混淆被挪用的情况。同时银行可以直接对整个账户体系进行监管,资金的流转都严格依照合同及指令进行操作,相当于银行可以直接掌握信息流和资金流,避免出现交易信息被平台篡改或错误登记而出现与资金流不一致的风险。如果不在银行为 P2P 借贷平台的用户单独设立子账户而仅采用全平台统一账户,那么尽管每一笔资金的进出都在银行的监管之下,可以实现资金分离的目的,但由于银行难以对借贷双方的资金流动建立基于个人账户的一一对应关系,往往会在出现银行信息登记与平台不一致的情况时无从验证。

(3)存管障碍及解决办法

从技术的角度来看,随着越来越多的银行建立了自身的虚拟账户体系,系统开发已经不是 P2P 资金实行银行存管的主要阻碍,其主要问题在于系统对接。一方面,银行与单个平台直接沟通开发的系统较为定制化,使针对其他平台的复用性较差,对于不同平台的多样化需求又较难沟通和实施;另一方面,即便银行综合多样化需求后,开发了统一的标准化接口,对接效率还会受到平台本身的技术实力及原有系统匹配度的影响,如原来采用第三方支付存管系统的账户体系要进行转移,原来存在资金池情况的系统要涉及整改,没有接口的要开发相应接口等。此外,银行本身的系统方案制定环节和决策审批流程漫长也是影响对接效率的主要原因之一。

针对上述情况，一些第三方支付机构和网贷系统解决方案提供商，如新浪支付、微汇金融、融都科技、汇付天下、易宝支付等，基于其对 P2P 平台相关账户系统的服务经验以及对互联网金融的了解，在符合监管精神的前提下，也为 P2P 资金存管提供了一些支持服务，如支付通道、技术支持、系统运维、客户筛选等，以提高平台和银行之间的技术对接和决策效率。据了解，第三方机构在开发好系统后，单从技术实施角度考虑接入银行和平台分别需要 1 个月左右的时间周期，其系统搭建的难点主要在于，需要通过中间环节的加工包装对外提供统一的标准化接口，以使系统可以既适用于银行的存管方案，又能满足不同平台的多样化需求。

9.3.2 信息披露

《办法》对信息披露的方式、内容、程度等进行了规定。网贷机构须披露的信息包括：1）借款人信息；2）融资项目信息；3）风险评估及可能产生的风险结果；4）已撮合未到期融资项目资金运用情况等。实操上，网贷机构还需要聘请会计师事务所，定期对本机构出借人与借款人资金存管、信息披露情况、信息科技基础设施安全、经营合规性等重点环节实施审计，并且应当聘请有资质的信息安全测评认证机构，定期对信息安全实施测评认证，向出借人与借款人等披露审计和测评认证结果。

在《办法》规定之外，在个体网络借贷（P2P）领域，平台作为居间人，应按照《合同法》有关规定承担如实披露借款人信息和项目信息的义务。

2016 年 10 月，中国互联网金融协会发布了《互联网金融信息披露 个体网络借贷》标准（T/NIFA 1—2016），定义并规范了 96 项披露指标，其中强制性披露指标 65 个、鼓励性披露指标 31 项，分为从业机构信息、平台运营信息与项目信息等 3 方面，以期通过信息披露使行业达到“三个透明”，即通过披露从业机构、年度报表、股东高管与平台经营等信息，达到机构自身透明；通过披露资金存管、还款代偿等信息，达到客户资金流转透明；通过披露借款用途、合同条文、相关风险以及借款人信用等信息，达到业务风险透明。《中国互联网金融协会信息披露自律管理规范》分为总则、信息披露管理与责任、信息披露方式和要求、奖惩、附则五部分内容，对经发现确认为违规的信息披露行为将依据相关条例实施自律惩戒。

此前，信息披露存在的问题使欺诈犯罪很难被及时发现，同时客观上也造成了投资者“看收益、不看风险”“买平台、不买产品”，进而要求“刚性兑付”的问题，直接推高了互联网金融行业整体风险。从实现逻辑来看，充分的信息披露可以发挥社会公共监督作用，防范道德风险和欺诈行为，保护金融消费者和投资者的合法权益。

作为信息中介机构,充分的信息披露是平台规避承担信用风险的前提。在此基础上,平台的核心竞争力将表现为,对信息真实性的审查和对借款人资信的评估,这两个方面将是未来平台在竞争中胜出的主要能力。

9.3.3 信息安全及监管

信息安全一般包括两个层面:一是数据安全,即系统中所包含的各类用户和交易数据不会遭到泄露、删除、伪造或篡改等威胁,也就是说,要保证平台数据的隐私性、完整性和真实性;二是系统安全,即提供平台服务的系统软硬件本身可以持续、正常运行,拥有较好的稳定性以及可靠的入侵防御和灾难备份机制。

在数据安全层面,目前大多较具规模的 P2P 平台普遍采取的措施包括:经过 MD5 加密处理隐私信息、支持安全套接层协议(Secure Sockets Layer,SSL)解决数据安全传输问题、采用数字签名技术保障电子合同有效性等。除此之外,平台也会通过员工权限配置、签署保密协议等管理方式来确保用户信息的安全和隐私。

在系统安全层面,主流 P2P 平台大多采用了三层防火墙隔离系统、异地机房数据库容灾备份机制、分布式架构处理庞大并发的交易量等措施,保障系统的日常运维和防灾处理。另外,也有平台会直接与云服务商、网络系统服务商等机构合作(如阿里云、融都科技等)来为其提供对应的解决方案。

不过,仍有大量的平台没有建立或因缺乏相应的标准,不知道如何建立符合自身的信息安全体系。对此,《办法》也分别从“网络信息与安全”(第十八条)“电子签名”(第二十二条)和“档案管理”(第二十三条)提出了对应的监管要求。

9.3.4 出借人风险评估

根据《办法》第二十六条的规定,P2P 平台需要对出借人进行风险评估和分级管理,其主要目的是通过对出借人和所投融资项目进行风险匹配以保障出借人的权益。国外 P2P 平台主要从投资经历、年收入、净资产状况等角度筛选投资者。例如,Lending Club(以下简称“LC”)要求投资者必须满足的条件包括,年收入在 7 万美元以上并且个人净资产(除住宅和汽车之外)在 7 万美元以上,或者个人净资产在 25 万美元以上。LC 通过统一的门槛指标,筛选掉不具备风险承受能力的投资者,与国内私募机构筛选合格投资人的方法类似,可供 P2P 平台借鉴。

考虑到国内 P2P 平台上的投资人更加多样化,单一门槛难以界定不同投资人的风险特点,平台也可以采用一些更加精细的评估方法,针对不同的用户群体,建议其投资不同风险等级的借款项目。

可以参考商业银行针对理财客户风险承受能力的评估方法，设计评估问卷，并由系统根据出借人填写的问卷结果自动打分如表9－1所示。

表9－1　评估问卷设计逻辑

评估类型	评估目的	主要评估指标
财务状况	出借人是否有稳定现金流，物质条件的保证是出借人理性投资的基础	家庭收入、负债情况等
投资经验	侧面反映出借人对P2P借贷是否有一个基础的风险认识	投资过的产品类型、投资年限等
出借规模	评估出借人的投资态度与激进程度	预计出借规模、出借规模占年收入比例等
风险偏好	判定出借人的风险承受能力	最大承受损失的比例、对风险的厌恶程度、收益预期等
出借期限	判断出借人投资的稳定性，出借期限越短说明稳定性越低	流动性偏好

9.3.5　反洗钱和反恐怖融资

《办法》在第九条"机构义务"中规定了P2P平台，应当建立健全客户身份识别制度、客户身份资料和交易记录保存制度、可疑交易报告制度，履行反洗钱和反恐怖融资的义务，但并未对各项制度的具体要求做出规定。而央行在此前已经针对金融机构和支付机构，在这三项制度的执行上专门出台了一系列较为完善的管理细则，包括《金融机构 客户身份识别和客户身份资料及交易记录保存管理办法》《金融机构大额交易和可疑交易报告管理办法》《金融机构报告涉嫌恐怖融资的可疑交易管理办法》《支付机构反洗钱和反恐怖融资管理办法》等，由此可为P2P平台建立上述相关制度提供一定的参考。

(1)客户身份识别制度

根据《金融机构客户身份识别和客户身份资料及交易记录保存管理办法》第三条，客户身份识别制度要遵循"了解你的客户"(Know Your Customer，KYC)原则，针对可能具有洗钱或者恐怖融资风险特征的客户、业务关系或者交易，采取相应的措施，了解客户及其交易目的和交易性质，了解实际控制客户的自然人和交易的实际受益人。

上述办法针对银行类金融机构、证券/基金/期货类公司、保险公司、信托公司、其他金融机构，分别规定了这些机构在面临什么样的情形时，需要对客户身份进行识别，具体可以划分为以下两大情形。

A. 一般情形

针对金融机构在与客户建立业务关系或为其办理规定金额以上的一次性业务时，应当对客户真实有效的身份证件或者其他身份证明文件进行核对并登记。例如，银行类金融机构在为非本机构客户提供一次性金融服务（同时要求单笔交易金额在人民币 1 万元以上或者外币等值 1000 美元以上）时，证券/基金/期货类公司在为客户办理资金账户开户、身份信息资料修改、开通非柜面交易方式（网上交易、电话交易等）等业务时，其他金融机构在与客户签订金融业务合同时，都应当进行客户识别。

B. 重新识别情形

即在对客户进行持续关注的基础上，出现异常或可疑情况时，应当对客户身份进行重新识别，包括客户要求身份信息资料变更、发现获得的客户信息与先前掌握的相关信息存在不一致等情形。

参考上述规定和自身情况，P2P 平台在就一般情形进行身份识别时，除了对初次建立业务联系的所有客户进行有效身份证件（如居民身份证、护照、营业执照等）核对，还可以要求借款人提供更多关于其实际控制人和交易受益人的资料。也可以在出借人的出借规模达到一定金额标准时，适当要求其补充更多身份证明文件，如常住地证明、工作证明等。这一业务金额标准可以参考现有法律的最低和普遍情形来设定，如单笔交易金额在人民币 1 万元以上或外币等值 1000 美元以上，账户资金余额连续 10 天超过人民币 5000 元或外币等值 1000 美元等。另外，对于 P2P 平台在何种情况下需要对客户进行重新识别，可主要基于下文提到的可疑交易情形来确定。

基于上述不同情形进行身份识别获取的客户信息和资料，可为平台在客户风险等级划分方面提供依据。客户风险等级划分也是上述法规对建立客户身份识别制度的基本要求，目前金融机构多基于客户的地域、行业、业务、交易等风险因素对客户进行高、中、低三个层次的划分。按照相对严格的一种划分方式，低风险用户多指一些交易行为不存在异常、不涉及高风险行业（如娱乐、典当、拍卖、房地产、证券、保险等行业）和地区（如贩毒、走私、恐怖活动、赌博、避税等地区）、信息提供相对全面的客户；中风险用户多指一些存在可疑交易行为但未被认定涉嫌犯罪的客户；高风险客户则多与高风险行业、地区、公示的恐怖或犯罪分子名单有关，其可疑交易行为经分析认定，也多有洗钱或恐怖融资的嫌疑。

在确定客户风险等级后，应当针对不同等级的客户予以不同程度的关注。例如，在审核周期层面，对于高风险客户按照规定应当至少每半年进行一次审核；在信息审核全面性层面，对于高风险客户按照规定还应当了解其资金来源、资金用途、经济状况或者经营状况等信息,并加强对其金融交易活动的监测分析。

最后还需要注意的是,P2P平台如果存在委托其他机构代为履行识别客户身份义务的情形,还应当符合上述法规的相关要求并由平台自身承担未履行客户身份识别义务的责任,包括责令改正、纪律处分、处以罚款、吊销执照等(《中华人民共和国反洗钱法》第三十一、三十二条)。

(2)客户身份资料和交易记录保存制度

根据《金融机构客户身份识别和客户身份资料及交易记录保存管理办法》以及《支付机构反洗钱和反恐怖融资管理办法》,现有金融机构和支付机构针对客户身份资料和交易记录保存制度的建立一般包括四个方面:确立应当保存的资料范围、建立安全便捷的资料保存和查询系统、符合法律规定的保存期限要求、做好业务终止时的资料移交工作。P2P平台也可以基于这四点做好相对应的资料保存工作。

其中应当保存的资料包括能够反映客户身份信息和交易信息的所有数据、凭证、账簿和其他资料。对于P2P平台,可以按照征求意见稿的规定,对借贷双方的上网日志信息、信息交互内容、借贷合同等资料进行保存,并要求至少5年的保存期限。对于资料保存系统的建立,可以参照针对支付机构的相关要求,包括实时记载操作记录、保证资料安全、便于查询分析等。最后针对业务终止时的资料移交,一般是由"一行三会"指定的机构来承接;针对P2P平台我们建议由当地监管部门或行业自律组织来管理,这样一方面可以使相关资料的安全性有所保证,另一方面也便于这一类接管机构协助进行反洗钱调查,或就其所承接的未尽业务与维权用户进行沟通。

(3)可疑交易报告制度

所谓可疑交易,是指在金额、频率、流向、性质等方面出现了异常情形、经分析认为涉嫌洗钱的交易。通过对《金融机构大额交易和可疑交易报告管理办法》所列示的各类金融机构存在的可疑交易行为的整理和归纳,其可疑行为界定至少包括以下四个维度:

A. 客户的资金流动行为在短期(10个工作日内)出现了频繁(营业日每天发生3次以上或每笔发生持续3天以上)、大量(交易金额单笔或者累计低于但接近大额交易标准)的特征,如"短期内相同收付款人之间频繁发生资金收付,且交易金额接近大额交易标准""平常资金流量小的账户突然有异常资金流入"等;

B. 客户与洗钱或恐怖融资高风险的地区、行业、业务以及国务院有关部门、司法机关、联合国安理会、中国人民银行等部门公布的恐怖名单有关,如"与来自于贩毒、走私、恐怖活动、赌博严重地区或者避税型离岸金融中心的客户之间的资金往来活动在短期内明显增多";

C. 客户的交易行为与其经济情况不匹配,如“提前偿还贷款与其财务状况明显不符”“短期内资金分散转入、集中转出或者集中转入、分散转出,与客户身份、财务状况、经营业务明显不符”等;

D. 客户无法提供合法证明文件或提供的相关文件资料有伪造、变造嫌疑的情形等。

表 9-2 《金融机构大额交易和可疑交易报告管理办法》规定的大额交易标准

P2P 平台可以参照上述几个维度建立针对自身平台客户的可疑交易判定标准,如可以关注出借人的单个账户是否在短期内出现了频繁、大量的充值、提现和投资行为,借款人是否出现与其财务情况明显不符的提前还款行为,等等。另外按照针对金融机构和支付机构的一般规定,平台还应当指定专门人员负责可疑交易的分析、判断,并可参考表 9-3 的具体要求向主管机关(中国反洗钱监测分析中心)提交可疑交易报告

表 9-3 现存法律法规针对可疑交易报告的一般报送要求

涉及方面	一般要求
报送格式和填报要求	参考各办法提供的要素附表,包括报送主体、可疑交易、可疑主体、交易对手等的具体信息填报
报送主体	总部或总部指定的一个机构
报送期限	可疑交易发生后的 10 个工作日内
报送对象和报送方式	以电子方式报送中国反洗钱监测分析中心;涉嫌犯罪的应该同时报送中国人民银行当地分支机构;发现犯罪的还应该立即报送当地公安机关

9.3.6 借贷决策问题

《办法》第二十五条规定“网络借贷信息中介机构不得以任何形式代出借人行使决策。每一个融资项目的出借决策均应当由出借人作出并确认”,该规定的主要精神在于,通过自主决策使用户明晰所投项目的风险,回归个体对个体借贷的本质。

由于投资人在实际操作中以小额分散原则,将资金出借给多个借款人是较好的投资策略,可以分散风险。而面对 P2P 平台上大量的借款标的,出借人逐一查看和筛选会耗费大量时间和精力,反而影响决策质量和效率。从提升用户体验的角度,宜允许平台根据投资人情况进行一定程度的筛选或推荐,并支持出借人的批量投资、确认操作。

9.3.7 网络与信息安全

《办法》第十八条对P2P平台开展定级备案和等级测试提出了相应的要求，根据2007年公安部等公布的《信息安全等级保护管理办法》，信息系统根据损害对象和损害程度的不同主要分为以下五级如表9－4所示。

表9－4 信息系统安全保护等级划分

受侵害的客体	对客体的侵害程度		
	一般损害	严重损害	特别严重损害
公民、法人和其他组织的合法权益	第一级	第二级	第二级
社会秩序、公共利益	第二级	第三级	第四级
国家安全	第三级	第四级	第五级

资料来源：《信息系统安全等级保护定级指南》。

根据公安部的办法，各平台应该依照自主定级、自主保护的原则合理确定自身信息系统的安全保护等级。在此基础上开展信息系统安全建设或改建工作的同时，还应当参考该办法第十二、十三条所列举的一系列技术标准和管理规范，以建立和制定符合自身等级要求的信息安全设施和安全管理制度。

据公开信息披露，目前已获得安全保护等级备案的P2P平台信息系统多定级为第二级。这两类级别的信息系统运营、使用单位均需要在等级确定后30日内到所在起设区的市级以上公安机关办理备案。与此同时，涉及第三级信息系统还需要满足更多的要求。

尽管该办法没有对二级范围内的系统在测评、自查和接受检查方面做出明确要求，但P2P平台仍应当按照征求意见稿的规定每两年至少开展一次全面的安全评估，以及时发现信息系统存在的问题，避免安全隐患发生。

对此，具有较强技术实力和人员配备的平台可以直接参照《信息系统安全等级保护实施指南》开展等级保护工作，而有需要的P2P平台也可以联系信息安全服务机构、信息安全等级测评机构、信息安全产品供应商为其提供系统定级、测评、产品开发等服务。其中，中国信息安全认证中心会对信息安全服务机构进行服务资质认证和公示，国家信息安全等级保护工作协调小组办公室，也会在中国信息安全等级保护网上定期更新《全国信息安全等级保护测评机构推荐目录》。

此外，《办法》在第十八条中还提到了“网络借贷信息中介机构成立两年内，应当建立或使用与其业务规模相匹配的应用级灾备系统设施”。目前针对应用级灾备系统设施没有明确的官方标准。根据行业惯例，应用级灾备与数据级灾备分别属于信息系统灾难备份的两个级别,其中数据级灾备主要针对的是发生灾难后数据的备份和恢复;应用级灾备则需要在保障数据安全的基础上,还能够对原系统发生故障时进行及时有效的接管,以维持业务的连续性。

P2P 平台系统运作的连续性对于投资人信心、平台声誉以及信息安全尤为重要,因此监管办法明确了 P2P 平台所需要建立的灾备系统设施级别应当是应用级。考虑应用级灾备系统工程建设的高成本和复杂性,P2P 平台可以选择与可靠的应用级灾备解决方案提供商合作,以建立符合自身情况的灾备系统。目前一种较为主流的方式是与阿里云、华为云等云服务平台进行对接来实现系统切换。

9.3.8 配合各行业管理机构

《办法》第四条规定了各监管部门应该根据自身管理职责,对网络借贷信息中介业务活动进行监管,其中除行业主管部门银监会以外,还涉及公安部、国家互联网信息管理办公室、工业和信息化部 3 个部门。根据规定,P2P 平台应配合上述部门做好以下相关工作:

(1)配合公安部门维护互联网安全,打击金融犯罪工作

金融犯罪是指依法应当受到刑事处罚的破坏金融管理秩序和金融诈骗行为。根据《刑法》《关于审理非法集资刑事案件具体应用法律若干问题的解释》等规定,网络借贷业务及用户可能涉及的金融犯罪行为主要包括:非法吸收公众存款罪、集资诈骗罪、洗钱罪等。

①打击非法吸收公众存款及集资诈骗犯罪活动

上述犯罪活动主要表现为,借款人利用 P2P 平台,编造虚假借款项目,骗取出借人的资金。因此,P2P 平台在打击上述犯罪活动时,最核心的措施就是加强对借款人的审核。审核的依据是看借款人是否满足非法吸收公众存款罪成立的 4 个要件如表 9 -5 所示。

表 9 -5 关于非法吸收公众存款罪成立的四个要件

第一条 违反国家金融管理法律规定,向社会公众(包括单位和个人)吸收资金的行为,同时具备下列四个条件的,除刑法另有规定的以外,应当认定为刑法第一百七十六条规定的“非法吸收公众存款或者变相吸收公众存款”: (一)未经有关部门依法批准或者借用合法经营的形式吸收资金; (二)通过媒体、推介会、传单、手机短信等途径向社会公开宣传; (三)承诺在一定期限内以货币、实物、股权等方式还本付息或者给付回报; (四)向社会公众即社会不特定对象吸收资金。

资料来源:《最高人民法院关于审理非法集资刑事案件具体应用法律若干问题的解释》。

在审核是否为集资诈骗行为时,在上述要件成立的基础上,以非法占有为目的(即诈骗方法)进行非法集资的,属于集资诈骗行为。若借款人符合上述情况,平台应该保存好证据立即向公安机关报案。同时,对于平台自身无法准确甄别的情况,应该做好对于出借人和借款人相应资料的保存,在公安机关需要时,及时予以提供、上报。

②打击网络洗钱犯罪活动

P2P 平台应该严格履行反洗钱义务,接受公安部门反洗钱监督管理,并通过建立客户身份识别制度、客户身份资料和交易记录保存制度、可疑交易报告制度,防止网络洗钱行为的发生。上述制度建立的具体细节参考 3.9 章节,此处不再赘述。

(2)配合国家互联网信息管理办公室,提供完善的金融信息服务,规范信息管理

根据《互联网信息服务管理办法》中的规定,“互联网信息服务提供者应当向上网用户提供良好的服务,并保证所提供的信息内容合法”。这里所涉及的互联网信息内容对应到 P2P 平台的业务中包括但不限于:平台官网页面展示的内容、平台在网络上公开发布的对外宣传资料、用户通过平台论坛等渠道发布的相关信息以及通过公开渠道检索的与平台及其项目相关的内容等。

P2P 平台在配合网络信息监管时,首先,应做到自身不发布任何涉及危害国家安全的、破坏民族团结的、扰乱公共秩序的、侵犯他人权益的、涉及违法犯罪的以及其他法律、行政所禁止的互联网信息内容;其次,一旦发现平台存在上述不合法内容,应当立即停止传输和展示,保存有关原始记录,并在 24 小时内向当地公安机关报告或者在网络违法犯罪举报网站进行举报。此外,P2P 网站在提供论坛功能时,还应当记录提供的信息内容、发布时间、互联网地址或者域名,并将记录备份 60 天,在国家有关机关依法查询时予以提供。

9.3.9 业务暂停与终止

《办法》提及了业务暂停与终止相关问题,并要求“网络借贷信息中介机构因解散、被依法撤销或宣告破产而终止的,应当在解散、被撤销或破产前,妥善处理已撮合存续的借贷业务,清算事宜按照有关法律法规的规定办理”。但现实情况是大量平台在出现问题前,已经没有相匹配的财力和人力去解决存续业务的问题,同时很多借款项目长达 1 年及以上,在缺乏严格规范的背景下平台难以主动去维系存续业务。因此,我们认为应该针对存续合同安排问题提出更加明确的规定。

此处可以参照英国金融行为监管局(以下简称“FCA”)对 P2P 借贷平台的管理。FCA 认为“如果借贷类众筹平台破产,对于投资者通过平台借出的尚未到期的资金,平台负有继续管理的义务”。但鉴于适当管理原则以及对监管成本的平衡,FCA 仅要

求平台在设立之初制定“生前遗嘱”制度,同时对该制度的建立提出建议,包含确定未到期债务管理人、后续资金和费用安排、债务违约处理三大方面。结合我国 P2P 借贷行业现状及 FCA 监管经验,业务暂停与终止的制度安排需要考虑以下三个问题:

(1)债务管理人的确定

英国监管机构提出两种处理方式:一是平台成立执行工作组自行维持独立客户资金账户的运作;二是将未到期的借贷业务交接给其他稳定经营的 P2P 平台。在国内 P2P 借贷行业尚不成熟且国内整体缺乏破产操作经验的情况下,上述两种方式的借鉴意义较为有限。对此可发挥地方性自律组织的作用,设立本地域的统一平台接手破产 P2P 企业的存续业务,或允许借助资产管理公司(AMC)进行业务转让,制定相应的制度安排。

(2)后续资金和费用安排

由于 FCA 在《关于网络众筹和通过其他方式发行不易变现证券的监管规则》中已经对平台的客户资金提出了详细的《客户资金规则》,因此 FCA 建议平台在制定“生前遗嘱”时,要求存续业务管理人按此管理客户资金,同时为客户设立新的银行账户以接受未到期借贷的本息偿还,但向出借人分配资金的费用由出借人按比例负担。

承接 FCA 的制度以及我们对存续债务管理人的建议,可由自律组织或 AMC 事先在银行开立独立的“遗嘱金”账户,按照借款笔数(贷款余额所涉及笔数)定期向 P2P 平台提前收取少量费用,用于其破产后的业务维护。P2P 机构在面临业务终止时,需将平台的运营权力交由 AMC,由该组织维系用户资金账户的正常运作,同时还需将存续的合同信息及其他用户信息一并交付。

(3)债务违约处理

面对存续合同的违约问题,我们认为可通过如下四种方式解决:1)AMC 向出借人披露借款人相关的信息,由出借人委托催收公司或通过法律途径自行主张权利;2)AMC 受托为出借人统一处理违约债务,由出借人自行承担相关费用;3)由经相关部门认可的 P2P 借贷平台或其他机构对违约债务进行收购,并给予出借人一定的补偿,其他机构可涵盖小贷公司、不良资产处置机构等;4)如果平台采用风险保障金机制,且在其退出前风险保障金账户尚有余额,此余额应一并转入“遗嘱金账户”,用于违约赔付,因为按照其设立本意,风险保障金应为平台的投资人所共有,平台自身不得挪用。

9.4 监管背景下平台的新选择

9.4.1 网贷平台集团化

从 2016 年 8 月到 2017 年 4 月,超过 10 家网贷进行了集团化升级。对规模较大、业务条线繁多的平台来说,其集团化的意义在于几方面:

(1)满足合规需求

集团化可满足两方面合规需求:1)满足当前监管的分业经营、分业监管;2)满足限额令下大额资产的消化需求。以往在网贷平台上代销的银行理财、基金、保险等产品,在监管上由“一行三会”分别负责。《关于促进互联网金融健康发展的指导意见》也对互联网金融主要业态的监管职责进行了分工,落实了监管责任,明确了业务边界。网贷平台升级为集团,成立不同的子公司将网络借贷业务、基金、保险、信托等业务分开,更符合监管的要求。限额令下发后,原有网贷平台大额资产无法在网贷平台上消化,将资产业务拆分,可以实现对外资产输出、消化。

(2)管理与统筹

许多平台除抵押、担保贷款等抵押资产外,三农金融、消费金融业务也在逐步增加,由于各业务之间的属性不同,基于场景的客户需求以及 IT 架构差异性较大,出于统筹、核算以及风控需要,“集团化”之举顺理成章。从已进行集团化的平台来看,资产端和资金端的剥离是常规之举,并形成相互支撑之势。

(3)品牌升级、业务扩展

“集团化”本身是一种实力的展现。集团化后的子公司业务可分别建立品牌,优化外界对其形成的固有品牌印象,进行业务拓展。业务拆分后形成的子平台在集团内业务协作的基础上,可以拓展对外业务,如资产输出、技术输出等。这些业务所形成的各自品牌、业务能力,对企业整体估值也有积极作用。

9.4.2 大额标的借道金交所

网贷平台与金融资产交易所的合作有两种形式,一是资金端合作;二是资产端合作。

资金端合作是指网贷平台对接金交所资产,以债权转让等形式进行打包发售,在监管部门对网贷平台穿透式监管模式下,已行不通。在北京市金融监管部门下发的《北京地区网络借贷信息中介机构事实认定及整改要求》中,平台须认定自身是否有“将散标或债权转让标的打包发售,资产端对接金融交易所产品,对接融资租赁公司产品,对接典当行、保理公司、小额贷款公司、担保公司等其他形式为涉嫌违规行为”。

对于资产端合作,监管虽认定“平台产品无法穿透到实际借款人、借款项目,出借人不能与借款人签署借款项目协议”违规,但金交所为网贷平台提供资产,并进行穿透,引导借款人与投资人签订合同,只要符合网贷监管政策和其他法律法规,当前看来,仍在可行范围内。

从金融监管的逻辑来看,金融机构违规把其业务外包给非持牌的机构、理财平台等代销保险、基金产品是违规的。网贷平台和金交所合作,应该是资产合作而不是资金合作,网贷存量资产可以通过资产交易所通道和一些合规持牌机构合作。

除与金交所合作外,当下业内可见的大额资产解决渠道还有线下募资渠道、信托,以及和直销银行合作,如廊坊银行直销银行的“廊有财”系列产品等。

9.4.3 资产转型小额细分,引入机构资金

网贷限额令随《办法》下发后,行业出现了两种动态:一是政策出台倒逼此前大打资金端获客战的平台关注资产端;二是转型小额、分散资产成为行业风潮,限定的空间中迎来更多的竞争者。

应监管要求,网贷资产端转型是大势所趋。以企业贷款、房屋抵押贷款、保理等业务为主的大额资产,在监管要求的 12 个月过渡期内面临整改。消费贷、车贷竞争将白热化,农村金融市场将进一步拓展。全方位转型小额业务意味着产品设计、风控体系等方面的重新构建,相对来说,具有品牌效应和足量投资用户的存量平台优势更大,业内多家成交额靠前的平台已有相关动作。

与此同时,资金端也迎来大的变动,网贷平台引入机构资金的情况开始增多。主要表现为两种形式,一是完全放弃自有 C 端资金,以生产资产为主;二是自有 C 端资金和机构资金混合运营。这二者面临不同的监管政策。

完全放弃 C 端资金,砍掉理财端的典型案例包括沐金农、美利金融等。美利金融线上理财平台于 2016 年 7 月 20 日宣布清偿用户资金,聚焦资产业务,进而引入机构资金,由于其不再涉及理财端,目前对这一模式的监管尚未明朗。

9.4.4 行业整合:同业收购/并购

网贷行业同业收购/并购的端倪出现于 2015 年。从趋势来看,主要三种形式,第

一，网贷平台之间的并购，该类整合包括团队、资金端用户、品牌等特定资产；第二，对资产端进行收购，目的在于充实资产端，扩大项目债权来源等；第三，牌照收购，集团化后的网贷平台开展了更多业务线，如基金、保险代销，须在合规要求下寻求牌照。

除合规需求外，网贷同业收购/并购发生的原因主要有两点：(1)行业分化进入中期，部分平台的盈利能力逐渐显露，风险资本下注减少；(2)市场占有率较高的平台出于对整体业务布局的考虑，开始通过收购、持股等方式扩宽资产端或资金端渠道。

在网贷行业资产荒和同质化竞争下，资产开发变得日益艰难，这一现状下同业收购/并购成为出路之一。网贷限额令之后，此前以大单资产模式为主的企业或转型，或以同业收购/并购方式寻找满足合规要求的新资产。集团化的机构，则正在寻求更多的金融牌照。

9.5 北上广监管案例介绍

9.5.1 北京市网贷监管与自律

按照《办法》对网贷监管的职能划分,网贷行业实行“双负责”原则,即由银监会及其派出机构对网贷业务实施行为监管,制定网贷业务活动监管制度;地方金融监管机构负责网贷机构的监管。此外,行业自律组织在行业未能完全规范发展、监管政策未能完全落地前也起到重要作用。

在北京市的网贷监管中,北京银监局和北京金融工作局分别负责网贷的行为监管和机构监管。《办法》出台后,两家机构发布了《北京市互联网金融风险专项整治工作实施方案》,2017 年 2 月下发《网络信贷信息中介机构事实认定及整改要求通知书》(以下简称《通知书》)。

根据《通知书》明细,北京监管部门从 8 个方面对包括网贷在内的互联网金融机构进行核查:1)公司基本情况;2)是否未尽应尽义务;3)是否违反十三项禁令;4)是否违反风险管理要求;5)是否违反科技信息系统风险管理规范;6)出借人与借款人保护;7)信息披露;8)其他风险,该条包括是否涉及暴力催收等。这 8 个方面所涉及的具体细化核查事项多达 148 条。

北京市要求网贷平台重点解决以下五大问题,并给出了基本的解决路径:

(1)资金存管:在京的网贷机构,原则上只能选择北京本地银行或在北京设有分支机构的银行进行资金存管。由于具备网贷资金存管的银行并不多,在备案之前,在京网贷机构也可以找外省市银行进行存管,不影响整改验收。

(2)风险准备金:网贷平台可以设置“风险缓释金”,但不能叫“风险准备金”或“风险备付金”。“风险缓释金”应该从平台盈利中提取,而不是从交易额中划出来,且不能对外宣传以强调“平台安全”。

(3)线下门店:存量门店必须逐渐减少,未来严禁设立线下门店,做推广宣传的门店、以采集信息及贷后跟踪为名义的门店都将禁止。北京金融工作局会给平台一定的时间用于削减门店,不会要求一步到位;第一步,要求单家网贷平台的线下门店压缩到 100 家以内,在经济较发达的省市,每个省市不要超过 5 家门店;第二步,根据各家平台的实际情况制定具体办法。

(4)集合标:网贷平台上“多对多”的集合标必须禁止。虽然监管不要求一步到位,但网贷平台须拿出整改办法——怎么减,在备案之前要达到什么标准,如何保证实现等。

(5)引入持牌机构资金:P2P 平台不能引入机构资金,因为不符合《暂行办法》的要求。按照穿透式监管原则,银监会要规范持牌机构的行为,监管的对象是银行。

北京地区网贷行业自律组织是北京市网贷行业协会。从职能上来看,行业自律组织有几大方面功能:①制定经营管理规则和行业标准,推动机构之间的业务交流和信息共享;②明确自律惩戒机制,提高行业规则和标准的约束力;③强化行业守法、诚信、自律意识,树立从业机构服务经济社会发展的正面形象,营造诚信规范发展的良好氛围。行业自律在一定程度上起到了“让政府的归政府,让市场的归市场”的作用,既能保障监管部门对行业的监管充分有效,又能提振市场活力。

北京市在国内网贷行业自律组织中建设较完善,北京市基于行业发展现状和外部资源环境,以市场化弹性监管和区域行政监管为主导,结合专业联合监管,从“自律、互律、他律”三个层面履行社会公共服务职能,逐渐形成了“1 + 3 + N”的行业自律模式。这种模式把个体网络借贷机构纳入市场自律体系,强化行业自律。

“1”是指发挥行业协会及其党支部“自律 + 党建”综合作用。在 2014 年的监管空档期,北京的个体网络借贷机构自发成立了北京市网贷行业协会。协会发起成员机构 30 家(其中 18 家网贷平台和 12 家专业第三方服务机构)。成立时,北京网贷协会制定了《北京市网贷行业协会章程》(以下简称《章程》),《章程》确立了协会的业务范围、会员准入制度、组织机构、资产管理(会费管理等)、终止程序等规则。与《章程》一起发布的还有《北京网贷行业自律公约》,《公约》共分三章二十八条,涉及行业自律主要内容 15 条,从产品登记、实名制、风险提示、适度收费、同业竞争等方面进行了自律约定。

“3”是指加快落实产品登记、信息披露、资金存管三大理念与措施。针对在京从业的个体网络借贷机构实现自律管理全覆盖,认真落实产品登记、信息披露、资金存管等三项措施。建设了产品登记系统、公开了数据接口、实现的产品代码下发和查询,以及第三方存证。通过建设信息披露系统和评级体系,使网贷机构的运营情况更加阳光公开透明,并且形成了机构间的比较激励机制,为网贷机构加强基础设施和核心能力建设提出了指导。建立日常风险监测机制,做好风险评估,完善风险防范处置工作方案。支持和推动银行业金融机构开展个体网络借贷机构的资金存管业务,推动个体网络借贷机构尽快实现资金流与信息流的分离,尽早满足监管要求。通过系统梳理和定位风险,不断做好行业风险提示,督促相关机构不断整改,完善合规性,提高自身的抗风险能力。

“N”是指基于专业团队,面向个体网络借贷行业内机构、相关专业服务机构、行业和行政监管方等,提供综合服务。通过建立产品登记系统、机构信息披露系统、风险监控及资金存管系统;加强行业从业人员培训;积极推动互联网金融机构间市场的建设;推进科技金融创投基金和行业并购基金运营;市场化地建立市场准入机制;加强行业自查;对风险企业调研等一系列行业自律办法,督促机构合规经营,保护投资者的合法权益。加强研究,提出依法合规经营的规范和标准,支持业内诚信合规经营的机构健康发展,警示业内机构触碰监管红线的行为,坚守法律和风险底线,加快建设黑、白名单等诚信体系。建立机构的过程和行为评价体系,加强对于行业基础设施等方面的研究和建设,积极宣传和推进各项规范和标准的应用。积极研究推动区块链等技术在行业自律管理中的应用,采用区块链技术作为核心技术,重构各类业务场景(诸如反欺诈、交易市场、智能合约、知识产权等),结合大数据技术,建设行业风险全息防控体系,建立与互联网金融相关的区块链技术规范。

从中外经验来看,以《章程》为主的对内管理制度和以自律公约为主的对外行为规范,是网贷自律组织的重要体系。P2P 行业自律组织可以此充当政策适用者、会员行为引导者、行业风险提示者三重角色。

9.5.2 上海市网贷监管与自律

上海市网贷监管由上海银监局负责行为监管,各区金融办负责机构监管,并且有上海金融信息行业协会和上海互联网金融行业协会两大涉及网贷的自律组织。其中,上海金融信息行业协会由上海市经济和信息化委员会主管,上海互联网金融行业协会由上海市金融服务办公室、中国人民银行上海分行共同指导成立。

目前,上海市正尝试“1 + N”监管模式,其中 N 是指引入多个第三方平台加强网贷平台风险监控,如引入律所、会计事务所、网络安全登记评估公司等。

2016 年 6 月,上海银监局向上海所有网贷平台下发《网络借贷信息中介机构基本情况调查表》,主要包含基本情况表和业务情况表两大类,共计几十项调查内容。自此上海监管机构针对上海 P2P 网络平台摸底排查大幕正式拉开。

行业自律方面,上海互联网金融行业协会于 2015 年 8 月 6 日在上海正式成立,并于同日发布《上海个体网络借贷行业(P2P)平台信息披露指引》,要求网贷企业包括网贷企业主体信息(占比 20%)、产品信息(占比 10%)、业务信息(占比 40%)、财务信息(占比 10%)、其他信息(占比 20%,包括,如客户资金存、托管情况;信息系统情况)等。

9.5.3 广东省网贷监管与自律

截至 2017 年 3 月底,广东省是"北上广"三地唯一公开发布网贷暂行办法实施细则征求意见稿的地区,征求意见稿明确了各监管部门的职能,具体如下:

(1)省人民政府金融工作办公室承担本省网络借贷信息中介机构的机构监管日常工作。

(2)国务院银行业监督管理机构省一级派出机构,根据国务院银行业监督管理机构相关规定,制定本辖区网络借贷信息中介机构业务活动监督管理制度,并实施行为监管。

(3)省通信管理局负责对网络借贷信息中介机构业务活动涉及的电信业务进行监管。

(4)省公安厅牵头负责对网络借贷信息中介机构的互联网服务进行安全监管,依法查处违反网络安全监管的违法违规活动,打击网络借贷涉及的金融犯罪及相关犯罪。

(5)省互联网信息办公室负责对金融信息服务、互联网信息内容等业务进行监管。

(6) 省工商局负责网络借贷信息中介机构的注册登记,对违反工商相关规定的情况进行查处。

(7)各地级以上市人民政府金融监管部门,具体承担本辖区网络借贷信息中介机构的机构监管和风险处置工作。国务院银行业监督管理机构市一级派出机构,负责本辖区网络借贷信息中介活动的行为监管,配合本市人民政府开展机构监管和风险处置等工作。

行业自律方面,省级层面有广东互联网金融协会;市级层面有深圳市互联网金融协会、广州互联网金融协会等。

广东互联网金融协会于 2014 年 5 月 18 日正式成立,广州万惠投资管理有限公司担任协会会长单位。

广州互联网金融协会成立于 2015 年 4 月 10 日,成员包括广州地区及其他发达城市有代表性和影响力的金融机构、互联网企业、互联网金融企业以及相关配套服务机构。

深圳市互联网金融协会于 2015 年 7 月 30 日成立,代表会员单位为平安集团、招商银行、微众银行、工商银行深圳分行、建设银行深圳分行、财付通、合拍在线、红岭创投、投哪网、金斧子、众投邦、大家投、钱爸爸、海钜信达等。

第 10 章

美国网贷市场的动荡与反思

10.1 事件回顾

10.1.1 Lending Club 欺诈事件

(1)事件概述

2016 年 5 月 9 日,美国网贷平台(Lending Club,LC)在其官网发布新闻稿,称董事会已接受创始人兼首席执行官(CEO)Renauld Laplanche(罗纳德·拉普朗什,以下简称拉普朗什)的辞职申请。

该新闻稿称 LC 在外部法律顾问和其他顾问的协助、董事会子委员会的监察下发了一项针对"Lending Club 将不合格的贷款销售给某个机构投资者"事项的调查。

综合上述新闻稿、LC 于 5 月 16 日发布的 2016 年第一季度财报和媒体报道,该调查发现了以下事实:

A. 两次违规出售贷款总额约 2230 万美元

3 月销售了约 1510 万美元的贷款,4 月销售了约 720 万美元的贷款,购买贷款的机构投资者是杰弗瑞有限责任公司(Jefferies,LLC,以下简称杰弗瑞)。这两笔贷款明显不符合杰弗瑞对非信贷和非价格因素——借款协议中"授权书"(Power of Attorney)的要求(见专栏二),而 Lending Club 的当事人显然知道这一点。2016 年 4 月初,Lending Club 以面值回购了这两笔贷款,随后将其以面值销售给了另一个投资者,后一投资者知道回购原因。3 月售出的这 1510 万美元贷款本应被确认为 15 万美元收入,但由于其不满足会计上的收入确认标准,在 2016 年第一季度的资产负债表中它被记为质押借款(负债项目)。

B. 约 300 万美元贷款的申请日期被修改

361 笔、合计 300 万美元贷款的申请日期被修改过,目的是使其看上去满足机构投资者的要求,该变动在 48 小时内被修复。董事会雇用了四大会计师事务所中的一家来审阅 Lending Club 从 2014 年第二季度到 2016 年第一季度共 8 个季度发行和售出的所有贷款(约 673000 笔)。审阅结果发现,除了上文提到的 300 万美元贷款,99.99% 其他贷款不存在改动或者说不能被正常经营需要(如贷款所有权的二级市场买卖)所解释的改动。

C. 拉普朗什向董事会推荐投资其持股公司

拉普朗什在未向董事会风险委员会披露其持有投资管理公司 Cirrix 资本(Cirrix Capital,以下简称 Cirrix)的股权的情况下,向董事会推荐投资该公司。Cirrix 拥有多笔资金投向为 Lending Club 平台上贷款的基金。

D. LC 子公司管理的一只基金存在违规行为

调查发现 LC 子公司——LC Advisors(LCA)管理的一只基金存在违规行为:LCA 在期限为 60 个月的贷款的分配方面有违规。尽管该基金组合的构成每月都向基金投资者披露,但是却未向董事会披露。

基于以上事实,LC 决定采取整治措施来解决与 2016 年财务报告有关的内部控制上的"重大缺陷"(一项是不合格贷款的销售,另一项是个人投资利益的未披露)和重建有效的信息披露控制措施及流程。整治措施包括对 2200 美元次优质贷款事件相关的 3 名高管给予停职或辞退处理。另外,LC 任命 Scott Sanborn 担任总裁和执行 CEO,任命董事 John C. (Hans) Morris 上任新设立的职位"执行董事会主席"。

内部调查结束后,LC 公布了此前从未曝光的一项细节:2009 年有价值 72.28 万美元的 32 笔贷款实际上由相同的 4 个人反复向平台申请贷款产生,LC 承认这 32 笔贷款是原 CEO 拉普朗什和他的家人为了增加用户数据量而进行的刷数据行为。

档案一: Lending Club

LC 于 2006 年创立,总部位于旧金山,主营业务是撮合网络贷款。2007 年 5 月,LC 作为 Facebook 上的一款借款应用上线。2014 年后,LC 开始为小企业提供商业贷款服务。

2007 年 8 月,LC 完成 A 轮融资后独立运营。2014 年 12 月,LC 在纽交所上市,成为当年最大的科技股 IPO。

LC 现为美国最大的 P2P 网贷平台。2012 年,LC 促成的贷款发放量首次超过 10 亿美元;截至 2016 年 3 月 31 日,本季度交易额达到 27.5 亿美元,与上年同期相比增加 68%。迄今为止,Lending Club 已经完成接近 200 亿美元的贷款发放量。

在监管方面,2008 年 3 月,美国证券交易委员会(SEC)认定网贷平台发放的票据为证券性质,网贷平台因此需要准备重新注册。静默期过后,LC 于 2008 年 10 月 14 日重新开业。LC 在登记注册的过程中,虽没有吸引新的放款人,但却用自有资金继续支持新的贷款申请。

专栏一:Lending Club 事件始末[①]

在 LC 经历数年迅速增长后,市场形势在 2015 年底和 2016 年初变得严峻起来,几十家竞争对手先后崛起,迫使 LC 增加营销开支以保持其领先优势。与此同时,监管部门开始更加关注在线贷款行业,此前对消费者债务持乐观看法的投资者也开始在固定收益市场的其他领域寻找更高的回报。

为了应对这些挑战,拉普朗什第一次向华尔街银行寻求帮助,请其帮忙推销 LC 的贷款。具体来说,LC 决定通过证券化程序把贷款打包成证券出售给投资者,这将扩大投资者的覆盖范围,并帮助 LC 平稳度过市场剧变的艰难期。拉普朗什曾公开否认 LC 需要把贷款证券化,部分原因是他认为公司最初的业务模式更加透明。不过,自 2014 年中以来 LC 内部一直在探讨贷款证券化的可能性。2016 年初,LC 委聘高盛集团(Goldman Sachs Group Inc., GS)和杰弗瑞有限责任公司(Jefferies LLC)把贷款打包成证券。

2016 年 3 月,一位名叫厄斯特厄(Andreas Oesterer)的 LC 工程师告诉拉普朗什,作为交易的一部分,他伪造了杰弗瑞所购买的 300 万美元贷款的日期。厄斯特厄表示,他是应 LC 高级副总裁维尔曼(Matt Wierman)的要求这样做的。在听了厄斯特厄所说的事情后,拉普朗什与合规主管博根(Tim Bogan)进行了讨论,博根之前已从另一位员工那里听说了此事,正在对此进行调查。博根发现,销售给杰弗瑞的其他贷款也存在瑕疵,便向董事会汇报了初步调查的结果。

在 2016 年 3 月底至 4 月 8 日,LC 向杰弗瑞出售了 2200 万美元贷款,其中被称为"授权书"的借款人协议包含了之前一个版本的披露规定。在这一部分中,贷款机构在必要时有权代表借款人采取部分行动。杰弗瑞曾寻求在贷款文件中更新"授权书"措辞,并使其更加醒目,LC 同意从 3 月 23 日前后执行杰弗瑞的这一要求。但 LC 仍向杰弗瑞出售了 2200 万美元披露规定不符合后者要求的贷款,从技术上来看违反了与杰弗瑞达成的协议。杰弗瑞最终也无须持有这些不符合该机构要求的贷款,到 4 月中旬 LC 回购了这些贷款并且找到了另一位买家,但此举令 LC 董事会感到不安。据知情人士称,公司董事的担心是因为 LC 需要维护贷款购买者的信心。LC 的收入和利润与新信贷的数量挂钩,而且在公司成长的过程中需要吸引新的投资者。在了解到这一信息后的某个时点,董事会聘请了律所 Arnold & Porter 进行了一次单独评估。

4 月 26 日,LC 在一份证券监管文件中称,已向一家控股公司投资了 1000 万美元,

①资料来源:Peter Rudegeair、AnnaMaria Andriotis. Inside the Final Days of Lending Club CEO Renaud Laplanche, 2016/5/16, The Wall Street Journal.

这家公司的基金购买了 LC 贷款。董事会批准这笔投资时并不知道,拉普朗什个人持有这家控股公司 2% 的权益。

一周后,拉普朗什与董事会会面。董事会告诉他必须迅速采取行动来解决这家律所在对杰弗瑞交易的评估过程中所发现的问题。

5 月 3—5 日,呈给 LC 董事会的证据显示,拉普朗什了解这笔 2200 万美元贷款出售交易的许多细节,但并未告知董事会。这令董事会确信必须采取更大力度的行动。

5 月 5 日,Visa 原总裁、2013 年以来一直担任 LC 董事的莫里斯被任命为董事会主席,接手拉普朗什的工作,不过这一调整当时并未对外公布。

5 月 6 日,拉普朗什被叫去与克罗(Jeff Crowe)开会,后者曾是 LC 的一名董事,因为他的公司 Norwest Venture Partners 在 2007 年 8 月对 LC 进行了投资。参加会议的还有一名来自律所 Arnold& Porter 的律师,据听取了会议简报的人士称,莫里斯通过电话参加了这次会议,他们向拉普朗什下达了 24 小时最后通牒。大约 10 分钟后,会议休会。拉普朗什当天离开了,并在过完周末后发给朋友们一则通知,宣布已经开通新的个人电子邮箱。

据知情人士称,LC 的董事会估计到投资者会对这个消息作出负面反应,但几乎没人料到在宣布拉普朗什离职的当天,公司股价暴跌 35% 。这次暴跌使 LC 的市值缩水近 9.5 亿美元。

专栏二:如何看待 Lending Club 欺诈事件?

• Andy Whelan, GLI Finance CEO

LC 的陨落简单地说是政府的一个失败,而不是这个模式的问题。LC 的危机不是一个系统性风险的迹象,但它可能是冰山一角的不良行为的某种迹象。

• Anil Stocker, Market Invoice CEO

实际上,有一些来自媒体和某些利益集团的过度反应,导致了夸张谈论发生了什么,我不认为 P2P 模式已经“死了”,与现在的模式相比,它有巨大、核心的优势。LC 危机可能对寻求参与市场借贷行业的机构是一个有用的警钟,不是说 LC 突然间就可以神奇地将违约和亏损率消掉,投资者需要明白是什么让他们选择进入。

• Cormac Leech, 伦敦精品投资银行 Liberum 分析师

这个事件告诉我们,平台欺诈风险是最大的问题,它不容忽视,希望这场危机能够促使平台加强制衡,进行独立审计。

• Ram Ahluwalia, PeerIQ CEO

机构投资者对于速度的青睐要排在机构基础设施、提高透明度和独立之前,重建投资者的信任是必要的,必须加强信息披露、资产审查、第二级验证、独立定价和估值。

• Matt Burton, Orchard CEO

我们相信这次事件是市场借贷行业的一个学习时刻,并是一个使所有参与者茁壮成长、向前迈进的机会。我们相信市场借贷的商业模式。LC 事件让我们感到很痛心,但同时它向公众证明:整个行业可以提供一个安全、负责、兼容和可持续的模式。

• Al Goldstein, Avant CEO

这次事件提醒我们,监管的重要性毋庸置疑,要对行业加大监管,一直以来,我们都力求对客户达到最大化的透明度,最近原联邦存款保险公司主席 Sheila Bair 成了我们的董事。

• Gilles Gade ,Lending Club 的后援银行之一 Cross River Bank CEO

当行业里最大规模的机构出现背信事件时,必然会造成一定的影响,这个不容忽视。

• The UK's Peer – to – Peer Finance Association(英国 P2P 行业协会)

这次事件说明,平台应该认识到稳健增长和良好资本组合的重要性,这个是非常关键的问题。

• Dara Albright,LendIt 联合创始人

汽车行业处于动荡期的时候,人们不会急于回到马车时代;当 2000 年互联网泡沫破裂时,人们也并没有恢复使用传真机;同样,这次我们也不会轻易回到原来过时的贷款模式中去。

(2)事件影响

A. LC 收到司法部发来的大陪审团传票

根据 LC 在 2016 年第一季度财报的财务报表附注中"承付款项与或有负债"部分的披露,5 月 9 日在发布 CEO 辞职新闻稿后当天,LC 收到了美国司法部(Department of Justice, DOJ)发来的大陪审团传票。

LC 在该部分称已联系 SEC,并配合 DOJ 和 SEC 的工作。LC 还在该部分表示 DOJ 和 SEC 可能会有进一步的要求,它不能明确这些事项的时间安排和结果。

B. LC 及拉普朗什遭遇股东诉讼

在 5 月 9 日 LC 事件信息揭露后不久,Rosen,Kahn Swick & Fot 和 Levi & Korsinsky 等美国多家法律公司准备代表股民向加利福尼亚地区法院对 LC 及拉普朗什提起讼诉。原告认为,由于 LC 对公司的上市注册声明、招股说明书和财务数据等信息的虚假隐瞒和误导造成了真相披露后的股价急速下跌,从而给股民造成了严重损失。

本次诉讼的主要内容包括:LC 的内部控制不足以确保 LC 的贷款符合客户的标准;LC 的内部控制不足以保证交易的相关利益方得到充分和及时的信息披露;LC 的

公开声明信息存在重大虚假和误导性,由于真相暴露导致股价大跌,使投资者遭受严重损失。

根据原告指控,LC 在其上市注册声明文件中表示:公司有能力为客户提供“价格合理的信用借贷产品”,强调其产品的公平和透明性。但是,却没有披露公司的内部控制能力并不足以提供给客户符合其需求的贷款。

其次,根据萨班斯法案(Sarbanes - Oxley Act,SOX)规定,LC 作为上市公司必须对关于公司内部控制财务报告变更的相关财务信息进行准确和公开的披露,确保本公司定期报告所含会计报表及信息披露的适当性,并且保证此会计报表及信息披露在所有重大方面都公正地反映了公司的经营成果及财务状况,然而现实情况并非如此,LC 及 Renaud Laplanche 本人严重违反了此类条例。

目前,该诉讼请求已递交至加利福尼亚地区法院。截至 2016 年 7 月 15 日,凡是在 2014 年 12 月 11 日到 2016 年 5 月 6 日购买 LC 贷款并遭遇损失的股民都可以向法庭申请成为本次原告团成员。

C. 股价创 IPO 以来最大跌幅

5 月 9 日新闻稿发布当天,LC 收盘价大跌 35% 至 4.62 美元,这是其自 2014 年 IPO 以来的最大跌幅,至此,2016 年 LC 股价已跌了 58%。2016 年 5 月到 6 月 10 日的 LC 股价走势如图 10 - 1 所示。

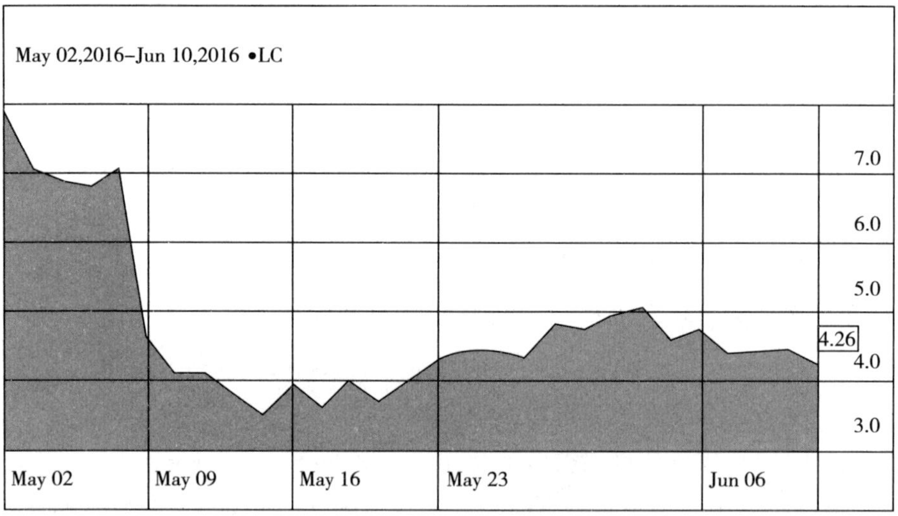

图 10 - 1　Lending Club 股价走势(2016.5.2 ~ 2016.6.10)

资料来源:纽约证券交易所官网。

D. 多家机构暂停购买 LC 的贷款

根据彭博社、《华尔街日报》等媒体 5 月 10 日报道,本计划购买 LC 贷款包并将其通过资产证券化的方式销售给投资人的 2 家华尔街投行——高盛与杰弗瑞宣布“暂停”购买 LC 的贷款。

《华尔街日报》5 月 12 日报道称,一个由 200 家社区银行组成的联盟“暂停”购买 LC 的贷款,它们正在调查 LC 创始人兼 CEO 辞职一事。

(3)自救措施

A. 寻觅资金来源

• 提高投资收益率

根据 LC 6 月 7 日向 SEC 提交的“其他事件”文件,LC 决定即日起提高投资利率以吸引投资人,这意味着借款人的借款成本将上升。

• 寻觅大型贷款买家

路透社 5 月 20 日消息,杰弗瑞已经被 LC 雇为寻找第三方贷款基金的顾问。据《华尔街日报》5 月 26 日报道,LC 正与花旗银行商谈,争取其购买或者为平台上的贷款提供资金支持。另外, LC 已经与至少 3 家大型对冲基金洽谈过合作,其中 3 家是 Och – Ziff 资本管理公司有限责任公司,Soros 基金管理有限责任公司和 Third Point 有限责任公司。LC 希望对方能购买平台上约 50 亿美元的贷款,对冲基金则希望能获得 LC 的认股权证(或者说在未来能拥有 LC 股权的权利)。据知情人士称,有对冲基金想在 LC 持股超过 10% 。

《华尔街日报》报道并称,一位接近 LC 的人士表示 LC 寻求大买方的支持并没有那么迫切,因为仍然有一些小买家对 LC 的贷款感兴趣。有一些新的基金开始购买 LC 的贷款,如石山资产管理有限责任公司(Stone Ridge Asset Management LLC)最近向公众募集了超过 10 亿美元的资金来购买包括 LC 在内的网贷资产。

B. 主动减少资产端

• 降低直邮广告贷款要约

根据国际市场研究机构 Mintel 的初步预测,LC 在 5 月通过直邮(Direct Mail)广告①发出的贷款要约可能从 2016 年 4 月的 4100 万美元下降到了 1000 万美元。

• 收紧信贷政策,提高借款标准

根据 LC 在 6 月 7 日向 SEC 提交的“其他事件”文件,LC 从 6 月 7 日开始收紧信贷政策,提高其能接受的最低借款标准:

①FICO 分最低为 660 分;

①通常而言,直邮广告是一种精准营销方式,它被发送给背负大量信用卡或高息债务的人,一旦这些人接受直邮广告的要约、申请了贷款,要约方有义务为其提供贷款。

②借款人债务(不包括抵押贷款和借款人正向 Lending Club 申请的借款)占收入的比例不能高于35%(这一数字在6月7日之前是40%)。LC希望通过该项调整影响其判定信用等级为E到G(信用风险较高)的借款人,它希望通过此举使平台上的贷款发放量降低5%。

③借款人债务(包括抵押贷款和借款人正向 Lending Club 申请的借款)占收入的比例在一个合理的限度内;

④借款人的信用报告显示:借款人至少拥有2个循环信用账户;低于5个信用报告查询请求(不包括抵押贷款和车贷);信用历史不低于36个月。

10.1.2 Prosper裁员事件

(1)事件概述

据《华尔街日报》2016年5月3日报道,美国第2大P2P网贷平台Prosper将重组管理团队,28%的员工将面临裁员,171人被裁。

Prosper计划关掉犹他州一个专门负责医疗贷款的办公室,该办公室2015年3月刚成立并当成一个营销总部。当时Prosper计划将该办公室的员工规模发展至500人,资本投资增加到1000万美元,该办公室裁员前有97人。这是Prosper在医疗行业做出的首次尝试,但是新的医疗贷款产品并没有达到预期的销售量。本次裁员涉及的171人中,还包括14%的旧金山和凤凰城的员工。本次裁员涉及的主要是市场营销、人力资源、商务拓展等职位上的人员和一些工程师。

Prosper认为,即使经过本次裁员,公司的规模仍然处于一个合理的范围内。Prosper将组建一个资本市场小组,帮助公司销售平台上的贷款,营销重点会从此前的对冲基金转向银行和小型投资者。Prosper称将继续与医生合作为外科手术提供贷款,它将筛选平台上消费贷款的借款人,不会直接将贷款发放给诊所。

Prosper CEO Aaron Vermut将放弃2016年的薪水。他在一封邮件中表示,做出这个决定对于他本人和公司来讲都是一件非常困难的事。他在该封邮件中对接下来的安排做了如下说明:“在过去的一年中,公司的投资量一直在增长,但是随着近来资本市场的收紧,公司需要将业务核心放在消费贷款端,主要是三年及五年的无担保消费贷款,以便为公司的发展建立更多的弹性。”

(2)裁员原因

Prosper在2016年的发展并不是很顺利,其第一季度贷款总额为9.73亿美元,环比下降了12%,这是Prosper继2013年更换管理层以来第一次出现季度性贷款总额下跌。虽然Prosper表示贷款量总体仍在增加,新的资本也正在从亚洲、欧洲、中东等地涌入，但是很明显，这些资金量对于解决目前的困难还是远远不够的。

Prosper 还未开始盈利。2006—2015 年，Prosper 的贷款发放总额增长了不止一倍，从 24 亿美元增加到 61 亿美元，但损失也在不断攀升，且速度更快，从 2014 年的 300 万美元增加到 2015 年的 2600 万美元。2015 年底，Prosper 的员工人数增加到了 619 人；而 2014 年底，这一数字是 229 人。同时，它还斥资 4000 万美元收购了医疗贷款提供商美国医疗保健借贷公司（American Healthcare Lending LLC）和个人财务管理创业公司 Billguard。

档案二：Prosper

Prosper 是美国第 1 家 P2P 网贷平台，主营业务是为市场提供网络贷款撮合服务，总部位于旧金山。Prosper 从 2006 年 2 月开始运营，9 个月内吸纳了 10 万会员，撮合了 2000 万美元借贷资金。截至 2014 年 4 月，Prosper 促成的贷款总额超过 10 亿美元。

Prosper 在 2015 年融资 1.9 亿美元，估值近 19 亿美元。该轮融资的参投方包括瑞士信贷集团（Credit Suisse Group AG），摩根大通（J. P. Morgan Chase&Co.），太阳信托银行（SunTrust Banks Inc.），纽伯格·伯曼集团（Neuberger Berman Group LLC）和 USAA Inc. 等。

2008 年 10 月，SEC 认定 Prosper 出售的凭证属于证券，为此对 Prosper 下达了暂停业务的指令，要求 Prosper 必须提交有效的注册申请。在向 SEC 登记注册期间，Prosper 停止了发放新的贷款，但仍继续运营原有的贷款。直到 2009 年 7 月 13 日，Prosper 才开始发放新的贷款。

10.1.3 Avant 裁员事件

据 Crain's Chicago Business 于 2016 年 5 月 20 日报道，Avant 决定裁员 60 人（大部分是芝加哥总部的员工），占其员工总数的约 7%。除裁员外，Avant 还将搁置把在线消费贷款业务扩展至澳大利亚的计划，Avant CEO AI Goldstein 表示今后将聚焦于通过其现有的美国和英国的平台尽快获取利润。

2016 年 3 月，Avant 贷款总量突破 30 亿美元。借此机会 Avant 宣布进军担保汽车贷款市场，同时还准备推出一款信用卡产品。这款车贷包括担保贷款、直接面对消费者的汽车再融资项目（与 Zopa 推出的车贷再融资产品并不一样），以及汽车通用融资产品。但是，这些计划都在投资者对网贷平台的消极情绪蔓延时被搁置。

Al Goldstein 在一次采访中表示："我们最大的竞争对手刚刚倒下了，整个在线借贷行业目前正处于拐点时刻。”①

不过 Goldstein 对于 Avant 的长期发展充满信心,他认为:“2016 年起,资本市场的确发生了变化。我们是首家采用恰当应对措施的网贷平台,2016 年 Avant 的营收将增长 50% 到 100% 。而那些没有应时而动的公司,大家都知道他们经历了什么。”Goldstein 称,Avant 的最终目标是为在大多数信用卡公司无法申请到信用卡的次优级客户提供信用卡,他还计划为消费者提供车贷再融资提供自动贷款产品。

档案三: Avant

Avant 创办于 2012 年,总部位于芝加哥。作为一家消费贷款放贷平台,Avant 只有资产端,没有资金端。2015 年 9 月,Avant 完成了 3.25 亿美元的 E 轮融资,估值超过 10 亿美元。Avant 还在加拿大和英国分别开设了分公司,并在 5 月早些时候成功在资本市场为这两个分部融资 1.3 亿美元。2016 年第一季度 Avant 促成的贷款量为 5.14 亿美元,环比下降 27% 。

10.1.4 SoFi 获穆迪最高等级评级

在以上负面事件发生的同时,P2P 网贷行业也有振奋人心的消息。

2016 年 5 月 20 日,学生网贷平台 SoFi 完成了 3.8 亿美元的助学贷款债券产品的发行,该产品获得了国际三大信用评级公司穆迪(Moody's)的 3A 等级评分,这是获得穆迪最高等级评级的首个 P2P 网贷平台。在此之前,SoFi 获得过世界第 4 大信用评级公司 DBRS(Dominion Bond Rating Service,DBRS) 的 3A 评级。

据 PeerIQ 的数据显示,SoFi 新发行的债券中最低风险产品的收益率比基准利率高 0.8 个百分点,而 2016 年早些时候所发债券的收益率则比基准利率高 2.0 个百分点。虽然收益率会随着评级上升而下降,但 AAA 的评级可以吸引寻求最低风险的退休金及保险基金等部分机构投资者首次买入此类贷款。

此前 2013 年 12 月 23 日,SoFi 宣布完成其首次资产证券化,此次证券化资金达 1.52 亿美元,DBRS 评级为 A,这是 P2P 网贷行业里首次公开、有信用评级的资产证券化。一般而言,获得信用评级将为 P2P 网贷项目吸引更多的投资者,退休基金、保险公司、银行等都可能成为潜在的投资者。

档案四: SoFi

SoFi 由 4 名斯坦福大学商学院的学生 Mike Cagney, Dan Macklin,Jim Finnigan 和 Ian Brady 创办于 2011 年,总部位于旧金山,主营学生网贷。随着客户走出校园成家

---

①即拉普朗什辞职事件。

立业,SoFi 走向了房地产抵押贷款市场,成为美国本土第一家提供房屋贷款的 P2P 平台。截至 2015 年 12 月,Sofi 已经促成了 60 亿美元贷款发放。

SoFi 的启动资金是来自斯坦福校友的 200 万美元。2012 年,SoFi 获得 7720 万美元 B 轮融资;2014 年获得 8000 万美元 C 轮融资;2015 年 2 月获得 Third Point Ventures 领投的 2.35 亿美元 D 轮融资。2015 年 10 月,SoFi 获得日本软银领投的 10 亿美元 E 轮融资,10 月 27 日中国的人人公司宣布将在 E 轮基础上对 SoFi 追加 1.5 亿美元投资。人人公司于 2012 年首次投资 SoFi,并参与了此后的每一轮投资。

10.2 事件分析

10.2.1 美国宏观经济与货币政策

(1)宏观经济数据

美国政府发布的 2016 年第一季度 GDP 报告显示,第一季度实际 GDP 修正值为 16.51 万亿美元,年化季率修正值为 0.8%,预期值为 0.9%,初值为 0.5%。修正值较初值有所上升,主要是因为近期企业投资、营建支出和商品贸易都获得了明显增长。但是此数字仍然创下了一年以来的最小增幅,低于 2015 年第四季度修正后的 1.4%,为 3 年以来新低。

2016 年第一季度,个人消费支出(PCE)物价指数环比修正值依然是 1.9%,与预期和初值基本持平,但明显低于上年 4 季度的 2.4%。家庭收入增速较初值有所上升,工资增加 1255 亿美元,这将有助于支持消费者支出。值得注意的是,一季度的储蓄率上升至 5.7%,为 3 年以来的最高水平。

据美国劳工部数据显示,2016 年 5 月非农就业人口仅增加 3.8 万人,远低于预期的 16 万人,创下近 6 年来最低;更加糟糕的是,前两个月的修正数据累计减少 5.9 万人。根据高盛调查,除了通信业以外,服务业、商品制造业、矿业和建筑行业的就业均有减少,就业问题要比想象中的更加严峻。

(2)美联储加息

2015 年 12 月,美联储基于经济基本面作出了近 10 年来的首次加息决定,据当时的主流观点猜测,美联储在 2016 年内会连续小幅升息 4 次。2016 年 5 月 18 日,美国联邦公开市场委员会(Federal Open Market Committee ,FOMC)4 月 26 日、27 日议息会议纪要对外发布后,市场对美联储加息的预期更是大幅攀升。美联储主席 Janet L. Yellen(以下简称耶伦)也曾暗示,如果就业岗位持续增加,经济数据仍符合第二季度增长率加速上涨的情况,则将可能很快加息。

目前,美联储 7 月是否会加息主要看非农数据接下来的表现。北京时间 6 月 7 日凌晨,美联储主席耶伦表示:“尽管 5 月份的就业报告令人担心,但是市场不应该对一个月的数据过度解读,如果条件满足,循序渐进的加息可能是合适的。”由此可以看出,如果接下来的一个月就业增长反弹,而失业率维持低点,加息的理由就会增强。究竟 7 月是否会再次升息。市场会如何反应,以及这又会对 P2P 市场带来怎样的影响,我们拭目以待。

6 月 15 日,FOMC 加息政策制定会议闭幕,会议决定 6 月暂不加息。FOMC 表示,目前的联邦基金利率很可能会维持一段比较长的时间。虽然失业率有所下降,但就业机会也在减少,商业固定投资疲软。通货膨胀率仍然维持在一个较低的水平,低于委员会 2% 的运行目标,这也反映了近期能源和非能源进口商品价格下降的影响。不过,家庭支出表现有所增强,住房领域经济发展较好,随着货币政策的逐步调整,经济表现将会慢慢回暖。

(3)金融市场的动荡

美国财政部认为"建立在网贷基础上的崭新商业模式和全新承销工具是在利率相当低、失业率下降和整体信用状况稳固的时期中获得发展的。一旦信用状况转弱,网贷平台如何测试并且调整发展模式就变得至关重要"。本书认为,这里的"信用状况转弱"是指"美国经济下行和美联储加息"。

2015 年 12 月,美联储决定将基准利率提高 0.25%,从而结束了维持 7 年的零利率政策。虽然这次美联储升息经过了很长时间的酝酿和沟通,但是仍在金融市场上引发了剧烈的链锁式反应,最明显的就是 CDX 北美企业信用指数。该指数分为 2 个子指数:投资级别和非投资级别。该指数代表了投资企业债权在基准利率以上的年化平均回报率,也代表了信用市场的风险,指数越高,市场对风险的估价越高,市场越动荡。

从图 10-2 我们可以看出,投资级别和非投资级别的年化回报率在美联储升息后直线上升。整个市场走向对风险的估价越来越高,也就是我们所说的金融市场动荡。

金融市场的动荡对 P2P 行业有以下几方面的影响:

A. 由于市场风险增加,机构资金会向低风险的资产流动以规避风险,P2P 资产则属于无资产担保个人贷款类的高风险资产,因而可能会面临较大的机构资金流出。相对而言,个人投资者的资金更加稳定,平台应该适当地提高个人投资者的比例,同时加强服务意识,建立长期的合作关系。

B. 由于市场对风险的定价提高,各种资产的回报率也会提高,但是 P2P 资产的回报率并没有提高。虽然各家平台提高了借款利率,但增幅有限,与其他资产相比没有明显的竞争力。资金的流动方向是从低回报率向高回报率,P2P 平台应该参考相关行业的资产回报率及时调整贷款利率,以确保其竞争力。

C. 一个是流动性的问题。由于市场的剧烈震动,纽约一家著名的对冲基金(Third Avenue)突然发布暂停投资者赎回的消息。该基金主要投资高风险(Dis-

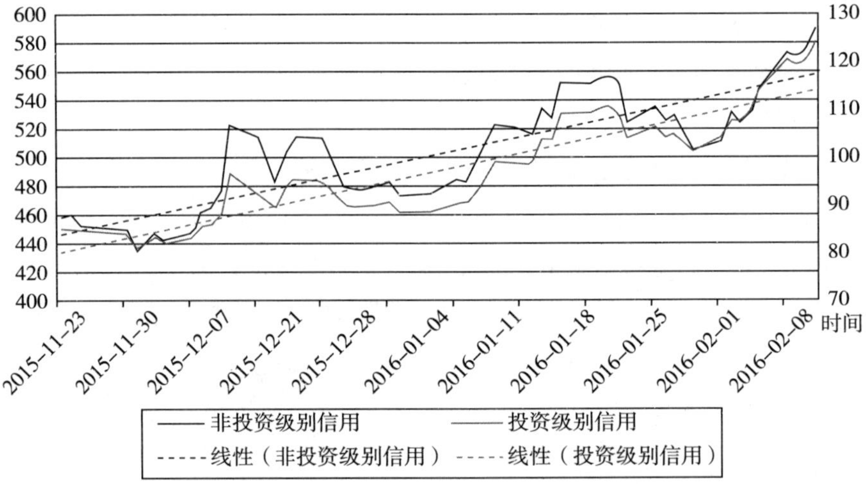

图 10-2 CDX 北美企业信用指数

资料来源:Markit。

tressed)的、流动性差的债券,由此引起市场对资产流动性的关注。资金会避免进入流动性较差的资产,而 P2P 资产基本没有二级市场,因此很多机构投资者就停止投资 P2P。所以建立一个有效的二级市场,不仅可以加强流动性以吸引更多的投资者进入,也可以给一级市场提供资产定价的参考。

D. 如果借款人在较高的利率环境下感受到压力,那么投资人就可能会面临较高的债务违约率。网贷平台发放的消费者贷款通常是无抵押的,借款人在消费贷、房贷、车贷或其他欠款中优先偿还何种债务就不得而知了。

尽管网贷行业是在良好信用状况下发展起来的,但是 2015 年用户的月度欠账率(Delinquency Rate)①和坏账率(Charge Off Rate)都在上升。根据 Orchard 的数据显示,从 2015 年 4 月开始,在之后的 6 个月,网络贷款的月度欠账率从 0.53% 持续上涨至 0.81%,一直到 2015 年 11 月才略有下降至 0.71%。而月度坏账率则从 2015 年 5 月的 0.33% 上升到当年 11 月的 0.43%。

10.2.2 资本市场运行状况

(1)P2P 网贷资产证券化情况

资产证券化是美国网贷平台获取低成本资金的重要方式。根据美国网贷研究机构 PeerIQ 的统计,2013—2016 年第一季度美国网贷行业共产生了 53 笔资产证券化交

①Orchard 将此处的欠账定义为"逾期 30 天"。

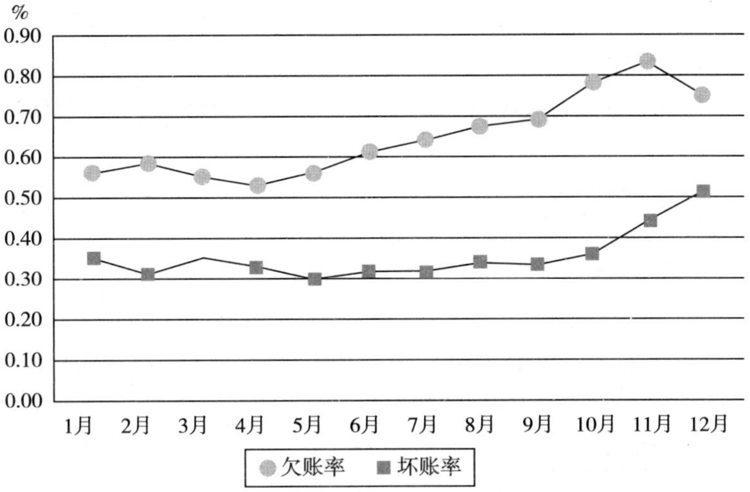

图 10 -3　2015 年美国网贷行业月度欠账率和坏账率

资料来源:Orchard。

易,主要资产包括消费贷、小企业贷和学生贷,总体规模超过了 117 亿美元,增幅波动较大(具体情况见图 10 -4)。其中,有 2 个月美国网贷的资产证券化交易额达到或超过了 10 亿美元,它们是 2015 年 8 月和 11 月。

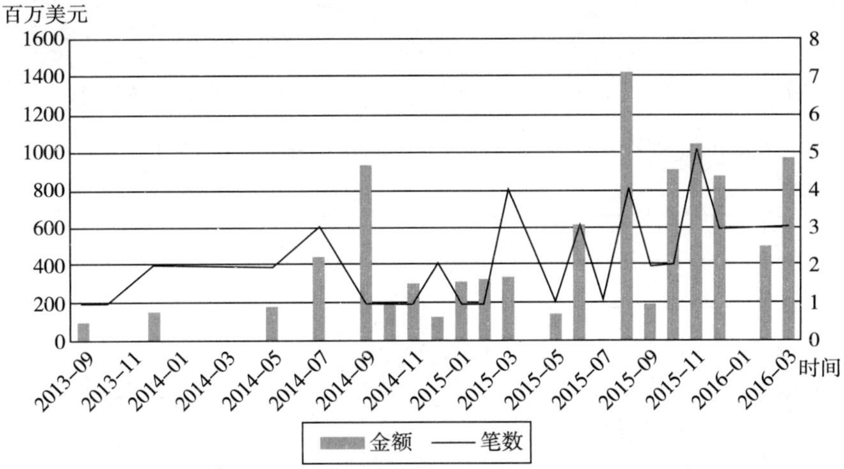

图 10 -4　2013—2016 - Q1 美国网贷资产证券化金额及笔数

资料来源:PeerIQ,零壹数据。

从投资机构(项目)和投资金额来看,前三大机构(项目)的资金总额占到 60% 以上的比重。第一大投资项目为 Social Professional Loan Program,其投资的底层资产为 SoFi 平台上的贷款;第二大投资项目 Citi Held for Asset Issuance 的投资流向主要是 Prosper 平台上的贷款,这些贷款的主要服务方是 Prosper,后备服务方是花旗银行。

从平台来看，LC 和 Prosper 从 2015 年中开始资产证券化交易量大幅降低。同一时期，OnDeck 资产证券化交易量在波动中有上升，但它和 LC 一样，2016 年第一季度都没有资产证券化交易。在某种意义上，这可以说明机构投资者对网贷平台投资的热情在降低。

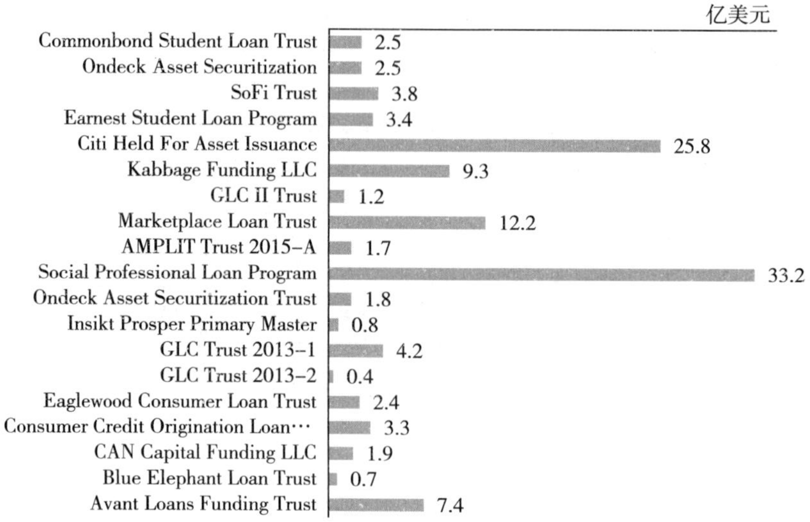

图 10 - 5　2013—2016 - Q1 美国网贷资产证券化金额分布

资料来源：PeerIQ，零壹数据。

从图 10 - 6 中可以看出，2013 年到 2016 年第一季度 LC 仅发行过 3 笔资产证券化交易，总额约 2.48 亿美元，约占其已促成贷款发放量总额的 1%。其中，有 2 笔资产证券化交易发生在 2015 年，且第二笔相较于第一笔金额下降了 96.5%。

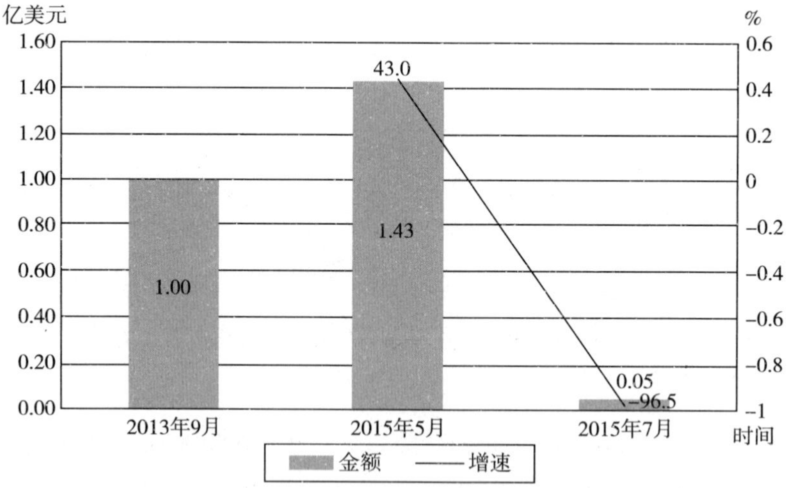

图 10 - 6　2013—2016 - Q1 LC 资产证券化情况

资料来源：PeerIQ，零壹数据。

2016 年初为了应对资金端危机，LC 计划与华尔街投行高盛和杰弗瑞合作，将 LC 的个人贷款打包证券化卖给投资者。其流程为：①产生资产，在这里 LC 找到借款人并放贷以产生资产；②建立特殊目的载体（SPV），在这里高盛和杰弗瑞建立 SPV 并用自己的资金购买 LC 的贷款；③对 SPV 的资产发行证券并卖给投资者。

最终发行的证券的回报取决于借款人的还款能力，以及第一步是否符合所有的法律程序。如果第一步法律程序不合法，那么借款人就可以拒绝还款甚至起诉出借方欺诈性借贷。第一步，杰弗瑞要求 LC 修改现有的借款协议[①]以避免未来出现的法律纠纷，且明确要求只购买基于新的借款协议的贷款。但是 LC 为了应对资金端的危机，不惜使用欺诈手段。

再来看 Prosper 的情况，这家平台从 2013 年到 2016 年第一季度已完成总额为 34.83 亿美元的资产证券化交易，2015 年 8 月的单月交易量达成顶峰，此后呈下降趋势。

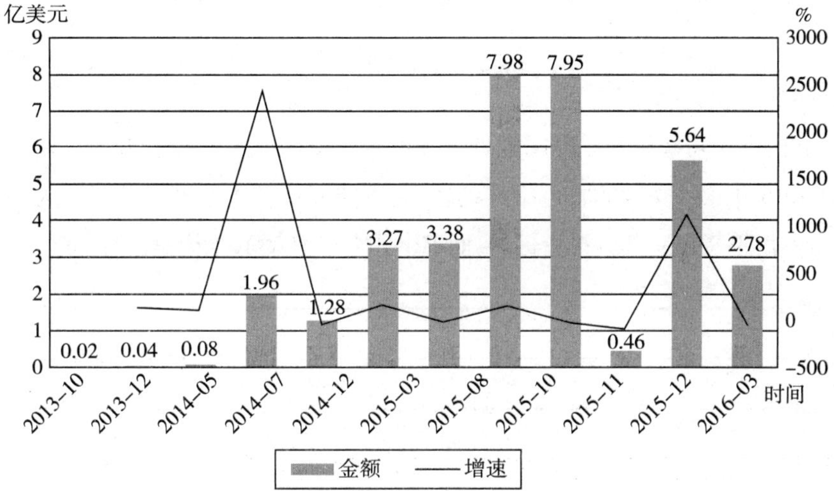

图 10 - 7　2013—2016 - Q1 Prosper 资产证券化情况

资料来源：PeerIQ，零壹数据。

2013—2016 年第 1 季度 OnDeck 共完成了约 5.3 亿美元的资产证券化交易金额，其中约 1.8 亿美元发生在 2014 年 5 月，剩余的交易都发生在 2015 年。2015 年年内每笔资产证券化交易金额都呈增长趋势，但都未超过 2 亿美元。

①指的是其中的“授权书”部分。

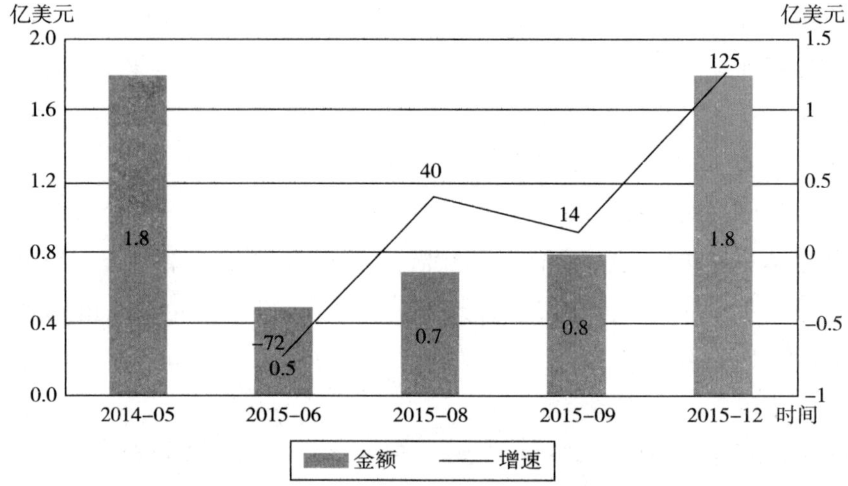

图 10－8　2013—2016－Q1 Ondeck 资产证券化情况

资料来源:PeerIQ,零壹数据。

(2)对冲基金收益率情况

前述问题的一个可能解释是美国网贷资产证券化交易的重要投资者——对冲基金从 2015 年底到 2016 年第一季度的收益率波动较大,可能面临较大幅度的赎回。为了应对赎回,对冲基金不得不卖掉一部分投资标的,而 P2P 网贷资产对其来说是合理的选择。

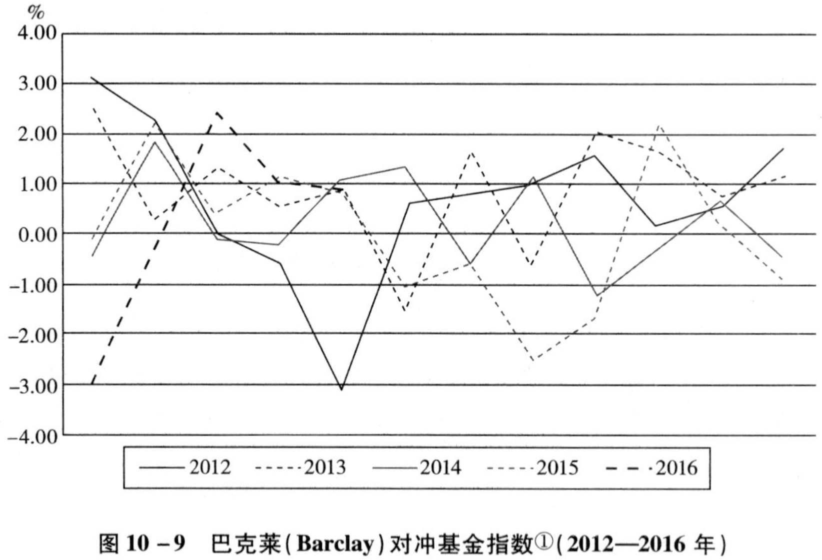

图 10－9　巴克莱(Barclay)对冲基金指数①(2012—2016 年)

资料来源:Barclay Hedge 数据库,零壹数据。

(3)资本市场收益率情况

①巴克莱对冲基金指数为巴克莱数据库中所有对冲基金(不包括 FoF)每月回报率的算术平均值。

图 10 - 10 是 2007—2015 年美国资本市场年化收益率情况，可以看出 2008 年美国金融危机后，标普 500 指数和 10 年期国债的波动较大。自 2013 年以来，标普 500 指数一路下跌，"股市是经济的晴雨表"，这反映出美国经济近 3 年呈下行趋势。由于美国资本市场是美国对冲基金——P2P 网贷资产的重要投资者——的重要投资方向，其波动也造成美国对冲基金收益率波动较大。

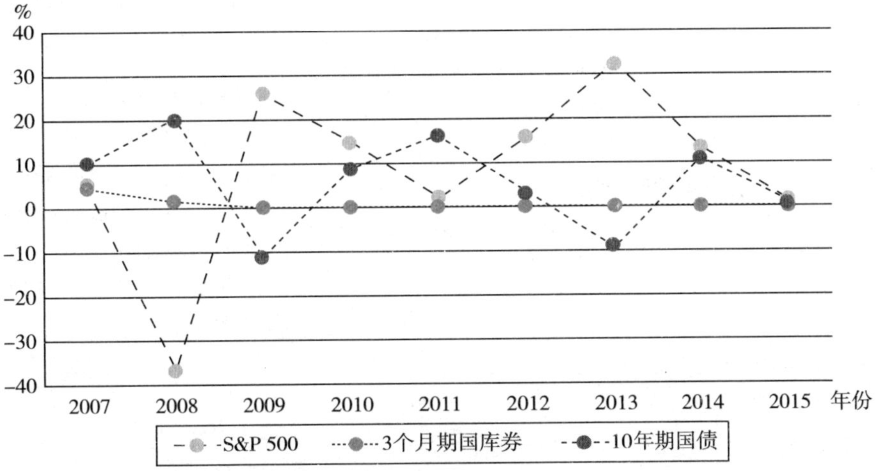

图 10 - 10 美国资本市场年化收益率情况（2007—2015 年）

资料来源：标普 500 指数，美联储数据库，零壹数据。

（4）小结

综合以上分析，我们可以得到一个较为完整的链条：美国经济下行——美国资本市场回报率降低——对冲基金收益率降低——对冲基金赎回率上升——对冲基金不得不卖掉资产以应对赎回——P2P 网贷资产被卖掉，P2P 网贷资产证券化交易活跃度降低。

10.2.3 美国网贷平台财务和经营状况

出于对数据可获取性的考虑，本节选取 Lending Club，Prosper 和 OnDeck 3 家网贷平台来介绍其收入来源、促成的贷款发放量、营业收入和净利润情况。

（1）Lending Club

Lending Club（以下简称 LC）的商业模式是撮合借贷双方，从表 10 - 1 可以看出，其营业收入与其促成的贷款发放量直接相关。

表 10－1　Lending Club 的营业收入[1]类型及其来源

类型	收入来源	决定因素	备注
交易费	贷款银行、教育或医疗服务商	贷款条款(等级、利率、期限)	贷款本金的 1% ~7%，对教育或医疗服务商来说，其要向 LC 缴纳的交易费可能超过 7%。教育和医疗贷款主要由 LC 收购的 Springstone 促成
服务费	个人和机构投资人	票据持有人通常按照其收到借款人还款金额的 1%缴纳服务费； 整体贷款购买者(合格个人投资者和机构投资者)按照购买贷款本金余额每月支付不超过年化 1.3%的服务费	该项费用是投资人向 LC 支付的补偿其运营平台、催收、收取借款人还款、收取投资人投资款和管理投资人账户中资产组合费用的款项。服务费的规模受投资渠道、未偿还本金余额、从借款人处催收回的本息、售出贷款面值的变化等影响
管理费	LC Advisors[2]所管理基金的投资人	投资人按照委托 LC Advisors 管理资产的余额每月支付	年化 0.7% ~1.5%，信托凭证持有人缴纳的管理费不超过年化 1.2%
其他收入	贷款买方或第三方贷款机构	“销售贷款所得”取决于售出贷款时收取的服务费是否高于预计中市场通行费率。如果前者高于后者，则记为利得，如果前者低于后者，则记为损失。 “推荐费”的收取区间取决于 LC 向借款人推荐第三方贷款机构后，借款人完成了从“点击第三方贷款机构官网链接”到“获得第三方机构贷款”流程中的哪些行为	“销售贷款所得”是 LC 直接销售贷款本身(而非票据)所得，销售贷款时，LC 会向购买方收取交易费和服务费

注：[1] LC 的收入中包括贷款的利息收入，但这些收入与支付给票据和信托凭证持有人的利息支出一一对应，并非 LC 的营业收入，因此不被收录在本表中；

[2] LC Advisors 是 LC 全资子公司，其是在美国证监会注册的投资咨询机构，它是一些私募基金的普通合伙人和一些专户(separately managed accounts)的投资顾问。

资料来源：LC 2016Q1 财报，零壹数据。

LC 的资金来源有三种:①发行票据;②销售信托凭证;③销售整体贷款。根据 LC 在 2016 年 5 月 16 日披露的 2016 年第一季度财报,LC 在第一季度共促成了 28 亿美元贷款的发放,其中 14%(4 亿美元)为发行票据,18%(5 亿美元)为发行信托凭证,剩余的 68%(19 亿美元)为销售整体贷款。截至 2016 年 3 月 31 日,LC 共促成了 187 亿美元贷款的发放,其中 20%(37 亿美元)为发行票据,32%(60 亿美元)为发行信托凭证,48%(90 亿美元)为销售整体贷款。

从图 10－11 中可以看出,尽管 LC 自成立以来促成的贷款发放量一直在增长,但从 2013 年开始增速呈现下滑趋势。据悉,这与其资金端危机有关,而根据前文分析,LC 近年的资金端危机主要是由于市场环境造成的。LC 向杰弗瑞违规出售贷款,以及为 Cirrix 资本提供风险保证金,这两种行为也透露出了其资金端的危机。

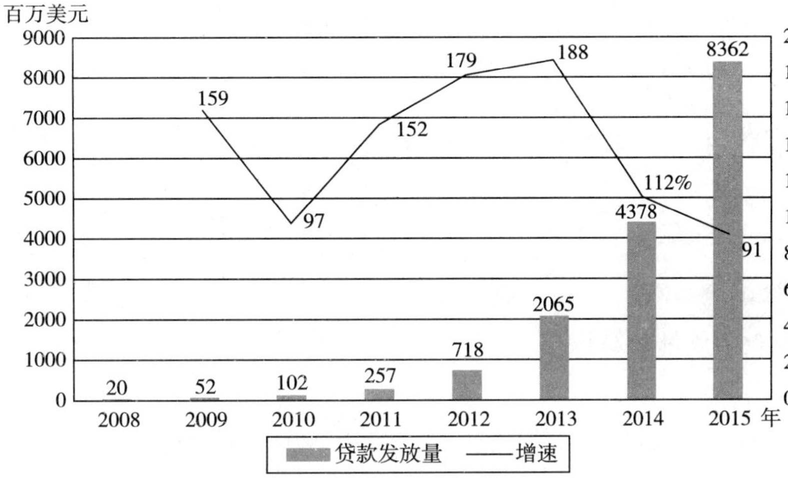

图 10－11　Lending Club 贷款发放量及其增速(2008—2015 年)

资料来源:Lending Club 年报,零壹数据。

从图 10－12 中可以看出,尽管 2013 年 LC 首次出现盈利,但在 2014 年它又恢复到此前亏损的状态。2014 年为 LC 成立以来亏损最大的一年,2015 年的亏损额相对有所收窄。

LC 欺诈事件发生后,如果其能吸引到的资金量难以满足贷款需求,那么促成的贷款发放量将下滑,交易费、服务费和管理费都将下滑,在营业成本不变的情况下,LC 的营业利润也将下滑。分析到这里我们可以得到一个完整的链条。

A. 美国经济下行,美联储加息

B. P2P 资产的吸引力骤减

C. LC 向华尔街投行寻求支持,欲通过资产证券化获得更多的投资者

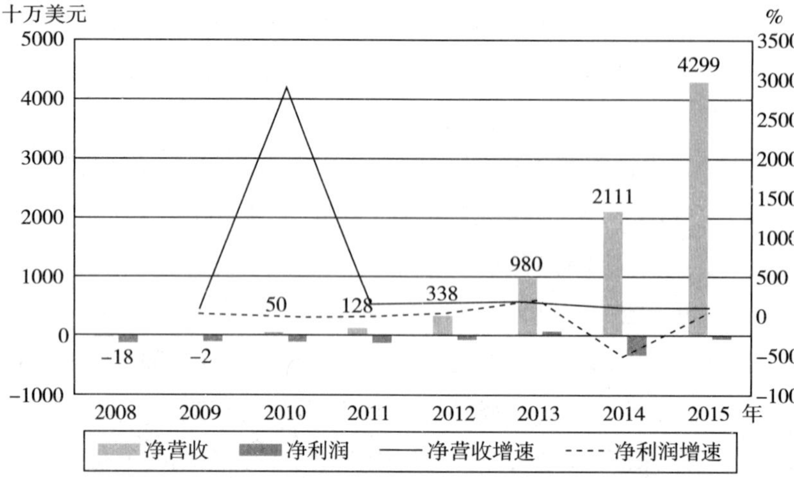

图 10－12　Lending Club 营业收入及净利润(2008—2015 年)

资料来源:Lending Club 年报,零壹数据。

D. 上一过程中,LC 违规放贷,为满足华尔街投行对贷款日期的要求擅自修改贷款日期,公司内部调查发现后将 LC 的 CEO 辞退

E. 公众得知以上事件,股价大跌,华尔街投行暂停购买贷款,投资人纷纷撤离平台,LC 资金端困境加剧

F. LC 贷款生成量下降

G. LC 营收下降

H. 机构投资人信心下降,LC 无法从金融市场获取资本支持

LC 显然明白这一点,它在 5 月 16 日签署的 2016 年第一季度季报中称“如果公司寻求外部投资资金以满足贷款生成量的需要的行动不成功,公司将使用自有资金购买贷款。而这将影响公司的财务状况、流动性、运营情况和保持贷款生成量增长的势头。公司预测如果降低贷款量,手头上的现金、授信额度下能使用的资金、营业收入能满足接下来一年的流动性需求”。

如此看来,它试图使用自有资金购买贷款来扭转上文链条中的第 6 步,然而这必将影响其自身的财务状况,这又会使其贷款生成量增速难以为继。因此,使用自有资金购买贷款将会是一个悖论。

(2)Prosper

Prosper 与 LC 有诸多相似之处。它们的商业模式相同,营业收入相似,都与促成的贷款发放量密切相关。

Prosper 和 LC 的营业收入都包括向合作银行收取的交易费,向整体贷款购买者(合格个人投资者和机构投资者)收取的服务费和销售收入,与利息支出相对应的利息收入和向第三方机构收取的贷款推荐费。不同的是,Prosper 不向票据持有人收取服务费,而是向借款人收取,Prosper 没有发行信托凭证,Prosper 不收取管理费,不向教育和医疗服务商收取交易费。另外,Prosper 将借款人还款算作营业收入的一部分。

值得注意的是,尽管 Prosper 像 LC 一样通过为合格投资者提供信托以避免后者其受到 LC 倒闭的影响,Prosper 在 2013 年通过将 Prosper 网贷股份有限公司(Prosper Marketplace, Inc. ,PMI)和 Prosper 投资有限责任公司(Prosper Funding LLC,PFL)隔离实现了破产隔离保护。

根据 Prosper 2013 年年报,从 2013 年 2 月 1 日起,PMI 将网贷平台的所有权和运营权交给自己的全资子公司 PFL,PMI 保留网贷平台的电脑硬件。PFL 致力于:①减小被自愿或非自愿破产或出现类似事情的可能;②减小被 PMI 破产后其债权人要求 PFL 变卖资产的可能。PFL 和 PMI 认为它们通过 2013 年 1 月 22 日的《修订和重述版契约》(*Amended and Restated Indenture*)中 PFL 的制度性文件和契约实现了以上目的,从 2013 年 2 月 1 日起 PFL、PMI 和富国银行(Wells Fargo)对 PFL 一些行为和措施的限制生效,这些限制的目的是加强 PFL 作为不同于 PMI 的实体的特性。另外,根据《管理协议》(*Administration Agreement*),PMI 已经同意在跟 PFL 和与 PFL 有关的第三方机构交易时遵循“独立协议”,这个管理协议是在 PMI 同意为 PFL 所运营的平台提供相关管理服务后与 PMI 签订的。

Prosper 的资金来源有两种:①发行票据;②销售整体贷款。根据 Prosper 2016 年第一季度财务报告,Prosper 在第一季度促成了 10 亿美元贷款的发放,其中 94%(9 亿美元)是为销售整体贷款,6%(1 亿美元)为发行票据。截至 2016 年 3 月 31 日,Prosper 共促成了 71 亿美元贷款的发放,其中 85%(61 亿美元)为销售整体贷款,15%(10 亿美元)是为发行票据。

从图 10 - 13 中可以看出,2012—2014 年 Prosper 促成的贷款发放量一直在增长,但 2015 年同比下降了 131%。

Prosper 的营业收入一直保持增长趋势,但增速波动较大;自 2014 年以来,Prosper 营业收入和净利润的增速都在下降,且未实现盈利。

(3)OnDeck

OnDeck 是全美最大的小企业贷款平台,它只有资产端,没有资金端。OnDeck 的营业收入主要来自于利息收入,这也与其放贷量密切相关。从图 10 - 15 中可以看出,OnDeck 2012—2015 年的贷款发放量一直在增长,但增速呈下滑趋势。

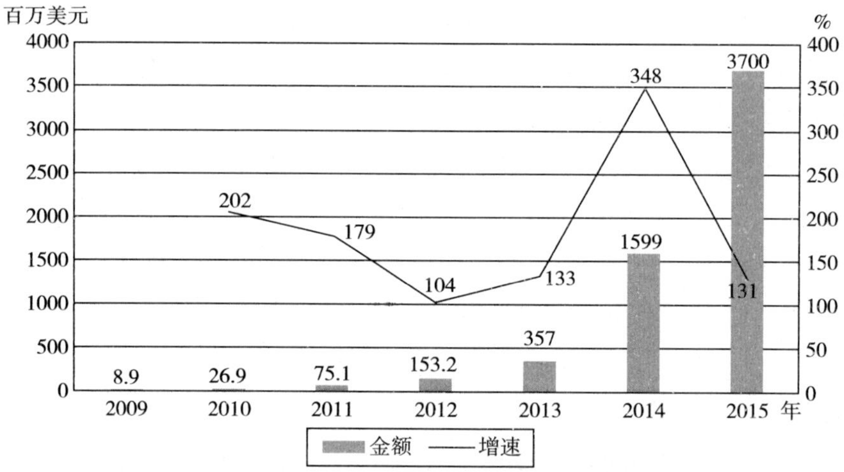

图 10 - 13　Prosper 促成的贷款发放量及增速(2009—2015 年)

资料来源:Prosper 年报,零壹数据。

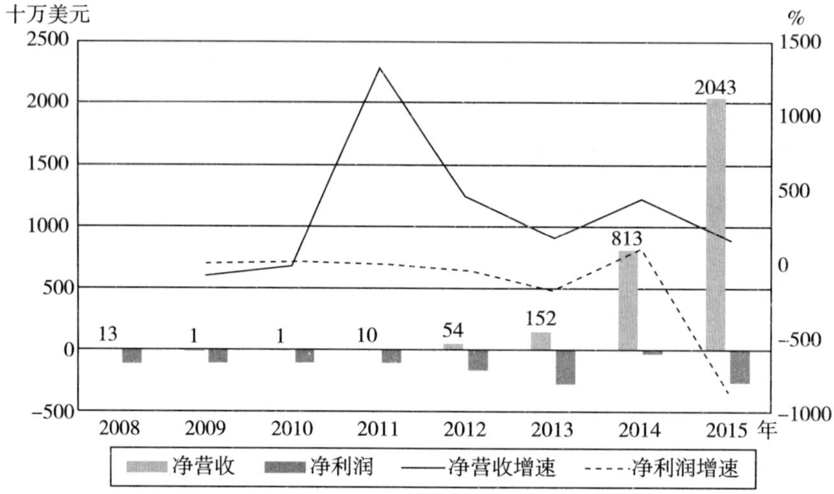

图 10 - 14　Prosper 营业收入及净利润(2008—2015 年)

资料来源:Prosper 年报,零壹数据。

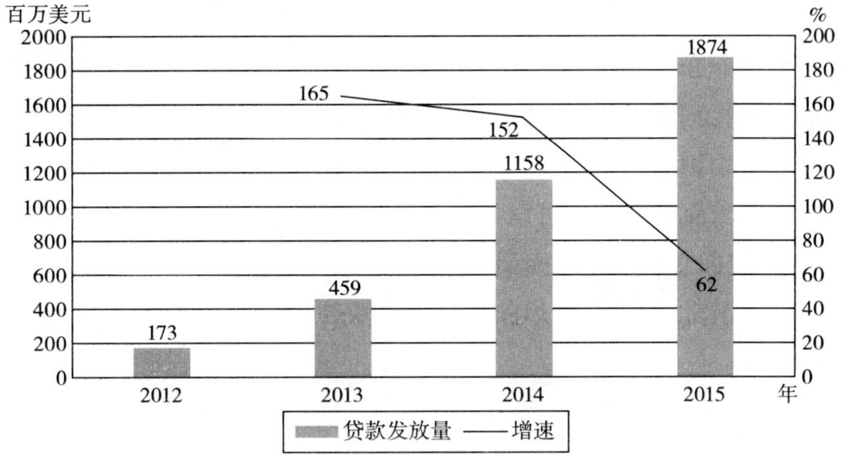

图 10 - 15　OnDeck 贷款发放量及增速(2012—2015)

资料来源:OnDeck 年报,零壹数据。

从图 10 - 16 中可以看出,OnDeck 的营业收入从 2012 年到 2015 年一直在增长,但 2015 年比 2014 年仅增长了 61%,而 2013 年和 2014 年这一数字都超过 140%。OnDeck 的净利润从 2013 年开始出现负增长,2015 年比 2014 年减少了 112%。

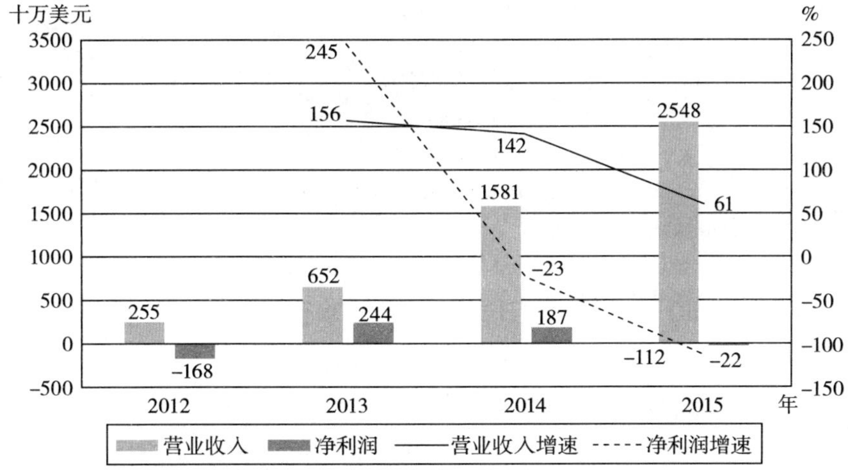

图 10 - 16　OnDeck 营业收入及净利润(2012—2015)

资料来源:OnDeck 年报,零壹数据。

(4)小结

从 Lending Club,Prosper 和 OnDeck 的财务和经营数据分析中可以看出,尽管促成的贷款发放量一直在增加,但 Lending Club,Prosper 和 OnDeck 这 3 家在美国比较大型的网贷平台的贷款发放量和营业收入都在 2015 年出现了下滑:

①这 3 家平台自成立以来的贷款发放量一直在增加,但都在 2014 年出现了增速

明显下滑的情况;②由于网贷平台的营业收入与贷款发放量密切相关,这 3 家平台的营业收入虽然自成立以来也一直都在增长,但 2014—2015 年都出现了明显下滑;③Prosper 自成立以来未实现盈利,2015 年的亏损额比上年减少了 863%;OnDeck 2015 年从 2014 年的盈利状态转变为亏损,跌幅达 112%;只有 LC 在 2015 年出现了净利润增长,但 LC 未实现盈利。

10.2.4 制度分析:以 Lending Club 为例

(1)业务模式

图 10-17 演示了 LC 从借款到投资的实际流程。

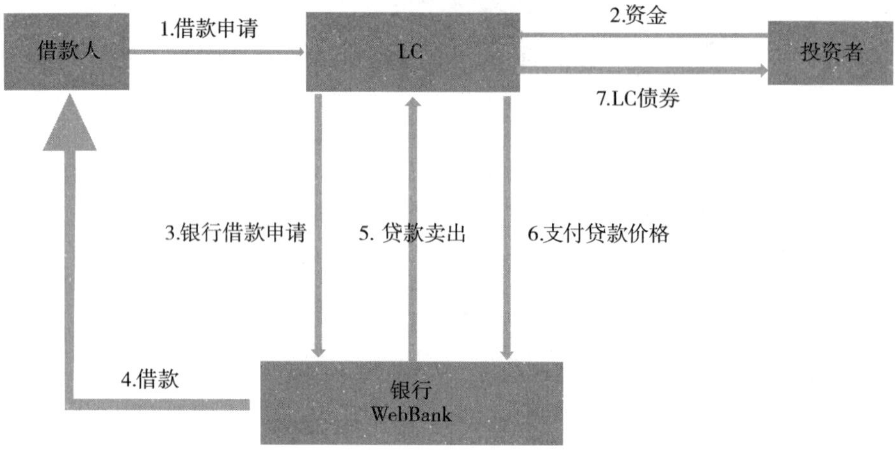

图 10-17 LC 业务模式

资料来源:美国财政部,零壹财经·零壹智库。

LC 通过向投资者发行债券来募集资金,但是向个人和机构发行的债券有所不同,对个人发行的是票据,而对机构投资者发行的是信托凭证。仔细查看 LC 的季报,可以发现该平台发行的两种债券和具体金额(见图 10-18)。

我们可以发现在资产端和资产端的项目基本是一一对应,金额也基本完全相同。实际上资产端的项目就是 LC 对借款人的债权,负债端的项目就是 Lending Club 发行的债券,其中 26 亿美元是对个人投资者发行的债券,而 18 亿美元是对机构投资者发行的债券。

A. 个人投资者面临 LC 的信用风险

由于投资者的钱并不是直接流向借款人而是购买 LC 的债券,一旦 LC 倒闭,那么投资者就会变成 LC 的债权人,若 LC 有其他负债(如银行贷款),那么投资者的债权兑付就会排在银行之后。由此引申出一个重要的问题——LC 的信用风险。

Assets
Cash and cash equivalents
Restricted cash
Securities available for sale
Loans at fair value (includes $2,639,651 and $1,772,407 from consolidated trust, respectively)
Accrued interest receivable (includes $22,790 and $15,209 from consolidated trust, respectively)
Property, equipment and software, net
Intangible assets, net
Goodwill
Due from related parties
Other assets
Total assets
Liabilities and Stockholders' Equity
Accounts payable
Accrued interest payable (includes $25,868 and $16,989 from consolidated trust, respectively)
Accrued expenses and other liabilities
Payables to investors
Notes and certificates at fair value (includes $2,656,917 and $1,772,407 from consolidated trust, respectively)
Total liabilities

图 10－18　Lending Club 平台上发行的票据与信托凭证

资料来源:Lending Club 2015 年第三季度财务报告。

在投资者看来,他们投资的是 P2P 贷款,应该只需关心借款人的信用风险。但是,由于图 10－17 所示的操作流程,投资者同时也要考虑 LC 的信用风险。在 LC 发展早期,只有票据而没有信托凭证,直到机构投资者大举进入,个人投资者才意识到 LC 的信用风险。为了规避这种风险,LC 对机构投资者发行特殊债券——信托凭证。其特殊之处在于,这个债权是由 LC 旗下的一个子公司发行,是一个具有破产隔离作用的 SPV。一旦 LC 破产,投资者就可以通过这个子公司获得借款人的债权,而不受 LC 母公司其他债权的影响。所以机构投资者通过 SPV 有效规避了 LC 的平台风险。

但是,个人投资者还无法规避平台的信用风险,因此个人在 LC 投资的时候必须要考虑到这一点。从这个意义上来说,LC 和国内的平台类似,个人投资者要承担平台的信用风险。

B. 信息透明使投资者有效判断平台风险

只要网贷平台的信息披露足够透明,投资者就能够对相关风险做出有效判断,从而做出投资决定。网贷仍是投资者不错的投资选项,毕竟其利率相对较高。

LC 和 Prosper 等平台与我国网贷平台的本质区别就是前者信息披露更多。例如,通过查看 LC 最近的季报,我们就可以看到它没有任何的债务,即使平台倒闭投资者也可以基本完好无损地获得借款人的债权。

WebBank 成立于 1997 年,位于犹他州盐湖城,有大约 38 位员工,总资产 2.3 亿美元。WebBank 并不是传统银行而是产业贷款银行(Industrial Loan Company),该类银行的母公司可以在不受金融监管的同时给客户提供金融服务,如通用汽车旗下就有产业贷款银行为其汽车业务提供金融服务,沃尔玛旗下也有产业贷款银行来发行沃尔玛的信用卡。

(2)法律问题

美国网贷平台面临一些与业务模式相关的法律问题,法律风险是其考虑的重要风险因素。

2016 年 4 月,纽约居民 Ronald Bethun 向纽约当地地区法院提出诉讼:控诉 LC 和 WebBank 违反了纽约州的高利贷法、消费者保护法,以及反欺诈和合谋法(Racketeer Influenced and Corrupt Organizations Act,RICO)。据 Ronald Bethun 称,他在 LC 购买的 33250 美元的贷款利率为 29.97%,严重超出了纽约州高利贷法的规定。美国的大部分州都设有州立高利贷法,规定本州个人借贷可收取利率的上限,高于该利率上限的贷款会被认为属于无效贷款。根据纽约州法律规定,个人借贷利率最高不得超过 16%。

Ronald Bethun 认为 LC 和 WebBank 为了节省成本、躲避监管以及最大化其利润而欺骗消费者。LC 试图通过 WebBank 将其高利贷业务合法化,而 WebBank 在事件中充当了协同诈骗的角色。除了 Ronald Bethun,还有来自其他各州的将近 100 位借款人向法院提出了此类诉讼。该诉讼提出后受到了行业的广泛关注,原因主要源于 2005 年发生的 Madden V. Midland 案件。

Madden 诉 Midland 案

一、案件基本事实

2005 年,纽约居民 Saliha Madden(以下简称梅登)在美洲银行(Bank of America)开通了一张信用卡。

一年之后,美洲银行信用卡项目和另一家国家银行——FIA 信用卡服务中心合并。

2008 年,FIA 注销了梅登的账户,认定其为不可回收的,并将梅登的 5000 美元的违约债务卖给了加利福尼亚州圣迭戈市的收债公司——Midland 资金管理有限责任公司。

2010 年 11 月,Midland Funding 通过它的服务商 Midland Credit Management(下文将中地 Funding 和中地 Credit Management 统称为中地)以约 27% 的年化利率催她还款。中地不是国家银行。

二、梅登发起集体诉讼

梅登向纽约地区法院对中地发起集体诉讼,指控其违反了《联邦催收法案(Federal Debt Colleciton Practices Act)》和纽约州的《一般商业法案(General Business Law)》

对利率的限制规定，即中地向自己收取了高额利息。

三、纽约地区法院拒绝确认梅登集体诉讼请求

纽约州地区法院拒绝确认梅登集体诉讼请求。

该法院认为，中地属于国家银行的受托人，优先遵循的是《国家银行法案》（National Banking Act，NBA 法案），其次才是州立法案。根据 NBA 法案，国家银行适用其所在州对利率的法律限制。在本案中，由于 FIA 和梅登信用卡发卡方位于特拉华州，而特拉华州对贷款利率没有限制。

纽约州地区法院认为梅登发起集体诉讼的要求是“不合适”的，还应确认集体诉讼各成员的债务是否都归中地管理。

四、梅登上诉，联邦第二巡回上诉法院推翻纽约地区法院意见

梅登对纽约地区法院的判决提出上诉。

2015 年 5 月，联邦第二巡回上诉法院（United States Court of Appeals for the Second Circuit，拥有对康涅狄格州、纽约州和佛蒙特州法院的上诉管辖权）推翻了纽约地区法院的判决。

第二巡回上诉法院认为，如果国家银行的受托人是非国家银行，并且受托人获得贷款跟国家银行已经不再有利益关系，该受托人不适用国家银行对 NBA 法案的优先适用权。

在本案中，中地既不是国家银行机构，也不是国家银行的分支或代理机构，不代表国家银行的利益，即使它购买的贷款的放款方是国家银行，也不优先适用 NBA 法案；让中地适用纽约州高利贷限制法律既不会损害美洲银行，也不会损害 FIA 这两家国家银行的利益。

五、中地不服，请求移交诉讼文件

中地不服，发起移交诉讼文件申请（certiorari），它主张第二巡回上诉法院的决定与第五和第八巡回上诉法院的决定有冲突。

中地提到了 Krispin 和 May 百货商店（以下简称五月公司）一案。

该案的基本事实是：五月公司向原告发放了信用卡，相关合同显示，受制于密苏里州法律，违约金为 10 美元。随后，五月公司通知原告其账户已经被转移至 May 亚利桑那州国家银行（以下简称五月银行），而五月银行会收取 15 美元的违约金。五月公司获得了五月银行的应收账款，也仍然参与着催收，但通过约定和运营确实将账户转移给五月银行了。原告主张收取超过 10 美元的违约金违反了密苏里州法律。五月公司回应称，五月银行优先适用于 NBA 法案而非密苏里州法律。第八巡回上诉法院同意五月公司的说法，指出五月银行是原告信用卡的发放方，也是处理和服务原告账户的主体。

第二巡回法院表示,梅登案与上述案件不同,原因是不管是美洲银行还是 FIA 都和梅登的账户没有关系了。因此,不向中地沿用"NBA 法案优先"不会严重损伤国家银行的利益。

中地还提到了 FDIC 和 Lattimore Land 公司一案。在该案中,第五巡回上诉法院认为,如果一个不是国家银行的放款方将其拥有的债务转移给了另一个州的国家银行,第一个州的高利贷法律仍适用。

中地认为,第二巡回上诉法院的决定违反了"产生即生效(valid - when - made)"条款①,而该规则对国家银行设定利率是必要的。中地认为,如果按照第二巡回上诉法院的规定,国家银行要么得改变贷款合同的条款来适用各州法律,要么放弃向第二个州销售信用贷款产品。

总检察长(Solicitor General)和货币监理署(注:美国国家银行监管机构)出具了一份法庭意见书,表示其认为第二巡回上诉法院的决定是错误的,原因是如果国家银行指定的贷款接收方不能收取 NBA 法案允许的利率,这会损害国家银行的利益。不过,这不意味着第二巡回上诉法院的决定需要被进一步审阅,因为当前在各巡回上诉法院间没有冲突。

六、最高法院拒绝中地请求,案件发往纽约南方地区法院,梅登集体诉讼要求被确认

2016 年 6 月 27 日,最高法院拒绝了中地提出的对梅登 v. 中地案件进行听证并将案件移交至第二巡回上诉法院的请求。

最高法院拒绝审阅第二巡回上诉法院对该案的判决,第二巡回上诉法院将该案发往纽约南方地区法院(US District Court for the Southern District of New York)来让后者解决该案中各州法律的适用问题。

中地向该地区法院申请总结审判(summary judgment)。它主张:

1. 根据原告合同中"可选择法律(choice - of - law)"条款,该案件可选择适用特

① 债务购买方和银行的合作关系长期沿用"产生即有效"的规则。该规则建立在大量联邦判决基础上,其内容是:如果一笔贷款产生时是有效的,它被转移给其他人也不会变成高利贷(变成无效的)。在梅登案之前,"产生即有效"面临的是"真实放款人"挑战。在"真实放款人挑战"场景中,通常非银行机构担当银行贷款项目的营销方并促成贷款的发放。这种非银机构可能在贷款生成后会购买贷款或者担任贷款的贷后管理方,或者兼而有之。"真实放款人挑战"指的是这样的非银机构实际上是此类贷款的真实放款人/债权人,尽管贷款合同上存款性金融机构可能充当的是实际债权人和信用的实际延展方。"真实放款人挑战"中的非银机构被指控违反了州和/或联邦法律,因为这种贷款违反了放款人所在州对非银机构放款的规定。"真实放款人挑战"尚未被广泛接受,原因可能是任何对存款性金融机构和第三方的关系无效的主张都会妨碍联邦法律下存款性金融机构运营和发放贷款的能力。

拉华州而非纽约州法律，而特拉华州法律并未限制高利贷。

2. 即使在纽约州的法律中，对高利贷的限制也不能应用于已经违约的债务。

2017 年 2 月，纽约南方地区法院法官出具了一份意见，驳回了这两项请求。

纽约南方地区法院认为本地法律适用于该案。它认为：

1. 关于“可选择法律”条款，除非与被选定的特拉华州有“合理关系（reasonable relationship）”或者没有违背纽约州的“基本政策”，该案才不会适用纽约州法律。纽约南方地区法院承认梅登违约前，管理其贷款的银行位于特拉华州，这是一种“合理关系”。但是纽约南方地区法院认为，如果该案执行特拉华州法律，即没有高利贷限制，违背了纽约州刑事法对贷款利率的限制，这是“基本政策”。

2. 对于第二点，纽约南方地区法院认为其民事法中对贷款利率 16% 的限制确实不适用于已违约债务，但是其刑事法中对贷款利率 25% 的限制适用于已违约债务。梅登仍需归还债务，但对中地超出《联邦催收法案（Federal Debt Colleciton Practices Act）》和纽约州的《一般商业法案（General Business Law）》利率限制的催收要求，梅登可以提请诉讼。

纽约南方地区法院确认了梅登的集体诉讼请求，并指明参与该集体诉讼的受害人应满足以下条件：居住在纽约州；被被告寄送了催收信，其要求获得年化利率高于 25%；持卡人合同本来声称归属于特拉华州等没有贷款利率限制的州的法律归管；仅指定了纽约州法。

七、对网贷行业的影响

在实践中，美国 P2P 网贷平台的放款通常由银行完成，随后 P2P 网贷平台购买贷款债权，在自身平台上向投资人销售。

人们认为，P2P 平台的主要价值之一是帮助借款人可以用更低成本的贷款偿还更高成本的信用卡债务，进行债务重组。梅登案后，这个价值很有可能被否定。原因是即便贷款合同中有“可选择法律”条款，如果其他州沿用纽约南方地区法院的判决，该条款可能“被抛弃”，即网贷平台亦不得不遵守对借款人所在州对贷款利率的限制规定。

来自哥伦比亚大学的 Colleen Honigsberg 和 Robert J. Jackson Jr，以及来 Fordham 大学的 Richard Squire 针对此项规定进行了研究。他们认为，由于此项规定对贷款发放利率的限制，信用较差的高风险借款人将会很难从 P2P 平台那里获得贷款，因为很多网贷平台依靠高利率覆盖高风险借款人的风险，如果它们不能收取高利率，可能就会放弃这样的高风险借款人。根据研究调查数据，自梅登事件之后，FICO 评分低于 700 分用户的借贷额明显下滑，尤其是评分低于 625 的用户。

总体来看，梅登案对网贷平台的影响在于：网贷平台不是国家银行，也不是其分支或代理机构,如果它购买国家银行发放的贷款,并且该贷款跟国家银行再无利益关系,则网贷平台不优先适用 NBA 法案,如果其他州沿用纽约南方地区法院的判决结果,相关贷款的利率不能违反借款人所在州而非国家银行所在州的法律。

但由于梅登案的判决结果并未提及“产生即有效”条款,网贷平台购买国家银行贷款的利率空间仍有一些不明朗之处。

对于 LC 此次面临的诉讼,穆迪认为 LC 与 WebBank 的合作关系是重点。2016 年 3 月,LC 与 WeBank 进行了业务合作模式的更改:根据新的协议,Webbank 将会购买保留一部分贷款在银行的“借款人账户”(Borrower Account)中,而 LC 将会支付给 Webbank 一笔“贷款尾随费”(loan trailing fee)作为回报。这意味着 Webbank 将变成实际意义上的放款方,承担更多的贷款风险,这一举动很有可能帮助该公司从此次诉讼中顺利解脱。

不过,有评论认为 Madden & Midland 案件的判决结果对网贷平台来说有一点是不明晰的。在该案件中,Midland 作为贷款购买和收债公司,购买的是违约贷款,但网贷平台在资产端借助银行发放贷款后能否将未违约的贷款以高利率销售给有高利贷利率限制的州的买家是不明确的。

10.3 模式评价

美国财政部2016年5月10日发布了针对网贷平台的白皮书《网络借贷市场的机遇与挑战》(*Opportunities and Challenges in Online Marketplace Lending*),白皮书分析了美国网贷行业面临的市场环境和监管环境,并对网络借贷作了如下界定:

网络借贷市场是金融服务行业的一部分,它利用投资资金和数据驱动的在线平台直接或间接地借款给消费者和小微企业。网贷最初是以P2P形式出现的,P2P是个人投资者和个人借款者的桥梁,使个人投资者可以直接借钱给个人借款者。随着产品形式和商业模型的演进,网贷的投资者基础已扩张到机构投资者、对冲基金和金融机构。随着投资者群体的外延与变化,严格来说,整个市场已不再仅包括P2P,相应地我们称这些公司为"网贷平台"。

10.3.1 网贷平台的两种商业模式

(1)直接贷款模式

直接贷款模式又称"直接网贷平台"(见图10-19),投资人直接将钱借给有资金需求的借款人,把该项贷款当成投资组合的一项投资。该模式的典型代表为OnDeck[①]。

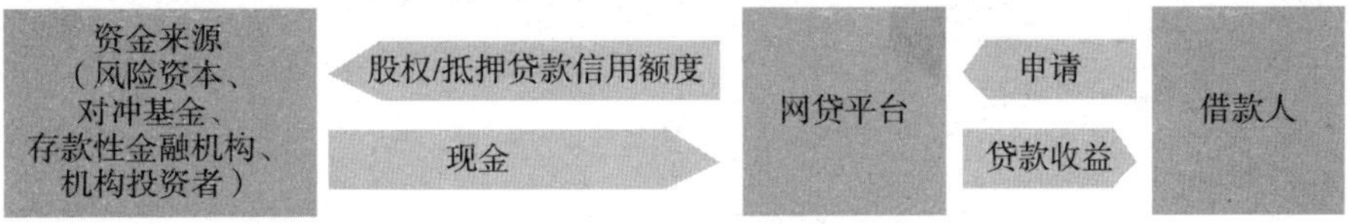

图10-19 直接借款模式

资料来源:美国财政部《网络借贷市场的机遇与挑战》,零壹财经·零壹智库。

直接网贷平台经常把债权放在它们的资产负债表里,虽然行业一直在发展,但是他们越来越依赖资金端来源,包括信用工具、债权出售和资产证券化来支撑借款需求(见图10-20)。直接网贷平台的大部分收益来源于贷款的利息收入和其他费用收入,后者可能包括把债权卖给第三方的服务费。

①现在已经偏向混合模式,也会把债权打包整体卖给机构投资者,但保持服务义务。

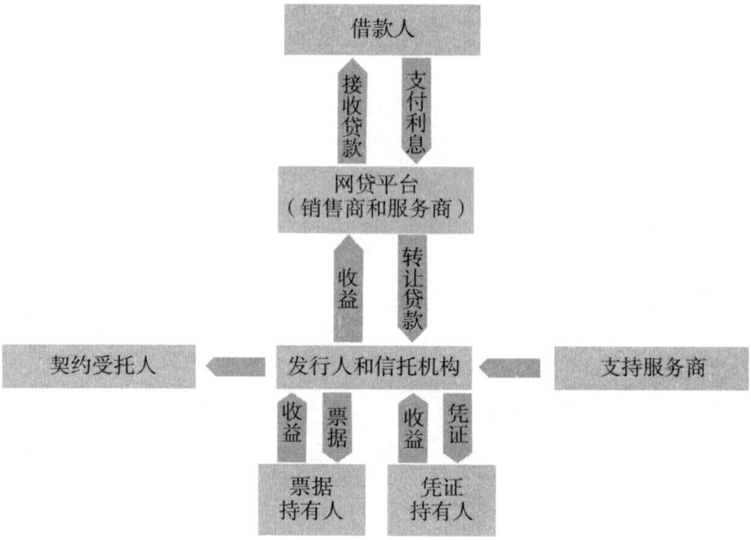

图 10-20　直接贷款证券化的流程

资料来源:美国财政部《网络借贷市场的机遇与挑战》,零壹财经·零壹智库。

(2)平台借款模式

平台借款模式又称"间接网贷平台"(见图 10-21),投资人买的是网贷平台转让的债权,网贷平台与发行钞票的存款机构合作,通过把债权打包或发行证券的方式转售给投资者,投资者和借款人之间并没有直接的联系。该模式的典型代表为 LC。

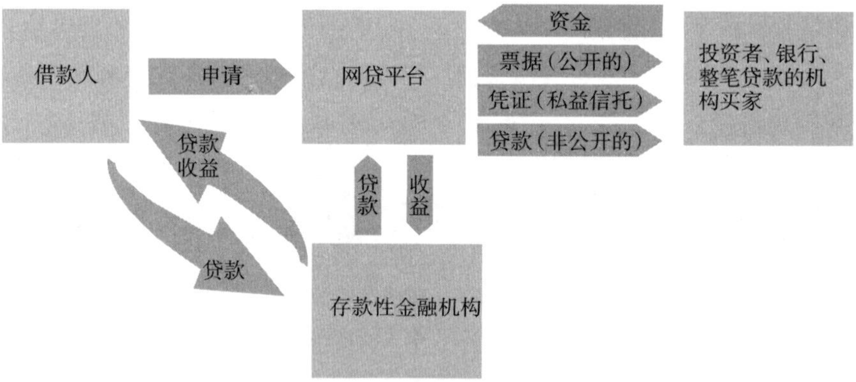

图 10-21　平台借款模式

资料来源:美国财政部《网络借贷市场的机遇与挑战》,零壹财经·零壹智库。

与存款性金融机构合作的间接网贷平台可利用这类机构的特许权,不需要获取业务所在地各州的牌照,就可以在全国范围内经营借贷业务。在这种业务模型下,存款性金融机构把钱借给在平台提交借款需求的借款方。由此产生的债权会被存款性金融机构持有 1~2 天时间,然后就会被平台买下或直接通过平台转让给投资者。当平台购买债权后，这些债权会进一步转给投资者，投资者将收到与债权情况直接相关的一连串付款。这些工具被称为会员偿付支持票据。

在这个模型下，尽管个人投资者可以选择购买平台提供的多份债权的一部分，但是这些债权不会形成资产池。因此，如果借款人违约的话，平台就不用承担信用风险，当前许多平台也开始介入资产证券化市场，用来拓宽资金端来源（见图 10－22）。

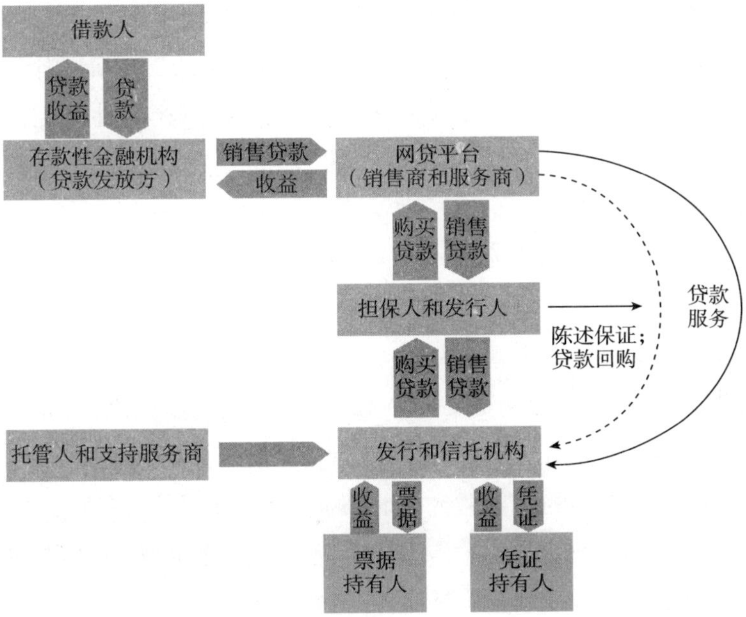

图 10－22　平台借贷资产证券化流程示例

资料来源：美国财政部《网络借贷市场的机遇与挑战》，零壹财经·零壹智库。

10.3.2　网贷模式的创新及贡献

美国财政部白皮书称，美国网贷市场主要是优级、近优级消费无抵押贷款，其次是小企业融资贷款和学生贷款。市场分析师认为网络借贷的潜在市场规模（不考虑抵押贷款）会达到 1 万亿美元，预计在 2020 年美国网络贷款发行规模估计能达到 900 亿美元。目前网贷行业已经覆盖的客户，包括偿付信用卡而再融资的借款人、传统金融机构无法覆盖的中小企业、偿付学生贷款而再融资的学生和用非银行贷款购车的借款人等。另外，摩根士丹利（Morgan Stanley）分析人士称，预计 2020 年，类似 LC 这样的公司发放的贷款将占无抵押消费者和小企业贷款总规模的 10%。

随着经济的发展和居民消费意识的提高，网贷平台开始提供房屋抵押贷、消费信贷等业务，虽然这只占整个市场借贷规模的小部分，但是毋庸置疑，网贷平台为投资人增加了投资渠道，为借贷市场提供了更丰富和多元化的产品，覆盖了更多借款人群，并

为其提供了更快速便捷的服务。具体如下:

(1)增加投资渠道,实现资产增值

美国财政部白皮书所提到的一项调查称,2016 年接受调查的 82% 的投资者认为他们多少有点了解网络借贷,增幅达到 8.5%,而在 2015 年这一数字是 75%;有 50% 接受调查的公司在 2016 年将资金投入到网络借贷中,增幅达到 42%,而在 2015 年这一数据是 29%。

由此可以看出,越来越多的个人投资者开始关注和了解网络借贷,越来越多的机构投资者开始在网贷平台上进行投资。可以说网贷模式的出现,让美国本来就非常成熟和活跃的投资市场又增加了一项可供投资的产品,投资产品种类更加丰富。另外,相对于银行存款、债券等固定收益类产品,网贷平台可以给投资人更高的收益,实现其资产增值的目的。

(2)拓宽融资渠道,满足资金需求

对于传统金融服务无法覆盖的借款人,网贷平台通过高效率地获取低成本信贷的方式拓宽了其融资渠道。

美国财政部发现,大多数网贷平台并不在学生贷市场中拓宽融资渠道,而是提供现存债务再融资的服务。对于消费贷,网络借贷目前服务于大量优级和近优级的借款人,随着市场的发展,新起的网贷平台(如 Upstart、Avant)开始在信用评估中调低审核线来服务那些 FICO 得分较低的用户,并且随着信用模型的发展成熟,近优级到次优级一类群体有望增加。对于小企业贷而言,网贷平台除了为信用良好但极缺资金的企业、贷款额度较低的企业、无法从社区银行获贷的企业、无固定资产作为抵押的网络企业提供贷款,还经常给那些个人 FICO 信用分偏低的小企业提供贷款,满足了更多小企业的融资需求。

另外,多名评论人士指出,网贷平台与社区银行、存款性金融机构之间的推荐合作关系,对用户和小企业来说拓宽了融资渠道,对网贷平台来说与社区银行、商业银行进行品牌合作或者贴牌合作将会降低获客成本,有助于平台服务更多借款人;对小银行来说,从 LC 等网贷平台购买贷款是一种更为经济的获得业务的手段。

(3)全面提升用户体验

在美国,通常网贷平台会利用电子数据资源和技术驱动的授信模型提供自动化贷款申请流程,大多数网贷平台能够提供小额短期贷款,每天的资金汇款通常都是在银行账户中直接处理的,且一般没有线下零售分支机构。因此,相对于传统银行的面对面授信过程,经营线上放贷业务的网贷平台能够提供给借款人更便捷的贷款额度审批程序,一般会在 48~72 小时内完成,这大大减少了沟通成本,降低了平台运营成本,提高了审批效率。

美国财政部所做的 RFI(“关于通过网络借贷拓宽融资渠道的公开意见表”)反馈

中也显示：与其他信贷产品相比，网络借贷具有持续性价格竞争力、年化利率低、用户体验好、贷款审批流程快、文书风险少、平台透明度较强和搜寻成本低等特点；对于投资人而言，借用互联网就可以完成投资的整个过程，大部分平台还会根据投资人的风险偏好提供个性化的投资组合，可以说网贷模式让投资变得更简单、高效。

（4）大量数据的使用惠及借款方

美国财政部白皮书指出，数据使用在网络借贷中扮演着重要的角色，也是创新的来源之一，这种创新给借款方（无论是个人还是小企业）带来了巨大的便利。具体表现在以下方面：

对于网贷平台而言，数据使用降低了平台获客成本，使贷款发行和贷款催收等流程自动化，并能降低欺诈发生的概率，还可以强化信用评估模型。

对于小企业借款人和用户而言，网贷平台利用大量新的数据源来评估贷款申请人的信用风险，他们拿到了更低利率的贷款，获得了更加快速的资金周转时间，享受到在线贷款的方便。例如，小企业贷款网贷平台通过处理即时数据和财务文件能够迅速做出贷款决定，消费者信贷网贷平台通过利用远超过传统信贷文件大量的数据分数来做出放贷判断。

10.3.3 网贷模式的缺陷

（1）没有稳定的资金来源

从本质上来讲，无论是直接贷款模式还是平台借款模式，它们与银行最根本的区别在于不吸收公众存款。虽然不用面临针对银行的严格监管及支付相关费用，很大程度上节省经营成本，但最大的弊端则体现在资金来源缺少保障。

目前，网贷平台主要从风险资本、机构投资者、对冲基金、金融机构或者其他投资工具中吸引资金，严重依赖于金融市场的热度，波动性较大。不同于大众对房屋、汽车等消费品需求的刚需，借款方对贷款的需求在不同的经济周期是不同的，投资人的投资也会随着经济周期的变化而变化，还会受到政策变化、收益率、资金安全性等因素的影响。在贷款量减少、投资量减少时，网贷平台的收入规模只能缩减，而银行主要靠吸收公众存款放贷。

（2）信息不够透明

美国《2015 年小微企业信贷调研报告》（2015 *Small Business Credit Survey*）显示，从网贷平台获得贷款的小微企业的借款满意度仅为 15%，而从银行获得贷款的小微企业的满意度则达到 70%。借款方主要是对网贷平台过高的利率、不利的还款条款、借贷信息的不透明表示不满，其中 32% 的借款方认为平台缺乏透明度。借款方认为平台应该披露更加清晰透明的贷款利率、贷款期限和借贷条款信息。投资人则希望平台披露详细的资产抵押贷款水平、二级抵押贷款信息、资产支持证券产品的数据信息。

目前,网络借贷产品的证券化交易仅仅作为私下发行产品而不是公开登记注册的交易产品来操作,并不受《1933 年证券法》的规定约束(适用于公开登记注册的交易产品),有些评论人士认为应出台相关行业标准规定,从而提高网络借贷证券化交易中的透明度和流动性。

美国财政部认为网贷行业应该采取以下措施:①建立标准化的承保和执行机制;②确保贷款数据的来源和相关投资组合的表现;③建立统一的市场导向定价标准。另外,政府建议行业建立一个开放性的注册数据信息库,提供贷款发行条款、安全性和贷款水平表现等信息的查询,让网贷平台的信息更加透明。

(3)数据及信贷模型的可靠性有待考究

美国部分评论人士对网贷平台数据的类型、新数据,以及信用风险模型的使用表示关注。新的数据源和信用模型可能会给用户带来风险,出现因数据源不精确性导致的放贷歧视、违反公平放贷事件的产生。评论人士认为,通过运算方法使信贷审批流程自动化的方法不一定能产生公平的结果,除了会引起放贷歧视和违反公平放贷事件发生的可能性,还会导致掠夺性的放贷、伤害弱势借款人群体、利用违背用户意愿的数据信息等的情况产生。

用户权益保护人士同样指出,虽然使用数据能够做出快速且无须人工的信用评估,但是它也可能抓取一些与放贷关联不大的数据,导致放贷歧视和违反公平放贷事件的发生,或者惩罚没有大量数据信息的用户。网贷平台还可能利用新的数据源和数据挖掘技术去辨别和瞄准那些尤其对高息贷款无法接受的用户,如财务状况不佳和网络借贷经验欠缺的用户。与传统金融机构的信用报告贷款模型相比,网贷平台的放贷决定缺乏透明度,在传统模式下,贷款申请人有权利和能力检查及修正用于决定他们贷款资格的个人数据,而网贷模式下,申请人则只能被动地等待数据和信贷模型决定他们的贷款。

(4)未经过完整的信贷周期检验

自 2006 年以来,美国联邦储备委员会于 2015 年 12 月首次将官方利率的目标浮动范围提高了 25 个基点,从 0 ~0.25% 提高至 0.25% ~0.5%。许多网贷平台也纷纷提高贷款利率,如果小企业借款人因为较高的利率而产生还款压力,那么网贷平台将面临较高的债务违约率。对于个人借款人而言,网贷平台发出的大多数是无抵押贷款,也势必会面临较高的坏账。一直以来,美国网贷行业整体的欠账率和坏账率都低于 1%。据估算,欠账率从 2015 年 1 月的 0.56% 上升到当年 12 月的 0.75%,而坏账率则从 2015 年 10 月的 0.37% 上升到当年 12 月的 0.51% 。网贷行业是在良好信用状况下(接近于 0 的短期利率条件)建立和发展起来的,整个网贷模式下新型承销模型和基础运营还没有经过一个完整信贷周期的检验。那么,网贷平台如何在信用环境欠佳的条件下测试和调整运算模型就变得至关重要,然后这一切都是未知数。

(5)对小企业贷款用户的保护不够充分

美国现存的《消费者保护法》并不适用于网贷平台的小企业主借款,这会导致一个不公平的监管体制,从而引发风险。评论人士指出,覆盖金融机构和网贷平台的统一的消费者保护措施的出台是有必要的,而且无论贷款人的类型如何,用户对于权益保护的需求都是强烈的。

目前的小企业贷款并不是在与个人贷款完全相同的消费者保护法和监管的框架下操作的。有充分的证据表明,与消费贷特征相似,金额低于 10 万美元的小企业贷款并没有获得与消费贷相同的用户保护措施。小企业贷款仅受《合同法》或者《平等信用机会法案》下《公平借贷法》相关规定的保护。

美国许多网贷业内人士认为,相对于大中型企业,小企业主更需要强化的权益保护措施。用户权益保护人士呼吁,小企业借款人应该获得与消费者同等的法律保护待遇。无论贷款人是传统金融机构、网贷平台还是其他非银行机构,都应该对小企业贷款用户进行保护。越来越多面向小企业的网贷平台正在使用数据源来决定信贷可靠性,评论人士认为在小企业数据隐私保护方面更加需要强化保护。

(6)二级交易市场发展不充分

向美国财政部提交反馈的投资者、交易协会成员和数据提供者一致认为,一个活跃的二级市场取决于证券化市场的发展,活跃的二级市场会使贷款的投资组合的市场定价更加精确。随着经济条件的改变,一个功能运转良好、具备不断发行产品能力活跃的证券化市场可以有效降低网贷平台的融资风险,如果有充足的产品发行量,还可以降低网贷平台的融资成本从而间接降低用户的融资成本。

在过去的两年里,证券化产品的发行频率在增加,规模也在逐渐增大。网络借贷中的会员偿付支持票据,有两种类型:①“贷出去并持有”的产品;②“贷出去并证券化”的产品。但受到贷款规模较小、交易和投资组合管理的基础设施建设发展不够充分等影响,整笔贷款在二级市场中进行交易存在一些障碍。目前,面向网络贷款证券化产品的交易平台一直在发展,但是没有获得广泛运用。Prosper 和 Lending Club 是目前仅有的 2 家在证券交易委员会上对它们发行的会员偿付支持票据进行登记注册的网贷平台。到目前为止,还没有一家网贷平台在证券交易委员会上登记注册过与小企业贷款相关的会员偿付支持票据。

10.4 反思与启示

10.4.1 信息中介与信用中介

我国有很多业内人士认为 LC 是信息中介,其欺诈事件的爆出说明信息中介模式无效,因此对于网贷业务究竟该采取何种模式发展和监管感到困惑。

还有人认为,LC 欺诈事件的爆出说明"LC 已偏离信息中介模式,充当了信用中介",该种观点似乎默认了网贷平台如果是信息中介就是有效的,该种观点持有者的论据是个人投资者购买的是 LC 发行的票据而非借款人的债权,他们是 LC 而非借款人的债权人,面临 LC 平台倒闭无法得到优先偿付的风险。

还有人认为,LC 不是纯粹的信息中介,因为它并非直接将借款人的借款信息呈现给投资者,而是对其进行了风险评级,进而根据该风险评级给定借款人的借款利率,投资者是出于对该借款利率和风险评级真实性和合理性的信任才投资的。

认为以上争论其实隐含了几个问题:①信息中介和信用中介的区别是什么?②作为网贷届标杆的 LC 是不是信息中介?③我国网贷平台是信息中介还是信用中介?④我国网贷平台应该是信息中介还是信用中介?下文将一一回答。

(1)信息中介和信用中介的定义与职能

长江商学院教授黄春燕认为,信息中介和信用中介的区别在于前者不用为投资者的投资决策负责。她表示:"金融业的核心是信息。按照信息的使用,金融行业的运营模式可以分为信息中介和投资中介两大类。信息中介只负责披露信息,提供自己的信息分析,而不用为投资者的投资决策负责。监管层已经明确界定,P2P 网络借贷平台正是这样的信息中介。投资中介将信息与资金捆绑,依靠自己的信息优势来替投资者作投资决策。所有投资中介的本质是替投资者作投资决策,然后收管理费。投资中介中最特殊的是银行,也是监管最严的。为什么呢?银行不仅是投资中介,更是信用中介,它向投资者(储户)提供了不违约的保障,储户可以随时取钱,银行保障本金。这个保障是把'双刃剑'。一方面对于很多处于信息劣势的投资者来说,这个保障是让他们有勇气投资的先决条件;但另一方面这个保障也可能引起挤兑风险,尤其在银行坏账率高企的时候。要解决挤兑和违约风险,银行必须有足够的资本金,这也是银行监管的本质。”

人民银行调查统计司司长盛松成认为，信息中介和信用中介的区别是后者要承担资金需求方的信用风险。具体而言，他表示：“金融的本质是资金的流通，金融机构在其中起着中介桥梁的作用。这个中介，可以分为信息中介和信用中介。所谓信息中介，就是为资金的供需双方提供信息，解决信息不对称的问题。而信用中介是金融中介机构在融通的过程中以自身的信用作为担保，保证本息和利息的安全。也就是说，金融机构承担起了控制贷款风险、控制资金运动的风险，这就是信用风险。所以实际上金融是信息中介和信用中介的统一。”

以上学者和官员的意见其实是一致的，信息中介和信用中介的区别是前者不用承担来自资金需求方的信用风险，不用对投资者的本息负责。

（2）Lending Club 是信息中介还是信用中介

理论上，盛松成认为英、美等地的 P2P 网贷是摆脱了信用中介的职能，是纯粹的信息中介，因此很少出现平台跑路问题。

实践上，LC 在其 2016 年第一季度财务报告中表示：“我们不承担本平台促成发放的贷款的本息和利率风险，这些贷款的余额、利率和期限都和投资者持有的票据或者信托凭证的信息一一对应。作为服务商，我们只有在收到借款人还款时才会将这些还款支付给持有票据或者信托凭证的投资者。因此，在任何时点，在我们的资产负债表和运营报告上，贷款利息收入和票据与给信托凭证的利息支出都是对等的。贷款余额和票据与信托凭证余额相对应。”从这一点上来看，LC 是信息中介。

同样是根据 LC 第一季度财报，2016 年 4 月 1 日 LC 完成了对 Cirrix 资本的 1000 万美元投资，获得后者约 15% 的股权。考虑到 LC 前 CEO 和另一位董事会成员（John Mack）也持有该公司的股权，截至 2016 年 4 月 1 日，LC 共持有 Cirrix 资本约 31% 的股权。Cirrix 拥有一组投资方向是 LC 平台贷款和利息的基金。根据 Cirrix 和 LC 的合作协议，Cirrix 最多可以用资产（不包括 LC 平台的贷款和利息）的 20% 进行投资。截至 2016 年 3 月 31 日，Cirrix 的资产全部都是 LC 平台上的贷款和利息。

根据 LC 和 Cirrix 合作的信贷支持项目（Credit Support Program），在因为与 Cirrix 持有的信托凭证相关联的贷款出现违约，Cirrix 遭受的损失约定的金额时，LC 为其提供保证和不超过 500 万美元的限制性现金（Restrict Cash），也就是说，该笔资金的性质是风险保证金（Pledge Cash）。在 2015 年 12 月 31 日和 2016 年 4 月 1 日这两个时点上，Cirrix 因持有的信托凭证遭受的贷款损失都没有超过约定的金额，因此，LC 尚未因此承受损失。未来 LC 预计该贷款损失也不会超过约定的金额，因此 LC 预计不会因此背负债务。由于 LC 拥有 Cirrix 的可变利益，LC 有义务披露其可能因该信贷支持项目遭受的最大损失。假如该信贷支持项目覆盖的所有贷款均违约,2016 年 3 月 31 日和 2015 年 3 月 31 日该数字分别是 3900 万美元和 3440 万美元。

基于上文分析,LC 对 Cirrix 提供的风险保证金属于有限兜底行为,因此 LC 并非不承担借款人的信用风险,不能被简单地看作信息中介。

(3)我国网贷平台是信息中介还是信用中介

盛松成认为,在实践中我国绝大部分 P2P 网贷平台已经偏离信息中介的定位,很多平台不仅承诺保证投资的本息,还变相地进行担保,利用资金池直接或变相地开展理财等信贷金融业务,不再是信息中介,而是信用中介。

本书认同以上观点,并认为可能的原因包括我国征信体系不完善和投资者对 P2P 网贷平台仍有刚性兑付预期等。举例来说,第一,由于我国征信体系不完善,投资人无法了解借款人的信用信息,如 LC 等英、美网贷平台会要求借款人提供 FICO 信用评分等信息,而我国征信和信用评分公司所掌握的数据不够全面和丰富;第二,P2P 网贷资产可以看作一种次级信贷资产,而不同于股市,我国债市投资者普遍有刚性兑付预期,在这种情况下,为了吸引投资者,我国网贷平台纷纷承诺为投资者保障本息。

(4)应该是信息中介还是信用中介

2015 年 12 月 28 日,我国银监会会同工信部、公安部、国家互联网信息办公室等部门公布了《网络借贷信息中介机构业务活动管理暂行办法(征求意见稿)》(以下简称意见稿)。意见稿将网络借贷定义为"个体和个体之间通过互联网平台实现的直接借贷",其中"个人"指"自然人、法人及其他组织",而"网络借贷信息中介机构"是指"依法设立,专门从事网络借贷信息中介业务活动的金融信息中介企业"。从名字可以看出,我国监管当局对网贷平台的定位是"信息中介"。

盛松成认为,我国的 P2P 网贷平台在信用中介职能方面,远远不如传统金融机构。第一,它们掌握的资金需求方的信用信息不完备;第二,风控手段与传统金融机构大同小异,程度远不如传统金融机构;第三,P2P 平台客户群的信用风险远超传统金融机构,但风险准备金严重不足。所以在风险的积累下,资金链最终会断裂,这是我国有大量 P2P 网贷平台停业跑路的原因。他认为大部分承担信用中介职能的 P2P 网贷平台将会被淘汰,仅有一部分承担一定的信用中介职能和大量的信息中介职能的优势平台能够生存下来。

一方面,我国要在加强征信体系建设的同时,要求网贷平台向投资者做好借款人信用信息披露;另一方面要加强投资者教育,打破其刚性兑付预期。在这两点未实现的当下,要允许网贷平台通过设立风险保证金等方式保障投资者利益,风险保证金应有独立的银行账户,网贷平台对其的操作要保证及时、真实和完整地向投资者披露。

美国要求 LC 等平台及时披露自身资产和资金运用情况，Prosper 等平台将投资者资金存管在银行账户中，这些都值得我国借鉴。值得注意的是，LC 欺诈事件的爆出和补救措施都是 LC 在第一时间内由其自身完成的，随后其股价暴跌，这说明不管是平台自身，还是整个社会，都对“诚信”极其看重，这是契约社会制度约束下民众的必然反应。

10.4.2 对机构的启示

(1)资金端重要还是资产端重要

“如果 P2P 平台需要从个人、对冲基金或者证券化市场募集资金，那么这些资金在金融市场动荡的时候就会消失。这是这些平台所面对的主要问题。从 2016 年一、二月份就可以看到这些问题。”——Jamie Dimon，摩根大通银行首席执行官。

众所周知，过去几年美国 P2P 平台发展的主要瓶颈是资产端的开发。各大平台都把主要精力放到资产开发上，采用各种营销手段吸引借款人，平均每个借款人的营销成本可达几百美元。与之相反，投资者对各个平台趋之若鹜，平台资金端经常是资产端的几倍，甚至更多。各平台在资金端只投入很少的资源。

但正如 Jamie Dimon 所说，2016 年 1、2 月整个美国 P2P 的市场发生了剧烈的变化。很多平台突然发现资金端发生了问题，原来趋之若鹜的机构投资者似乎在一夜之间消失。如果平台花费了几百美元找到借款人，却没有足够的资金来产生贷款，那么不仅没有贷款产生的收入，同时营销费用也打了水漂。LC 最近出现的几个问题都是迫于资金端的压力，在开发推动资金端、期望华尔街投行帮助其以资产证券化的方式销售贷款的过程中出现的。

除了 LC，Prosper 等网贷平台也经历了同样的过程。在接受 Lend Academy 访问时，Prosper CEO 称 Prosper 在 2014 年时十分重视资产端，在资产端的开发和借款人信用评分模型的打磨上投入了大量精力；2015 年则花了大量精力在资金端，如 Prosper 聘请了一位有经验的投资服务产品经理来为 Prosper 优化投资体验。

和美国的情况相反，我国大多数网贷平台先是格外重视资金端，强调利用互联网思维，初期大力补贴用户，之后再从用户身上盈利，但在资金链断裂引发大量社会问题、国家开展互联网金融专项整治后，部分网贷平台才开始重视资产端，加强风险控制。

网贷平台作为连接资金端和资产端的中介，任何一端出现问题，平台就得承担后果。实际上，先重视资金端还是资产端并不是问题的关键。中、美两国分别在资金端和资产端出现的问题实际上反映的是：未经过完整信贷周期考验，表现前景不明。具体而言,美国网贷平台资金端出现问题主要是由于美联储加息、P2P 网贷资产吸引力下降导致的,而我国网贷平台资产端出现问题是“三期”叠加的宏观经济发展现状下,大量借款人还款能力下降,无力偿还贷款造成的。

(2)机构投资者重要还是个人投资者重要

Prosper CEO 曾公开表示,①个人投资者的获得效果难以预料,而且向个人投资者进行一对一的营销是不经济的,相比之下机构投资者能使网贷平台一次性获得大量投资;②在经济周期、利率、投资组合表现有变动时,一部分机构投资者注重短期回报的性质会让它迅速撤离网贷平台,即这些资金有“热钱”属性,相比之下,个人投资者更为稳定;③网贷平台资金端的发展和健康程度还是得依靠零售客户,也就是个人投资者。

为了保护个人投资者,Prosper 在 2013 年 2 月推出了新的票据,它是业内唯一的适用于个人投资者的破产隔离措施[①]。

和美国网贷平台不同的是,我国网贷平台与金融机构的合作基本限于银行为网贷平台提供资金存管。也就是说,目前我国网贷平台尚无机构投资者的概念,但不排除未来在我国网贷实现规模经济等前提下,会有基金、银行等金融机构投资、购买网贷平台的贷款。届时,明确这两者的不同,会对网贷平台自身发展有重要意义。

10.4.3 对监管层的启示

相对于网贷平台而言,投资者仍然处于信息不对称的弱势地位,为了保障市场的公平有序,监管层的监管重点应放在投资者权益保护上。

LC 欺诈事件爆出后,负面消息如潮,LC 股价大跌,但这并没有让 LC 倒掉。从公司的层面来看,LC 获得了来自中国的资本——盛大集团的大笔买入,后者成为其第一大股东。但是从美国市场的反映来看,更多的关注点不在于谁买了 LC 的股票,而在于是否有足够的投资者购买 LC 的借贷资产。

而在中国,投资者并不太关注平台的借贷资产,而是看平台本身是否会跑路破产、有无刚性兑付,至于它的资产质量则并不重视,或者根本就无法判断,因为平台披露的信息太少,征信也不发达。部分借款人在平台出现危机时,也会想方设法不还钱,因为交易结构、法律关系不够清晰,赖账逃避责任的成本相对很低。

据零壹数据统计,2015 年 10 月我国网贷行业问题平台[②]的数量首次超过新增平

①Prosper 的财务和运营状况章节详细阐述了该措施,即新票据由 PFL 发行。

②出现跑路、倒闭等非正常经营事件的平台。

台,此后仅有 2015 年 11 月新增平台数量超过问题平台,目前问题平台总数已经超过了正常经营的平台,这种情况下“保护投资者”殊非易事。

美国 P2P 危机带给我们一些启示,即清晰的法律关系、透明的信息披露是保护投资者的最好措施。就平台而言,优质的资产质量和相对的价格优势,是对投资者最好的回馈。国内市场还需要强调的是资金存管,防范资金池,防止平台卷款跑路或挪用资金。

国内政府部门和自律组织在行业监管方面也有很多探索,如北京市对网贷行业实施的“1 +3 +N”的监管模式。其中“1”是指成立网贷行业协会,“3”是指产品登记、信息披露和资金存管三项措施,“N”是指成立 N 个专业委员会,包括法律、技术、风控、宣传教育等。产品登记解决的是法律关系的确认问题,信息披露解决透明度问题,资金存管解决资金池和道德风险问题,而各个专委会则充分发挥市场力量形成良好的发展和制衡生态。自 2016 年以来,广东、上海、江苏等地的互联网金融协会都对会员的信息披露提出了要求。成立不久的全国互联网金融协会,也已经开始在信息披露方面下功夫。

我们常听说互联网金融的本质是金融,金融的核心是什么呢? 是风险定价。风险定价的前提是风险界定和识别,因此清晰的交易结构、法律关系及其确认,是保护投资者权利的根本前提。

从监管的角度来看,投资者保护是指维护合理的游戏规则,保护投资者的正当权利。从平台的角度来讲,要充分发挥定价能力,即开发优质资产,在定价上具有竞争力,才有机会获得更多投资者的支持。

附录一

30 家样本平台资金流动情况

资金流(fund flow),原来是指在营销渠道成员间随着商品实物及其所有权的转移而发生的资金往来流程,在P2P借贷中,我们指在P2P借贷运营过程中随着债权产生、消除及债权人的转移而发生的资金往来流程。一个新借款标筹资成功后,新的债权就会产生待收账款;一笔借款标顺利还款,就代表一部分债权甚至全部债权的消除;部分P2P借贷平台存在流转标,当一笔流转标流转成功时,就代表着债权人发生了相应的变化,对应的债权人的待收资金及利息收入均会相应变化,而这部分债权的期限及收缴借款每天的待收及应还在不同时间节点上对应的金额也发生了相应的变化。

这是一笔借款标产生、消除、流转对资金流的影响,当几百、几千笔借款标在连续的时间维度上发生的时候,问题变得更加复杂,也基本无法通过手算得出结论,这个时候我们就提出了一个模型,我们称为"资金流模型"。

P2P借贷平台的主要业务由借和贷组成,涉及资金正、负两个方向的流动,一个贷方发生额(融资增加数),一个借方发生额(偿还贷款数)。这也就有了两个关键的指标,贷款余额和应还金额:该日贷款余额 = 前期贷款余额 + 本期贷方发生额(融资增加数) - 借方发生额(偿还贷款数);应还金额就是借方发生额(偿还贷款数)。贷款余额①可以简单理解为平台上的借款人还欠着投资人的多少钱没有还。应还金额,可以简单理解为某个平台上的借款人当天(当期)要还给投资人多少钱。

模型假设:

(1)所有借款项目都是正常还款,不存在逾期或者提前偿还的情况;

(2)忽略投标奖励、担保奖励及红包返现等对平台真实待还金额的影响;

(3)对于按月还款的天标,其借款期限处理方式:不足28天按真实借款天数计算;大于等于28天按"借款天数/30"四舍五入取个位数计算。

涉及字段:

借款金额(pv)、借款期限(n)、借款年利率(i)、完成时间(t)、还款方式(h)

计算原理:

(1)P2P借贷平台当日应还款金额 = 所有借款人当日应还款金额之和;

(2)P2P借贷平台贷款余额 = 历史贷款余额 + 当日新借款 - 当日应还款,其中当日应还款(包括本金和利息两部分)按不同的还款方式计算得到,

下面以4种常见的还款方式为例来说明具体计算过程:

①理论上的待还本金,由于数据采集、统计口径等原因,其结果可能与平台官方或其他第三方有所出入。

A. 等额本息(按月分期还款)

还款期数	还款日期	还款本金	还款利息
1	$t+30\times1$	$A-X_1$	$X_1=pv\times i/12$
2	$t+30\times2$	$A-X_2$	$X_2=[pv\times i/12-A]\times(1+i/12)\hat{}1+A$
3	$t+30\times3$	$A-X_3$	$X_3=[pv\times i/12-A]\times(1+i/12)\hat{}2+A$
…	…	…	…
n	$t+30\times n$	$A-X_n$	$X_n=[pv\times i/12-A]\times(1+i/12)\hat{}(n-1)+A$

注:A = Pv × (1 + i/12) × (1 + i/12)^n/[(1 + i/12)^n − 1]/n

B. 按季分期付款

还款期数	还款日期	还款本金	还款利息
1	$t+30\times1$	0	$pv\times i/12$
2	$t+30\times2$	0	$pv\times i/12$
3	$t+30\times3$	$pv/(n/3)$	$pv\times i/12$
4	$t+30\times4$	0	$[pv-pv/(n/3)\times1]\times i/12$
5	$t+30\times5$	0	$[pv-pv/(n/3)\times1]\times i/12$
6	$t+30\times6$	$pv/(n/3)$	$[pv-pv/(n/3)\times1]\times i/12$
…	…	…	…
$n-2$	$t+30\times(n-2)$	0	$[pv-pv/(n/3)\times(n/3-1)]\times i/12$
$n-1$	$t+30\times(n-1)$	0	$[pv-pv/(n/3)\times(n/3-1)]\times i/12$
n	$t+30\times n$	$pv/(n/3)$	$[pv-pv/(n/3)\times(n/3-1)]\times i/12$

C. 月付息到期还本

还款期数	还款日期	还款本金	还款利息
1	$t+30\times1$	0	$pv\times i/12$
2	$t+30\times2$	0	$pv\times i/12$
…	…	0	$pv\times i/12$
$n-1$	$t+30\times(n-1)$	0	$pv\times i/12$
n	$t+30\times n$	pv	$pv\times i/12$

D. 等额本金

还款期数	还款日期	还款本金	还款利息
1	$t+30\times1$	pv/n	$pv\times i/12$
2	$t+30\times2$	pv/n	$(pv-pv/n\times1)\times i/12$
…	…	pv/n	$[pv-pv/n\times2]\times i/12$
$n-1$	$t+30\times(n-1)$	pv/n	$[pv-pv/n\times(n-2)]\times i/12$
n	$t+30\times n$	pv/n	$[pv-pv/n\times(n-1)]\times i/12$

(1)年末待还余额

如图1所示,30家样本平台2016年末待还余额共计2132亿元,其中翼龙贷、宜人贷和你我贷均超过200亿元,另有710家平台的贷还余额超过百亿元,而合拍在线和链链金融则在10亿元以下。

与2015年相比,有6家平台年末待还余额较上年有所下降。其中,链链金融降幅最大,达到84.3%;银客理财次之,同比下降32.9%,这两家平台主要受网贷限额的影响,自下半年开始单月交易额大幅减少。此外,金融工场、金银猫、一起好和红岭创投的贷款余额,同比降幅分别为32.9%、24.0%、11.0%、4.0%、4.0%。

有23家平台年末待还余额较上年增加,其中微贷网增幅最大,为264.8%;团贷网、爱钱进涨幅也超过200%,增幅在100%~200%的平台有5家;增幅在50%~100%的平台最多,有10家。

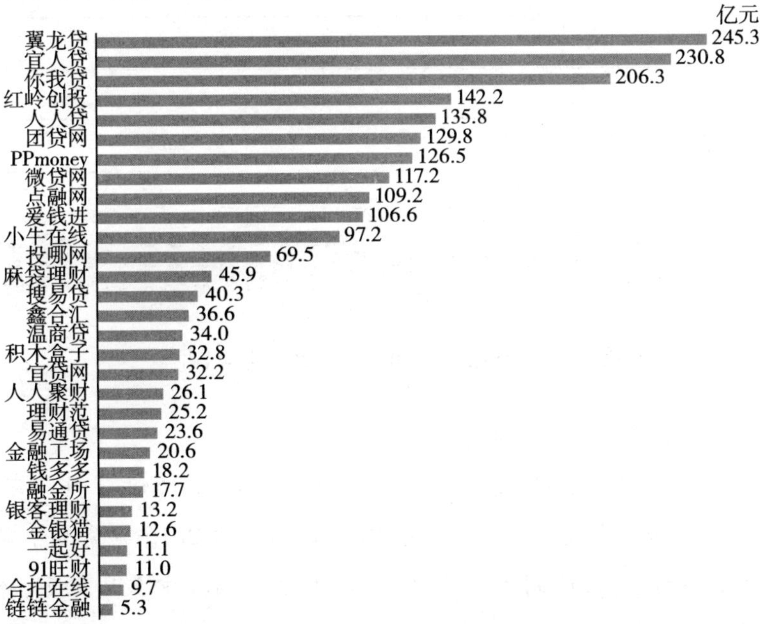

附录1-1 30家样本平台2016年末待还余额

(2)每日还款金额

每日还款金额,是一个平台单日所需最低资金流动情况,也是理论上无闲置投资余额情况下最低的资金要求。当 P2P 借贷平台挪用借款资金或者第三方支付通道出现异常,自由流动资金低于该日应还款时将出现投资人无法提现的风险。

$F(x) \propto V(x)/Q(x)$　每日还款金额与一个平台的成交额规模成正比例关系,在期限一定的情况下,成交规模越大,每日应还款量越大;每日应该还款量与借款期限的长短成反比例关系,成交规模一定的情况下,期限越长,每日还款量越小。

$F(x)$………………每日应还款量

$Q(x)$………………借款期限因素

$V(x)$………………成交额

如图 2 所示,30 家样本平台中有 5 家 2016 年日均应还都在 1 亿元以上,其中红岭创投高达 2.6 亿元,鑫合汇、微贷网、PPmoney 和小牛在线均在 1 亿~1.1 亿元之间,这些平台体量很大,除 PPmoney 外还款周期普遍较短。宜贷网、团贷网等 4 家平台的日均应还款在 4000 万~8000 万元,其余均在 3000 万元以下,包括一起好、理财范、爱钱进和麻袋理财日均还款金额不足 1000 万元的平台。

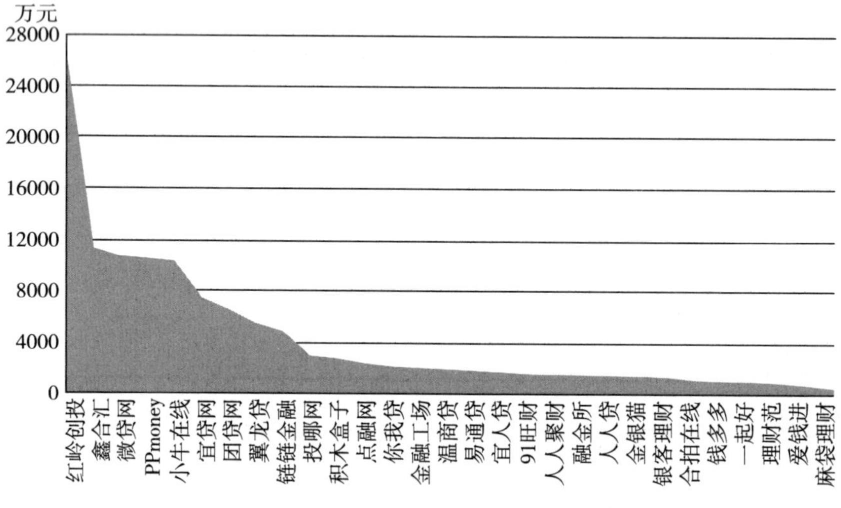

附录 1-2　29 家平台 2016 年日均还款金额

(3)2016 年待还余额与还款金额每日对比

红岭创投 2016 年待还余额峰值:152.9 亿元,峰值时间:2016 年 2 月 7 日;当日应还款峰值:4.66 亿元,峰值时间:2016 年 3 月 30 日。该平台 2016 年贷款余额基本保持在 140 亿元上下浮动,年末达到 142.2 亿元,较上年同期减少 5.8 亿元,降幅约为 4.0%;每日应还总额则在 2 亿~3.5 亿元波动,总体而言资金流动情况相对平稳。

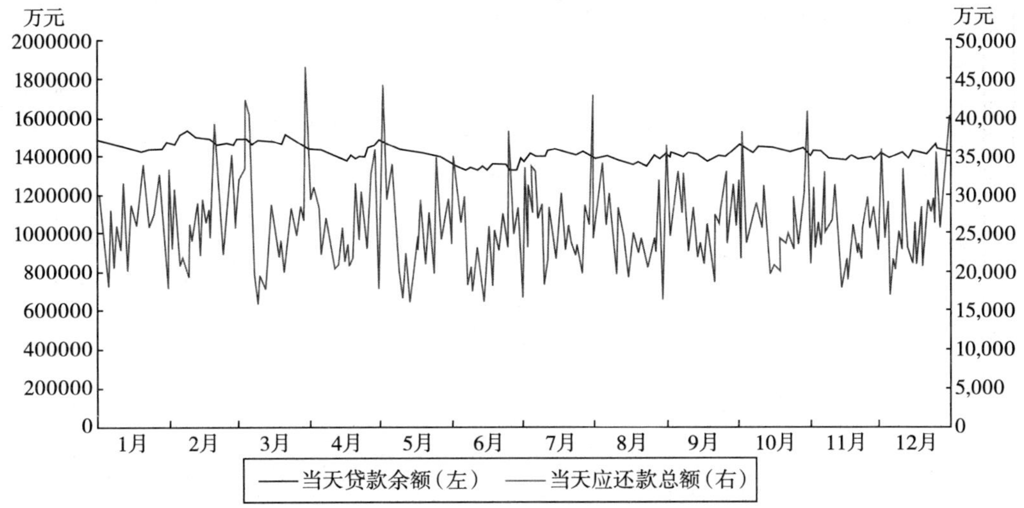

附录1－3 红岭创投2016年待还余额与还款金额每日对比

人人贷2016年待还余额峰值:135.9亿元,峰值时间:2016年12月30日;当日应还款峰值:2145.41万元,峰值时间:2016年12月24日。该平台2016年贷款余额呈平稳上升趋势,其中第四季度开始增长显著(12月达到13.7亿元),年末达到135.8亿元,较上年同期增加57.1亿元,增幅约为72.6%;每日应还总额则在800万~2100万元震荡上升。

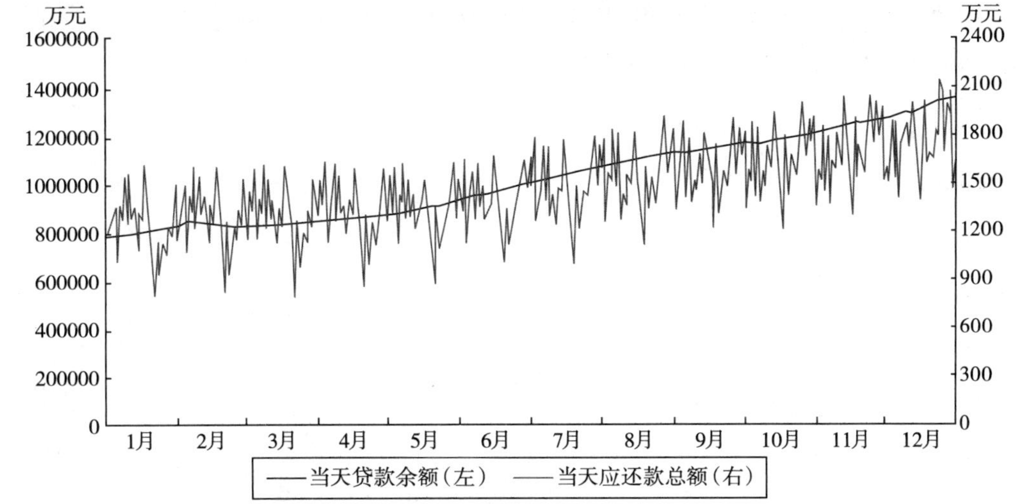

附录1－4 人人贷2016年待还余额与还款金额每日对比

你我贷2016年待还余额峰值:206.5亿元,峰值时间:2016年12月30日;当日应还款峰值:4843.96万元,峰值时间:2016年10月23日。该平台2016年贷款余额呈平稳上升趋势,年末达到206.3亿元,较上年同期增加90.5亿元,增幅约为78.2%;每日应还总额则在 900 万~4800 万元震荡上升。

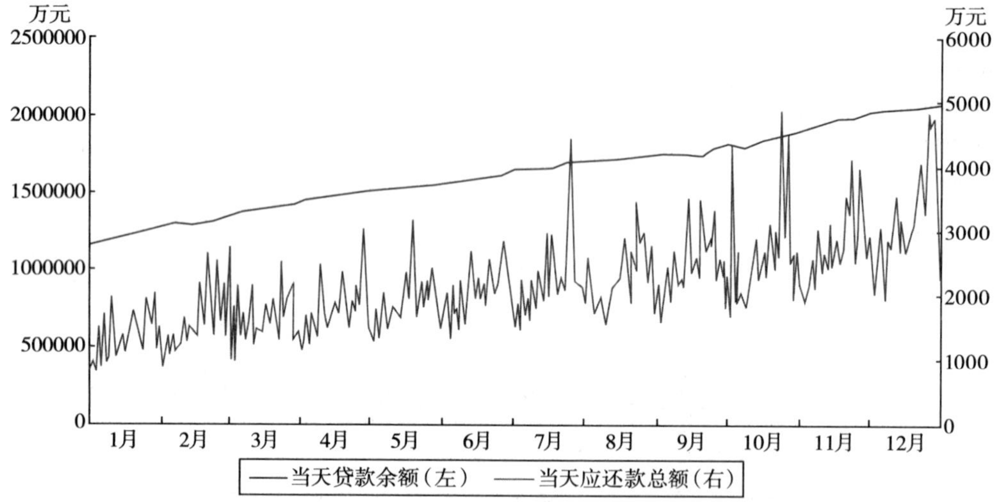

附录 1-5　你我贷 2016 年待还余额与还款金额每日对比

微贷网 2016 年待还余额峰值:117.2 亿元,峰值时间:2016 年 12 月 30 日;当日应还款峰值:2.78 亿元,峰值时间:2016 年 12 月 29 日。该平台 2016 年贷款余额呈急速上升趋势,下半年增幅更快,年末达到 117.2 亿元,较上年同期增加 85.0 亿元,增幅高达 264.8%;每日应还总额则在 8000 万~15000 万元震荡上升,其中 9—12 月有单日还款金额浮动较大情况,最高可达 2.8 亿元。

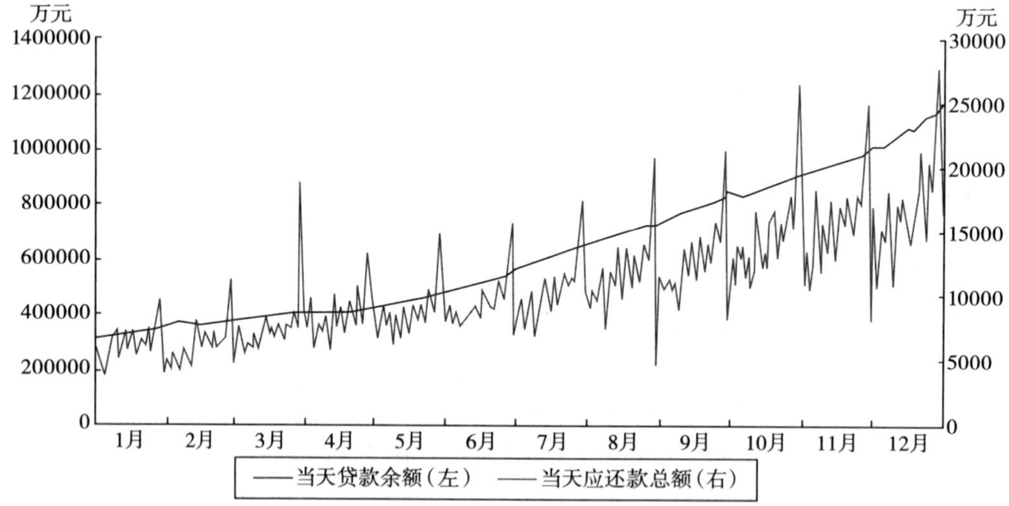

附录 1-6　微贷网 2016 年待还余额与还款金额每日对比

翼龙贷 2016 年待还余额峰值:250.2 亿元,峰值时间:2016 年 9 月 30 日;当日应还款峰值:1.91 亿元,峰值时间:2016 年 12 月 1 日。该平台 2016 年贷款余额在 1—8

月呈较为缓慢的上升趋势，8—12 月呈平稳趋势，年末达到 245.3 亿元，较上年同期增加 68.4 亿元，增幅约为 38.7%；每日应还总额则在 2000 万 ~9000 万元震荡上升，其中 10—12 月每日还款金额浮动相比于全年较大。

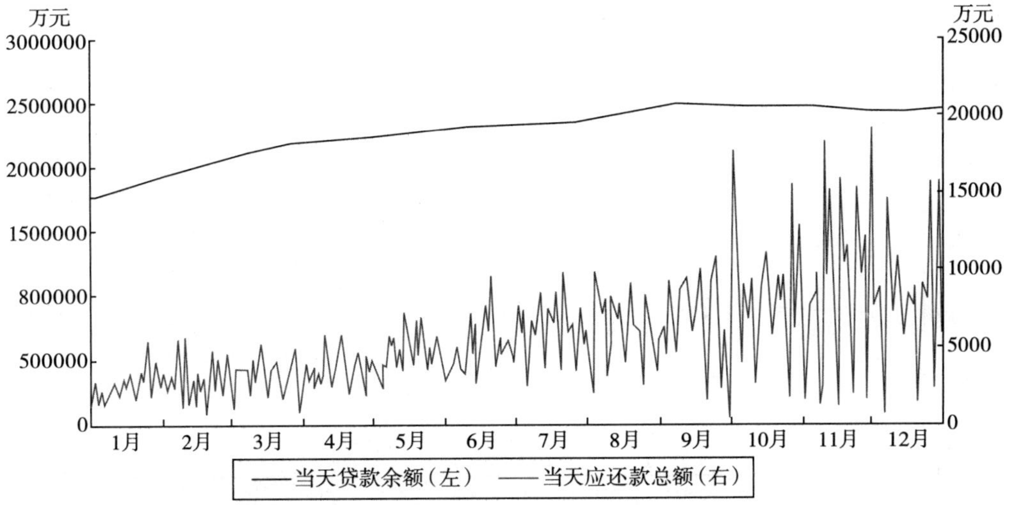

附录 1 –7　翼龙贷 2016 年待还余额与还款金额每日对比

人人聚财 2016 年待还余额峰值：26.8 亿元，峰值时间：2016 年 12 月 23 日；当日应还款峰值：8195.7 万元，峰值时间：2016 年 6 月 30 日。该平台 2016 年贷款余额总体呈较为平缓上升的趋势，年末达到 26.1 亿元，较上年同期增加 9.8 亿元，增幅约为 60.6%；每日应还总额基本在 1000 万 ~3500 万元波动，其中 5—7 月单日还款金额浮动相比于全年较大，最高可达 8000 万元以上。

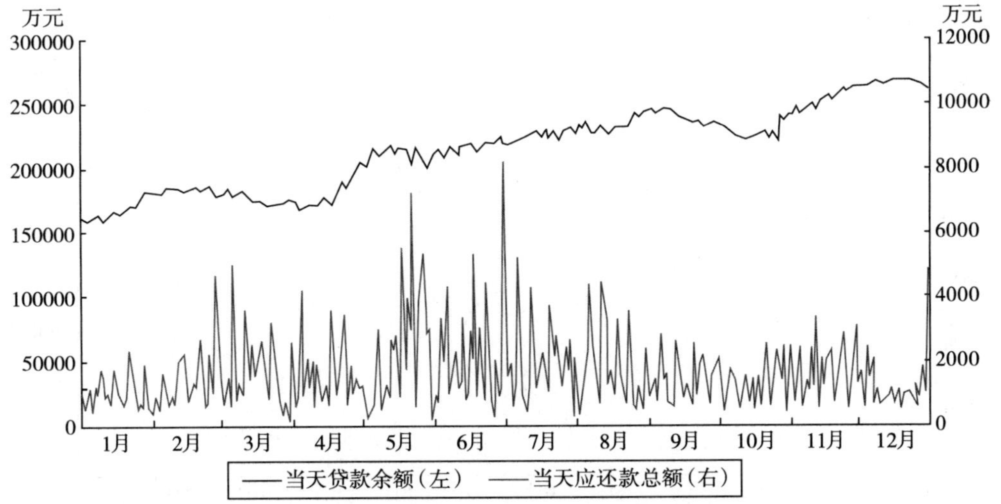

附录 1 –8　人人聚财 2016 年待还余额与还款金额每日对比

宜人贷2016年待还余额峰值:230.8亿元,峰值时间:2016年12月31日;当日应还款峰值:3082.72万元,峰值时间:2016年12月17日。该平台2016年贷款余额呈明显的上升趋势,年末达到230.8亿元,较上年同期增加137.4亿元,增幅约为147.1%;每日应还总额由年初1000万~1500万元大幅增长到年末2500万~3000万元。

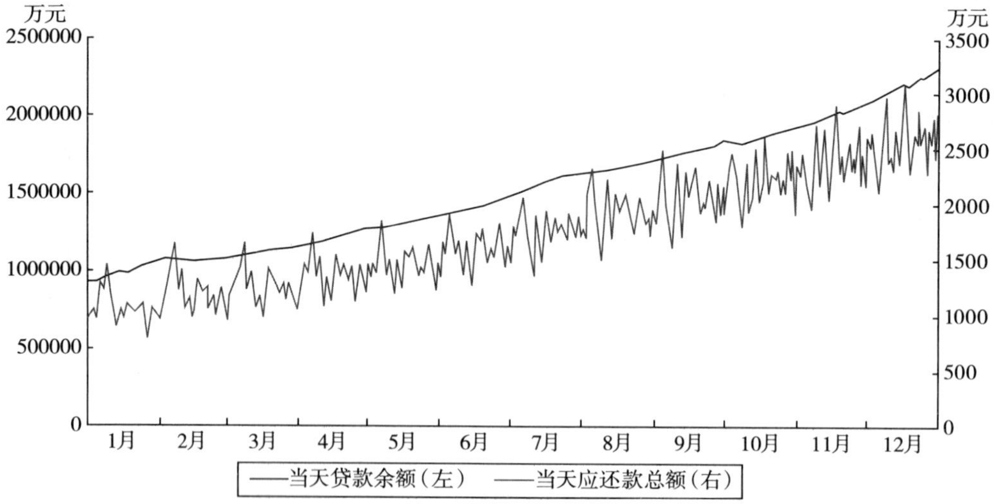

附录1-9 宜人贷2016年待还余额与还款金额每日对比

合拍在线2016年待还余额峰值:10.99亿元,峰值时间:2016年7月11日;当日应还款峰值:6987.89万元,峰值时间:2016年9月20日。该平台2016年前半年贷款余额呈缓慢上升趋势,到7月11日的最高值之后,平台贷款余额开始平稳浮动,年末达到9.66亿元,较上年同期增加2.0亿元,增幅约为26.1%;每日应还总额大多时候都在2000万元以下。

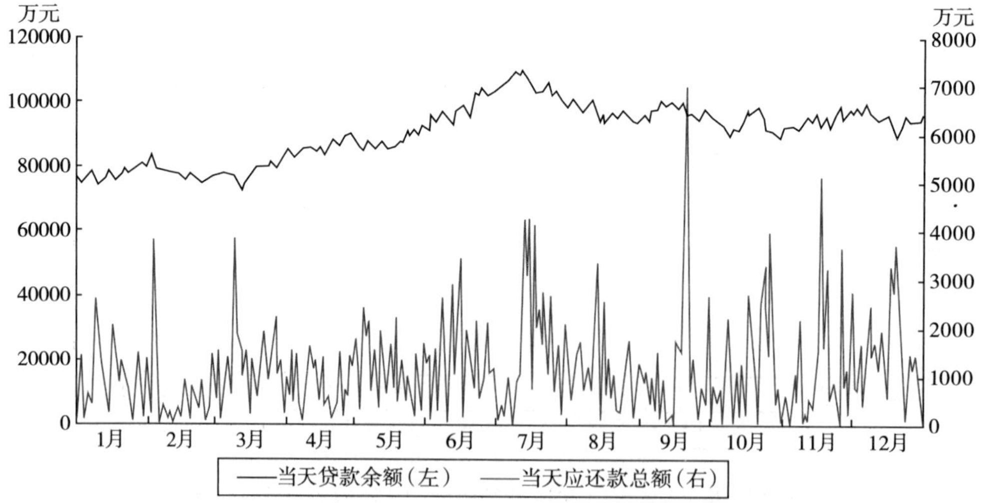

附录1-10 合拍在线2016年待还余额与还款金额每日对比

团贷网2016年待还余额峰值:130.3亿元,峰值时间:2016年12月30日;当日应还款峰值:2.8亿元,峰值时间:2016年12月18日。该平台2016年贷款余额呈明显的上升趋势,年末达到129.8亿元,较上年同期增加92.12亿元,增幅约为244.4%;每日应还总额基本在4000万~8000万元波动,其中12月还款金额浮动相比于全年较大。

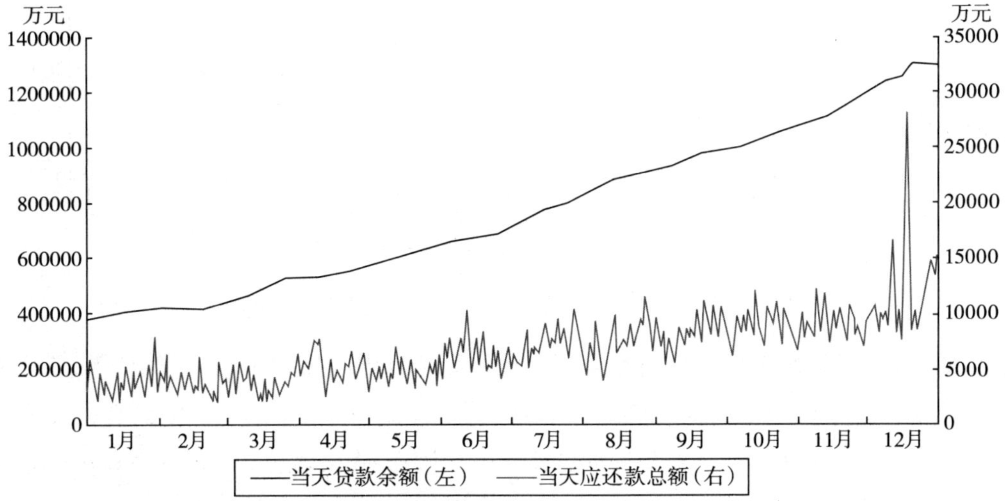

附录1-11　团贷网2016年待还余额与还款金额每日对比

投哪网2016年待还余额峰值:69.5亿元,峰值时间:2016年12月31日;当日应还款峰值:6507.80万元,峰值时间:2016年6月12日。该平台2016年贷款余额呈较为平缓的上升趋势,年末达到69.5亿元,较上年同期增加41.1亿元,增幅约为144.3%;每日应还总额基本在2000万~4000万元波动,4—6月有相对较大,单日应还超过5000万元的情况较多。

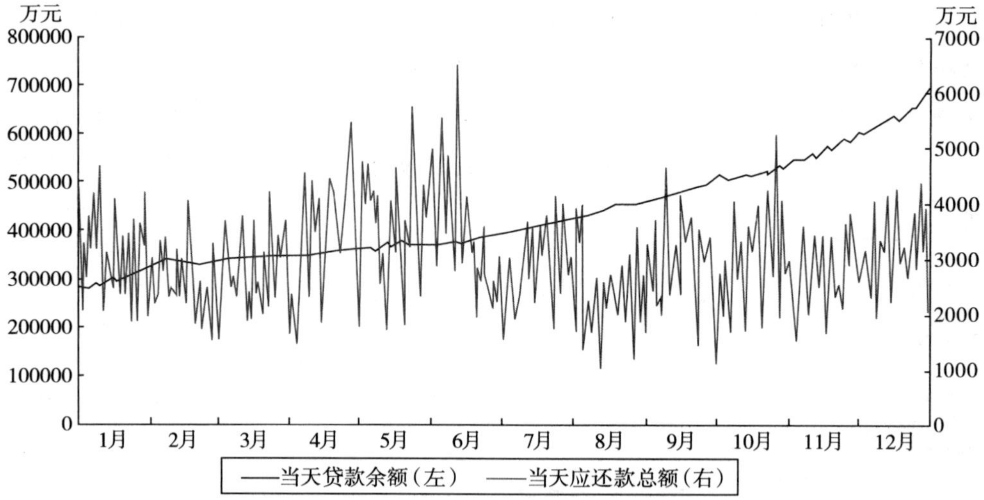

附录 1－12　投哪网 2016 年待还余额与还款金额每日对比

金融工场 2016 年待还余额峰值:26.9 亿元,峰值时间:2016 年 1 月 1 日;当日应还款峰值:9977.4 万元,峰值时间:2016 年 1 月 6 日。该平台 2016 年贷款余额呈平稳趋势,年末达到 20.6 亿元,较上年同期减少 6.5 亿元,降幅约为 24.0%;每日应还总额则多在 1000 万 ~ 3000 万元波动,1—3 月还款金额浮动相比于全年较大。

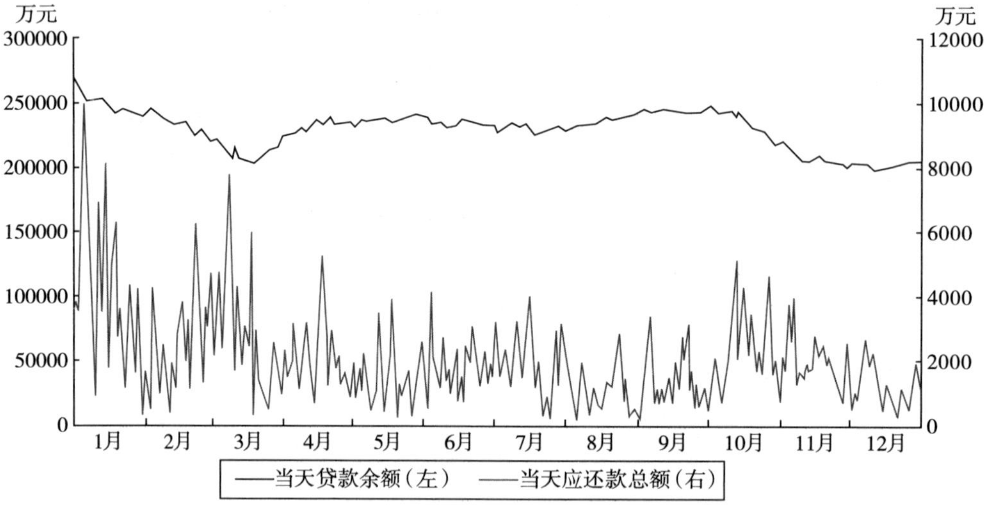

附录 1－13　金融工场 2016 年待还余额与还款金额每日对比

一起好 2016 年待还余额峰值:13.4 亿元,峰值时间:2016 年 6 月 4 日;当日应还款峰值:1777.08 万元,峰值时间:2016 年 3 月 22 日。该平台 2016 年贷款余额呈较为平稳趋势,年末达到 11.1 亿元,较上年同期减少 0.5 亿元,降幅约为 4%;每日应还总额则在 600 万~1500 万元波动,金额浮动较大。

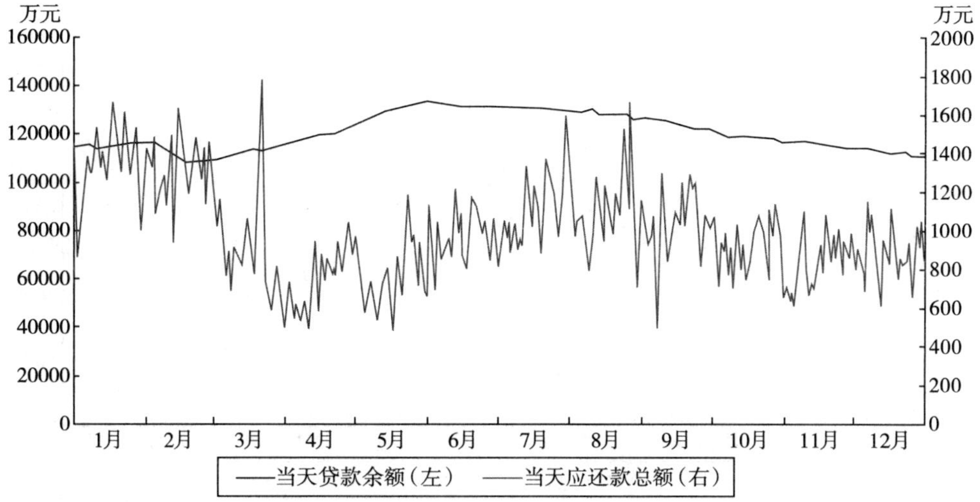

附录 1-14　一起好 2016 年待还余额与还款金额每日对比

PPmoney 2016 年待还余额峰值:126.5 亿元,峰值时间:2016 年 12 月 31 日;当日应还款峰值:5.42 亿元,峰值时间:2016 年 3 月 11 日。该平台 2016 年前半年贷款余额相对平稳,从 7 月 18 日到达最低点后,在后半年贷款余额有了明显的回升,年末达到 126.5 亿元,较上年同期增加 45.0 亿元,增幅约为 55.1%;每日应还总额则在 0.5 亿~1.5 亿元波动,其中 1—4 月金额浮动相比于全年较大。

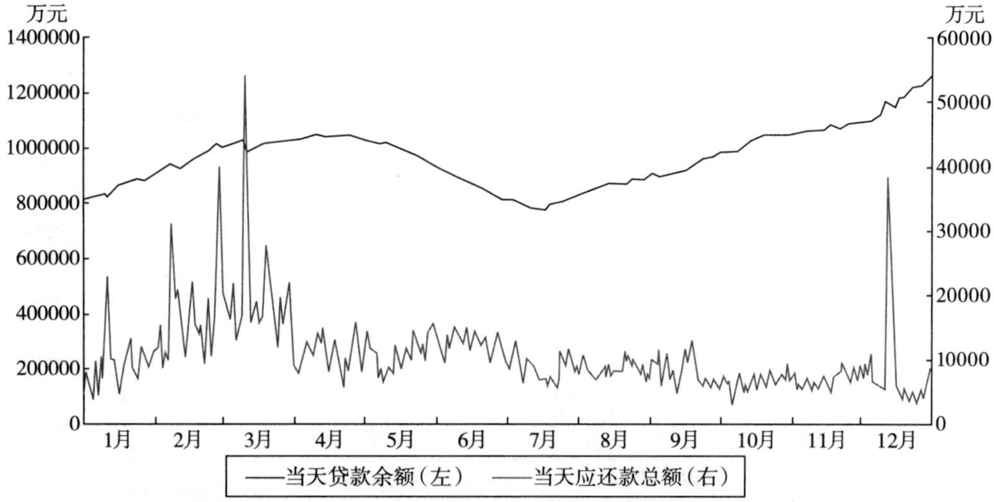

附录 1-15　PPmoney 2016 年待还余额与还款金额每日对比

易通贷 2016 年待还余额峰值:23.6 亿元,峰值时间:2016 年 12 月 30 日;当日应还款峰值:2708.35 万元,峰值时间:2016 年 12 月 11 日。该平台 2016 年贷款余额呈较为平稳的上升趋势,年末达到 23.6 亿元,较上年同期增加 8.3 亿元,增幅约为 53.8%;每日应还总额则在 1500 万~2500 万元浮动,总体呈上升趋势。

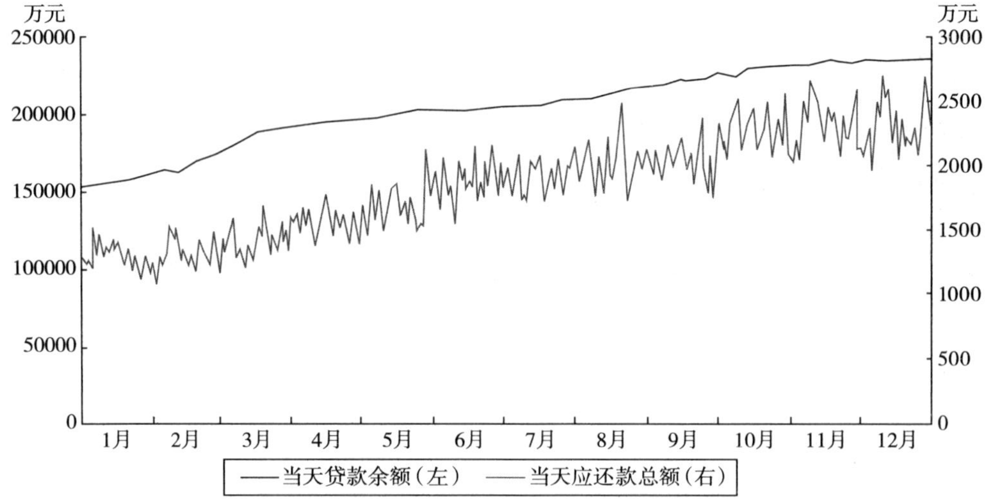

附录 1-16 易通贷 2016 年待还余额与还款金额每日对比

点融网 2016 年待还余额峰值:110.6 亿元,峰值时间:2016 年 12 月 30 日;当日应还款峰值:2.68 亿元,峰值时间:2016 年 9 月 19 日。该平台 2016 年贷款余额呈明显的上升趋势,年末达到 109.2 亿元,较上年同期增加 62.3 亿元,增幅约为 132.5%;每日应还总额则在 2000 万~5000 万元浮动,其中 5—6 月,9—11 月有单日还款金额浮动较大情况,最高可达 2.7 亿元。

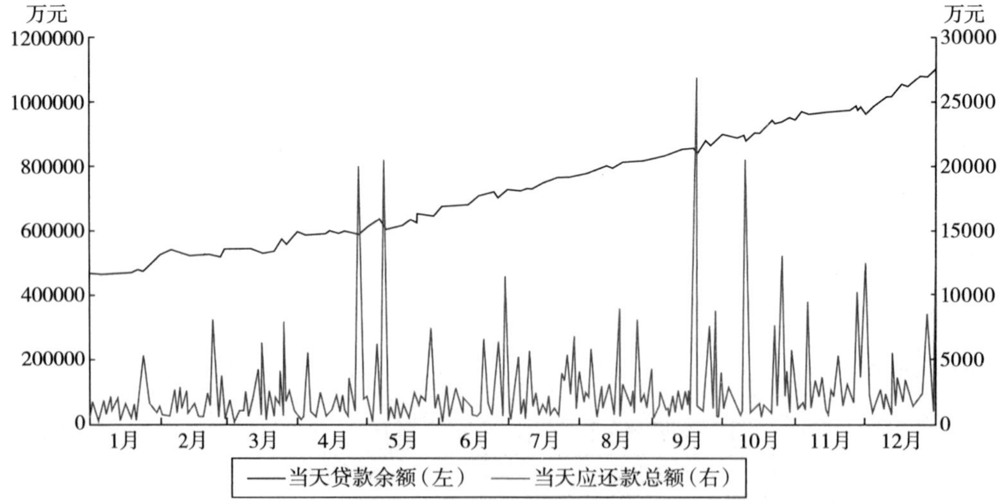

附录 1-17 点融网 2016 年待还余额与还款金额每日对比

温商贷2016年待还余额峰值:35.0亿元,峰值时间:2016年12月16日;当日应还款峰值:8680万元,峰值时间:2016年3月11日。该平台2016年贷款余额呈较为平缓的上升趋势,年末达到34.0亿元,较上年同期增加14.0亿元,增幅约为70.1%;每日应还总额多在1000万~3000万元浮动,其中1月有单日还款金额浮动较大的情况,最高达9000万元,而3月、12月还款金额浮动相比于全年较大。

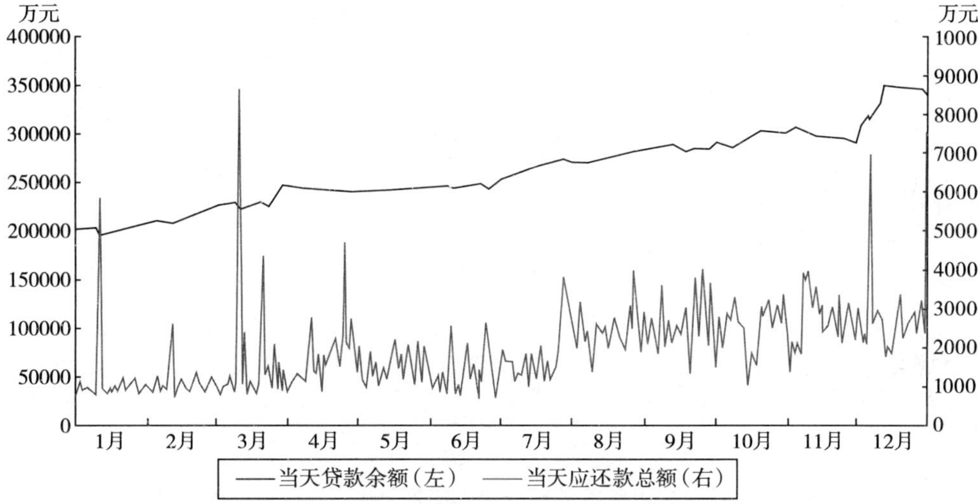

附录1-18 温商贷2016年待还余额与还款金额每日对比

融金所2016年待还余额峰值:17.7亿元,峰值时间:2016年12月31日;当日应还款峰值:2860.64万元,峰值时间:2016年10月16日。该平台2016年贷款余额呈平缓的上升趋势,年末达到17.7亿元,较上年同期增加5.4亿元,增幅约为43.9%;每日应还总额多在1300万~2000万元浮动,金额浮动较大,大多数每日还款金额在2500万元以下。

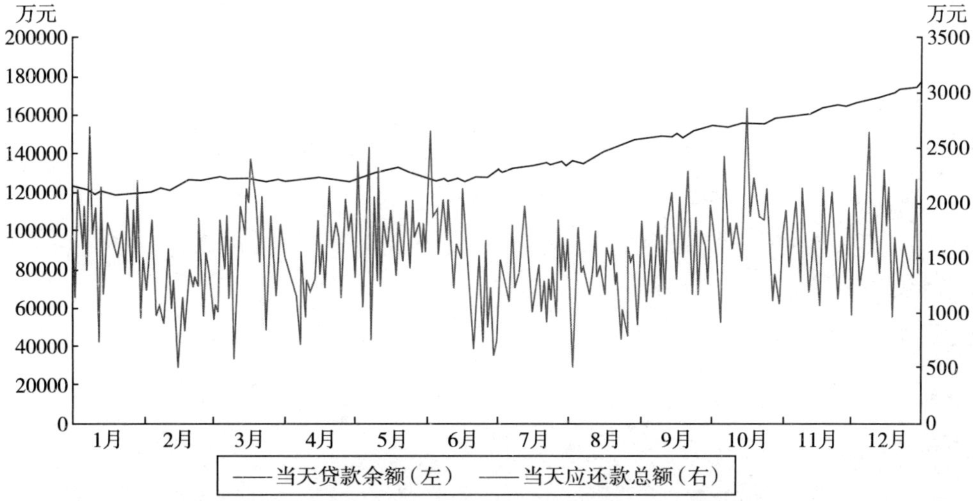

附录1-19 融金所2016年待还余额与还款金额每日对比

小牛在线 2016 年待还余额峰值:124.3 亿元,峰值时间:2016 年 3 月 29 日;当日应还款峰值:2.08 亿元,峰值时间:2016 年 12 月 8 日。该平台 2016 年贷款余额呈较为平稳的趋势,年末达到 97.2 亿元,较上年同期增加 10.52 亿元,增幅约为 12.1%;每日应还总额则在 500 万~1500 万元浮动,金额浮动较大,但基本在 2000 万元以下。

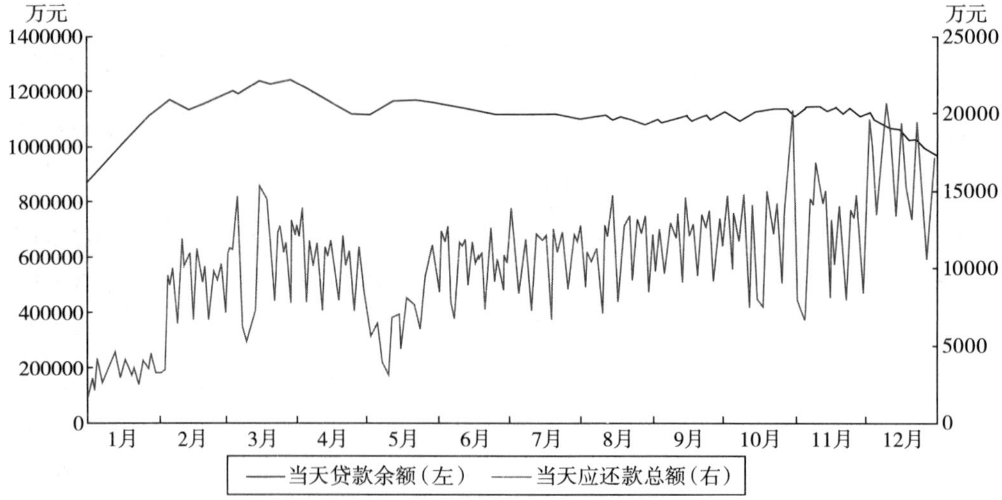

附录 1-20　小牛在线 2016 年待还余额与还款金额每日对比

钱多多 2016 年待还余额峰值:20.1 亿元,峰值时间:2016 年 8 月 10 日;当日应还款峰值:4960 万元,峰值时间:2016 年 1 月 17 日。该平台 2016 年贷款余额呈较为平缓的上升趋势,年末达到 18.2 亿元,较上年同期增加 3.0 亿元,增幅约为 20.0%;每日应还总额则在 800 万~2000 万元浮动,其中,1 月、3 月单日还款金额浮动较大,9 月还款金额相对于全年比浮动较大。

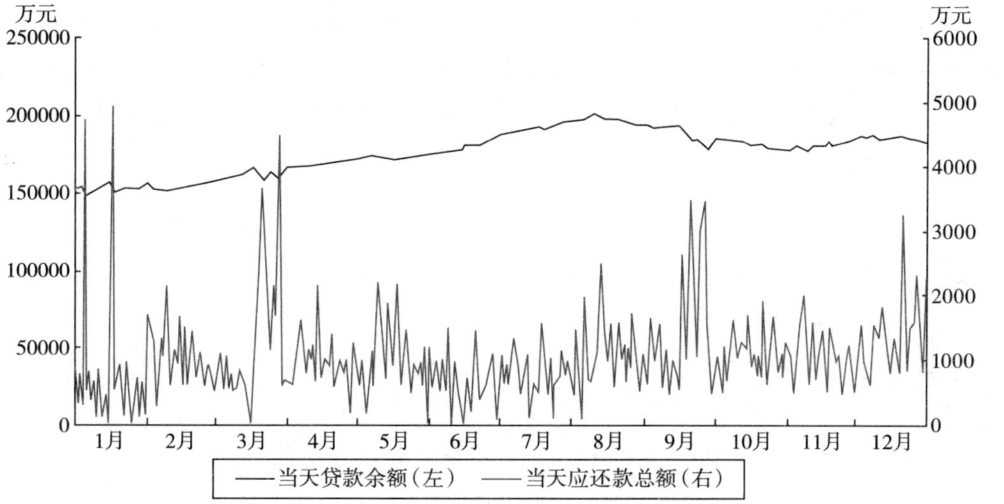

附录 1-21 钱多多 2016 年待还余额与还款金额每日对比

积木盒子 2016 年待还余额峰值:35.2 亿元,峰值时间:2016 年 8 月 11 日;当日应还款峰值:5758.0 万元,峰值时间:2016 年 8 月 29 日。该平台 2016 年 1—9 月贷款余额呈明显的上升趋势,9—12 月呈平稳趋势,年末达到 32.8 亿元,较上年同期增加 12.98 亿元,增幅约为 65.6%;每日应还总额则在 2000 万~4000 万元浮动,金额浮动较大,但基本都在 5000 万元以下。

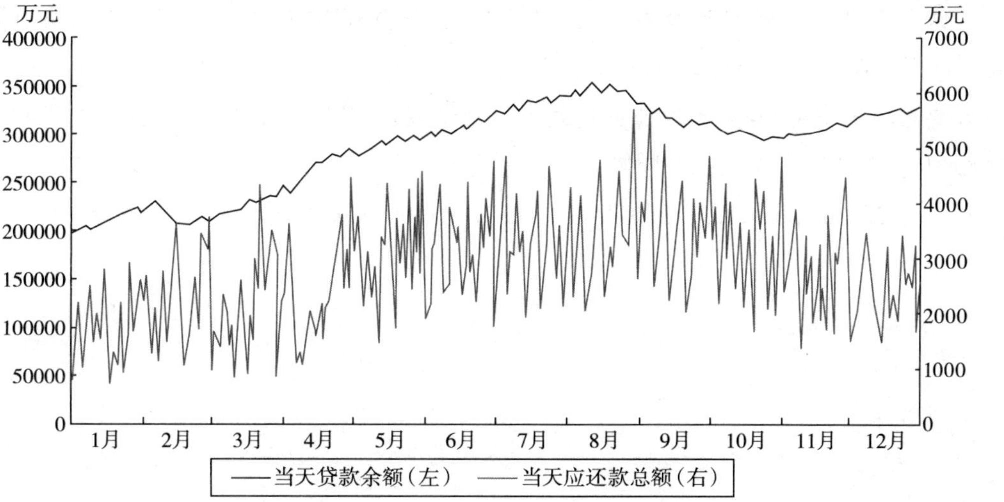

附录 1-22 积木盒子 2016 年待还余额与还款金额每日对比

金银猫 2016 年待还余额峰值:14.7 亿元,峰值时间:2016 年 2 月 25 日;当日应还款峰值:3858.71 万元,峰值时间:2016 年 8 月 1 日。该平台 2016 年贷款余额呈较为平缓的下降趋势,年末达到 12.6 亿元,较上年同期减少 1.6 亿元,降幅约为 11.0%;每日应还总额则在 800 万~1800 万元浮动,其中 1 月、10—12 月还款金额浮动相比于全年较大。

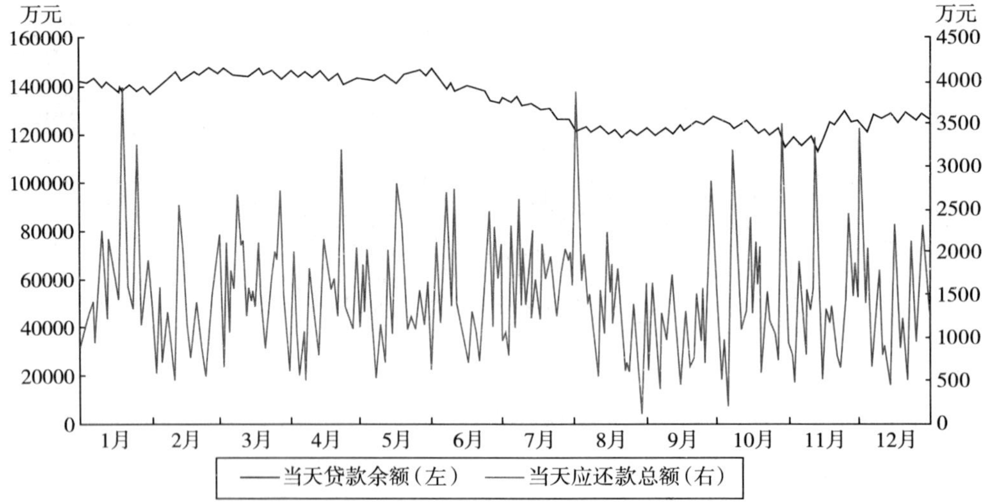

附录 1-23　金银猫 2016 年待还余额与还款金额每日对比

银客理财 2016 年待还余额峰值:27.7 亿元,峰值时间:2016 年 7 月 14 日;当日应还款峰值:4627.83 万元,峰值时间:2016 年 11 月 30 日。该平台 2016 年前半年贷款余额变化较为平缓,后半年因业务模式发生转型,转向消费金融领域,短期内交易规模紧缩,从 7 月 14 日起呈下降趋势。年末达到 13.2 亿元,较上年同期减少 6.47 亿元,降幅约为 32.9%;每日应还总额则在 1000 万~1600 万元浮动,金额浮动较大。

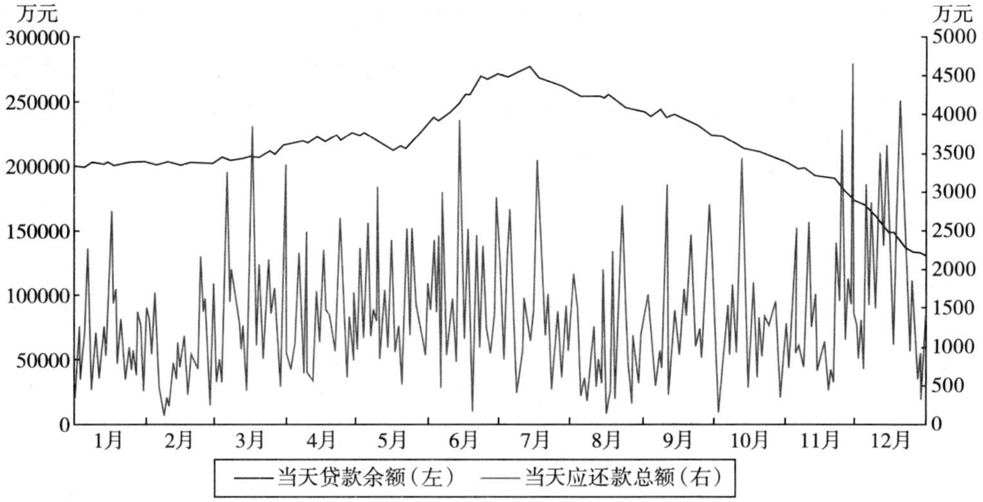

附录 1-24　银客理财 2016 年待还余额与还款金额每日对比

鑫合汇 2016 年待还余额峰值:36.8 亿元,峰值时间:2016 年 12 月 6 日;当日应还款峰值:9.50 亿元,峰值时间:2016 年 11 月 11 日。该平台 2016 年贷款余额呈上升趋势,有明显小幅波动,年末达到 36.6 亿元,较上年同期增加 15.32 亿元,增幅约为 72.0%;每日应还总额则在 1 亿～2 亿元浮动,7 月有单日还款金额浮动较大,10—12 月还款金额浮动相比于全年较大,最高达 9.5 亿元。

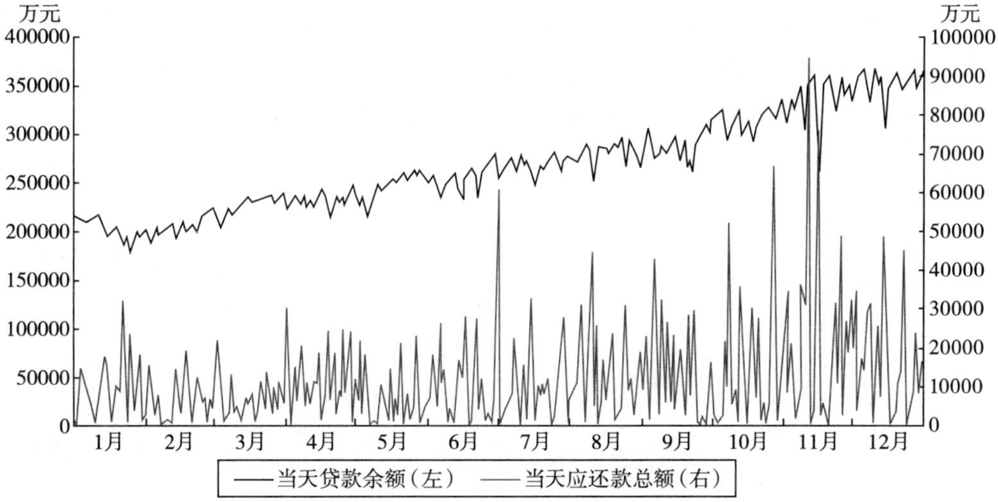

附录 1-25　鑫合汇 2016 年待还余额与还款金额每日对比

宜贷网 2016 年待还余额峰值:32.6 亿元,峰值时间:2016 年 12 月 30 日;当日应还款峰值:1.97 亿元,峰值时间:2016 年 12 月 31 日。该平台 2016 年贷款余额呈平缓的上升趋势,年末达到 31.94 亿元,较上年同期增加 19.5 亿元,增幅约为 157.7%;每日应还总额大多时候都在 1 亿元以下,12 月有单日还款金额浮动较大情况,最高达到 2 亿元。

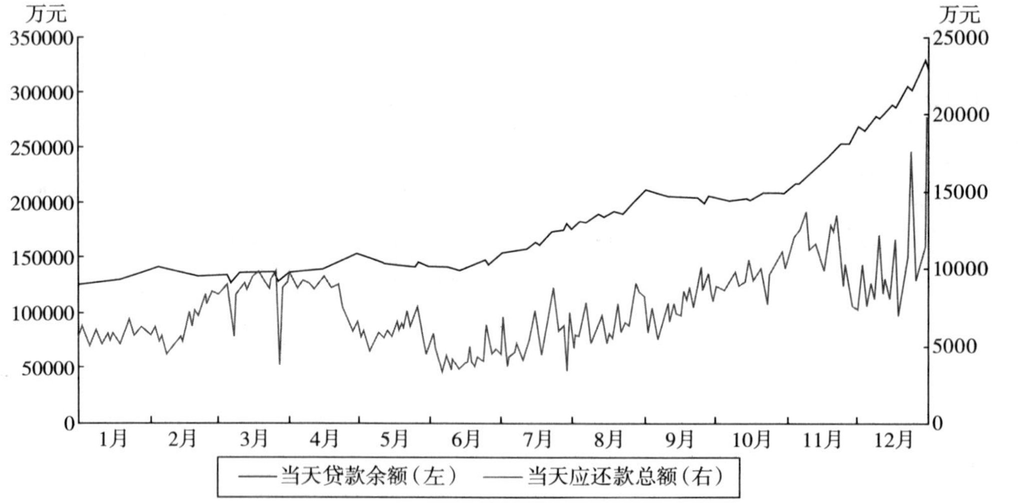

附录 1-26　宜贷网 2016 年待还余额与还款金额每日对比

理财范 2016 年待还余额峰值:25.19 亿元,峰值时间:2016 年 12 月 31 日;当日应还款峰值:2804.5 万元,峰值时间:2016 年 6 月 19 日。该平台 2016 年贷款余额呈较为平缓的上升趋势,年末达到 25.2 亿元,较上年同期增加 12.8 亿元,增幅约为96.3%;每日应还总额则在 500 万~1500 万元浮动,金额浮动较大,最高可达 2800 万元。

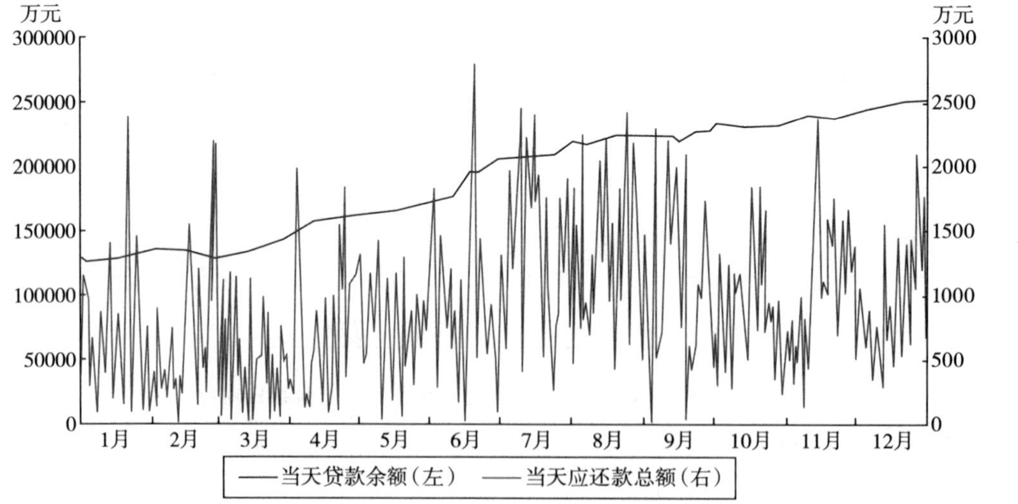

附录 1-27　理财范 2016 年待还余额与还款金额每日对比

91旺财2016年待还余额峰值:11.3亿元,峰值时间:2016年12月29日;当日应还款峰值:5286万元,峰值时间:2016年11月30日。该平台2016年贷款余额呈平缓的上升趋势,年末达到11.0亿元,较上年同期增加4.2亿元,增幅约为62.9%;每日应还总额则在1000万~2800万元震荡上升,11月有单日还款总额浮动较大情况,最高达5300万元。

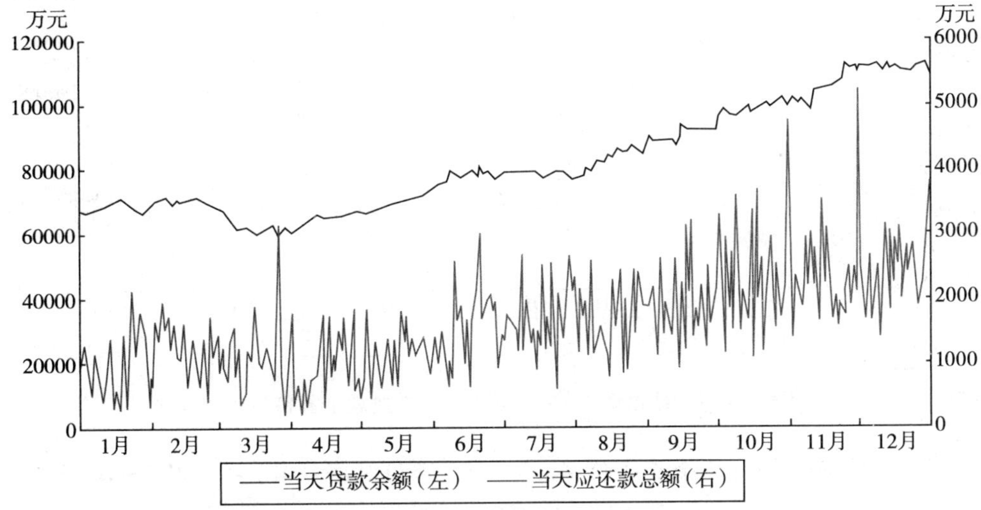

附录1-28 91旺财2016年待还余额与还款金额每日对比

爱钱进2016年待还余额峰值:106.6亿元,峰值时间:2016年12月31日;当日应还款峰值:1524.23万元,峰值时间:2016年12月11日。该平台2016年贷款余额呈明显的直线上升趋势,年末达到106.6亿元,较上年同期增加73.8亿元,增幅约为225.2%;每日应还总额则在400万~1200万元浮动,总体呈上升趋势。

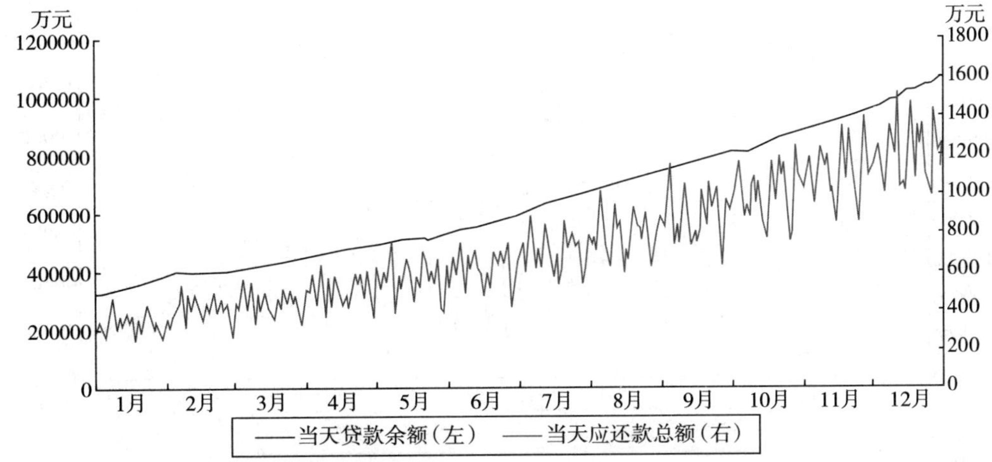

附录1-29 爱钱进2016年待还余额与还款金额每日对比

因 3 月之前的数据不够完整，搜易贷的资金流数据仅在 2016 年下半年之后有参考意义，整体来 9—12 月呈平稳趋势。每日应还总额则在 2000 万～5000 万元浮动，9—10 月单日还款总额相对于全年浮动较大，最高达 1.2 亿元。

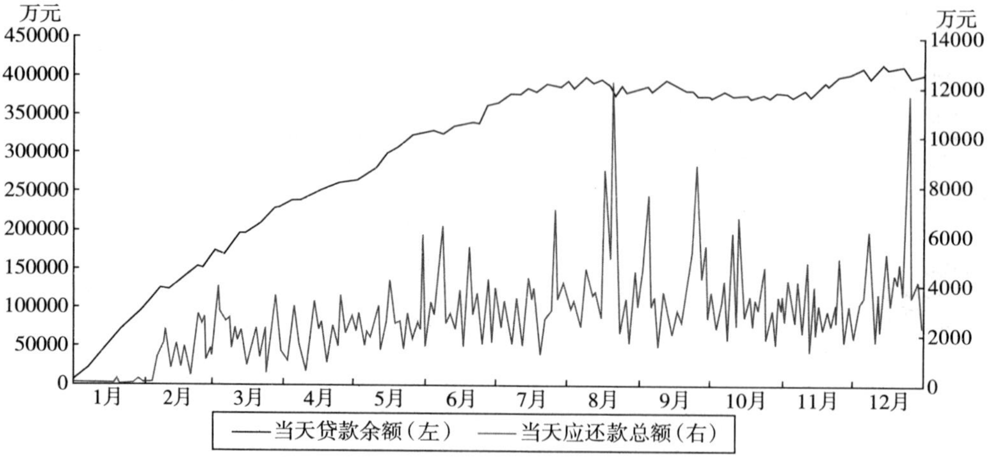

附录 1－30　搜易贷 2016 年待还余额与还款金额每日对比

链链金融 2016 年待还余额峰值：45.5 亿元，峰值时间：2016 年 3 月 18 日；当日应还款峰值：1.34 亿元，峰值时间：2016 年 4 月 23 日。该平台 2016 年 4 月下旬开始交易规模逐步减少，8 月之后由于单笔借款额降至 20 万元以下，单月规模大幅减少不足原来的 1/3，所以年末贷款余额仅为 5.3 亿元，较上年同期减少 28.4 亿元，降幅约为 84.3%。每日应还总额则在 2000 万～7000 万元浮动，整体呈下降趋势，上半年金额浮动较大。

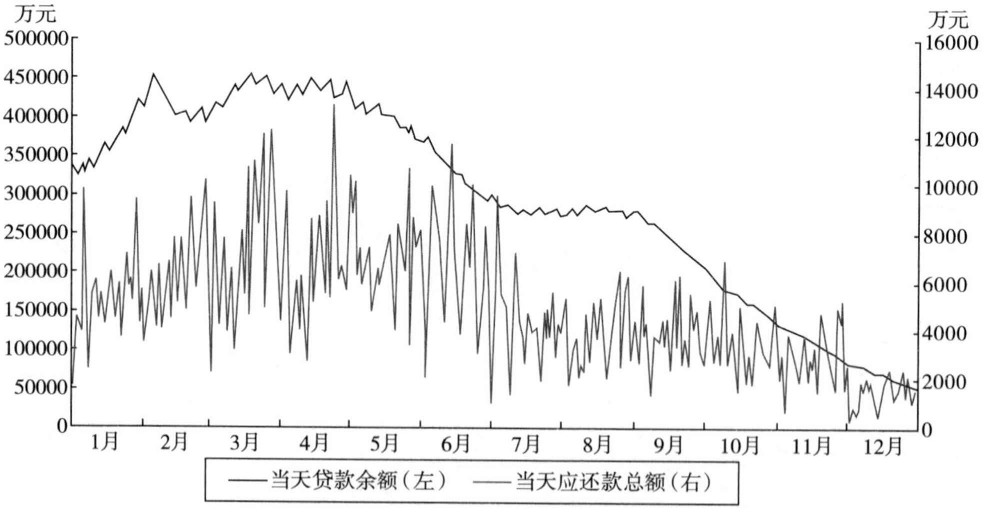

附录 1－31　链链金融 2016 年待还余额与还款金额每日对比

麻袋理财 2016 年待还余额峰值:45.85 亿元,峰值时间:2016 年 12 月 31 日;当日应还款峰值:2336.35 万元,峰值时间:2016 年 10 月 13 日。该平台 2016 年贷款余额呈较为明显的直线上升趋势,年末达到 45.9 亿元,较上年同期增加 24.1 亿元,增幅约为 111.0%;每日应还总额则在 400 万～1000 万元浮动,有单日还款金额浮动较大情况出现,最高达 2400 万元。

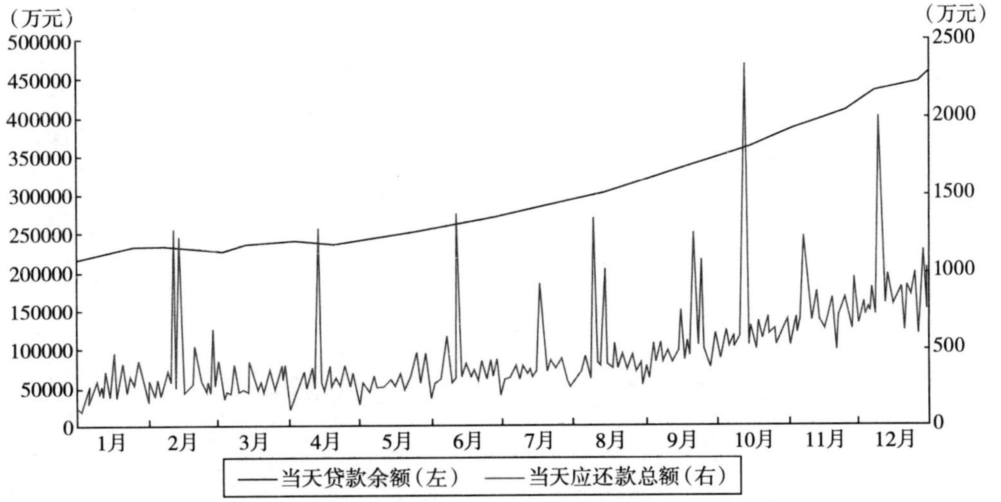

附录 1-32　麻袋理财 2016 年待还余额与还款金额每日对比

附录二

网络借贷信息中介机构业务活动管理暂行办法

第一章 总 则

第一条 为规范网络借贷信息中介机构业务活动，保护出借人、借款人、网络借贷信息中介机构及相关当事人合法权益，促进网络借贷行业健康发展，更好满足中小微企业和个人投融资需求，根据《关于促进互联网金融健康发展的指导意见》提出的总体要求和监管原则，依据《中华人民共和国民法通则》《中华人民共和国公司法》《中华人民共和国合同法》等法律法规，制定本办法。

第二条 在中国境内从事网络借贷信息中介业务活动，适用本办法，法律法规另有规定的除外。

本办法所称网络借贷是指个体和个体之间通过互联网平台实现的直接借贷。个体包含自然人、法人及其他组织。网络借贷信息中介机构是指依法设立，专门从事网络借贷信息中介业务活动的金融信息中介公司。该类机构以互联网为主要渠道，为借款人与出借人（贷款人）实现直接借贷提供信息搜集、信息公布、资信评估、信息交互、借贷撮合等服务。

本办法所称地方金融监管部门是指各省级人民政府承担地方金融监管职责的部门。

第三条 网络借贷信息中介机构按照依法、诚信、自愿、公平的原则为借款人和出借人提供信息服务，维护出借人与借款人合法权益，不得提供增信服务，不得直接或间接归集资金，不得非法集资，不得损害国家利益和社会公共利益。

借款人与出借人遵循借贷自愿、诚实守信、责任自负、风险自担的原则承担借贷风险。网络借贷信息中介机构承担客观、真实、全面、及时进行信息披露的责任，不承担借贷违约风险。

第四条 按照《关于促进互联网金融健康发展的指导意见》中“鼓励创新、防范风险、趋利避害、健康发展”的总体要求和“依法监管、适度监管、分类监管、协同监管、创新监管”的监管原则，落实各方管理责任。国务院银行业监督管理机构及其派出机构负责制定网络借贷信息中介机构业务活动监督管理制度，并实施行为监管。各省级人民政府负责本辖区网络借贷信息中介机构的机构监管。工业和信息化部负责对网络借贷信息中介机构业务活动涉及的电信业务进行监管。公安部牵头负责对网络借贷信息中介机构的互联网服务进行安全监管，依法查处违反网络安全监管的违法违规活动，打击网络借贷涉及的金融犯罪及相关犯罪。国家互联网信息办公室负责对金融信息服务、互联网信息内容等业务进行监管。

第二章　备案管理

第五条　拟开展网络借贷信息中介服务的网络借贷信息中介机构及其分支机构，应当在领取营业执照后，于10个工作日以内携带有关材料向工商登记注册地地方金融监管部门备案登记。

地方金融监管部门负责为网络借贷信息中介机构办理备案登记。地方金融监管部门应当在网络借贷信息中介机构提交的备案登记材料齐备时予以受理，并在各省(区、市)规定的时限内完成备案登记手续。备案登记不构成对网络借贷信息中介机构经营能力、合规程度、资信状况的认可和评价。

地方金融监管部门有权根据本办法和相关监管规则对备案登记后的网络借贷信息中介机构进行评估分类，并及时将备案登记信息及分类结果在官方网站上公示。

网络借贷信息中介机构完成地方金融监管部门备案登记后，应当按照通信主管部门的相关规定申请相应的电信业务经营许可；未按规定申请电信业务经营许可的，不得开展网络借贷信息中介业务。

网络借贷信息中介机构备案登记、评估分类等具体细则另行制定。

第六条　开展网络借贷信息中介业务的机构，应当在经营范围中实质明确网络借贷信息中介，法律、行政法规另有规定的除外。

第七条　网络借贷信息中介机构备案登记事项发生变更的，应当在5个工作日以内向工商登记注册地地方金融监管部门报告并进行备案信息变更。

第八条　经备案的网络借贷信息中介机构拟终止网络借贷信息中介服务的，应当在终止业务前提前至少10个工作日，书面告知工商登记注册地地方金融监管部门，并办理备案注销。

经备案登记的网络借贷信息中介机构依法解散或者依法宣告破产的，除依法进行清算外，由工商登记注册地地方金融监管部门注销其备案。

第三章　业务规则与风险管理

第九条　网络借贷信息中介机构应当履行下列义务：

(一)依据法律法规及合同约定为出借人与借款人提供直接借贷信息的采集整理、甄别筛选、网上发布，以及资信评估、借贷撮合、融资咨询、在线争议解决等相关服务；

(二)对出借人与借款人的资格条件、信息的真实性、融资项目的真实性、合法性进行必要审核；

(三)采取措施防范欺诈行为，发现欺诈行为或其他损害出借人利益的情形，及时公告并终止相关网络借贷活动；

（四）持续开展网络借贷知识普及和风险教育活动，加强信息披露工作，引导出借人以小额分散的方式参与网络借贷，确保出借人充分知悉借贷风险；

（五）按照法律法规和网络借贷有关监管规定要求报送相关信息，其中网络借贷有关债权债务信息要及时向有关数据统计部门报送并登记；

（六）妥善保管出借人与借款人的资料和交易信息，不得删除、篡改，不得非法买卖、泄露出借人与借款人的基本信息和交易信息；

（七）依法履行客户身份识别、可疑交易报告、客户身份资料和交易记录保存等反洗钱和反恐怖融资义务；

（八）配合相关部门做好防范查处金融违法犯罪相关工作；

（九）按照相关要求做好互联网信息内容管理、网络与信息安全相关工作；

（十）国务院银行业监督管理机构、工商登记注册地省级人民政府规定的其他义务。

第十条　网络借贷信息中介机构不得从事或者接受委托从事下列活动：

（一）为自身或变相为自身融资；

（二）直接或间接接受、归集出借人的资金；

（三）直接或变相向出借人提供担保或者承诺保本保息；

（四）自行或委托、授权第三方在互联网、固定电话、移动电话等电子渠道以外的物理场所进行宣传或推介融资项目；

（五）发放贷款，但法律法规另有规定的除外；

（六）将融资项目的期限进行拆分；

（七）自行发售理财等金融产品募集资金，代销银行理财、券商资管、基金、保险或信托产品等金融产品；

（八）开展类资产证券化业务或实现以打包资产、证券化资产、信托资产、基金份额等形式的债权转让行为；

（九）除法律法规和网络借贷有关监管规定允许外，与其他机构投资、代理销售、经纪等业务进行任何形式的混合、捆绑、代理；

（十）虚构、夸大融资项目的真实性、收益前景，隐瞒融资项目的瑕疵及风险，以歧义性语言或其他欺骗性手段等进行虚假片面宣传或促销等，捏造、散布虚假信息或不完整信息损害他人商业信誉，误导出借人或借款人；

（十一）向借款用途为投资股票、场外配资、期货合约、结构化产品及其他衍生品等高风险的融资提供信息中介服务；

（十二）从事股权众筹等业务；

（十三）法律法规、网络借贷有关监管规定禁止的其他活动。

第十一条　参与网络借贷的出借人与借款人应当为网络借贷信息中介机构核实的实名注册用户。

第十二条　借款人应当履行下列义务：

（一）提供真实、准确、完整的用户信息及融资信息；

（二）提供在所有网络借贷信息中介机构未偿还借款信息；

（三）保证融资项目真实、合法，并按照约定用途使用借贷资金，不得用于出借等其他目的；

（四）按照约定向出借人如实报告影响或可能影响出借人权益的重大信息；

（五）确保自身具有与借款金额相匹配的还款能力并按照合同约定还款；

（六）借贷合同及有关协议约定的其他义务。

第十三条　借款人不得从事下列行为：

（一）通过故意变换身份、虚构融资项目、夸大融资项目收益前景等形式的欺诈借款；

（二）同时通过多个网络借贷信息中介机构，或者通过变换项目名称、对项目内容进行非实质性变更等方式，就同一融资项目进行重复融资；

（三）在网络借贷信息中介机构以外的公开场所发布同一融资项目的信息；

（四）已发现网络借贷信息中介机构提供的服务中含有本办法第十条所列内容，仍进行交易；

（五）法律法规和网络借贷有关监管规定禁止从事的其他活动。

第十四条　参与网络借贷的出借人，应当具备投资风险意识、风险识别能力、拥有非保本类金融产品投资的经历并熟悉互联网。

第十五条　参与网络借贷的出借人应当履行下列义务：

（一）向网络借贷信息中介机构提供真实、准确、完整的身份等信息；

（二）出借资金为来源合法的自有资金；

（三）了解融资项目信贷风险，确认具有相应的风险认知和承受能力；

（四）自行承担借贷产生的本息损失；

（五）借贷合同及有关协议约定的其他义务。

第十六条　网络借贷信息中介机构在互联网、固定电话、移动电话等电子渠道以外的物理场所只能进行信用信息采集、核实、贷后跟踪、抵质押管理等风险管理及网络借贷有关监管规定明确的部分必要经营环节。

第十七条　网络借贷金额应当以小额为主。网络借贷信息中介机构应当根据本机构风险管理能力，控制同一借款人在同一网络借贷信息中介机构平台及不同网络借贷信息中介机构平台的借款余额上限，防范信贷集中风险。

同一自然人在同一网络借贷信息中介机构平台的借款余额上限不超过人民币20万元；同一法人或其他组织在同一网络借贷信息中介机构平台的借款余额上限不超过人民币100万元；同一自然人在不同网络借贷信息中介机构平台借款总余额不超过人民币100万元；同一法人或其他组织在不同网络借贷信息中介机构平台借款总余额不超过人民币500万元。

第十八条　网络借贷信息中介机构应当按照国家网络安全相关规定和国家信息安全等级保护制度的要求，开展信息系统定级备案和等级测试，具有完善的防火墙、入侵检测、数据加密以及灾难恢复等网络安全设施和管理制度，建立信息科技管理、科技风险管理和科技审计有关制度，配置充足的资源，采取完善的管理控制措施和技术手段保障信息系统安全稳健运行，保护出借人与借款人的信息安全。

网络借贷信息中介机构应当记录并留存借贷双方上网日志信息，信息交互内容等数据，留存期限为自借贷合同到期起5年；每两年至少开展一次全面的安全评估，接受国家或行业主管部门的信息安全检查和审计。

网络借贷信息中介机构成立两年以内，应当建立或使用与其业务规模相匹配的应用级灾备系统设施。

第十九条　网络借贷信息中介机构应当为单一融资项目设置募集期，最长不超过20个工作日。

第二十条　借款人支付的本金和利息应当归出借人所有。网络借贷信息中介机构应当与出借人、借款人另行约定费用标准和支付方式。

第二十一条　网络借贷信息中介机构应当加强与金融信用信息基础数据库运行机构、征信机构等的业务合作，依法提供、查询和使用有关金融信用信息。

第二十二条　各方参与网络借贷信息中介机构业务活动，需要对出借人与借款人的基本信息和交易信息等使用电子签名、电子认证时，应当遵守法律法规的规定，保障数据的真实性、完整性及电子签名、电子认证的法律效力。

网络借贷信息中介机构使用第三方数字认证系统，应当对第三方数字认证机构进行定期评估，保证有关认证安全可靠并具有独立性。

第二十三条　网络借贷信息中介机构应当采取适当的方法和技术，记录并妥善保存网络借贷业务活动数据和资料，做好数据备份。保存期限应当符合法律法规及网络借贷有关监管规定的要求。借贷合同到期后应当至少保存5年。

第二十四条　网络借贷信息中介机构暂停、终止业务时应当至少提前 10 个工作日通过官方网站等有效渠道向出借人与借款人公告，并通过移动电话、固定电话等渠道通知出借人与借款人。网络借贷信息中介机构业务暂停或者终止，不影响已经签订的借贷合同当事人有关权利义务。

网络借贷信息中介机构因解散或宣告破产而终止的，应当在解散或破产前，妥善处理已撮合存续的借贷业务，清算事宜按照有关法律法规的规定办理。

网络借贷信息中介机构清算时，出借人与借款人的资金分别属于出借人与借款人，不属于网络借贷信息中介机构的财产，不列入清算财产。

第四章　出借人与借款人保护

第二十五条　未经出借人授权，网络借贷信息中介机构不得以任何形式代出借人行使决策。

第二十六条　网络借贷信息中介机构应当向出借人以醒目方式提示网络借贷风险和禁止性行为，并经出借人确认。

网络借贷信息中介机构应当对出借人的年龄、财务状况、投资经验、风险偏好、风险承受能力等进行尽职评估，不得向未进行风险评估的出借人提供交易服务。

网络借贷信息中介机构应当根据风险评估结果对出借人实行分级管理，设置可动态调整的出借限额和出借标的限制。

第二十七条　网络借贷信息中介机构应当加强出借人与借款人信息管理，确保出借人与借款人信息采集、处理及使用的合法性和安全性。

网络借贷信息中介机构及其资金存管机构、其他各类外包服务机构等应当为业务开展过程中收集的出借人与借款人信息保密，未经出借人与借款人同意，不得将出借人与借款人提供的信息用于所提供服务之外的目的。

在中国境内收集的出借人与借款人信息的储存、处理和分析应当在中国境内进行。除法律法规另有规定外，网络借贷信息中介机构不得向境外提供境内出借人和借款人信息。

第二十八条　网络借贷信息中介机构应当实行自身资金与出借人和借款人资金的隔离管理，并选择符合条件的银行业金融机构作为出借人与借款人的资金存管机构。

第二十九条　出借人与网络借贷信息中介机构之间、出借人与借款人之间、借款人与网络借贷信息中介机构之间等纠纷，可以通过以下途径解决：

(一)自行和解；

（二）请求行业自律组织调解；

（三）向仲裁部门申请仲裁；

（四）向人民法院提起诉讼。

第五章 信息披露

第三十条 网络借贷信息中介机构应当在其官方网站上向出借人充分披露借款人基本信息、融资项目基本信息、风险评估及可能产生的风险结果、已撮合未到期融资项目资金运用情况等有关信息。

披露内容应符合法律法规关于国家秘密、商业秘密、个人隐私的有关规定。

第三十一条 网络借贷信息中介机构应当及时在其官方网站显著位置披露本机构所撮合借贷项目等经营管理信息。

网络借贷信息中介机构应当在其官方网站上建立业务活动经营管理信息披露专栏，定期以公告形式向公众披露年度报告、法律法规、网络借贷有关监管规定。

网络借贷信息中介机构应当聘请会计师事务所定期对本机构出借人与借款人资金存管、信息披露情况、信息科技基础设施安全、经营合规性等重点环节实施审计，并且应当聘请有资质的信息安全测评认证机构定期对信息安全实施测评认证，向出借人与借款人等披露审计和测评认证结果。

网络借贷信息中介机构应当引入律师事务所、信息系统安全评价等第三方机构，对网络信息中介机构合规和信息系统稳健情况进行评估。

网络借贷信息中介机构应当将定期信息披露公告文稿和相关备查文件报送工商登记注册地地方金融监管部门，并置备于机构住所供社会公众查阅。

第三十二条 网络借贷信息中介机构的董事、监事、高级管理人员应当忠实、勤勉地履行职责，保证披露的信息真实、准确、完整、及时、公平，不得有虚假记载、误导性陈述或者重大遗漏。

借款人应当配合网络借贷信息中介机构及出借人对融资项目有关信息的调查核实，保证提供的信息真实、准确、完整。

网络借贷信息披露具体细则另行制定。

第六章 监督管理

第三十三条 国务院银行业监督管理机构及其派出机构负责制定统一的规范发展政策措施和监督管理制度，负责网络借贷信息中介机构的日常行为监管，指导和配合地方人民政府做好网络借贷信息中介机构的机构监管和风险处置工作，建立跨部门跨地区监管协调机制。

各地方金融监管部门具体负责本辖区网络借贷信息中介机构的机构监管,包括对本辖区网络借贷信息中介机构的规范引导、备案管理和风险防范、处置工作。

第三十四条　中国互联网金融协会从事网络借贷行业自律管理,并履行下列职责:

(一)制定自律规则、经营细则和行业标准并组织实施,教育会员遵守法律法规和网络借贷有关监管规定;

(二)依法维护会员的合法权益,协调会员关系,组织相关培训,向会员提供行业信息、法律咨询等服务,调解纠纷;

(三)受理有关投诉和举报,开展自律检查;

(四)成立网络借贷专业委员会;

(五)法律法规和网络借贷有关监管规定赋予的其他职责。

第三十五条　借款人、出借人、网络借贷信息中介机构、资金存管机构、担保人等应当签订资金存管协议,明确各自权利义务和违约责任。

资金存管机构对出借人与借款人开立和使用资金账户进行管理和监督,并根据合同约定,对出借人与借款人的资金进行存管、划付、核算和监督。

资金存管机构承担实名开户和履行合同约定及借贷交易指令表面一致性的形式审核责任,但不承担融资项目及借贷交易信息真实性的实质审核责任。

资金存管机构应当按照网络借贷有关监管规定报送数据信息并依法接受相关监督管理。

第三十六条　网络借贷信息中介机构应当在下列重大事件发生后,立即采取应急措施并向工商登记注册地地方金融监管部门报告:

(一)因经营不善等原因出现重大经营风险;

(二)网络借贷信息中介机构或其董事、监事、高级管理人员发生重大违法违规行为;

(三)因商业欺诈行为被起诉,包括违规担保、夸大宣传、虚构隐瞒事实、发布虚假信息、签订虚假合同、错误处置资金等行为。

地方金融监管部门应当建立网络借贷行业重大事件的发现、报告和处置制度,制定处置预案,及时、有效地协调处置有关重大事件。

地方金融监管部门应当及时将本辖区网络借贷信息中介机构重大风险及处置情况信息报送省级人民政府、国务院银行业监督管理机构和中国人民银行。

第三十七条　除本办法第七条规定的事项外,网络借贷信息中介机构发生下列情形的，应当在5个工作日以内向工商登记注册地地方金融监管部门报告：

（一）因违规经营行为被查处或被起诉；

（二）董事、监事、高级管理人员违反境内外相关法律法规行为；

（三）国务院银行业监督管理机构、地方金融监管部门等要求的其他情形。

第三十八条　网络借贷信息中介机构应当聘请会计师事务所进行年度审计，并在上一会计年度结束之日起4个月内向工商登记注册地地方金融监管部门报送年度审计报告。

第七章　法律责任

第三十九条　地方金融监管部门存在未依照本办法规定报告重大风险和处置情况、未依照本办法规定向国务院银行业监督管理机构提供行业统计或行业报告等违反法律法规及本办法规定情形的，应当对有关责任人依法给予行政处分；构成犯罪的，依法追究刑事责任。

第四十条　网络借贷信息中介机构违反法律法规和网络借贷有关监管规定，有关法律法规有处罚规定的，依照其规定给予处罚；有关法律法规未作处罚规定的，工商登记注册地地方金融监管部门可以采取监管谈话、出具警示函、责令改正、通报批评、将其违法违规和不履行公开承诺等情况记入诚信档案并公布等监管措施，以及给予警告、人民币3万元以下罚款和依法可以采取的其他处罚措施；构成犯罪的，依法追究刑事责任。

网络借贷信息中介机构违反法律规定从事非法集资活动或欺诈的，按照相关法律法规和工作机制处理；构成犯罪的，依法追究刑事责任。

第四十一条　网络借贷信息中介机构的出借人及借款人违反法律法规和网络借贷有关监管规定，依照有关规定给予处罚；构成犯罪的，依法追究刑事责任。

第八章　附　则

第四十二条　银行业金融机构及国务院银行业监督管理机构批准设立的其他金融机构和省级人民政府批准设立的融资担保公司、小额贷款公司等投资设立具有独立法人资格的网络借贷信息中介机构，设立办法另行制定。

第四十三条　中国互联网金融协会网络借贷专业委员会按照《关于促进互联网金融健康发展的指导意见》和协会章程开展自律并接受相关监管部门指导。

第四十四条　本办法实施前设立的网络借贷信息中介机构不符合本办法规定的，除违法犯罪行为按照本办法第四十条处理外，由地方金融监管部门要求其整改，整改期不超过12个月。

第四十五条　省级人民政府可以根据本办法制定实施细则,并报国务院银行业监督管理机构备案。

第四十六条　本办法解释权归国务院银行业监督管理机构、工业和信息化部、公安部、国家互联网信息办公室。

第四十七条　本办法所称不超过、以下、以内,包括本数。

附录三

《网络借贷信息中介机构业务活动管理暂行办法》答记者问

按照党中央、国务院工作部署和人民银行等10部委《关于促进互联网金融健康发展的指导意见》(以下简称《指导意见》)有关职责分工,银监会会同工业和信息化部、公安部、国家互联网信息办公室等部门研究起草了《网络借贷信息中介机构业务活动管理暂行办法》(以下简称《办法》),现就有关问题解答如下:

一、《办法》中网络借贷、网络借贷业务、网络借贷信息中介机构分别指什么?

答:《办法》落实了《指导意见》的有关要求,规定网络借贷(以下简称网贷)是指个体和个体之间通过互联网平台实现的直接借贷,即大众所熟知的P2P个体网贷,属于民间借贷范畴,受合同法、民法通则等法律法规以及最高人民法院有关司法解释规范。网贷业务是以互联网为主要渠道,为借款人和出借人实现直接借贷提供信息收集、信息公布、资信评估、信息交互、借贷撮合等服务。网贷信息中介机构(以下简称网贷机构)是指依法设立,专门经营网贷业务的金融信息服务中介机构,其本质是信息中介而非信用中介,因此不得吸收公众存款、归集资金设立资金池、不得自身为出借人提供任何形式的担保等。

目前,许多网贷机构都背离了信息中介的定性,承诺担保增信、错配资金池等,已由信息中介异化为信用中介,为此,《办法》将重点对此类行为进行规范,以净化市场环境,保护金融消费者权益,使网贷机构回归到信息中介的本质。

二、网贷的特点及发展网贷的意义有哪些?

答:网贷利用互联网信息技术,不受时空限制,使资金提供方与资金需求方在平台上直接对接,进行投融资活动,拓宽了金融服务的目标群体和范围,有助于为社会大多数阶层和群体提供可得、便利的普惠金融服务,进一步实现了小额投融资活动低成本、高效率、大众化,对于“稳增长、调结构、促发展、惠民生”具有重要意义。

此外,网贷机构与传统金融机构相互补充、相互促进,在完善金融体系,提高金融效率,弥补小微企业融资缺口,缓解小微企业融资难,以及满足民间投资需求等方面发挥了积极作用。

三、当前我国网贷行业基本情况及存在的主要问题有哪些?

答:网贷作为互联网金融业态的重要组成部分,近几年的发展呈现出“快、偏、乱”的现象,即行业规模增长势头过快,业务创新偏离轨道、风险乱象时有发生:一是规模增长势头过快。近两年网贷行业无论在机构数量还是业务规模均呈现出迅猛增长的势头。据不完全统计,截至2016年6月底,全国正常运营的网贷机构共2349家,借贷余额6212.61亿元,两项数据比2014年末分别增长了49.1%、499.7%;二是业务创新偏离轨道。目前大部分网贷机构偏离信息中介定位以及服务小微和依托互联网经营的本质,异化为信用中介,存在自融、违规放贷、设立资金池、期限拆分、大量线下营销等行为;三是风险乱象时有发生。网贷行业中问题机构不断累积,风险事件时有发生,据不完全统计,截至 2016 年 6 月底,全国累计问题平台 1778 家,约占全国机构总数的 43.1%,这些问题机构部分受资本实力及自身经营管理能力限制,当借贷大量违约、经营难以为继时,便出现“卷款”“跑路”等情况,部分机构销售不同形式的投资产品,规避相关金融产品的认购门槛及投资者适当性要求,在逃避监管的同时,加剧风险传播,部分机构甚至通过假标、资金池和高收益等手段,进行自融、庞氏骗局,碰触非法集资底线。

四、《办法》确定的网贷行业监管的总体原则有哪些?

答:按照《指导意见》明确的“鼓励创新、防范风险、趋利避害、健康发展”的总体要求和“依法、适度、分类、协同、创新”的监管原则,《办法》确定了网贷行业监管总体原则:一是强调机构本质属性,加强事中、事后行为监管。网贷机构本质上是信息中介机构,不是信用中介机构,但其开展的网贷业务是金融信息中介业务,涉及资金融通及相关风险管理。对网贷业务的监管,重点在于业务基本规则的制定完善,而非机构和业务的准入审批,应着力加强事中、事后行为监管,以保护相关当事人的合法权益。二是坚持底线监管思维,实行负面清单管理。通过负面清单界定网贷业务的边界,明确网贷机构不能从事的 13 项禁止性行为,对符合法律法规的网贷业务和创新活动,给予支持和保护;对以网贷名义进行非法集资等非法金融活动,坚决予以打击和取缔;加强信息披露,完善风险监测,守住不发生区域性系统性风险的底线。三是创新行业监管方式,实行分工协同监管。网贷作为新兴的互联网金融业态,具有跨区域、跨领域的特征,传统的监管模式无法适应网贷行业的监管需求,因此,要充分发挥网贷业务国家相关管理部门、地方人民政府的作用,发挥各方优势,在明确分工的前提下,加强沟通、协作,形成有效的监管合力。

五、《办法》确立的网贷行业的基本管理体制及各方职责具体是什么?

答:《指导意见》将网贷机构定性为信息中介,且将网贷归属于民间借贷范畴。根据关于界定中央和地方金融监管职责分工的有关规定,明确对于非存款类金融活动的监管,由中央金融监管部门制定统一的业务规则和监管规则,督促和指导地方人民政府金融监管工作,由省级人民政府对机构实施监管,承担相应的风险处置责任,并加强对民间借贷的引导和规范,防范和化解地方金融风险。鉴于网贷行业跨地区经营且风险外溢性较大,按照行为监管与机构监管并行的监管思路,《办法》本着“双负责”的原则,明确银监会及其派出机构作为中央金融监管部门负责对网贷机构实施行为监管,具体包括制定统一的规范发展政策措施和监督管理制度,并负责网贷机构日常经营行为的监管;明确地方金融监管部门负责对本辖区网贷机构实施机构监管,具体包括对本辖区网贷机构进行规范引导、备案管理和风险防范及处置工作。另外,网贷行业作为新兴业态,其业务管理涉及多个部门职责,应坚持协同监管,《办法》明确工业和信息化部的主要职责是对网贷机构具体业务中涉及的电信业务进行监管;公安部主要职责是牵头对网贷机构业务活动进行互联网安全监管,打击网络借贷涉及的金融犯罪;国家互联网信息办公室的主要职责是负责对金融信息服务、互联网信息内容等业务进行监管。

六、《办法》对于网贷业务的主要管理措施有哪些?

答:一是对业务经营活动实行负面清单管理。考虑到网贷机构处于探索创新阶段,业务模式尚待观察,因此,《办法》对其业务经营范围采用以负面清单为主的管理模式,明确了包括不得吸收公众存款、不得设立资金池、不得提供担保或承诺保本保息、不得发售金融理财产品、不得开展类资产证券化等形式的债权转让等13项禁止性行为。在政策安排上,允许网贷机构引入第三方机构进行担保或者与保险公司开展相关业务合作。二是对客户资金实行第三方存管。为防范网贷机构设立资金池和欺诈、侵占、挪用客户资金,增强市场信心,《办法》规定对客户资金和网贷机构自身资金实行分账管理,由银行业金融机构对客户资金实行第三方存管,对客户资金进行管理和监督,资金存管机构与网贷机构应明确约定各方责任边界,以便于做好风险识别和风险控制,实现尽职免责。三是限制借款集中度风险。为更好地保护出借人权益和降低网贷机构道德风险,并与非法吸收公众存款有关司法解释及立案标准相衔接,《办法》规定网贷具体金额应当以小额为主。

七、《办法》对于出借人和借款人的具体行为有哪些规定?

答:《办法》对消费者权益保护进行了重点考量,注重对出借人和借款人,尤其是对出借人的保护,在第四章以专章形式对借贷决策、风险揭示及评估、出借人和借款人信息、资金保护及纠纷解决等问题进行了详细规定,确保出借人和借款人的合法权益不受损害。

《办法》也对出借人和借款人的行为进行了规范,明确规定参与网贷的出借人与借款人应当实名注册;借款人应当提供准确信息,确保融资项目真实、合法,按照约定使用资金,严格禁止借款人欺诈、重复融资等。《办法》还要求出借人应当具备非保本类金融产品投资的经历并熟悉互联网,应当提供真实、准确、完整的身份信息,出借资金来源合法,拥有风险认知和承受能力,以及自行承担借贷产生的本息损失。这些规定,本质上属于合格投资者条款,其目的是在行业发展初期,更好地防范非理性投资,引导投资者风险自担,进一步保护出借人的合法权益。

八、客户资金实行银行业金融机构第三方存管制度对行业规范发展的作用有哪些?

答:按照《指导意见》有关规定,网贷机构应当选择符合条件的银行业金融机构作为第三方资金存管机构,对客户资金进行管理和监督,实现客户资金和网贷机构自身资金分账管理。实行客户资金第三方存管制度将有效防范网贷机构设立资金池和欺诈、侵占、挪用客户资金风险,有利于资金的安全与隔离,对于规范行业健康发展具有重要意义。银行业金融机构应当按照合同约定,履行交易资金划付、资金核算和监督等职责,将网贷机构的资金与客户的资金分账管理、分开存放,确保资金流向符合出借人的真实意愿,有效防范风险。下一步,银监会将制定网贷客户资金第三方存管具体办法,明确银行业金融机构对网络借贷资金监督管理职责及存管银行的条件等,更好地满足当前网贷行业资金存管的市场需求。

九、信息披露制度对整个行业的意义是什么?

答:加强对网贷机构的信息披露要求、完善相关信息披露制度,对于改进行业形象、提升网贷机构公信力、完善行业事中事后监管、防范行业风险、保护出借人与借款人利益具有十分重要的意义。

根据行业及部分监管部门反映,在《办法》中对信息披露进行较为详细的规定缺乏可操作性,且部分指标的设置还有待于行业实践,因此目前《办法》只对信息披露进行原则性规定,银监会拟在后续有关细则中,结合行业的一般做法和监管需要,对行业的相应指标,包括坏账率、逾期率和代偿金额等进行明确定义。

十、《办法》出台后,对网贷行业会产生什么影响?银监会下一步的工作主要有哪些?

答:《办法》通过社会公开征求意见和相关部门定向征求意见,并经相关部门进行合法性评估和第三方评估等形式,充分征求了社会各界的意见,各方反馈总体符合预期,我们也根据相关意见对《办法》进行了多轮修改完善,既充分考虑当前行业风险突出,亟待规范整顿的现状,又尊重行业现实,注重把握好行业风险底线与可持续发展的平衡,保护和支持依法合规的网贷业务和创新活动,避免《办法》出台造成对行业的冲击。

《办法》作为行业经营和监管的基本制度安排,明确了网贷监管体制机制及各相关主体责任、网贷业务规则和风险管理要求、借款人和出借人的义务、信息披露及资金第三方存管等内容,全面系统地规范了网贷机构及其业务行为,为行业的发展明确了方向,进一步引导网贷机构回归信息中介、小额分散的普惠金融本质,促使网贷行业正本清源,同时,网贷机构线下经营现象将得到遏制,网贷机构将逐渐回归互联网金融本质,利用大数据、云计算等全新技术手段,依托互联网平台来开展相关业务,整顿网贷行业违规行为，防范和化解网贷风险，提升公众法律和风险意识，引导和促进网贷行业早日走上正轨，形成可持续的发展模式。

《办法》正式发布后，银监会将密切关注各方反应和行业动向，尽快发布网贷客户资金第三方存管、网贷机构备案及网贷机构信息披露等配套制度，完善网贷行业监管制度体系。

附录四

互联网金融风险专项整治工作实施方案

规范发展互联网金融是国家加快实施创新驱动发展战略、促进经济结构转型升级的重要举措，对于提高我国金融服务的普惠性，促进大众创业、万众创新具有重要意义。经党中央、国务院同意，2015 年 7 月人民银行等 10 部门联合印发了《关于促进互联网金融健康发展的指导意见》（以下简称《指导意见》）；有关部门及时出手，打击处置一批违法经营金额大、涉及面广、社会危害大的互联网金融风险案件，社会反映良好。为贯彻落实党中央、国务院决策部署，鼓励和保护真正有价值的互联网金融创新，整治违法违规行为，切实防范风险，建立监管长效机制，促进互联网金融规范有序发展，制定本方案。

一、工作目标和原则

（一）工作目标

落实《指导意见》要求，规范各类互联网金融业态，优化市场竞争环境，扭转互联网金融某些业态偏离正确创新方向的局面，遏制互联网金融风险案件高发、频发势头，提高投资者风险防范意识，建立和完善适应互联网金融发展特点的监管长效机制，实现规范与发展并举、创新与防范风险并重，促进互联网金融健康可持续发展，切实发挥互联网金融支持大众创业、万众创新的积极作用。

（二）工作原则

打击非法，保护合法。明确各项业务合法与非法、合规与违规的边界，守好法律和风险底线。对合法合规行为予以保护支持，对违法违规行为予以坚决打击。

积极稳妥，有序化解。工作稳扎稳打，讲究方法步骤，针对不同风险领域，明确重点问题，分类施策。根据违法违规情节轻重和社会危害程度区别对待，做好风险评估，依法、有序、稳妥处置风险，防范处置风险的风险。同时，坚持公平公正开展整治，不搞例外。

明确分工，强化协作。按照部门职责、《指导意见》明确的分工和本方案要求，采取“穿透式”监管方法，根据业务实质明确责任。坚持问题导向，集中力量对当前互联网金融主要风险领域开展整治，有效整治各类违法违规活动。充分考虑互联网金融活动特点，加强跨部门、跨区域协作，共同承担整治任务，共同落实整治责任。

远近结合，边整边改。立足当前，切实防范化解互联网金融领域存在的风险，对违法违规行为形成有效震慑。着眼长远，以专项整治为契机，及时总结提炼经验，形成制度规则，建立健全互联网金融监管长效机制。

二、重点整治问题和工作要求

（一）P2P 网络借贷和股权众筹业务

1. P2P 网络借贷平台应守住法律底线和政策红线，落实信息中介性质，不得设立资金池,不得发放贷款,不得非法集资,不得自融自保、代替客户承诺保本保息、期限错配、期限拆分、虚假宣传、虚构标的,不得通过虚构、夸大融资项目收益前景等方法误导出借人,除信用信息采集及核实、贷后跟踪、抵质押管理等业务外,不得从事线下营销。

2. 股权众筹平台不得发布虚假标的,不得自筹,不得"明股实债"或变相乱集资,应强化对融资者、股权众筹平台的信息披露义务和股东权益保护要求,不得进行虚假陈述和误导性宣传。

3. P2P 网络借贷平台和股权众筹平台未经批准不得从事资产管理、债权或股权转让、高风险证券市场配资等金融业务。P2P 网络借贷平台和股权众筹平台客户资金与自有资金应分账管理,遵循专业化运营原则,严格落实客户资金第三方存管要求,选择符合条件的银行业金融机构作为资金存管机构,保护客户资金安全,不得挪用或占用客户资金。

4. 房地产开发企业、房地产中介机构和互联网金融从业机构等未取得相关金融资质的,不得利用 P2P 网络借贷平台和股权众筹平台从事房地产金融业务;取得相关金融资质的,不得违规开展房地产金融相关业务。从事房地产金融业务的企业应遵守宏观调控政策和房地产金融管理相关规定。规范互联网"众筹买房"等行为,严禁各类机构开展"首付贷"性质的业务。

(二)通过互联网开展资产管理及跨界从事金融业务

1. 互联网企业未取得相关金融业务资质不得依托互联网开展相应业务,开展业务的实质应符合取得的业务资质。互联网企业和传统金融企业平等竞争,行为规则和监管要求保持一致。采取"穿透式"监管方法,根据业务实质认定业务属性。

2. 未经相关部门批准,不得将私募发行的多类金融产品通过打包、拆分等形式向公众销售。采取"穿透式"监管方法,根据业务本质属性执行相应的监管规定。销售金融产品应严格执行投资者适当性制度标准,披露信息和提示风险,不得将产品销售给予风险承受能力不相匹配的客户。

3. 金融机构不得依托互联网通过各类资产管理产品嵌套开展资产管理业务、规避监管要求。应综合资金来源、中间环节与最终投向等全流程信息,采取"穿透式"监管方法,透过表面判定业务本质属性、监管职责和应遵循的行为规则与监管要求。

4. 同一集团内取得多项金融业务资质的,不得违反关联交易等相关业务规范。按照与传统金融企业一致的监管规则,要求集团建立"防火墙"制度,遵循关联交易等方面的监管规定,切实防范风险交叉传染。

(三)第三方支付业务

1. 非银行支付机构不得挪用、占用客户备付金,客户备付金账户应开立在人民银行或符合要求的商业银行。人民银行或商业银行不向非银行支付机构备付金账户计付利息,防止支付机构以“吃利差”为主要盈利模式,理顺支付机构业务发展激励机制,引导非银行支付机构回归提供小额、快捷、便民小微支付服务的宗旨。

2. 非银行支付机构不得连接多家银行系统,变相开展跨行清算业务。非银行支付机构开展跨行支付业务应通过人民银行跨行清算系统或者具有合法资质的清算机构进行。

3. 开展支付业务的机构应依法取得相应业务资质,不得无证经营支付业务,开展商户资金结算、个人 POS 机收付款、发行多用途预付卡、网络支付等业务。

(四)互联网金融领域广告等行为

互联网金融领域广告等宣传行为应依法合规、真实准确,不得对金融产品和业务进行不当宣传。未取得相关金融业务资质的从业机构,不得对金融业务或公司形象进行宣传。取得相关业务资质的,宣传内容应符合相关法律法规规定,需经有权部门许可的,应当与许可的内容相符合,不得进行误导性、虚假违法宣传。

三、综合运用各类整治措施,提高整治效果

(一)严格准入管理。设立金融机构、从事金融活动,必须依法接受准入管理。未经相关有权部门批准或备案从事金融活动的,由金融管理部门会同工商部门予以认定和查处,情节严重的,予以取缔。工商部门根据金融管理部门的认定意见,依法吊销营业执照;涉嫌犯罪的,公安机关依法查处。非金融机构、不从事金融活动的企业,在注册名称和经营范围中原则上不得使用“交易所”“交易中心”“金融”“资产管理”“理财”“基金”“基金管理”“投资管理”“财富管理”“股权投资基金”“网贷”“网络借贷”“P2P”“股权众筹”“互联网保险”“支付”等字样。凡在名称和经营范围中选择使用上述字样的企业(包括存量企业),工商部门将注册信息及时告知金融管理部门,金融管理部门、工商部门予以持续关注,并列入重点监管对象,并加强协调沟通,及时发现识别企业擅自从事金融活动的风险,视情采取整治措施。

(二)强化资金监测。加强互联网金融从业机构资金账户及跨行清算的集中管理,对互联网金融从业机构的资金账户、股东身份、资金来源和资金运用等情况进行全面监测。严格要求互联网金融从业机构落实客户资金第三方存管制度,存管银行要加强对相关资金账户的监督。在整治过程中,要特别做好对客户资金的保护工作。

(三)建立举报和“重奖重罚”制度。针对互联网金融违法违规活动隐蔽性强的特点,发挥社会监督作用,建立举报制度,出台举报规则,中国互联网金融协会设立举报平台,鼓励通过“信用中国”网站等多渠道举报,为整治工作提供线索。推行“重奖重罚”制度,按违法违规经营数额的一定比例进行处罚,提高违法成本,对提供线索的举报人给予奖励,奖励资金列入各级财政预算,强化正面激励。加强失信、投诉和举报信息共享。

(四)加大整治不正当竞争工作力度。对互联网金融从业机构为抢占市场份额向客户提供显失合理的超高回报率,以及变相补贴等不正当竞争行为予以清理规范。高风险高收益金融产品应严格执行投资者适当性标准,强化信息披露要求。明确互联网金融从业机构不得以显性或隐性方式,通过自有资金补贴、交叉补贴或使用其他客户资金向客户提供高回报金融产品。高度关注互联网金融产品承诺或实际收益水平显著高于项目回报率或行业水平相关情况。中国互联网金融协会建立专家评审委员会,商相关部门对互联网金融不正当竞争行为进行评估认定,并将结果移交相关部门作为惩处依据。

(五)加强内控管理。由金融管理部门和地方人民政府金融管理部门监管的机构应当对机构自身与互联网平台合作开展的业务进行清理排查,严格内控管理要求,不得违反相关法律法规,不得与未取得相应金融业务资质的互联网企业开展合作,不得通过互联网开展跨界金融活动进行监管套利。金融管理部门和地方人民政府在分领域、分地区整治中,应对由其监管的机构与互联网企业合作开展业务的情况进行清理整顿。

(六)用好技术手段。利用互联网思维做好互联网金融监管工作。研究建立互联网金融监管技术支持系统,通过网上巡查、网站对接、数据分析等技术手段,摸底互联网金融总体情况,采集和报送相关舆情信息,及时向相关单位预警可能出现的群体性事件,及时发现互联网金融异常事件和可疑网站,提供互联网金融平台安全防护服务。

四、加强组织协调,落实主体责任

(一)部门统筹。成立由人民银行负责同志担任组长,有关部门负责同志参加的整治工作领导小组(以下简称领导小组),总体推进整治工作,做好工作总结,汇总提出长效机制建议。领导小组办公室设在人民银行,银监会、证监会、保监会、工商总局和住房城乡建设部等派员参与办公室日常工作。人民银行、银监会、证监会、保监会和工商总局根据各自部门职责、《指导意见》明确的分工和本方案要求,成立分领域工作小组,分别负责相应领域的专项整治工作,明确对各项业务合法合规性的认定标准,对分领域整治过程中发现的新问题,划分界限作为整治依据,督促各地区按照全国统一部署做好各项工作。

(二)属地组织。各省级人民政府成立以分管金融的负责同志为组长的落实整治方案领导小组(以下简称地方领导小组),组织本地区专项整治工作,制定本地区专项整治工作方案并向领导小组报备。各地方领导小组办公室设在省(区、市)金融办

(局)或人民银行省会(首府)城市中心支行以上分支机构。各省级人民政府应充分发挥资源统筹调动、靠近基层一线优势,做好本地区摸底排查工作,按照注册地对从业机构进行归口管理,对涉嫌违法违规的从业机构,区分情节轻重分类施策、分类处置,同时切实承担起防范和处置非法集资第一责任人的责任。各省级人民政府应全面落实源头维稳措施,积极预防、全力化解、妥善处置金融领域不稳定问题,守住不发生系统性区域性金融风险的底线,维护社会和谐稳定。

(三)条块结合。各相关部门应积极配合金融管理部门开展工作。工商总局会同金融管理部门负责互联网金融广告的专项整治工作,金融管理部门与工商总局共同开展以投资理财名义从事金融活动的专项整治。工业和信息化部负责加强对互联网金融从业机构网络安全防护、用户信息和数据保护的监管力度,对经相关部门认定存在违法违规行为的互联网金融网站和移动应用程序依法予以处置,做好专项整治的技术支持工作。住房城乡建设部与金融管理部门共同对房地产开发企业和房地产中介机构利用互联网从事金融业务或与互联网平台合作开展金融业务的情况进行清理整顿。中央宣传部、国家互联网信息办公室牵头负责互联网金融新闻宣传和舆论引导工作。公安部负责指导地方公安机关对专项整治工作中发现的涉嫌非法集资、非法证券期货活动等犯罪问题依法查处,强化防逃、控赃、追赃、挽损工作;指导、监督、检查互联网金融从业机构落实等级保护工作,监督指导互联网金融网站依法落实网络和信息安全管理制度、措施,严厉打击侵犯用户个人信息安全的违法犯罪活动;指导地方公安机关在地方党委、政府的领导下,会同相关部门共同做好群体性事件的预防和处置工作,维护社会稳定。国家信访局负责信访人相关信访诉求事项的接待受理工作。中央维稳办、最高人民法院、最高人民检察院等配合做好相关工作。中国互联网金融协会要发挥行业自律作用,健全自律规则,实施必要的自律惩戒,建立举报制度,做好风险预警。

(四)共同负责。各有关部门、各省级人民政府应全面掌握牵头领域或本行政区域的互联网金融活动开展情况。在省级人民政府统一领导下,各金融管理部门省级派驻机构与省(区、市)金融办(局)共同牵头负责本地区分领域整治工作,共同承担分领域整治任务。对于产品、业务交叉嵌套,需要综合全流程业务信息以认定业务本质属性的,相关部门应建立数据交换和业务实质认定机制,认定意见不一致的,由领导小组研究认定并提出整治意见,必要时组成联合小组进行整治。整治过程中相关牵头部门确有需要获取从业机构账户数据的,经过法定程序后给予必要的账户查询便利。

五、稳步推进各项整治工作

(一)开展摸底排查。各省级人民政府制定本地区清理整顿方案,2016 年 5 月 15 日前向领导小组报备。同时,各有关部门、各省级人民政府分别对牵头领域或本行政区域的情况进行清查。对于跨区域经营的互联网金融平台,注册所在地和经营所在地的省级人民政府要加强合作,互通汇总摸查情况,金融管理部门予以积极支持。被调查的单位和个人应接受依法进行的检查和调查,如实说明有关情况并提供有关文件、资料,不得拒绝、阻碍和隐瞒。相关部门可依法对与案件有关的情况和资料采取记录、复制、录音等手段取得证据。在证据可能灭失或以后难以取得的情况下,可依法先行登记保存,当事人或有关人员不得销毁或转移证据。对于涉及资金量大、人数众多的大型互联网金融平台或短时间内发展迅速的互联网金融平台、企业,一经发现涉嫌重大非法集资等违法行为,马上报告相关部门。各省级人民政府根据摸底排查情况完善本地区清理整顿方案。此项工作于 2016 年 7 月底前完成。

(二)实施清理整顿。各有关部门、各省级人民政府对牵头领域或本行政区域的互联网金融从业机构和业务活动开展集中整治工作。对清理整顿中发现的问题,向违规从业机构出具整改意见,并监督从业机构落实整改要求。对违规情节较轻的,要求限期整改;拒不整改或违规情节较重的,依法依规坚决予以关闭或取缔;涉嫌犯罪的,移送相关司法机关。专项整治不改变、不替代非法集资和非法交易场所的现行处置制度安排。此项工作于 2016 年 11 月底前完成。

(三)督查和评估。领导小组成员单位和地方领导小组分别组织自查。领导小组组织开展对重点领域和重点地区的督查和中期评估,对于好的经验做法及时推广,对于整治工作落实不力,整治一批、又出一批的,应查找问题、及时纠偏,并建立问责机制。此项工作同步于 2016 年 11 月底前完成。

(四)验收和总结。领导小组组织对各领域、各地区清理整顿情况进行验收。各有关部门、各省级人民政府形成牵头领域或本行政区域的整治报告,报送领导小组办公室,此项工作应于 2017 年 1 月底前完成。领导小组办公室汇总形成总体报告和建立健全互联网金融监管长效机制的建议,由人民银行会同相关部门报国务院,此项工作于 2017 年 3 月底前完成。

六、做好组织保障,建设长效机制

各有关部门、各省级人民政府要做好组织保障,以整治工作为契机,以整治过程中发现的问题为导向,按照边整边改、标本兼治的思路,抓紧推动长效机制建设,贯穿整治工作始终。

(一)完善规章制度。加快互联网金融领域各项规章制度制定工作,对于互联网金融各类创新业务,及时研究制定相关政策要求和监管规则。立足实践,研究解决互联网金融领域暴露出的金融监管体制不适应等问题,强化功能监管和综合监管,抓紧明确跨界、交叉型互联网金融产品的“穿透式”监管规则。

（二）加强风险监测。建立互联网金融产品集中登记制度，研究互联网金融平台资金账户的统一设立和集中监测，依靠对账户的严格管理和对资金的集中监测，实现对互联网金融活动的常态化监测和有效监管。加快推进互联网金融领域信用体系建设，强化对征信机构的监管，使征信为互联网金融活动提供更好的支持。加强互联网金融监管技术支持，扩展技术支持系统功能，提高安全监控能力。加强部门间信息共享，建立预警信息传递、核查、处置快速反应机制。

（三）完善行业自律。充分发挥中国互联网金融协会作用，制定行业标准和数据统计、信息披露、反不正当竞争等制度，完善自律惩戒机制，开展风险教育，形成依法依规监管与自律管理相结合、对互联网金融领域全覆盖的监管长效机制。

（四）加强宣传教育和舆论引导。各有关部门、各省级人民政府应加强政策解读及舆论引导，鼓励互联网金融在依法合规的前提下创新发展。以案说法，用典型案例教育群众，提高投资者的风险防范意识。主动、适时发声，统一对外宣传口径，有针对性地回应投资人关切和诉求。以适当方式适时公布案件进展，尽量减少信息不对称的影响。加强舆情监测，强化媒体责任，引导投资人合理合法反映诉求，为整治工作营造良好的舆论环境。

附录五

研究合作单位简介

北京市互联网金融行业协会

北京市互联网金融行业协会前身为北京市网贷行业协会，成立于2014年12月，并于2017年9月更名为北京市互联网金融行业协会。协会是由互联网金融行业机构及相关行业机构联合发起成立的专业行业协会，是经北京市社会团体登记管理机关核准登记的非营利性自律社会团体。

协会的宗旨是团结北京市开展互联网金融业务的机构及相关行业机构，坚持以金融创新的思维、协作的文化、开放的平台、有效的服务为指导思想，通过开展机构间持续的相互调研交流、开放数据、参与行业自律沟通等活动，为会员提供服务，为行业发展服务，达到推进行业规范发展的目的。

协会将在贯彻落实有关法律、法规和相关规则的前提下，积极推动北京市互联网金融行业发展，主要措施包括：实施金融产品实名登记制度；推进平台信息分级披露；推进资金存管；加强行业内部交流；推动建立网贷行业的统一风控平台体系等。

协会有30家创始会员，其中的18家网贷机构营业规模超过全行业规模的20%，业务分布均衡，机构特点鲜明，具有一定的行业代表性和影响力；其余12家机构为征信、第三方支付等行业服务机构。

协会微信：搜索关注 BJIFIA

微博关注：@北京市互联网金融行业协会

后 记

2007 年，拍拍贷埋下了中国第一颗 P2P 网贷的“火种”，随后，行业进入了漫长的蹒跚期。2013 年，余额宝引领了中国互联网理财风潮，P2P 网贷开始进入野蛮成长期，数以千计的平台产生、消亡，行业一片“蛮荒”气象，生命力旺盛但风险频发。2016 年，行业迎来了转折，监管部门的强势介入使 P2P 网贷脱离失序发展，行业秩序逐渐建立起来。

我有幸加入零壹财经并与团队一起成为这个行业的见证者。

2013 年，零壹财经团队就主持推出了我国第一本 P2P 网贷行业发展报告，这是业内第一本实时跟踪行业动态、调研行业创新及面临的问题、探究发展趋势的专业书籍。当时我还是中央财经大学的一名大四学生，与同学讨论互联网金融论文选题时查阅了大量书籍，这套报告是为数不多可供参考的研究依据。次年毕业季，我在互联网金融选择了自己的首份正式工作，一年后离职。而后，我短暂地尝试过投行业务，并最终决定沉下心来找一份自己能做好也相对感兴趣的工作。2016 年春天，我进入零壹财经数据部工作，算是冥冥之中的宿命。

本书是零壹财经研究团队撰写的第四本“P2P 行业报告”，也是我参与的第二本书籍。数据是“P2P 网贷行业发展报告”系列的一大基石，零壹财经用五年多时间建设了一个互联网金融数据库，以支撑新金融领域的实证型研究。相较于以往，今年报告的数据更加翔实，维度也更加多样。本书在描述 P2P 网贷宏观数据的同时，更加深入地剖析了 P2P 网贷与消费金融、汽车金融、供应链金融等细分资产结合的市场背景、规模、风险和挑战，以及未来可能的市场前景；本书也尽可能地使用数据来描述 P2P 网贷面临的外部环境，譬如在资本市场的表现、监管对行业的影响等。

除了零壹财经的固有研究团队，北京市互联网金融协会也对本书的写作提供了指导和帮助，他们为“P2P 监管与合规运营”一章提供了大量的素材。P2P 网贷监管是 2016 年以来我们进行新金融研究的核心论题之一，厘清监管逻辑、解读监管条例及研究落地监管措施，促进行业和平台的发展，是我们的工作重心之一。本书相关章节对网贷整改的纲领性文件以及细分条例进行了具体阐释,跟进了 P2P 网贷在资金存管、信息披露、信息安全及监管等方面的最新监管进度,同时选择 P2P 网贷最为发达的北京、上海、广东作为研究网贷监管地区差异性的案例。

时至今日,P2P 网贷行业已经探索出一些有效的发展路径,但也还有大量的问题有待解决。

前路弥艰,我们以理性乐观的态度面对未来。作为中国普惠金融的重要组成部分,P2P 网贷会在庞大的市场体系中找到自己的地位。"金融 + 互联网"的双重属性决定了 P2P 网贷发展的严肃性和规范性,同业也具备巨大的包容性以及延展性。

市场发展日新月异,"互联网金融""金融科技(Fitech)""科技金融(TechFin)"都是 P2P 网贷平台对外展示的标签(当然,并不止 P2P 网贷平台在使用这些词汇)。这些标签虽然不足以准确形容 P2P 网贷的"存在",但仍然反映了行业的某些特点:它是快速变化的市场,也是科技赋能的市场。诸如大数据、区块链、AI 深度学习在逐渐得到应用,目前已发展出了一些专业的技术服务公司,本书第八章介绍了网贷新技术的概念及实际应用。

本书并未沿用过往惯例给出"十大趋势与展望",这是考虑到行业正处在监管落地时期,最大的影响因素是政策和监管措施,而影响监管的因素不便预测。不过,本书各个章节的内容实则在一定程度上体现了我们对行业趋势的判断,零壹财经长期紧密地跟踪政策和业务的发展,会及时推出分析文章和研究报告。

"苟日新,日日新,又日新。"我们与您一起,见证 P2P 网贷行业的未来。

蒋慧

零壹财经分析师

2017 年 10 月 12 日于北京国贸